KB259779

# 현대자본주의와
# 장기불황

국가독점자본주의론의 시각

**현대자본주의와 장기불황 : 국가독점자본주의론의 시각**

초판 1쇄 발행 _ 2011년 3월 10일 | 편저자 · 김성구

펴낸이 · 유재건 | 펴낸곳 · (주)그린비출판사 | 등록번호 · 제313-1990-32호

주소 · 서울시 마포구 동교동 201-18 달리빌딩 2층 | 전화 · 702-2717 | 팩스 · 703-0272

ISBN 978-89-7682-746-3 93320

이 도서의 국립중앙도서관 출판시도서목록(CIP)은 e-CIP 홈페이지(http://www.nl.go.kr/ecip)에서 이용하실 수 있습니다.(CIP제어번호 : CIP2011000814)

이 책의 저작권은 편저자와 독점 계약한 (주)그린비출판사에 있습니다.
저작권법에 의하여 한국 내에서 보호를 받는 저작물이므로 무단전재와 무단복제를 금합니다.
책값은 뒤표지에 있습니다. 잘못 만들어진 책은 서점에서 바꿔 드립니다.

그린비 출판사 나를 바꾸는 책, 세상을 바꾸는 책
홈페이지 · www.greenbee.co.kr | 전자우편 · editor@greenbee.co.kr

# 현대자본주의와 장기불황

## 국가독점자본주의론의 시각

김성구 편저

그린비

이번 2007/2009년 경제위기는 자본주의 공황의 역사에서 보면, 일단 7~10년 주기로 발발하는 여느 공황과 다를 바 없는 주기적 과잉생산공황이다. 그럼에도 이 공황이 1930년대 대공황 이래 최대의 공황이라고 말해질 만큼 폭발적이고 심각한 양상을 보인 것은, 그것이 단순한 주기적 공황이 아니라 신자유주의에 특유한 금융위기라는 구조적 성격의 위기와 결합했기 때문이다. 1930년대 대공황 또한 통상의 주기적 공황과 달리 자본주의 역사상 제2차 구조위기를 인도한 특별한 공황이었다. 신자유주의의 구조적 위기는 1970년대 이래의 제3차 구조위기(케인스주의의 위기)에 대한 보수적 대안으로 관철된 신자유주의에 고유한 위기 메커니즘을 말한다. 따라서 이번 경제위기를 올바로 이해하기 위해서는 7~10년마다 반복하는 주기적 공황, 즉 '소(小)위기'만이 아니라 구조위기 또는 장기불황으로 불리는 '대(大)위기'에 대한 분석이 필수불가결하다.

맑스주의 문헌에서 주기적 공황에 관한 이론은 이미 한 세기를 훌쩍 넘을 만큼 오랜 논쟁의 역사를 가지고 있지만, 구조위기 또는 장기불황에 관한 이론은, 문제가 많은 장기파동론을 차치한다면, 대체로 1970~1980년대 이래의 짧은 역사를 지닌 비교적 새로운 논쟁영역이다. 그 때문에 맑스의 정치경제학 비판에 입각해 구조위기의 이론을 전개하고, 나아가 현대의 구조위기의 분석으로 나아가는 이론적 과제는 맑스주의 정치경제학의 하나의 도전이라 하지 않을 수 없다. 그러나 주기적 공황에 관한 논쟁은 그 오랜 역사에도 불구하고 오류와 착종으로 얼룩져 있고, 주기적 공황과 구조위기라는 차원이 다른 두 개의 위기에 대한 혼란 때문에 종종 양자를 차별하지 못하며, 주기적 공황론을 둘러싼 논쟁의 오류가 구조위기의 이론에서도 반복되는 실정이다.

이 책은 이와 같은 이론적 상태를 감안하여 무엇보다도 자본주의의 구조위기 또는 장기불황에 관한 맑스주의 이론의 체계적인 이해를 제공하고자 기획되었다. 물론 구조위기에 대한 맑스주의 이론은 논쟁적이며, 맑스주의 문헌은 아니지만 좌파 문헌에서도 자본주의의 장기번영과 장기불황을 다루고 있으므로, 이들 이론 간의 논쟁을 개관하는 것은 이 주제의 체계적인 이해를 도모하는 데 도움이 될 것이다. 무엇보다 장기파동론, 네오맑스주의 이론, 세계체제론/역사적 자본주의론, 조절이론/포드주의론, 그리고 국가독점자본주의론이 이 책에서 논쟁의 검토대상을 이룬다. 자본주의 구조위기에 관한 맑스주의 이론을 체계적으로 소개한다는 점에서도, 또 구조위기에 관한 맑스주의 또는 좌파의 논쟁을 소개한다는 점에서도, 이 책은 이 주제에 관한 우리말로 된 최초의 저작이 될 것이다.

이 책에서 우리는 구조위기에 관한 논쟁을 단지 개관한 것이 아니다. 우리는 국가독점자본주의론의 관점에서 논쟁을 비판적으로 검토하였으며, 또 국가독점자본주의론에 입각하여 현대의 구조위기를 분석하고자 하였다. 이번 경제금융위기에서도 드러난 바와 같이, 현대자본주의와 그 위기는 국가독점자본주의론 없이는 과학적으로 분석할 수 없다.

국가독점자본주의론의 주요 명제들, 즉 현대자본주의가 독점자본주의라는 것, 독점자본주의의 재생산을 보장하기 위해 국가가 전면적으로 경제과정에 개입한다는 것, 그 결과 현대자본주의는 독점이윤을 위한 국가와 독점의 유착에 의해 특징지어진다는 것을 부정하는 자는, 자본주의의 위기에 왜 국가가 개입하는지, 막대한 공적 자금 투입과 자본주의적 사회화가 무엇을 의미하는지, 그리고 국가개입은 어떤 모순과 결과를 야기하는지, 요컨대 위기하에서 진행되는 계급투쟁의 핵심적 문제들을 이론적으로 포착하지 못한다. 다시 말해 국가독점자본주의론을 비판하고 폐기하는 잡다한 맑스주의 이론 또는 좌파이론은 현대자본주의의 구조와 그 위기의 핵심을 분석할 수단을 결여하고 있는 것이다. 맑스의 정치경제학 비판에 입각하여 현대자본주의의 위기를 분석하기 위해서는 국가독점자본주의론의 매개가 불가결하다는 것, 국가독점자본주의론이야말로 맑스와 현대를 매개하는, 맑스주의 이론의 현대적 발전이라는 것, 이것이 우리의 확고한 이론적 입장이다. 국가독점자본주의론이 교조주의의 낡은 이론이라는 상투적인 비판에 대항해서, 이 책은 국가독점자본주의론의 최신의 발전에 입각하여 현대자본주의의 최근의 전개, 즉 신자유주의와 그 위기에 대한 분석을 담고 있다. 뿐만 아니라 우리는 이 책에서 자본주의 구조위기의 역사와 이론을 개관하였고, 특히 2차대전 후의 자본주의 역사 속에서 현대의 구조위기와 신자유주의 금융위기를 위치짓고자 했다.

이와 같은 목표하에 이 책은 제1부에서 (현대)자본주의의 구조위기 또는 장기불황에 대한 다양한 맑스주의 이론 또는 좌파이론을 소개하고, 국가독점자본주의론의 관점에서 비판적으로 그 이론들과의 논쟁을 개관하고 있다. 그리고 제2부에서는 국가독점자본주의론의 최근의 발전,

즉 국가독점자본주의의 조절위기와 신자유주의 그리고 금융시장자본주의의 분석에 입각하여, 이번 위기를 비롯한 현대자본주의의 위기를 해명하고 위기 이후의 전망을 제시하고자 하였다(다만 제2부에 실려 있기는 하지만, 슈테판 크뤼거[Stephan Krüger]의 논문은 네오맑스주의 관점에서 작성된 것이며, 1970년대 이후 자본주의 축적의 역사를 개관하는 데 도움이 된다고 생각하여 이렇게 편제하였다). 특히 이번 위기의 원인과 성격을 분석하고 전망과 대안을 논한 편저자의 논문 등에서 독자들은 다양한 맑스주의 이론 및 좌파이론과 대비되는 국가독점자본주의론만의 과학적 분석력을 엿볼 수 있을 것이다. 이 이론들은 위기론의 오류와, 국가개입주의를 분석할 수단의 결여 때문에 위기의 분석에 실패하였고, 전망의 오류와 대안의 부재를 드러내었다. 이번 위기를 통해 자본주의 체제가 붕괴할 것이라는 허무맹랑한 전망이나, 신자유주의가 종말을 고하고 케인스주의가 복귀할 것이라는 주관적인 전망은 다름 아닌 그 이론적 오류의 현실적 귀결이었다. 이와 달리 우리는 주기적 공황과 구조위기라는 중층적 위기론과 국가독점자본주의론의 관점에서, 이 위기가 새로운 산업순환을 통해 어떻게든 새로운 회복국면으로 넘어갈 것이며, 위기에 대한 국가개입은 케인스주의로의 복귀가 아니라 신자유주의의 재편을 추구하고 있다는 점에서, 또 반(反)신자유주의 정치는 상당히 소진되었다는 점에서 신자유주의의 지속을 전망하였다. 위기 이후 느리지만 보다 뚜렷해지는 경제회복과 신자유주의의 변함없는 지배하에서 이제 우리는 이러한 평가와 전망의 올바름을 사후적으로도 확인할 수 있다. 또한 이러한 관점하에서 비로소 위기에 대한 잡다한 맑스주의 좌파의 무(無)대안과 개량주의적인 케인스주의적 대안에 대항하여 과학적인 맑스주의적 대안(사회화)이 제출될 수 있었다.

그리고 마지막으로 13장에는 특별히 외르크 후프슈미트(Jörg Huffschmid) 교수에 관한 짧은 추모 글을 수록하였다. 이 책에는 후프슈미트 교수의 논문 두 편이 번역되어 실려 있는데, 이 책을 작업 중이던 2009년 12월 초 후프슈미트 교수가 질병으로 갑작스럽게 69세 나이로 타계하였다. 독일의 국가독점자본주의론의 대표적인 논자 중의 한 명이며, 현대자본주의, 특히 신자유주의와 금융시장자본주의의 탁월한 분석으로 독일 좌파 세계에서만이 아니라 제도권에서도, 또 국제적으로도 저명한 맑스주의 경제학자인 후프슈미트 교수를 기리고자, 독일의 주요 좌파 잡지와 언론 등에서 잇따라 추모 글들이 발표되었다. 이 책에 실린 글은 그 중의 하나이다. 개인적으로 후프슈미트 교수는 브레멘 대학에서 나의 박사학위 논문을 지도해 준 지도교수였다. 한편으로는 여기 실린 후프슈미트 교수에 관한 짧은 글이 그의 다른 두 편의 논문을 이해하는 데 도움이 되기를 바라고, 다른 한편으로는 개인적인 일이지만, 이런 방식으로 나도 그에 대한 추모를 함께하고 싶다.

이 책을 구상한 것은 오래전 일이지만, 이렇게 간행작업에 실로 착수하여 책이 나오게 된 것은 무엇보다 '세미나 네트워크 새움' 관계자들의 제안과 독려 때문이었다. 특히 연세대학교 경제학과 박사과정의 유승민 씨는 2장 에르네스트 만델(Ernest Mandel)의 글을 번역하는 수고도 마다하지 않았다(그 외의 논문들은 모두 내가 직접 번역하거나 집필한 것이다). 차제에 감사의 말을 전한다. 그리고 이 책의 간행을 흔쾌하게 승낙한 그린비출판사에도 특별히 감사의 마음을 전하고 싶다.

2011년 2월 20일<br>김성구

1 이 책은 총 13장으로 구성되어 있다. 그 중 편저자가 직접 쓴 글은 4편이며, 9편은 해외 논문을 번역한 것이다. 해외 논문의 서지사항은 다음과 같다.

2장 Ernest Mandel, "'Long Waves' in the History of Capitalism", *Late Capitalism*, London: NLB, 1972, Ch. 4.

3장 Elmar Altvater, "Bruch und Formwandel eines Entwicklungsmodells: Die gegenwärtige Krise ist ein Prozeß gesellschaftlicher Transformation", Hg. Jürgen Hoffmann, *Überproduktion, Unterkonsumtion, Depression*, Hamburg: VSA-Verlag, 1983.

4장 Horst Heininger, "Fordismus und SMK-Theorie: Zur Aktualität der Theorie des Staatsmonopolistischen Kapitalismus(II)", *Z. Zeitschrift Marxistische Erneuerung*, Nr. 33, März 1998.

7장 Ulrich Dolata, "Staatsmonopolistische Regulierung in der Krise", Ulrich Dolata u.a., *Große Krisen des Kapitalismus: Lange Wellen der Konjunktur?*, Frankfurt am Main: IMSF, 1985.

8장 Jörg Huffschmid, "'Dominanz globalisierter Finanzmärkte': Politische Kapitulation statt ökonomisches Gesetz", *Z. Zeitschrift Marxistische Erneuerung*, Nr. 31, September 1997.

9장 Stephan Krüger, "Finanzmarktkrise: Der Umschlag des Kredit- in das Monetarsystem. Einordnung in langfristige Entwicklungstendenzen der Kapitalakkumulation", *Supplement der Zeitschrift Sozialismus*, Dezember 2008.

10장 Gretchen Binus, "Zur Analyse der gegenwärtigen Krise und ihrer Bewertung unter dem Aspekt ihrer staatsmonopolistischen Entwicklung", marx-engels-stiftung.de, 2009.

12장 Jörg Huffschmid, "Nach der Krise: Das Ende des Finanzmarktkapitalismus?", *Z. Zeitschrift Marxistische Erneuerung*, Nr. 78, Juni 2009.

13장 Horst Heininger & Gretchen Binus, "Jörg Huffschmid und die Theorie des staatsmonopolistischen Kapitalismus", *Z. Zeitschrift Marxistische Erneuerung*, Nr. 82, Juni 2010.

2 본문의 주석은 모두 각주로 표시되어 있다. 번역 논문에서 옮긴이 주는 '―옮긴이'라고 표시했으며, 표시가 없는 것은 모두 지은이 주이다.

3 번역 논문에서 독자의 이해를 돕기 위해 옮긴이가 본문에 추가한 내용은 대괄호([ ])로 표시했다.

4 단행본·정기간행물 등에는 겹낫표(『 』)를, 논문 등에는 낫표(「 」)를 사용했다.

5 외국 인명, 지명은 2002년에 〈국립국어원〉에서 펴낸 '외래어 표기법'에 따라 표기했다.

# 제1부

# 구조위기 또는 장기불황과 위기론 논쟁

# 1장 만델, 알트파터, 월러스틴, 아리기의 장기파동론[*]
## — 비판적 개관

김성구

자본주의가 심각한 위기에 빠질 때마다 슘페터(Joseph A. Schumpeter)와 콘드라티예프(Nikolai Dmitriyevich Kondratieff) 전통의 장기파동론이 다시 주목을 받게 된다. 오늘날의 위기국면에 직면하여 장기파동론이 다시 주목받는 것도 그래서 새롭지 않다. 핵심적으로 말하면, 장기파동론은 자본주의 생산양식이 장기적으로 대략 50년 주기의 파동 속에서 장기번영과 장기불황의 두 국면을 교대해 가며 전개한다고 주장한다. 따라서 장기파동론에 따르면, 장기불황은 자본축적의 역사에서 통상적인 하나의 발전국면이고, 더욱이 또 다른 장기번영 국면을 준비하는 것이 된다. 이처럼 장기파동론은 기계적인 이론구성을 갖는 것이라 하지 않을 수 없는데, 그런 장기파동론의 틀에 현실의 위기 역사를 꿰맞추기는 쉽지 않을 것이다. 장기파동론은 오랜 역사를 갖고 있고, 또 그 안에는 여러 이론

---

[*] 이 글은 Seong-Gu Kim, *Zur Rekonstruktion der These der Stagnationstendenz im Monopolkapitalismus: Ein theoretischer Versuch*, Bremen, 1992, 제3장의 보론 2("Kritischer Überblick über die marxistische Debatte um Große Krisen")에 근거한 것이다. 이 책은 필자의 브레멘(Bremen)대학 박사학위 논문으로서 국문으로는 간행하지 않았던 것이고, 이번에 해당부분을 번역하면서 새로 문헌을 추가하고 내용도 크게 수정·보완하였다.

적 경향이 있지만, 여기서는 맑스주의 이론경향에 한정해서 대표적인 세 가지 이론을 살펴볼 것이다.[1]

우선 장기파동론의 고전적인 맑스주의적 수용은 무엇보다도 만델에서 볼 수 있다. 그는 장기파동을 이윤율의 운동과 결합시킴으로써 장기파동에 대한 맑스주의적 분석의 토대를 제공하였다. 또한 알트파터(Elmar Altvater) 같은 네오맑스주의 경제학자들은 장기파동론으로부터 자본주의 발전의 '일반이론'을 전개한다. 이들은 장기파동론을 국가독점자본주의론의 자본주의 발전단계론에 대한 대안으로 간주한다. 장기파동론은 나아가 월러스틴(Immanuel Wallerstein)과 아리기(Giovanni Arrighi)의 세계체제론과 역사적 자본주의론에 의해서도 수용되었다. 아리기의 체계적 축적 순환은 장기파동론을 비판하곤 있지만, 헤게모니 순환이라는 보다 긴 시간 지평에서 장기파동론을 전개한다고 할 수 있다. 물론 세계체제론과 역사적 자본주의론은 그 방법론과 이론구성에서 맑스주의와는 근본적으로 상이한 것이지만, 통상 일반적인 독자에게는, 그리고 종종 적지 않은 사회과학 연구자에게도 양자의 차이는 올바로 인식되지 못하고 있다. 심지어 이들은 세계체제론과 역사적 자본주의론이 무

---

1) 장기파동론에는 부르주아 이론도 다양하게 존재하고, 또 맑스주의 이론가 중에서도 여기서 검토하는 세 가지 이론 외에 국가독점자본주의론과 장기파동론을 결합하는 논자들(Stanislav Menschkow, *Lange Wellen in der Wirtschaft*, Frankfurt am Main: IMSF, 1989)도 있다. 이와 같은 장기파동론의 다양한 이론들에 대한 상세한 검토와 비판에 대해서는 무엇보다 외르크 골트베르크의 한 논문을 참조하기 바란다(Jörg Goldberg, "Das Konzept der 'Langen Wellen' der Konjunktur", Ulrich Dolata u.a., *Große Krisen des Kapitalismus: Lange Wellen der Konjunktur?*, Franfurt am Main: IMSF, 1985). 그는 이 글에서 특히 장기파동론의 핵심적 쟁점 즉 기술혁신과 이윤율 그리고 축적파동의 내적 관련을 명확히 검토하고자 하였다. 또한 장기파동론의 역사에 대해서는 Ernest Mandel, *Late Capitalism*, London: NLB, 1972의 Ch.4를 참조하기 바란다.

언가 맑스주의를 현대적으로 보완·발전시킨 것으로, 또는 이른바 맑스주의의 일반화에 기여하는 것으로 오해하고 있다. 그럼에도 우리는 이하에서 맑스주의 장기파동론의 비판이라는 관점에서 만델의 고전적인 이론과 네오맑스주의 이론뿐 아니라 세계체제론과 역사적 자본주의론도 검토할 것인데, 이는 후자의 이론을 맑스주의의 한 분파인 것처럼 잘못 이해하고 있는 한국의 현실에 비추어 오히려 적절한 구성이 될 것이다.


## 1. 만델의 장기파동론

만델은 자본주의 역사가 이윤율의 변동에 의해 총괄되며 이는 자본주의 생산양식의 여섯 개 변수의 상호작용의 함수로서만 설명될 수 있다는 테제를 제출한다.[2] 그는 이 테제로써 '자본의 운동법칙과 역사'를 변증법적으로 서술할 수 있다고 한다. 그 여섯 개 변수는 총자본의 유기적 구성 및 특수하게는 가장 중요한 부문의 자본의 유기적 구성, 고정자본과 유동자본 간의 불변자본 배분, 잉여가치율의 전개, 축적률의 전개, 자본의 회전시간의 전개, 그리고 I부문과 II부문 사이의 교환관계다.[3] 이 여섯 개 변수의 상호작용의 결과는 이윤율의 변동으로 나타나고, 따라서 그 핵심은 이윤율에 있다. "이윤율의 변동은 이 역사의 지진계이다. 왜냐하면 그것은 이윤 즉 자본의 가치증식에 입각한 생산양식의 논리에 따라 이 상호작용의 결과를 가장 명료하게 표현하기 때문이다. 그러나 그것은 그 자체 변수들의 상호작용에 의해 설명되어야 하는 **결과**일 뿐이

---

2) Mandel, *Late Capitalism*.
3) ibid., p.39.

다."[4] 이로써 만델은 자신의 테제가 여러 종류의 '단일요인 가설'과 명백하게 대립된다고 한다. "자본주의 생산양식의 장기적 발전법칙을 정식화할 수 있도록 하기 위해 이 방법은 이 생산양식의 모든 기본 비율을 부분적으로 독립된 변수로서 동시에 취급한다. 핵심 과제는 구체적 역사 상황에서 이 부분적으로 독립적인 변수들이 가져오는 효과를 분석해서 자본주의 역사의 계기적인 국면들을 해석하고 설명할 수 있어야 하는 것이다."[5] 이러한 방법과 분석으로 만델은 다음과 같은 장기파동의 결론에 도달한다. "국제적 영역에서 자본주의의 역사는 7년에서 10년을 주기로 하는 순환적 운동의 계기(繼起)로서 나타날 뿐만 아니라, 보다 장기간인 약 50년의 계기로서도 나타나는데, 지금까지 우리는 네 번의 (장기)순환을 경험했다."[6] 즉 제1차 장기파동: 1793~1825년(팽창)/1826~1847년(정체), 제2차 장기파동: 1848~1873년(팽창)/1874~1893년(정체), 제3차 장기파동: 1894~1913년(팽창)/1914~1939년(쇠퇴), 제4차 장기파동: 1940/1945~1966년(팽창)/1967~(정체).[7] 만델의 장기파동 시기구분을 따른다면, 아마도 1980년대 말~1990년대 초부터 새로운 팽창국면(제5차 장기파동)이 시작되었고, 2010~2015년부터는(이번 금융위기를 고려하면 사실 2007~2009년부터) 정체국면이 개시될 것이라고 할 수 있다.[8]

---

4) ibid., p.39.

5) ibid., p.41.

6) ibid., p.120[이 책의 76쪽].

7) ibid., pp.130~132[이 책의 90쪽, 〈표 1〉 참조].

8) 만델 자신은 그후의 저작에서 1960년대 후반부터 시작된 제4차 장기파동의 정체국면이 1990년대 중반의 시점에서도 아직 새로운 장기파동의 상승국면으로 전환하기 위한 사회경제적, 정치적 조건을 갖추지 못하고 있다고 판단하였다. Ernest Mandel, *Long Waves of Capitalist Development: A Marxist Interpretation*, London/New York: Verso, 1995, Ch. 4 참조.

장기파동의 설명에서 핵심적인 이론 고리는 이윤율의 변동인데, 문제는 주기적 공황 또한 이윤율의 하락에서 비롯된다는 점이다. 따라서 이 이윤율의 변동을 어떻게 주기적 공황과 장기적 침체에 차별적으로 연관시키는가가 중요한 쟁점이 된다.[9] 맑스의 이론을 올바로 이해한다면, 산업순환에서의 주기적 공황은 현실경쟁과 과잉생산에서 비롯되는 시장가격 이윤율의 저하와 관련되는 것이고, 장기침체는 일반적 이윤율(평균이윤율)의 경향적 저하와 관련되는 것이다. 만델은 10년 주기의 순환적 공황을 설명할 때나 50년 주기의 장기파동의 설명에서도 이 문제에 대한 이론적 인식이 결여되어 있다. 예컨대 그는 산업순환과 공황을 과잉축적으로 설명하면서 이를 시장가격 이윤율이 아니라 평균이윤율과 관련시키고 있다. "과잉축적의 개념은 결코 절대적이 아니라 항상 상대적일 뿐이다. 즉 '절대적으로' 너무 많은 자본이 아니라, 기대되는 사회적 평균이윤율을 달성하기에는 너무 많은 자본이 있다는 것이다."[10] "그것[자본의 주기적인 과소투자]은 평균이윤율의 불가피한 주기적 붕괴를 표현할 뿐만 아니라 그 과정에서 그것은 이윤율의 하락에 제동을 건다."[11] 결국 만델은 주기적 공황이나 장기침체 모두에서 절충주의적 방식으로 이윤율 저하를 이해하고 있다. 즉 이윤율의 경향적 저하법칙과 잉여가치 실현의 곤란(과잉생산)이라는 성격이 다른 두 개의 이윤율 저하 요인을 무차별하게 혼합하여 이윤율의 저하를 설명하고, 이런 이윤율의 저하를 한편

---

9) 장기침체, 장기불황, 장기정체, 장기쇠퇴, 장기하강, 장기위기, 구조불황, 구조위기, 조절위기 등 다양한 용어는 이론적 맥락이 다른 경우도 있지만 이 글에서는 동일한 의미로 사용한다. 마찬가지로 장기팽창, 장기번영, 장기상승, 장기호황 등의 용어도 동일한 의미로 사용한다.

10) Mandel, *Late Capitalism*, p.109[이 책의 62쪽].

11) ibid., p.113[이 책의 68쪽].

에서는 주기적 공황의 원인으로, 다른 한편에서는 장기정체의 원인으로 파악한다. 결국 주기적 공황이나 장기불황이나 이윤율의 저하라는 동일한 원인에 의해 발생한다는 것이다. 이는 기본적으로 정치경제학 비판의 방법론에 대한 혼란에서 비롯되는 것이고, 구체적으로 말하면 추상수준의 차이에 따른 두 가지 개념의 이윤율——가치이윤율(또는 생산가격 이윤율)과 시장가격 이윤율——을 구별하지 못한 데서 기인한다. 이윤율의 경향적 저하법칙은 기본적으로 수요와 공급의 균형을 상정한 생산가격 이윤율과 관련되는 것이고, 이 이윤율이 자본주의의 장기적 발전과 변동을 설명하는 반면, 주기적 공황의 문제는 주기적으로 나타나는 수급균형의 파괴(과잉생산) 및 시장가격 이윤율의 하락과 관련되어 있다. 따라서 만델이 말하는 이윤율에 영향을 미치는 여섯 개 변수 중 I부문과 II부문 사이의 교환관계(실현문제)는 장기파동이 아니라 주기적 공황의 설명에서 도입해야 할 변수가 된다. 이에 대한 오해는 만델만이 아니라 이 글에서 검토하는 알트파터와 월러스틴, 아리기를 포함하여 특히 구미권의 맑스주의 경제학자들에게서 전반적으로 나타나는 오류이다. 이러한 오류 때문에 이들은 종종 주기적 공황과 구조적 위기를 차별하지 못하고, 그 연관도 이론적으로 올바로 해명하지 못한다.[12]

　　이에 대한 오해를 피하기 위해 먼저 주기적 공황과 장기불황(구조위

---

12) 두 가지 개념의 이윤율과, 그에 따른 구조위기와 주기적 공황의 구별과 연관, 이윤율의 경향적 저하법칙과 주기적 공황의 관계, 주기적 과잉생산공황론, 그리고 구미권의 이윤율 저하설의 오류 등에 대해서는 다음을 참조. 高木彰, 김성구 옮김, 「『자본론』의 이론적 성격과 이윤율 개념의 두 가지 규정에 대하여」, 『노동사회과학』 제2호, 2009; 김성구, 「맑스의 이윤율의 경향적 저하법칙: 재구성을 위하여」, 『노동사회과학』 제1호, 2008; 김성구, 「마르크스의 공황론 방법과 주기적 과잉생산공황론」, 『마르크스주의 연구』 제10호, 2008; 김성구, 「산업순환 및 공황론으로서 이윤율저하설의 오류에 대하여」, 『마르크스주의 연구』 제17호, 2010.

기)이 어떻게 다른가, 어떻게 서로 관련되어 있는가, 또 이론적으로 어떻게 설명되어야 하는가를 다음처럼 정리해 놓도록 한다. ①주기적 공황은 10년 주기의 산업순환의 일 국면으로서 마이너스 성장을 동반하는 축소재생산 국면인 반면, 구조위기는 2~3개의 특별히 심각한 산업순환이 진행하는 국면, 즉 장기성장의 둔화 또는 정체국면으로서 여기서는 여전히 확대재생산이 이루어진다. ②주기적 공황은 산업순환의 규정적 국면으로서 또 다른 산업순환을 인도하는 반면, 구조위기는 자본주의의 조절위기로서 자본주의의 구조 재편을 요구하며 자본주의의 새로운 단계 또는 국면을 인도한다. ③주기적 공황은 생산과 소비의 적대적 발전(과잉생산) 또는 같은 내용이지만 자본의 과잉투자 또는 과잉축적으로 인해 주기적으로 발생하는 과잉생산공황인 반면, 구조적 위기는 이윤율의 경향적 저하, 즉 장기적인 과잉축적으로 인해 발생하며 주기성을 확인할 수 없다. ④구조위기는 주기적 과잉생산공황의 반복 속에서 모순이 심화된 결과로 발생한다. 자본주의의 주어진 구조조건하에서 주기적 공황을 통해서는 더 이상 자본축적의 모순이 해결될 수 없는 상황에 이르면, 자본주의의 구조 개편을 요구하는 구조위기가 발생한다. 이는 공황순환의 반복을 통해 자본축적이 고도로 진전된 결과 이윤율의 경향적 저하가 작동된 것을 표현한다. ⑤산업순환은 시장가격 이윤율의 변동에 대응하고, 자본주의의 장기변동은 일반적 이윤율의 변동에 대응한다. 따라서 주기적 공황은 과잉생산과 시장가격 이윤율의 급락에서 기인하며, 구조위기는 실현문제를 추상한, 즉 추상적으로 가치실현을 전제한 일반적 이윤율의 저하에서 비롯된다. ⑥시장가격 이윤율을 결정하는 것은 경기순환에 따른 수급변화와 시장가격 변동이고, 일반적 이윤율을 결정하는 것은 가치관계에서 파악한 자본의 유기적 구성과 잉여가치율이다. ⑦일반적 이윤율은 시장이윤율의 변동 속에서 경향적으로 관철된다. 다시 말해 가치관계·가치법칙은 시장가격의 일상적·순환적 변동 속에서 경향적으로 관철된다. ⑧따라서 자본주의는 주기적으로 실현의 곤란으로 공황을 맞게 되지만, 공황 자체를 통해 이 모순을 해결하고 장기적으로는 실현문제 없이 발전하며, 장기성장의 모순과 한계는 이윤율의 경향적 저하법칙에서 표현되고 구조위기로 표출된다.[13]

---

13) 자본주의 위기를 표현하는 데는 논자들에 따라 여러 용어가 사용된다. 종종 혼란스럽게 사용되는 용어들을 차제에 정리해 놓도록 하자. 일반적으로 독일어의 'Krise'를 번역하면 '위기'가 된다. 주기적 위기(순환적 위기)든 장기적 위기든 위기라는 용어로 통일해서 사용하면 될 것 같다. 그런데 주기적 위기 즉 산업순환상의 위기는 특별히 '공황'(Panik)이라고 부른다. 그것은 산업순환에서의 과잉생산의 위기가 통상 금융위기와 결합해서 일순간 패닉처럼 전개되기 때문에 그 공포를 표현하기 위함이다. 따라서 주기적 위기인 'Überproduktionskrise'는 우리말로 '과잉생산위기'라고 해도 되지만, 통상 '과잉생산공황'이라고 표현한다. 같은 이유로 '금융위기'(Finanzkrise)는 '금융공황'으로 말하기도 한다. 반면 장기적 위기는 위에서 말한 바처럼 여전히 확대재생산이 유지되는 성장둔화 또는 정체의 국면(통상 20~30년의 시기)을 나타내기 때문에 장기불황 또는 대불황이라고는 해도 공황이라는 말은 사용하지 않는다. 이는 자본주의 조절의 위기를 나타내기 때문에 조절위기라고도 불리우며, 또한 구조적 성격의 위기이기 때문에 구조위기 또는 구조불황이라는 용어도 사용된다(한편 구조위기라는 용어는 여기서처럼 자본주의의 장기발전에서의 위기라는 의미로 특정하게 사용될 뿐 아니라 어떤 산업부문의 구조적 위기처럼 일반적 의미로도 사용된다). 맑스주의 위기론에서 불황이라는 용어는 원래 산업순환에서 공황국면에 이어지는 침체국면을 말한다. 산업순환상의 일 국면을 나타내는 불황이라는 용어를 장기불황 또는 구조불황처럼 장기위기 또는 구조위기를 지칭하는 용어로도 사용하는 이상, 불황이라고 할 때는 그것이 산업순환의 일 국면을 말하는지 아니면 구조적 불황을 말하는지 유념해서 구별하지 않으면 안 된다.
그런데 부르주아 경제학의 문헌(사실 부르주아 경제학에서는 케인스주의 경제학을 제외하면 원리적으로 자본주의의 위기가 부정되고 따라서 위기론은 결여되어 있다)과 저널리즘에서 주기적 위기와 구조위기라는 경제위기의 두 차원을 구별하지 않고 여러 다양한 용어를 사용함에 따라 일반독자들로서는 용어 사용에서 더욱 혼란을 느끼게 된다. 갤브레이스(John Kenneth Galbraith)에 따르면 미국의 부르주아 세계에서 (주기적) 위기는 다음과 같은 용어상의 변천을 겪게 된다. 1907년 이전까지 그것은 공황(panic)이었고, 1907년 이후에는 위기(crisis)라 불렸으며, 1920년대 이후는 불황(depression, 그래서 1930년대의 대공황도 대불황[Great Depression]이라 했다), 그리고 이어서는 경기후퇴(recession)라 불렸다. 나아가 경기후퇴란 용어에도 문제가 제기되고, 특히 위기의 강도가 명백하게 약해진 1950년대 이후에는 위기를 정상상태로부터의 사소한 이탈 정도로 파악했다. Pavel Rapoš, *Die kranke*

물론 만델도 장기파동론의 관점에서 말하는 것이긴 하지만, 주기적 공황과 장기불황(구조위기)이 차원이 다른 상이한 위기라는 점을 인식하고 있다. 양자의 관련에 대해 만델은 다음처럼 설명한다.

분명히 이 '장기파동'은 기계적으로 관철되는 것이 아니라 '고전적 순환'의 변용을 통해서 작용하고 있다. 확장국면에서 순환적 호황 시기는 보다 길고 집약적이며, 순환적 과잉생산공황은 보다 짧고 피상적이다. 반대로 정체경향이 지배하는 장기파동의 국면에서는 호황시기는 덜 열광적이고 더욱 일시적인 것으로서 나타나지만, 순환적 과잉생산공황의 시기는 보다 길고 더욱 심각하게 될 것이다. '장기파동'은 형이상학적 구성으로서가 아닌 오직 이런 순환적 변동의 결과로만 파악될 수 있다.[14]

그런데 산업순환의 이와 같은 변용에 의해 특징지어지는 장기파동의 두 국면은 장기번영과 장기침체의 국면이며, 이 장기변동의 이론적 분석을 위해서는 산업순환의 분석과는 다른 차원의 이윤율 개념이 필요하다. 다시 말하면, 장기번영과 장기침체 국면은 단순하게 주기적 산업순환의 변용의 결과라고만 말할 게 아니라 장기적으로 산업순환의 배후에서 이와 같은 변용을 규정하는 요인이 무엇인가를 밝혀야 하는데, 이것이 다름 아닌 일반적 이윤율 또는 평균이윤율의 변동인 것이다. 만델은

---

*Wirtschaft: Kapitalismus und Krise*, Köln: Pahl-Rugenstein, 1984, SS.21~22. 이렇게 산업순환의 두 국면인 공황과 불황이 여기서는 동일한 의미로 사용되고, 나아가 위기 개념을 퇴색시킨 경기후퇴라는 용어가 이 두 개의 용어도 대체하게 된다. 1970년대 이래 위기가 다시 심화되었지만, 공황이란 용어가 복구되지는 않았고, 강단에서의 새고전파와 신자유주의의 지배하에 심지어 위기도 균형의 일종이라고 설명되기까지 하였다.
14) Mandel, *Late Capitalism*, p.122[이 책의 78~79쪽].

순환적 위기와 구조위기라는 두 개의 위기가 두 가지 상이한 이윤율 개념과 관련된다는 것, 그리고 두 가지 이윤율 개념은 자본주의의 이념적 평균과 현실경쟁이라는 상이한 차원의 분석수준과 관련된다는 것, 따라서 두 가지 이윤율을 혼합하는 절충적인 이윤율 개념으로는 둘 중 어느 위기도 이론적으로 합당하게 설명할 수 없다는 것을 이해하지 못한다.

만델은 이처럼 절충주의적 방식으로 파악한 이윤율 개념으로 자본주의의 장기발전 동학을 서술한다. 먼저 장기확장 국면의 동인은 이윤율의 갑작스러운 증대에 있고, 그것이 대규모 투자를 유발하며, 이는 근본적인 기술혁신과 다이내믹한 축적파동을 가져온다. 이 확장국면은 이윤율의 증대, 가속적인 축적 그리고 기존 자본의 가속적인 감가에 의해 특징지어진다고 한다. 그러나 신기술의 확장이 완료되면, 자본의 유기적 구성이 현저하게 고도화되고, 그에 따라 평균이윤율이 하락하게 된다. 이윤율의 하락은 축적둔화와 자본 유휴화를 가져와 장기불황 국면을 인도한다는 것이다.[15] 그러나 만델의 분석의 총괄적 결과[16]를 좀더 들여다보면, 어렵지 않게 그 주장이 별로 근거가 없음을 볼 수 있다. 앞서 말한 바처럼 그는 이른바 여섯 개 변수의 운동방향과, 그에 따른 이윤율의 운동을 확정하기 위해 여러 요인들을 고찰하고 있다. 이 요인들에는 매 시기의 기술혁명의 성격뿐 아니라 전(前) 자본주의 부문 및 세계시장의 변화, 심지어 자본의 가치증식에 대한 전쟁과 사회주의 혁명의 영향까지 들어간다. 어떻게 이 상이한 차원의 요인들을 이론적으로 매개하여 일반적 이윤율의 장기적 운동을 설명할 수 있는가가 문제의 핵심인데, 만델의 절충적

---

15) ibid., pp.114~121 [이 책의 69~78쪽].
16) ibid., pp.130~132 [이 책의 90쪽의 〈표 1〉].

이윤율 개념에서는 이론적 매개가 불필요하고, 다만 무매개적으로 그 효과를 합산하면 되는 것이다. 그럼에도 불구하고 만델은 이렇게 말한다.

> '장기파동'의 문제 해결을 위한 우리 분석의 특정한 기여는, 이윤율에 영향을 미치는 요소들 …… 의 다양한 조합을 기초적 생산기술의 급격한 갱신 혹은 재생산에 기초를 둔 자본의 장기적 축적 및 가치증식의 내적 논리에 관련시킨 것이다. 우리의 분석은 이 운동을 자본의 축적과정 및 자기증식과정의 내적 논리에 의해 설명한다.[17]

이렇게 만델은 이른바 '불균등 결합발전의 법칙'을 발견한 것을 자랑스럽게 내세운다. 그러나 만델의 장기파동론은 자본축적의 내적 논리보다는 이론의 여지가 있는 실증분석에 기반해 있다. 만델은 콘드라티예프의 장기파동에 대한 트로츠키의 비판을 따라 장기파동은 주기적인 순환과는 달리 법칙적이고 반복적인 메커니즘을 갖지 않는다고 하면서 기계론적 장기파동론을 기각한다.[18] 장기파동을 설명하기 위해서는 정치·사회·역사적 외적 조건들에 대한 구체적 분석이 필요하다는 것이다. 만델은 장기확장 국면으로부터 장기정체 국면으로의 전환은 자본의 운동법칙으로부터 내생적으로 설명할 수 있지만, 장기정체 국면으로부터 장기확장 국면으로의 전환은 자본의 운동법칙만으로는 설명될 수 없고, 이를 위해서는 계급투쟁을 포함하는 구체적인 역사조건을 필요로 한다고 말한다. 그래서 골트베르크도 지적하는 바처럼 만델의 장기파동은 비대

---

17) ibid., p.145[이 책의 106쪽].
18) ibid., pp.127~129[이 책의 85~88쪽].

칭적 리듬을 갖는 것이다. "만델은 여기서 완전한 순환모델에 대한 이론적 시도를 제공하지만, 그러나 다른 한편으로는 장기상승이 외생적 요인들에 의해 촉발되는 그런 '근본적인 비대칭적 리듬'을 갖는 컨셉에 관한 문제라고 주장한다."[19] 그러나 만델이 '50년 주기'의 장기파동의 '법칙성'을 주장하는 한, 그것은 결국 기계적인 장기파동론이 될 수밖에 없다. 무엇보다 직접적으로 상이하고 서로 독립적인 계기들이 어떻게 함께 작용하여 이윤율이 법칙적으로 50년 주기로 변동하는가 하는 질문에 답해야 하는데, 만델은 이를 설명하지 않고 역사적 조건의 우연함에 의지할 뿐이다. 즉, "**특수한 조건들이 결합해서 평균이윤율을 갑작스럽게 상승시키**는 경우에만, 몇십 년에 걸쳐 점차적으로 집적된 유휴자본은 새로운 기초기술을 개발할 수 있는 새로운 생산영역으로 이동할 것이다."[20] 평균이윤율의 갑작스러운 상승을 가져오는 특수한 조건들의 결합을 만델은 다만 역사적으로 설명하는데, 특히 이것을 가능하게 한 계급투쟁의 조건들로서 제2차 파동에서 1848년의 혁명, 제3차 파동에서 식민지전쟁과 제국주의적 팽창, 그리고 제4차 파동에서는 파시즘과 2차대전 및 냉전을 들고 있다. 이와 같은 정치적 사건과 조건들이 50년 주기로 반복할 수 없음은 너무도 자명한 것이고, 이로써 만델의 장기파동론은 그 내적 논리를 완전히 설명하지 못한 채 기계론적 장기파동론으로 남게 된다.[21]

---

19) Goldberg, "Das Konzept der 'Langen Wellen' der Konjunktur", S.59.

20) Mandel, *Late Capitalism*, p.120[이 책의 76쪽]. 강조는 인용자.

21) 만델은 계급투쟁의 조건들은 구체적·역사적으로만 분석할 수 있다고 하면서도, 다른 한편에서는 '계급투쟁의 장기순환'을 역사적으로 확인하고 그 존재를 (이론적으로) 상정한다. 이 상대적으로 자율적인, 계급투쟁의 장기순환은 그러나 장기파동에 조응하고 있다. Mandel, *Long Waves of Capitalist Development*, p.37 이하. 이로써 그의 장기파동론은 비로소 완성되지만, 그 대신 그는 장기파동의 기계론적 해석이라는 비판에서 결코 벗어날 수 없다.

장기파동론에 대한 비판에서 우리는 결코 자본주의 역사에서 장기확장 국면도, 또 장기침체 국면도 존재하였다는 것을 반박하지 않는다. 우리가 반박하고자 하는 것은 이러한 역사적 사실에 법칙성의 이름을 부여해서 그것을 일반화하려는 시도이다.

자본주의 역사에서 구별할 수 있는 발전시기들이 존재한다는 것, 하나의 시기로부터 다른 시기로의 이행은 자연적인 여건 및 역사적으로 특정한 여건과의 상호작용하에 생산양식의 내적 모순들 ── 이는 역사적으로 특정한 정세에서의 자본주의의 일반적 운동법칙의 표현이다 ──에 의해 야기된다는 것, 이런 것은 여기서 반박해서는 안 된다. 그러나 이것은 순환이라는 의미에서 '장기파동'과 무언가 필연적으로 관련되어 있는 것은 아니며, 결코 자본주의 공황순환의 메커니즘과 비교할 수 없고, 다만 이러한 현상들의 근저에 생산양식의 일반법칙들이 놓여 있다는 한에서만 그러하다.[22]

주지하다시피 자본주의의 장기적 발전은 총괄적으로 일반적 이윤율의 경향적 저하법칙에서 표현된다. 물론 이 법칙을 일반적 이윤율이 단선적으로 하락한다는 식으로 이해해서는 안 된다. 일반적 이윤율은 경향적으로 하락할 뿐이며, 상쇄력 여하에 따라 일반적 이윤율이 상승하는 시기도 존재한다. 그것은 곧 자본주의 역사에서 일반적 이윤율의 변동에 따라 확장국면도, 또 침체국면도 존재할 수 있다는 것을 말해 준다. 그러

---

22) Goldberg, "Das Konzept der 'Langen Wellen' der Konjunktur", S.54.

나 이 변동이 선험적이고 법칙적으로 진행한다고 주장할 어떤 근거도 존재하지 않는다. 기본적으로 만델은 이른바 여섯 개 변수의 결합은 변할지라도 이윤율은 법칙적으로 변동하며, 따라서 자본주의 생산양식은 장기파동이라는 반복적인 과정을 거친다는 이해방식에 입각해 있다. 그것은 전형적으로 비변증법적인 고찰방식이다. 역사적 (그리고 논리적) 축적과정은 양적인 과정만이 아니라 질적인 변화도 동반한다. 그래서 자본주의 역사에서 모든 장기불황 국면은 질적 변화에 의해 특징지어진다. 이 점에 대한 인식 여하야말로 장기파동론과 국가독점자본주의론의 결정적인 차이점이라 할 수 있다.

　　이 경우 한편에서는 이러한 발전에서 항상 되돌아오는 것이 중점에 놓이는데, 나는 장기파동 테제를 그렇게 이해한다. 다른 한편에서는 되돌아오지 않는 것, 즉 자본주의의 역사적 변화에 고찰이 집중된다. 이러한 의미에서 나는 자본주의의 발전단계를 말하는 것이 장기파동 테제의 반테제라고 이해한다.[23]

　　자본주의 역사에서 국가독점자본주의론은 세 개의 변화 시기(구조불황 국면)를 확인하는바, 이 국면이 변화된 축적조건으로의 자본의 적응과정을 인도하였다. 즉 19세기 마지막 사반세기(1873~1895년)의 불황국면(이를 통해 자본주의는 독점체의 형성과 함께 자본주의의 독점적 단계로 이행하였다), 1930년대 대공황(이는 재생산과정에 대한 국가의 전면적 개입

---

23)Jörg Huffschmid, "Entwicklungsstadien des Kapitalismus", PROKLA u.a., *Kontroversen zur Krisentheorie*, Hamburg: VSA-Verlag, 1986, S.76.

과 함께 독점자본주의의 국가독점적 단계로 인도하였다), 그리고 1970년대 이래의 현대불황(이는 자유화와 탈조절 그리고 지구화와 함께 국가독점자본주의의 케인스주의적 형태로부터 신자유주의적 형태로의 전환을 가져왔다)이 바로 그것이다. 만델은 독점자본주의와 제국주의, 후기자본주의를 말하고 있지만, 그의 장기파동론은 자본주의의 이와 같은 비가역적 발전의 문제와 충돌할 수밖에 없다. 왜냐하면 그의 이론에 있어 장기파동은 반드시 자본주의의 단계적 발전과 조응하는 것은 아니기 때문이다. 알트파터와 같은 네오맑스주의 경제학자들은 국가독점자본주의론의 단계론에 장기파동론을 대치시키고, 레닌의 제국주의론과 국가독점자본주의론의 폐기와 함께 장기파동론을 자본주의 발전의 일반이론으로 일층 발전시킴으로써, 이 문제 자체를 제거하였다. 그러나 자본주의의 비가역적 역사발전과 단계의 변화를 부정하고 자본주의 전체 역사를 『자본』으로 환원하여 분석하는 네오맑스주의 이론은 맑스의 정치경제학 비판에 대한 잘못된 독해이며, 다음에서 보는 바처럼 장기파동론의 기계론적 오류도 피해갈 수 없었다.


## 2. 장기파동과 구조적 과잉축적에 관한 네오맑스주의 컨셉

네오맑스주의 경제학자들 내에서 장기파동의 문제와 관련해서는 의견의 상이가 존재한다. 장기파동론의 기계론적 구상을 비판하는 논자들이 있는가 하면, 장기파동론을 적극적으로 수용하는 논자들도 존재한다.[24] 먼저 네오맑스주의 장기파동론을 살펴보도록 하자. 앞서 말한 바처럼 네오맑스주의 장기파동론은 국가독점자본주의론의 단계론을 비판할 뿐만 아니라 장기파동론이야말로 일반적으로 유효한 '단계론'이라고 주장한다. 대표적인 논자인 알트파터의 컨셉에 따르면 자본주의 생산양식 내에서 여러 발전단계가 구별될 수 있다. 그 경우 단계구별의 표지는 사회화의 형태들이다. 여기에다 발전단계 사이의 구조적 파열시기를 분석에 들여온다면, "자본주의 발전단계의 구상을 또한 역사발전의 **장기순환** 구상으로 옮겨 놓을" 수 있다는 것이다.[25] 나아가 국가독점자본주의론은 각각의 발전단계를 구별하는 어떤 질적 특징도 고려하지 못한다고 비판하고 그 이유를 다음처럼 적고 있다.

> 단계론자들[국가독점자본주의이론가들]은 통상 파열국면 또는 이행국면을 그 위기 차원에서 그리고 재구성의 경향과 관련해서 올바로 평가하지 못하고, 오히려 그 대신 자본주의 발전의 각 국면을 합리화(즉 사회주의를 향해 점점 더 성숙해가는 생산력의 발전)와 위기의 첨예화(사회적 물질대사를 조직하는 데 점점 더 적절하지 않게 되는 생산관계)의 상승-하강의 논리라는 의미로 해석한다. 위기는 사회적 재생산의 일상과 구별

---

24) 알트파터, 클라인크네히트, 휘브너·슈탕어 등이 장기파동론에 입각해 있는 반면, 비숍과 크뤼거는 장기파동론에 비판적이다. 관련 문헌은 다음을 참조하라. Elmar Altvater, "Bruch und Formwandel eines Entwicklungsmodells", Hg. Jürgen Hoffmann, *Überproduktion, Unterkonsumtion, Depression*, Hamburg: VSA-Verlag, 1983[이 책의 3장]; Elmar Altvater, "Der Kapitalismus in einer Formkrise", *Aktualisierung Marx'*, AS100, Berlin: Argument-Verlag, 1983; Alfred Kleinknecht, "Profitratenentwicklung, Lange Wellen und Zyklus", PROKLA u.a., *Kontroversen zur Krisentheorie*, Hamburg: VSA-Verlag, 1986; Kurt Hübner & Michael Stanger, "Konjunkturzyklen, lange Wellen und historische Stadien der Kapitalakkumulation", *Marxistische Studien*, no.11, 1986; Joachim Bischoff & Stephan Krüger, "Überakkumulation und industrieller Zyklus", Hg. Hoffmann, *Überproduktion, Unterkonsumtion, Depression*; Joachim Bischoff, "Überakkumulation, Krise und neokonservative Strategie", PROKLA u.a., *Kontroversen zur Krisentheorie*, Hamburg: VSA-Verlag, 1986.

25) Altvater, "Bruch und Formwandel eines Entwicklungsmodells", S.222[이 책의 115쪽].

될 수 없고, 이런 의미에서 위기는 실로 '일반적'이다. 그로써 위기 개념에만 그 분석력과 (그에 근거한) 정치력을 부여하는 종별적 차이가 상실되어 버린다. 즉 모든 것이 위기적이라면, 모든 건 정상인 것이다.[26]

그러나 이런 비판은 국가독점자본주의론의 위기론에 대한 틀에 박힌 왜곡에 입각해 있고, 특히 국가독점자본주의의 조절위기와 관련한 국가독점자본주의론의 현대적 발전을 완전히 간과하는 것이다. 국가독점자본주의론에 대한 네오맑스주의 이론의 비판에 대한 반비판은 여기서의 주제가 아니다. 계속 알트파터의 논의를 따라가 보도록 하자.

알트파터에게 자본주의 위기과정 분석의 출발점은 모순의 운동형태인데, 이는 상품형태에 근거한 것이다.[27] 상품의 형태분석을 통해 과잉생산공황의 형식적 가능성이 설명된다고 한다. 그러나 자본주의 공황은 이윤율의 경향적 저하법칙에서 그 내용적 규정을 찾게 되고, 그로부터 공황의 필연성이 도출된다. 알트파터도 여기서 주기적 공황의 원인을 이윤율의 경향적 저하법칙에서 찾는 오류를 범하고 있는데, 그러나 자본주의의 장기변동을 규제하는 이 법칙을 단순하게 주기적 공황의 설명에 옮겨 놓지는 않는다. 알트파터는 맑스가 이 법칙의 설명에서 극단적인 사례로 상정했던 '자본의 절대적 과잉생산'(또는 자본의 절대적 과잉축적)의 상황을 주기적 공황과 결합해 결국 호황 말기의 노동력 부족과 임금상승을 공황의 원인으로 파악하는 자본의 절대적 과잉축적론을 제시한다.[28]

---

26) Altvater, "Bruch und Formwandel eines Entwicklungsmodells", S.221[이 책의 114쪽], 또한 Hübner & Stanger, "Konjunkturzyklen, lange Wellen und historische Stadien der Kapitalakkumulation", SS.390~391 참조.

27) Altvater, "Der Kapitalismus in einer Formkrise", S.89 이하.

일본의 우노(宇野)학파 공황론과 일맥상통하는 이 공황론과 관련한 문제도 여기서의 주제는 아니다. 여기서 문제는 단순한 산업순환과 주기적 공황이 아니라 이를 넘어서는 장기발전과 구조위기에 관한 것이다. 알트파터는 다음처럼 소위기(주기적 공황)와 대위기(구조위기)를 말한다.

소위기란 생산양식에 의해 미리 주어진 형태 내에서의 항상 불가피한 적응과정으로서 정의될 수 있다. 적응은 어떤 경우도 모순의 폭발 없이는 일어날 수 없고 그래서 청산과정도 불가피하게 되기 때문에, 그것은 위기다. 따라서 소위기는 역사적으로 전통적인 형태들 내에서 항상 불안정한 균형을 회복하는 데 기여하며, 대립물들이 다시 상호 매개될 수 있는 정도까지 대립을 감소시키는 것으로 이해된다.[29]

그에 반해 대위기는 구조위기이고 **형태위기**다. 거기서는 전통적인 사회적 형태들에서 매개될 수 있는 정도로 단순하게 대립을 감소시키는 것은 충분치 않다. 형태 자체가 처분대상이다.[30]

그러면 알트파터가 형태위기라 하는 것은 무엇인가? 그 컨셉은 매우 포괄적인데, 그는 장기파동론의 틀 내에서 자본주의 '사회구성체'의 발전법칙을 제출하고자 한다. 부르주아 사회는 자신의 구조에 적합한 사회적 재생산의 형태들을 규정하는바, 그런 형태들에서 사회적 기관(제

---

28) Elmar Altvater & Jürgen Hoffmann & Willi Semmler, "Produktion und Nachfrage im Konjunktur- und Krisenzyklus", *WSI-Mitteilungen*, Köln: Bund-Verlag, 1978.
29) Altvater, "Der Kapitalismus in einer Formkrise", SS.93~94.
30) ibid., S.94.

도)은 자신의 수단을 갖고 그 기능을 수행하며, 이것이 다시 총체적으로 사회적 재생산을 가능하게 한다. 부르주아 사회가 어떻게든 마찰 없이 기능한다면, 이는 다름 아니라 형태, 제도, 기능 그리고 수단이 서로 조화되었다는 것을 의미한다. 형태위기는 바로 이런 조화의 파괴라는 것이다. 즉, "사회적 맥락에서 기능은, 사회의 재생산관련에서 기능에 따라 특별한 개입수단을 갖고 작동하는 제도를 통해 인지된다. 사회에 특수한 기능, 제도 그리고 수단을 적합하게 논증함으로써, 비로소 사회적 재생산의 형태의 윤곽이 그려진다. 왜냐하면 그때서야 비로소 특수한 내용이 왜 다름 아닌 주어진 형태를 취하고, 또 역으로 왜 사회적 재생산의 조절형태가 그 내용, 즉 부르주아 사회의 구조와 운동에 적합한가 아닌가가 논증되기 때문이다. 그러나 형태와 내용 간의 긴장 때문에, 제도와 그 수단은 항상 다시 위기에 빠진다."[31] 이렇게 형태위기라는 개념에서 알트파터는 레귤라시옹 이론을 이미 수용하고 있음을 드러내고 있다. 레귤라시옹 이론의 핵심 컨셉인 제도형태의 문제를 여기서 그는 사회구성체라는 맑스주의 개념과 관련시키면서 맑스주의 이론으로 재구성하고 있는 것이다. 그러나 유감스럽게도 알트파터는 소위기의 경우에서처럼 이 불일치가 위기과정의 진행에서 누적적으로 형성되어 결국 폭발하게 되는 메커니즘도, 또 그 불일치가 대위기에 의해 제거되고 새로운 발전단계로 이행하는 메커니즘도 설명하지 못한다. 말하자면 그의 장기파동론에서 이는 공백으로 남아 있다. 이런 점에서 골트베르크의 지적은 적절한 것이다. "여기서 순환성이 결코 도출될 수 없다는 것은 명백하다. 문제는 자본주

---

31) Altvater, "Bruch und Formwandel eines Entwicklungsmodells", S.228[이 책의 123쪽].

의 재생산과정에서의 질적인 변화에 관한 것인데, 모순의 첨예화가 일정한 시간경과를 따른다는 것도, 또 구조변화 즉 적응의 위기가 다시 자본축적과 성장의 현저한 활성화로 이어진다는 것도 [알트파터의 논의에서는] 읽어 낼 수 없다."[32]

물론 형태위기를 가져오는 원인, 전통적인 형태들의 파열의 근저에 있는 유일한 근거를 알트파터도 이윤율의 경향적 저하법칙에서 찾는다. 그러나 그의 이윤율의 경향적 저하법칙은 장기파동론적으로 각색되어 있다. 그가 장기상승 국면에서는 생산물의 혁신을, 그리고 장기하강 국면에서는 생산공정의 혁신을 말하는 것은 이윤율의 경향적 저하법칙을 장기파동론으로 옮겨 놓는 시도 외에 다른 것이 아니다.[33] 우리는 만델에 대한 비판에서 장기파동론의 근거로서 이윤율의 경향적 저하법칙이 어떻게 설명력을 가질 수 없는지를 이미 살펴보았다. 또한 그 비판에서 이윤율의 경향적 저하법칙의 관철과 구조위기를 통해 자본주의는 독점과 국가독점이라는 비가역적인 구조변화를 겪게 된다는 점에 주목하였다. 그러나 알트파터는 이 위기과정으로부터 형태변화의 가장 중요한 요소로서 독점과 국가독점이 형성된다는 점을 부정한다. 단계범주로서의 독점을 부정하고 다만 경과독점 ——일시적 독점, 즉 경쟁에 의해 끊임없이 소멸되는 독점 ——을 주장하는 그의 독점이론으로써는 이 문제를 고찰할 수 없다. 독점이론을 부정하는 네오맑스주의 이론은 원래 자본주의 발전단계를 상정할 수 없는 체계이다. 자본주의의 구성을 변화시키는

---

32) Goldberg, "Das Konzept der 'Langen Wellen' der Konjunktur", S.62.
33) Altvater, "Bruch und Formwandel eines Entwicklungsmodells", S.240 이하[이 책의 141쪽 이하].

질적인 변화를 상정하지 않기 때문이다. 말하자면 자본주의는 언제나 자본주의일 뿐이고, 그 구성은 기본적으로 『자본』에 의해 주어진 불변의 구조라는 것이다. 이제 한편에서 장기파동의 수용과, 다른 한편에서 레귤라시옹 이론의 수용을 통해 네오맑스주의 이론은 비로소 독자적인 발전단계론을 주장할 수 있게 된 것이다. 네오맑스주의의 관점에서 보면, 장기파동과 레귤라시옹 이론의 수용은 나름대로 일관적인 작업이라 할 수 있다. 알트파터는 다양한 형태결합을 장기파동과 결합시킴으로써 자본주의 발전단계를 구별할 수 있다고 생각한다. 그러나 장기파동론, 레귤라시옹 이론, 네오맑스주의 이론의 결합은 세 가지 종류의 이론적 오류가 뒤섞인 이론체계일 수밖에 없다. 자본주의의 장기파동과 구조위기에 관한 알트파터의 설명이 이론적 공백을 메우지 못하고 곤경에 빠지게 되는 것도 근본적으로는 이러한 이론적 성격과 한계에서 비롯되는 것이다.[34]

---

34) 독일에서 네오맑스주의에 의한 레귤라시옹 이론의 수용은 맑스주의 관점에서 비판적으로 이루어졌다. 말하자면 맑스주의 이론은 훼손되지 않은 채 맑스주의 이론 내로 레귤라시옹 이론이 흡수되어 버린 것이다. 관련문헌은 Joachim Hirsch & Roland Roth, *Das neue Gesicht des Kapitalismus*, Hamburg: VSA-Verlag, 1986; Hg. Birgit Mahnkopf, *Der Gewendete Kapitalismus*, Münster: Verlag Westfälisches Dampfboot, 1988; Kurt Hübner, *Theorie der Regulation*, Berlin: Edition Sigma Bohn, 1989; Joachim Hirsch, *Kapitalismus ohne Alternative?*, Hamburg: VSA-Verlag, 1990을 참조하기 바란다. 잡지 *PROKLA*(『계급투쟁의 문제들』)의 편집자들은 레귤라시옹 학파의 두 가지 이론경향을 구별하여 이를 가치론적 접근(아글리에타-리피에츠 라인)과 가격론적 접근(부아에 라인)이라 부르고 전자의 긍정적인 기여를 맑스주의 정치경제학 내로 수용하였다. 물론 정확하게 말한다면, 이 두 경향은 맑스주의적 접근과 부르주아적 접근이라고 해야 할 것이다. 여하튼 이들은 그렇게 함으로써 국가독점자본주의론의 이른바 경제주의와 환원주의를 극복할 하나의 가능성을 보았던 것이다. 그러나 레귤라시옹 학파의 맑스주의적 접근이라는 표현은 올바른 게 아니다. 왜냐하면 레귤라시옹 이론에는 자본주의 축적역사의 법칙성과 하나의 단계로부터 다른 단계로의 이행의 법칙성에 대해서도, 토대와 상부구조의 규정 관계에 대해서도, 경제적 메커니즘과 제도형태들 간의 관련에 대해서도, 또 자본축적의 법칙에 대해서도 맑스의 이론에 의거하는 이론적 설명이 결여되어 있기 때문이다. 레귤라시옹 이론이 모델이론이나 유형론적 경험분석에 집착하는 것은 그 필연적인 결과이다. 물론 레귤

　　네오맑스주의 장기위기 컨셉 중에는 또 다른 변종이 있는데, 이 변종은 이윤율의 경향적 저하법칙에 입각하고 있지만, 그러나 장기파동론과는 관계가 없다. 이런 점에서 이 변종은 장기파동론의 오류를 지양하고 자본주의의 장기위기를 올바로 이윤율의 경향적 저하법칙과 연관시킨다. 즉 맑스의 이윤율의 경향적 저하법칙은 장기파동론의 각색과 왜곡으로부터 벗어나게 되었다.[35] 이 입장은 자본의 구조적 과잉축적 테제라고 말해지는데, 무엇보다 비숍과 크뤼거 등에 의해 제기되었다.[36] 이 테제의 중심에는 이윤율의 경향적 저하법칙이 있다. 이들에 따르면, 이 법칙의 해석에서는 두 개의 문제가 쟁점이다. 먼저 이들은 '일반적' 이윤율

---

라시옹 이론이 맑스주의 정치경제학의 발전에 가져온 기여는 부정할 수 없을 것이다. 그러나 그 긍정적 측면을 비판적으로 가공하여 맑스주의 이론 내로 수용하는 것과, 레귤라시옹 학파의 이론 자체를 비판적으로 평가하는 것은 다른 문제다. 전자의 관점에서 보면, 레귤라시옹 이론은 국가독점자본주의론과도 상당 부분 친화성을 갖고 있고, 오히려 네오맑스주의 이론보다 더 그러하다고 할 수 있다. 호르스트 하이닝어 같은 논자는 레귤라시옹 이론을 날카롭게 비판하면서도 적극적으로 이 이론을 평가하여 그 수용을 통해 국가독점자본주의론이 일층 발전할 수 있다고 생각한다. 이에 대해서는 Horst Heininger, "Zur Aktualität der Theorie des staatsmonopolistischen Kapitalismus(I): Der formationstheoretische Aspekt", *Z. Zeitschrift Marxistische Erneuerung*, Nr.31, Sept.1997; Horst Heininger, "Fordismus und SMK-Theorie: Zur Aktualität der Theorie des staatsmonopolistischen Kapitalismus(II)", *Z. Zeitschrift Marxistische Erneuerung*, Nr.33, Mär. 1998[이 책의 4장] 참조.

35) 비숍은 장기파동론에 대해 다음처럼 반박한다. ① 통계적인 자료들은 일관적이지 않다. 장기 물가통계는 물가변동의 순수한 필터처리뿐 아니라 추세진행에 대한 가정도 포함한다. 계열선택, 필터처리와 분할기술 여하에 따라 장기파동의 주기는 달라진다. 출발점과 종착점에 대한 견해의 일치도 없고, 주기성의 기간과 원인에 대해서도 견해가 일치하지 않는다. ② 토대기술의 혁신과 사회적 구조 및 의지(意志)관계 또는 사회적 주체의 매개 문제가 제기되지 않는다. 토대기술의 혁신을 기계적으로 장기파동에 갖다 붙인다. ③ 따라서 기계적인 장기파동은 경제사와 정치경제학 및 사회과학의 결과들에 비추어볼 때 유지될 수 없다. ④ 언제나 반복해서 내생적으로 장기호황을 가져오는 메커니즘은 존재하지 않는다. 또 장기파동론에 의거해서 신경제를 설명하는 것은 설득력이 없다. Joachim Bischoff, "Ein neues Akkumulationsregime?", Michel Aglietta & Joachim Bischoff u.a., *Umbau der Märkte*, Hamburg: VSA-Verlag, 2002, SS.83~84.

36) Bischoff & Krüger, "Überakkumulation und industrieller Zyklus".

의 하락을 주기적인 공황과 결합시키려는 시도에 반대한다. 앞서 우리의 비판을 상기하면, 이는 올바른 입장이고, 이 법칙의 해석에서 가장 중요한 지점을 이룬다. 비숍과 크뤼거는 이렇게 말한다.

> 시장가치의 생산가격으로의 전화로부터 일반적 이윤율이 형성되는 것은 개별 자본가들에게 보이지 않고, 또 일반적 이윤율의 형성 자체는 그들 행동의 동기도 아니다. 평균이윤은 상이한 생산부문의 자본들에게 나타나며, 따라서 개별 자본가에게는 외적으로 주어진 것처럼 보인다. 동시에 최대한의 가치증식 경향을 통해 일반적 이윤율이라는 변동중심 또는 조정중심 자체가 변화된다. 상응하는 비용가격 주위로의 시장가격의 변동을 통해 개별 자본가 또는 심지어 특정한 생산부문이 평균이윤을 넘는 초과이윤을 실현할 수 있는지 여하가 결정된다.[37]

최대이윤의 획득이 동기인 개별 자본가로서는 일반적 이윤율의 크기가 중요한 게 아니라 초과이윤의 크기가 중요하다는 것이다. 일반적 이윤율은 개별 자본가들의 상호 간 경쟁전을 통해 사후적으로 형성되는 것이다. "이 하락[일반적 이윤율의 하락]을 개별 자본가들의 투자 의욕의 장애라고 선언한다면, 이는 그 연관을 거꾸로 세우는 것이다."[38] 비숍과 크뤼거는 이 문제의 방법론적 의의를 다음처럼 적고 있다. "일반적 이윤율과 개별적 투자의욕을 직접 결합하는 것은 그 운동법칙에 대한 맑스의 서술에서 엄격하게 분리되어 있는 자본주의 경제의 완전히 상이한 수준

---

37) Bischoff & Krüger, "Überakkumulation und industrieller Zyklus", S.39.
38) ibid., S.40.

들을 혼합하는 것이다."[39]

　　이들이 지적하는 두번째 문제는 이윤율의 경향적 저하법칙을 이윤량과 이윤율의 모순적 운동으로 이해해야 한다는 것이다. 그들의 테제는 이윤율 하락과 이윤량 증대는 동일한 축적과정의 두 측면이라는 이해 위에 입각해 있다. 그 테제는 다음처럼 총괄된다. "①일반적 이윤율의 지속적인 하락경향은 자본축적의 가속 즉 경제 전체의 성장과, 자본에 의해 고용되는 노동력의 확장경향을 동반한다. 이윤율의 하락과 동시에 이윤량의 성장은 수 개의 경기순환을 넘어 사회적 총자본의 가속적 성장에 의해 매개된다. ②물론 가속적인 자본축적은 경제성장의 증가율이 저하하는 경향을 내포하며, 이는 그 자체 자본의 가치증식의 내적 모순들로부터 설명될 수 있다. ③가속적인 자본축적의 시기는 구조적 과잉축적에 의해 교대된다. 주기적 공황을 통한 자본감가는 총자본의 가속적인 성장을 위한 조건을 더 이상 창출하지 않는다. 추가적 자본은 이미 기능하고 있는 자본의 축출을 통해서만 가치증식에 참여할 수 있다. 이런 상황하에서 이윤율의 경향적 저하는 이윤량의 정체 또는 심지어 감소와 동시에 일어난다. 잉여가치율의 증대가 투입되는 노동력 양의 감소를 벌충할 수 없기 때문이다. 따라서 과잉축적은 언제나 본질적으로, 이윤율의 저하가 이윤량에 의해 보상되지 않는 자본과 관련되며, 동시에 가속적인 화폐자본 축적에서 표현된다."[40] 그러나 이 테제는 어떤 메커니즘으로 가속적인 축적이 구조적 과잉축적으로 교대되는지에 대해 어떤 것도 말하지 않는데, 이는 내 생각으로는 이 테제의 결정적인 약점이다. 다른 곳에서 비

---

39) ibid., SS.136~137.
40) ibid., SS.143~144.

숍은 "사회적 총자본에 대해 이윤율 저하와 이윤량 증대의 매개가 파열되면 구조적 과잉축적으로의 이행이 나타난다"[41]고 썼지만, 그의 이해방식에 따르면 이러한 매개는 이윤율의 경향적 저하법칙에 고유한 것이므로 이 정식화는 별로 의미가 없다. 비숍은 이윤율의 경향적 저하법칙의 동일한 모순으로부터 한 번은 가속적인 축적을, 또 한 번은 구조적 과잉축적으로의 이행을 도출하고자 하며, 이는 논리적으로 파열과 이행의 메커니즘을 설명하지 못함을 드러내는 것이다. 자본이 이윤율의 저하를 가속적인 축적과 이윤량의 증대로 보상하려 한다는 것, 그리고 그러한 한 자본축적은 잘 진행된다는 것은 분명하다. 그러나 이 과정이 구조적 과잉축적으로 전환한다고 말하기 위해서는 무엇 때문에 이윤율과 이윤량의 매개가 일정 시점에 더 이상 작용하지 않게 되는가를 보여야만 한다.

내 생각으로는 양자의 매개에서 중심은 이윤율 쪽에 놓아야 하고, 바로 여기에서 이 질문에 대한 적절한 답을 찾을 수 있다. 왜냐하면 비숍 자신도 언급하듯이 이윤율은 "자본주의 생산의 자극제이며 축적의 조건이고 추동력"[42]이기 때문이다. 개별 자본이 단기적으로는 즉 경기순환적으로는 일반적 이윤율이 아니라 초과이윤을 목표로 투자 여하를 결정한다 하더라도 일반적 이윤율은 시장가격 이윤율이 운동하는 중심이기 때문에 일반적 이윤율의 저하는 장기적으로 축적의 둔화와 정체를 가져온다. 물론 장기에 관한 한, 개별 자본가들의 이윤율에 대한 기대치도 변화

---

41) Bischoff, "Überakkumulation, Krise und neokonservative Strategie", S.23.
42) Karl Marx, *Das Kapital*, Bd.3, *MEW*, Bd.25, 1964, S.269[김수행 옮김, 『자본론』III(상), 제1
　　개역판, 비봉출판사, 2004, 311쪽; 강신준 옮김, 『자본』III-1, 길, 2010, 341쪽]. 이하 이 책에서 『자본』
　　을 인용할 경우, 국역본 페이지를 병기한다. 국역본은 김수행이 옮긴 판본과 강신준이 옮긴 판본을
　　병기했으며, 김수행 판은 『자본론』으로 강신준 판은 『자본』으로 표기하여 구분했다.

하고, 이 기대치는 단순히 주관적 평가만이 아니라 사회제도, 정치경제 조건 등 사회적·역사적으로도 영향을 받는다. 따라서 장기적으로는 한편에서 실물적 부문에서의 일반적 이윤율의 경향적 하락에, 다른 한편에서 사회적·역사적으로 규정되는 자본가들의 이윤 기대치의 수준과 그 변화에 따라 자본축적의 정체와 위기 여하가 결정될 것이다.[43] 이렇게 이윤율의 경향적 저하법칙과 구조적 과잉축적에 관한 비숍과 크뤼거의 이론을 비판·보완함으로써 자본주의의 장기발전과 위기를 이윤율의 경향적 저하법칙에 입각해 설명할 수 있게 된다.[44] 이로써 장기파동론에 대한 우리

---

43) 일반적 이윤율이 저하하더라도 자본가들의 기대치가 낮다면, 또는 낮출 수 있다면, 자본축적은 위기로 빠지지 않고 계속 진행될 수 있다. 여기에 다음 사회로의 자본주의 이행과 관련한 하나의 중요한 쟁점이 있다. 즉 좌파 케인스주의의 경향 속에서 발전된 구상으로서, 자본주의하에서 반관반민(半官半民) 형태의 일종의 공기업을 강화한다면, 이 기업의 이윤기대치는 낮을 것이고, 그만큼 이윤율의 저하에 구애되지 않고 투자와 고용 그리고 성장을 유지할 수 있기 때문에, 자본주의의 장기침체에 대한 좌파적 대안이 될 수 있다는 것이다. 물론 맑스주의는 좌파 케인스주의보다 더 나아간다. 즉, 자본주의 기업의 사회화를 통해 더 이상 이윤을 목적으로 기업경영을 하지 않는다면, 축적은 이윤율의 운동으로부터 해방되며, 이윤율의 경향적 저하법칙 자체도 지양될 것이다. 생산력의 발전이 일반적 이윤율의 저하로 표출되는 자본주의의 모순은 더 이상 작동하지 않는다.

44) 사실 이윤율의 경향적 저하법칙에 관한 맑스의 설명에서는 장기적으로 변동되는 자본가들의 주관적인 이윤기대에 대한 고찰이 빠져 있는데, 이 때문에 이윤율의 경향적 저하법칙을 위기의 표출과 연관시키는 데 이론적 난관이 존재한다. 즉 이윤율이 경향적으로 저하할 때 어느 정도 수준으로까지 하락해야 자본의 위기인가 하는 문제에 답하기가 어렵기 때문이다. 맑스가 이 문제를 '자본의 절대적 과잉생산'(추가적으로 자본을 축적했음에도 불구하고 총이윤이 동일하거나 오히려 감소하는 경우의 축적수준)이란 개념(Marx, *Das Kapital*, Bd.3, SS. 261~262[『자본론』III(상), 301~302쪽; 『자본』 III-1, 331~332쪽])으로 해명하고자 했다고 종종 주장되지만, 맑스의 이 개념은 과잉축적과 위기를 설명하기 위한 하나의 극단적인 경우를 상정한 것이고, 이 곤란에 대한 합당한 답이라고 생각할 수는 없다. 공황론 논쟁에서 자본의 절대적 과잉생산을 공황의 원인으로 간주하는 이른바 절대적 과잉축적론도 바로 이러한 난관을 고려한 이론적 시도라 볼 수 있다. 그러나 맑스의 공황론을 올바로 이해하면, 사실 주기적 공황론에서는 이윤율이 어느 정도 하락해야 공황으로 표출하는가 하는 문제가 이론적으로 제기되지 않는다. 왜냐하면 공황은 호황기에 형성된 과잉생산과 실현곤란에 의해 시장가격과 이윤율이 폭락함으로써 발생하므로 여기서는 이윤기대의 수준을 논할 여지가 없기 때문이다. 그러나 장기적인 위기, 구조적 과잉축적의 설명에서는 이 요인에 대한 고려가 불가결하다.

의 비판도 보다 명료해진다. 이윤율의 경향적 저하법칙은 주기적 공황의 원인이 아니라 자본주의의 장기발전을 규정하는 것으로 파악해야 한다. 또한 일반적 이윤율의 장기적 운동과 자본주의의 장기적 발전은 장기파동론이 상정하는 바처럼 상승-하강의 법칙적인 순환성을 갖고 전개되지 않는다. 주지하다시피 일반적 이윤율은 자본의 유기적 구성(이는 기술적 구성의 변화를 반영하는 한에서의 가치구성이며, 따라서 기술적 구성과 가치의 변화에 달려 있다)과 잉여가치율(이는 생산성과 계급투쟁에 달려 있다)에 의해 결정되고, 계급투쟁은 역사적·정치경제적으로 조건지어진다. 뿐만 아니라 일반적 이윤율의 변동이 자본축적에 미치는 효과를 확정하기 위해서는 이윤율의 변동에 대한 자본가들의 대응과 기대차 그리고 저항도 검토해야 하는데, 이것 또한 선험적이 아니라 사회적·역사적으로 규정된다. 따라서 일반적 이윤율의 변동뿐 아니라 그것이 자본축적에 미치는 영향은 한편에서 생산력의 발전에, 다른 한편에서 역사적·구체적 조건 및 정세에 의존하게 되며, 결코 50년의 주기성을 갖고 역사적으로 반복될 수 없다.

### 3. 이윤율의 경향적 저하법칙과 세 개의 구조위기

이윤율의 경향적 저하법칙을 이론적으로 위와 같이 이해하면, 다음과 같은 결론을 끌어낼 수 있다. 일반적 이윤율의 장기적 운동이 특정 국면하에서 역사적으로 규정되는 자본가들의 이윤 기대치 수준보다도 낮을 정도로 하락하게 되면 자본축적은 둔화 또는 정체되고 구조적 과잉축적이 현재화된다. 이 경우 자본의 가치증식조건은 더 이상 주기적 공황을 통해서는 회복되지 않고, 그 개선을 위해서는 자본관계의 구조적인 재편이 요구된다. 이 국면에서는 주기적 과잉생산이나 주기적 과잉축적의 문제가 아니라 평균적인 이윤율이 낮다는 것, 즉 구조적인 과잉축적이 문제가 된다. 다시 말해 주기적 공황에 의한 자본파괴와 감가를 통해 주기적인 과잉생산과 실현곤란의 문제가 다시 해결된다 하더라도 이윤율의 주기적 운동의 중심이 되는 일반적 이윤율(사회의 평균이윤율)이 낮기 때문에 자본축적은 전반적으로, 구조적으로 제약될 수밖에 없다. 이와 관련하여 다시 한 번 강조하면, 이윤율의 경향적 저하법칙은 상품가격이 생산가격대로 교환된다는 것, 즉 수요-공급의 균형 및 재생산의 균형을 상정한 이념적 평균의 운동을 표현하기 때문에(즉 실현의 문제는 추상적으로 전제된다), 여기서 문제가 되는 자본의 가치증식조건의 악화는 결국 잉여가치 생산조건이 악화되었다는 것을 의미한다. 그것은 다름 아니라 자본의 과잉축적을 말하는데, 이러한 과잉축적, 구조적 과잉축적은 주기적 공황에서 문제가 되는 주기적 과잉축적과는 그 성격과 내용이 상이하다. 후자는 경쟁에 의해 추동되는 주기적인 과잉생산과 실현의 곤란 때문에 시장가격이 폭락하고 시장가격 이윤율이 하락함으로써 발생하는 것이라면, 전자는 경기순환의 변동을 이념적으로 평균해서 수요-공급의 균형을 상정하여 파악한 일반적 이윤율의 저하 즉 장기적 위기와 관련되는 것이다. 후자는 10년 주기 산업순환의 공황국면에서의 일시적인 과잉축적이며, 단적으로 축소재생산 즉 산업생산 및 GDP의 마이너스 성장률에서 표현된다. 반면 전자는 산업순환 2~3개에 걸친 장기의, 구조화된 과잉축적이며, 이 국면에서 자본축적은 둔화하여 대체로 20~30년의 기간 동안 평균 GDP 성장률은 플러스이긴 하지만 명백하게 둔화 또는 정체된다. 이렇게 구조적 과잉축적은 자본주의 발전의 장기적 정체 또는 침체를 가져온다. 자본주의가 이러한 상태에 빠지게 되면, 주기적 과잉생산공황은 더욱 극복하기 어렵게 되고, 위기현상은 초순환적 또는 구조적 현상으로 고착되는 경향이 있으며, 그에 반해 주기적 호황은 약화된다. 그 결과 10년간의 산업순환 사이클의 평균적인 성장은 둔화 또는 정체되고, 이렇게 2~3개의 산업순환이 전개되면서 이 20~30년 기간 동안 경제성장이 둔화 또는 정체되는 것이다. 따라서 구조적 과잉축적의 경우, 문제는 더 이상 주기적 공황을 통한 주기적 자본감가가 아니라 자본축적 조건을 근본적으로 재편하여 평균이윤율의 하락에 대한 근본적인 상쇄경향을 동원할 수 있는 그런 자본감가가 요구된다. 자본주의가 역사적으로 이와 같은 구조적인 과잉축적과 구조위기에 직면하여 독점자본주의와 국가독점자본주의로 성장전화해 온 것은 한편에서 생산력 발전과 생산관계의 모순에 조응하는 것이지만, 다른 한편에서는 구조위기하에서 구조화된 과잉자본을 감가시키는 문제와 관련되어 있다. 즉 독점과 국가독점은 구조화된 과잉자본을 감가시켜 자본축적의 조건을 새롭게 회복하는 데 중심적인 의의를 지니는 범주이며, 이를 통해 자본주의는 새로운 단계로 성장전화할 수 있었다.

독점자본주의를 전제하면, 이상에서 파악한 이윤율의 경향적 저하법칙이 독점관계하에서는 어떻게 수정되어 관철되는가라는 질문이 제기된다. 이는 비숍을 비롯해 네오맑스주의 이론가들이 근본적으로 부정하는 문제이며, 그들의 독점이론으로는 이해할 수 없는 문제지만, 현대자본주의 분석에서 독점의 지배는 피해 갈 수 없는 문제다. 여기서 상론할 수는 없지만 간략히 정리한다면, 이윤율의 경향적 저하법칙은 독점자본주의하에서도 유효하지만, 평균이윤율 법칙이 차별적 독점이윤율의 법칙에 의해 대체됨으로써 '단일한' 일반적 이윤율의 경향적 저하라는 모습으로 표현되지는 않는다. 왜냐하면 생산된 가치 및 잉여가치를 (총)유통과정에서 독점력을 통해 재분배하는 것이 독점이윤의 본질이므로, 독점자본주의와 제국주의로의 이행과 함께 일반적 이윤율은 '이윤율 격차의 계서제'로 전화되기 때문이다. 그럼에도 이윤율의 경향적 저하법칙을 말할 수 있다면, 그것은 다만 계산을 위한 가공적 평균을 상정하기 때문이다. 이 가공적 평균이윤율은 현실적으로 형성되는 것은 아니지만, 개별자본 간 이윤의 재분배를 위한 토대이자 그 운동공간을 규정하기 때문에 독점자본을 포함하여 총자본에 대해 여전히 중요한 의미를 갖는다.[45]

여기서 우리의 주제와 관련된 보다 중요한 문제는 독점이윤의 법칙에 의해 독점자본주의의 재생산과 축적이 어떻게 변용되는가 하는 것이다. 이것 또한 여기서 상론하기는 어렵지만, 그 테제만을 제시해 놓도록 한다.[46] 앞서도 언급한 바와 같이 일반적 이윤율과 생산가격의 법칙은 수요와 공급의 균형, 즉 사회적 재생산의 균형을 상정한 것이다. 이 균형관계는 일상적으로, 또 호황과 공황이라는 경기순환적 운동에 의해 교란·

---

45) 독점의 지배는 이윤율의 격차로서, 독점적 초과이윤에서 그 핵심 내용을 표현한다. 따라서 독점의 지배를 부정하는 네오맑스주의 이론가들은 이윤율의 격차를 부정하며, 현대자본주의에서도 일반적 이윤율의 실제적 관철을 주장한다. 이는 쉽게 말하면 삼성 재벌과 그 하청기업들이 모두 경쟁하는 자본으로서 상호 균등한 자본을 구성하고(따라서 경쟁을 통해 하청기업이 재벌이 되고 삼성의 독점력이 소멸되어 하청기업으로 될 수 있고) 동일한 이윤율을 획득한다고 주장하는 것인데, 이런 난센스가 (경과독점으로서의 독점이라는, 즉 독점적 지배구조를 부정하는) 그들의 독점이론에 숨겨져 있다(한국에서는 정성진 교수가 트로츠키주의 경제학과 모순되게 혼합된 형태이긴 하지만 이런 입장을 대변하는 대표적인 논자다. 레닌주의의 진정한 계승자로 자처하는 정 교수가 레닌의 독점자본주의론을 부정하고 네오맑스주의 경제학을 기반으로 하고 있다는 것은 그의 정치경제학이 얼마나 이론적 일관성이 없고 모순적인 것인가를 단적으로 보여 준다. 사실 정 교수는 여기에 머무르지 않고 미국판 조절이론이라고 할 사회적 축적구조론[SSA이론]도 수용하는 등 네오맑스주의의 이론적 변화과정을 충실하게 뒤쫓아 갔다). 네오맑스주의 독점이론과 관련문헌 그리고 그에 대한 비판은 무엇보다 김성구, 「『자본』에서 마르크스의 독점(가격/이윤)에 대한 이해」, 『이론』 제10호, 1994를 참조하기 바란다.

46) 자세한 내용은 Seong-Gu Kim, *Zur Rekonstruktion der These der Stagnationstendenz im Monopolkapitalismus: Ein theoretischer Versuch*; 김성구, 「독점자본주의의 정체경향에 대하여」, 『이론』 제3호, 1992 참조.

파괴되지만(즉 가치관계로부터 시장가격 운동의 일상적·순환적 괴리), 주기적 공황을 통한 가치법칙의 관철에 의해 균형관계가 다시 회복되며, 자본주의는 이렇게 경향적으로는 재생산의 균형을 유지할 수 있다. 이렇게 추상적 균형조건하에서의 축적의 경로를 규정하는 것이 다름 아닌 이윤율의 경향적 저하법칙이다. 즉 자본주의는 이념적 평균에서 추상적으로, 또 현실에서는 경향적으로 재생산의 균형을 유지하면서 자본축적을 고도화해 가지만, 이는 자본의 유기적 구성의 고도화를 가져와 잉여가치율의 증대에도 불구하고 장기적으로 일반적 이윤율의 저하를 가져온다. 따라서 자본축적은 추상적으로도 현실적으로도 모순적이고 위기적인 과정일 뿐이다. 이윤율의 경향적 저하가 특정 국면하에서 자본가들의 이윤기대 이하로까지 진행되면 자본축적의 둔화와 정체가 불가피해진다. 이것이 다름 아닌 구조적 과잉축적의 상태이며, 구조위기로서 표출된다. 반면 독점이윤과 독점가격의 법칙이 지배하게 되면, 경쟁자본주의하에서의 경우와 달리 독점적 시장가격의 운동은 독점자본주의의 재생산의 균형을 유지하기가 점점 어렵게 된다. 즉 자본주의 가치법칙과 공황법칙은 독점가격과 독점이윤의 법칙에 의해 한편에서 수정되고, 다른 한편에서 왜곡된다. 그것은 독점자본주의하 공황의 심화와 장기화로 나타나며, 이로써 독점자본주의에 고유한 현상 즉 과잉생산과 과잉축적의 만성화, 구조적 과잉생산과 과잉축적, 다시 말해 독점자본주의의 정체경향이 불가피해진다(따라서 독점자본주의하에서는 경쟁자본주의에서와 달리 장기적으로, 경향적으로 과잉생산과 실현곤란의 문제가 제기된다. 그러나 이것은 바란[Paul Baran]과 스위지[Paul Sweezy]의 과소소비론처럼 [자본주의와] 독점자본주의하에서의 원천적인 실현 불가능성을 의미하지 않고, 다만 경쟁자본주의와 비교한 상대적인 의미를 가질 뿐이다). 우리는 앞서 독점자본이 경쟁자본주의의 구조위기에 직면하여 구조화된 과잉자본을 감가시키고 자본축적을 회복하는 주요한 범주라고 하였는데, 여기서 이 범주의 모순이 극명하게 드러난다. 이렇게 독점은 다른 한편에서 위기하 자본의 감가를 저지하고 과잉자본을 계속 온존시켜 자본축적의 만성적 정체를 가져오는 주요 요인인 것이다. 독점자본주의의 이와 같은 내재적인 모순이 다름 아니라 독점자본주의가 국가독점자본주의로 성장전화하는 주요한 계기를 이룬다. 국가가 이러한 독점자본주의의 재생산의 모순에 대응하여 재생산과정에 전면적으로 개입하지 않을 수 없다.

이에 따라 독점자본주의하 구조적 과잉축적, 즉 구조위기는 경쟁자본주의하 그것과 다르게 해석될 수밖에 없다. 경쟁자본주의하에서 구조위기는 이론적으로는 단순하게 이윤율의 경향적 저하법칙에서 비롯되는 것이고, 여기서 문제는 생산부문에서 생산된 잉여가치로 표현되는 이윤율의 저하다. 반면 독점자본주의에서는 이윤율의 경향적 저하법칙의 작용(독점자본은 한편에서 독점적 초과이윤의 획득이라는 상쇄력을 통해 이 법칙의 작용에 저항하지만, 다른 한편에서는 가공적인 평균이윤율의 하락에 의해 결국 그 운동공간을 제약당한다) 외에도 독점가격과 독점이윤의 지배에 의한 재생산과정의 변용과 왜곡, 즉 독점하 만성화되는 과잉생산과 과잉축적 또한 고려에 넣어야 한다. 이처럼 독점자본주의하 구조적 과잉축적은 이중적인 의미로 이해된다. 즉, 생산부문과 관련된 사회적 총자본의 이윤율의 저하 또는 독점의 지배에 기인하는 과잉생산과 과잉축적의 만성화 또는 이 양자의 결합이 그것이다. 경쟁자본주의로부터 독점자본주의로의 이행을 가져온 제1차 구조위기가 일반적 이윤율의 경향적 저하법칙에서 비롯된 것이었다면, 독점자본주의로부터 국가독점자본주의로의 성장전화를 가져온 제2차 구조위기는 한편에서 이윤율의 경향적 저하법칙이, 다른 한편에서 독점자본주의의 만성적 정체경향이 단독으로 또는 함께 작용한 결과라 할 것이다. 이러한 연장선에서 파악하면, 케인스주의적 국가독점자본주의의 신자유주의적 국가독점자본주의로의 형태변화를 가져온 제3차 구조위기는, 한편에서 일반적 이윤율의 경향적 저하법칙, 다른 한편에서 독점자본주의의 만성적 정체경향, 그리고 또다른 한편에서 국가독점자본에 고유한 재생산의 조절위기가 복합적으로 작용한 결과였다. 이렇게 현대 국가독점자본주의하에서의 구조위기는 중층적인 복잡한 관련하에서만 올바로 파악될 수 있다.[47]

---

47) 구조위기 분석뿐 아니라 전반적으로 현대자본주의의 분석을 위해서는 이렇게 자본주의 일반이론, 독점자본주의론, 국가독점자본주의론이라는 중층적 이론구성이 요구된다. 자본주의 일반이론은 완전한 것은 아니지만(즉『자본』으로부터의 상향의 이론적 과제가 남아 있긴 하지만) 기본적으로 맑스의 『자본』에서 주어진 반면, 독점의 지배에 의해 변용되는 자본주의 운동법칙의 서술을 대상으로 하는 독점자본주의론과, 국가독점의 지배에 의해 일층 변용되는 독점자본주의의 특수한 분석을 대상으로 하는 국가독점자본주의론은 지금까지도 논란의 여지가 많은 미완의 영역으로 남아 있다. 현대자본주의 분석은 이런 세 가지 수준의 이론과 그 종합에 입각함으로써만 과학적일 수 있다. 이러한 중층적 이론구성을 맑스주의 경제학의 핵심 과제로 인식하고 이론작업을 수행한 논자로서는 특히 기타하라 이사무(北原勇)를 들 수 있다(『独占資本主義の理論』, 有斐閣, 1977; 北原勇·鶴田満彦·本間要一朗, 『現代資本主義』, 有斐閣, 2001 참조). 아울러 이런 점에서 독점과 국가독점을 부정하고 『자본』으로 환원해서 현대자본주의를 분석해야 한다는 네오맑스주의 이론의 한계는 너무도 명백하다 할 것이다. 위에서 본 현대자본주의하 구조위기 설명의 복잡성은 바로 이런 3층 구조의 현대자본주의 이론체계에서 비롯되는 것이다. 이는 1980년대 이래 특히 구동독에서 제출된 국가독점자본주의의 조절위기론을 3층 구조의 이론을 통해 보완한다는 의미를 갖는다. 이러한 이론체계에 입각하는 한, 비로소 독점자본주의의 정체경향도 상대적인 의미라는 것, 독점자본주의와 국가독점자본주의하에서도 급속한 성장이 가능하다는 것이 이해될 수 있다. 이런 점에서 독점자본주의론과 국가독점자본주의론이 현대자본주의의 부후(腐朽)화와 정체기조만 강조하고 급속한 성장을 이론화하지 못한다는 통속적인 비판은 전적으로 오류이며, 낡은 버전의 독점자본주의론과 국가독점자본주의론에서 비롯된 일종의 편견이라 할 것이다. 평균이윤율이 상승하는 국면에서는 독점자본주의와 국가독점자본주의에서도 장기성장이 가능하다. 그러나 그 장기성장은 자유경쟁자본주의에서와 달리 독점에 의한 정체경향과 국가독점적 조절의 모순이 중층적으로 작용하기 때문에 성장의 모순은 복잡하게 전개될 수밖에 없다. 이는 네오맑스주의 장기파동론이나 구조적 과잉축적론으로는 포착할 수 없는 것이다.

# 4. 세계체제론/역사적 자본주의론의 장기파동론[48]

이 이론에 따르면 근대세계체제(자본주의 세계체제)는 역사적이고, 다른 세계체제와 마찬가지로 발생과 발전 그리고 구조적 위기라는 세 가지 계기를 지닌다.[49] 보다 구체적으로, 이 체제는 주기적 순환운동과 장기적인 추세하에서 전개되는데, 주기적 순환은 체제의 구조들에서 발전하는 불균형과 이 불균형을 균형으로 회복시키는 주기와 관련되는 것이고, 장기적 추세는 체제의 균형으로부터 멀어져 가는 방향성 있는 벡터다. 말하자면 근대세계체제는 순환적 운동 속에서 불균형을 야기할 뿐 아니라 그 불균형을 균형으로 회복시키면서도 순환과 순환을 거쳐 체제의 구조를 해체시키는 불균형의 요소가 발전한다는 것이다. 불균형을 발전시키는 장기적인 추세로 인해 주기적인 순환운동이 더 이상 장기적인 (상대적) 균형을 회복할 수 없는 상황이 초래되면, 그때는 이제 주기적인 위기가 아니라 구조적 위기가 문제가 되며, 이 위기는 한 체제가 종말을 맞고 하나 또는 여러 개의 대안체제로 대체되는 결정적인 전환점을 지시하는 위기이다. 즉 그것은 장기간에 걸친 카오스적 '이행'의 시기를 지시하는 위기이다.[50]

이러한 설명에서 월러스틴과 홉킨스(Terence K. Hopkins)가 사용

---

48) 세계체제론/역사적 자본주의론에 대한 전반적인 비판은 여기서의 주제가 아니다. 월러스틴에 대한 체계적인 비판은 김성구, 「월러스틴의 세계체제론: 맑스주의적 비평」, 김성구 편, 『사회화와 공공부문의 정치경제학』, 문화과학사, 2003을 참조하고, 여기서는 세계체제론/역사적 자본주의론의 축적론의 핵심인 장기파동론 비판에 한정한다.

49) 이매뉴얼 월러스틴·테렌스 K. 홉킨즈, 『이행의 시대』, 김영아·백승욱 옮김, 창작과비평사, 1999, 310쪽.

50) 같은 책, 20~21쪽.

하는 개념은 우리가 앞에서 사용한 그것과 다르다는 것을 우선 지적할
필요가 있다. 여기서 주기적 위기와 구조적 위기는 앞에서 우리가 사용
한 개념인 주기적 공황과 구조위기(=장기불황)와 달리 구조위기와 이행
의 위기(=최종적 위기)를 가리킨다. 즉, 주기적 위기는 구조위기이며, 구
조적 위기는 이행의 위기를 말한다. 따라서 순환적 운동이란 것도 주기
적 산업순환이 아니라 장기번영과 장기불황의 교대라는 장기파동 또는
헤게모니 순환을 의미한다. 이들의 이론세계에서 주기적 공황이란 사소
한 것이고 사실 그 분석을 위한 이론적 토대(공황론)도 결여되어 있다.[51]
이렇게 이들의 순환적 운동은 주기적인 산업순환이 아니라 장기순환을
말하는데, 여기에서는 두 가지를 구별할 수 있다. 하나는 45~60년간 지
속되는 콘드라티예프 순환이고, 다른 하나는 100~150년간 지속되는 헤
게모니 순환이다. 콘드라티예프 순환은 물질적 생산의 확장(A국면)과 둔
화 또는 침체(B국면)를 교대해 왔고, 헤게모니 순환은 헤게모니의 확립
(A국면)과 쇠퇴(B국면)의 교대 속에서 헤게모니 국가를 교대해 왔다고
한다.[52]

---

51) 세계체제론/역사적 자본주의론의 이론구성에서 주기적 공황의 배제와 공황론의 결여는 이
　　이론의 근본적 맹점 중의 하나이다. 주기적 공황을 배제하고 구조위기나 최종적 위기를 논
　　할 수는 없는 것이다. 왜냐하면 자본주의의 구조위기와 최종적 위기가 주기적 공황과 무관
　　하게 별개로 존재하고 작용하는 것이 아니기 때문이다. 앞서 말한 바처럼 구조위기란 주기
　　적 공황으로는 더 이상 과잉자본을 정리하기 어려워 과잉자본이 구조화되는 국면이며, 이
　　는 공황은 심화되고 호황은 약화되는 양상의 산업순환이 2~3개 전개되는 축적둔화의 시기
　　를 말한다(물론 구조위기가 반드시 이런 산업순환 2~3개가 경과하는 국면이라는 것은 아니다.
　　그런 법칙성과 규칙성은 결코 이론적으로 상정할 수도 없고 논증할 수도 없다. 다만 지난 세 번의
　　구조위기는 그러했다는 것이다). 따라서 구조위기와 주기적 공황이 차원을 달리하는 위기라
　　하더라도 이론적으로, 현실적으로도 주기적 공황 없이 구조위기를 운운할 수는 없다.
52) 이른바 17세기 중반 네덜란드 헤게모니, 19세기 중반 영국 헤게모니, 20세기 중반 미국 헤게
　　모니(이매뉴얼 월러스틴, 『역사적 자본주의/ 자본주의 문명』, 나종일·백영경 옮김, 창작과비평사,
　　1993, 61쪽).

그런데 세계체제론/역사적 자본주의론에서 장기파동과 헤게모니 순환은 이론적으로 정합적이지 않다. 양자의 정합성을 상정하는 월러스틴과 달리 아리기는 장기파동론을 비판적으로 파악하고 그것을 대신해 헤게모니 순환(이른바 체계적 축적 순환)을 제시한다.[53] 그러나 체계적 축적 순환 또한 장기파동과 같이 실물적 팽창 국면과 실물적 쇠퇴 국면(= 금융적 팽창 국면)의 두 국면으로 구성되고, 금융적 팽창 국면에서 새로운 축적순환으로의 교대가 일어난다고 함으로써, 사실 장기파동론을 보다 장기의 지평으로 옮겨 놓은 셈이다.[54] 아리기의 말을 들어 보면, "따라서 맑스의 자본의 일반정식(M-C-M')은 개별 자본가의 투자논리뿐 아니라 세계체제로서의 역사적 자본주의의 반복 양상 또한 묘사하고 있는 것으로 해석될 수 있다. 이런 양상의 핵심 측면은 실물적 팽창시기(자본 축적의 M-C 국면)와 금융적 재생과 팽창 국면(C-M' 국면)의 교대이다. …… 이것이 합쳐진 두 개의 시기 또는 두 개의 국면이 온전한 하나의 **체계적 축적 순환을 구성한다(M-C-M')**".[55] 체계적 축적 순환에서 "실물적

---

53) 조반니 아리기, 『장기 20세기』, 백승욱 옮김, 그린비, 2008, 36쪽 이하; 같은 책 370쪽의 총괄 도표 참조.

54) 물론 아리기는 새로운 축적순환의 출현과 지배적 축적순환으로의 정착을 자동적·기계적으로 상정하지 않고 역사적 정세에 의해 결정된다고 하여 월러스틴의 장기파동론과는 차별적이다. 또 후에 보는 바처럼 최종위기에 대해서도 양자는 차별적이다.

55) 아리기, 『장기 20세기』, 38쪽. 체계적 축적순환의 정의에서 아리기는 맑스의 자본의 일반정식(M-C-M')을 세계체제로서 역사적 자본주의의 축적순환을 묘사하는 것으로 해석할 수 있다고 하는데, 이는 황당한 주장이다. 맑스의 M-C-M'은 기본적으로 상업자본과 금융자본 등의 자본분파의 운동을 설명하는 것이 아니라 이런 자본분파의 운동을 추상하고 그로부터 산업자본의 운동을 정식화한 것으로서, 이를 산업자본 중심의 축적과 금융자본 중심의 축적의 교대라는 역사적 자본주의의 운동을 설명하는 데 원용할 수는 없다. 뿐만 아니라 위 정식의 M-C(구매)나 C-M'(판매)는 모두 유통과정을 표현하는 것이고, 결코 아리기가 해석하는바와 같이 전자는 실물적 팽창 국면, 후자는 금융적 팽창 국면이라고 해석할 수도 없다.

(M-C) 팽창 국면들은 연속적 변화의 국면들로 구성되며, 이 시기에 자본주의 세계경제는 단일 발전 경로를 따라서 성장함을 보여 준다. 그리고 금융적(C-M') 팽창 국면들은 기존 경로를 따른 성장이 한계에 도달했거나 도달하고 있어, 급진적인 구조조정과 개편을 거쳐서 자본주의 세계경제가 또 다른 경로로 '교체'되는 불연속적 변화의 국면들로 구성되어 있음을 보여 준다".[56]

헤게모니 순환이 이렇게 구성된다면, 월러스틴처럼 장기파동과 헤게모니 순환을 결합하여 세계체제의 축적 동학을 설명하는 것은 논리적으로 모순일 수밖에 없다. 즉 100~150년의 헤게모니 순환 내에 또 45~60년 주기의 콘드라티예프 파동을 설정한다면, 헤게모니 순환 내에 다시 2~3개의 콘드라티예프 파동이 존재하게 된다. 이는 헤게모니 순환의 실물적 팽창시기도 다시 콘드라티예프 파동의 물질적 팽창시기와 금융적 팽창시기로 구성되고, 또 헤게모니 순환의 금융적 팽창시기도 다시 콘드라티예프 파동의 물질적 팽창과 금융적 팽창의 시기로 구성된다는 것을 의미한다. 헤게모니 순환의 물질적 팽창시기에 콘드라티예프 파동의 금융적 팽창시기가 중첩되고, 또 헤게모니 순환의 금융적 팽창시기에 콘드라티예프 파동의 실물적 팽창시기가 중첩된다면, 도대체 어떻게 헤게모니 순환이 실물적 팽창시기와 금융적 팽창시기라는 두 국면으로 구성된다고 할 수가 있겠는가? 또 콘드라티예프 파동이 어떻게 물질적 생산의 확장과 둔화라는 두 국면으로 구성된다 할 수 있는가? 월러스틴은 장기파동과 헤게모니 순환이 어떻게 연관되어 있는가라는 이론구성에

---

56) 아리기, 『장기 20세기』, 43~44쪽.

서의 중요한 문제를 검토하지 않기 때문에, 그의 이론은 치명적 한계를 벗어날 수 없는 것이다. 그러면 월러스틴의 장기파동론과 아리기의 체계적 축적순환을 결합하지 않고 아리기의 체계적 축적순환만 받아들인다면, 세계체제론/역사적 자본주의론을 구원할 수 있을까 생각할지 모른다. 그러나 이 경우 논리적 모순은 피할 수 있을지 모르지만, 자본주의 구조위기의 역사를 체계적 축적순환의 이론으로 설명하는 것은 많은 문제를 제기한다.

우선 공황사가들의 분석에 따르면 자본주의 구조위기는 역사상 세 번 존재하였다. 즉 1873~1895년의 대불황, 1930년대의 대공황, 그리고 1970년대 이래의 현대불황이 그것이다. 이와 비교하면 만델을 비롯한 장기파동론에서는 이른바 1826~1847년의 장기불황, 그리고 2007~2009년부터 시작되는 새로운 장기불황이 추가되는데, 전자는 공황사에서 구조위기로서 평가되지 못하고, 후자는 (자본주의의 구조변화를 인도하는) 구조위기라기보다는 신자유주의 축적체제의 위기적 작동으로 보는 것이 보다 타당하다. 아리기의 체계적 축적순환은 이 세 개의 구조위기를 미국 헤게모니 순환(이른바 장기 20세기)의 세 번의 계기로서 위치지을 뿐이며, 영국·네덜란드·제노바 순환들에 대해서는 더욱더 구조위기의 역사를 대응시키지 못한다. 처음 두 번의 구조위기가 미국 순환이 출현하고 나아가 강화되는 계기인 만큼 이는 곧 영국 순환이 쇠퇴하고 나아가 최종적 위기에 처하는 계기지만, 영국 순환이 출현하게 되는 구조위기(다시 말해 네덜란드 순환이 쇠퇴하게 되는 구조위기)는 공황역사에서 확인할 수 없다. 이는 영국 순환의 이전 시기는 기본적으로 자본주의로의 이행과 세계자본주의 형성의 시기이기 때문에 자본주의 구조위기는커녕 세계체제의 헤게모니를 운운하기가 어렵기 때문이다. 사실 아리기도 지적하는 바처럼, 중세 통치체계의 지역적 하위체계 또는 중세체계의 교황/황제 권력 사이의 세력균형하 고립지[57]라는 제노바 순환이 세계체제의 헤게모니 순환이라고 규정하는 것도 과도한 것이며, 또한 "네덜란드 세계헤게모니는 이렇게 형성되자마자 무너진 매우 단명한 것이었다."[58] 다른 한편 세 개의 구조위기는 미국 헤게모니 순환의 교체와 관련해서만 해석하기에는 너무도 근본적인 자본주의 구조변화를 인도한 것이다. 독점자본주의로의 이행과 국가독점자본주의로의 성장전화라는 자본주의 구조변화는 세계자본주의의 헤게모니 국가의 교체보다 더 근본적인 것이며, 현대자본주의론은 이러한 변화와 그것이 가져온 새로운 모순들을 이론적으로 고찰하지 않으면 안 된다. 아리기는 이를 법인자본주의와 수직적 통합 그리고 뉴딜이라는 이름으로 미국 헤게모니의 구성요소로 파악하지만, 사안의 본질은 법인자본주의와 수직적 통합 그리고 뉴딜이 아니라 독점자본의 지배와 국가의 경제개입이라는 보다 일반적인 변화이다(미국자본주의가 법인자본주의인 게 아니라 모든 독점자본주의가 법인자본주의 즉 주식회사제도이고, 독점조직에서 수직적 통합과 수평적 통합은 서로 중첩되며, 미국의 뉴딜만이 아니라 유럽의 사민당과 보수당 모두 개입주의를 제도화한다). 따라서 독점자본의 지배와 국가의 경제개입은 단지 하나의 헤게모니 국가의 구성요소라기보다는 이 헤게모니 국가를 포함하여 현대자본주의 체제의 단계적 변화——독점자본주의와 국가독점자본주의——를 특징짓는 핵심요소이다. 그 때문에 이들 요소는 헤게모니 국가 미국의 구성요소로서가 아니라 미국을 포함한 현대자본주의의 단계

---

57) 아리기, 『장기 20세기』, 88~89쪽.
58) 같은 책, 105쪽.

적 변화의 요소로서 이론화되어야 하며, 독점자본주의와 국가독점자본
주의 세계체제하에서 비로소 헤게모니 국가를 상정하는 그런 이론구성
이 되어야 한다.[59] 그 경우 독점자본주의로의 이행과 함께 시작되는 영국
헤게모니를 둘러싼 제국주의적 경합과, 국가독점자본주의하에서의 미
국 헤게모니의 성립과 그 쇠퇴를 이론적으로 일관해서 분석할 수 있다.

---

59) 자본주의 세계체제하에서 헤게모니 문제가 제기되는 근본적 이유는 한편에서 자본의 세계
화 경향과, 다른 한편에서 국민국가로 분할되어 존재하는 자본주의 세계경제의 특정한 조
직형태 간의 모순 때문이다. 즉 자본은 그 본래의 가치증식 성격상 세계화를 지향하지만, 세
계경제는 단일한 세계국가로서 통일되어 있지 않고 국민국가적으로 조직·분할되어 있으므
로 국민국가의 국경에 의해 자본의 가치증식 운동은 제약된다. 자본은 세계국가가 부재한
모순으로부터 비롯되는 가치증식의 한계, 무엇보다 상품과 자본의 국경 통관과 국민통화
간 교환(즉 세계통화)의 문제를 국제무역제도와 국제통화/금융제도의 확립이라는 제도적
형태를 통해 해결할 수밖에 없다. 그러나 국제무역제도와 국제통화/금융제도는 근본적으
로 국민국가 간 갈등과 이해관계의 대립 위에 성립하는 모순적이고 불안정한 체제이며, 실
제로는 이를 조정할 수 있는 헤게모니 국가의 지배하에 성립하는 것이다(물론 헤게모니 국가
도 국민국가 간 갈등과 이해대립을 근원적으로 해소하지는 못한다). 즉 그 안정적인 작동은 헤
게모니 국가와 헤게모니 통화를 전제로 한다. 따라서 헤게모니 국가의 지위가 불안정해지
면, 국제무역제도와 국제통화/금융제도 전체가 불안정에 빠지게 되며, 헤게모니 국가의 교
체와 함께 국제무역제도와 국제통화/금융제도 자체도 변하게 된다(정치·군사적 헤게모니는
단순하게 조응하는 것은 아니지만 기본적으로 이러한 세계경제적 헤게모니를 지탱하기 위한 것
이다). 이러한 관계는 독점자본주의와 국가독점자본주의로의 자본주의의 단계이행 속에서
도 마찬가지다. 자본주의는 어떻게 고도로 발전한다 하더라도 세계경제의 이 모순을 해결
할 수 없기 때문이다. 이렇게 헤게모니와 헤게모니 국가의 문제는 자본주의 세계경제의 모
순적인 조직형태와, 그것에서 비롯되는 국제무역제도와 국제통화/금융제도와의 관련하에
서 파악해야 하는 보다 낮은 추상수준의 범주이다. 아리기처럼 이러한 헤게모니와 헤게모
니 순환이란 개념으로 세계체제론을 구상하는 것은 이상의 관련을 이론화하는 대신 경험주
의적 방식의 일반화를 도모하는 것이다. 이는 정치학에 비교한다면, 자본주의 국가론으로
부터 헤게모니 분석으로 나아가는 것이 아니라 헤게모니 이론으로 자본주의 국가를 분석하
는 것과 다를 바 없다. 이렇게 아리기의 방법은 맑스의 정치경제학 비판의 방법을 부정하는
것이다. 맑스에 있어서는 세계경제론 자체도 분석의 출발점이 아니라 상품과 자본의 분석
으로부터 상향의 과정을 통해 도달한 종착점일 뿐이었다(물론 자본주의 세계경제는 분석의
출발점이지만, 그 이론화를 위해서는 세계경제로부터 가치와 노동이라는 기초개념 분석으로까지
내려가는 하향의 방법과, 그로부터 다시 세계경제의 서술로까지 상향하는 이론적 방법이 요구되
었던 것이다. 이것이 현상에 의한 본질의 왜곡을 해명할 수 있는 유일하게 과학적인 방법이다). 세
계경제의 헤게모니 분석의 이론적 출발점은 다름 아닌 맑스의 상향의 방법을 통해 달성되
는 이 세계경제론이 되어야 하는 것이다.

세계체제론/역사적 자본주의론이 자본주의의 동학을 장기파동으로 설명하든 체계적 축적순환으로 설명하든 그 이론적 토대가 부재하다는 것도 간과할 수 없는 이론적 한계다. 앞서 본 바와 같이 맑스주의 이론에 입각해 자본주의의 장기발전과 위기를 설명한다면, 기본적으로 맑스의 축적론과 이윤율의 경향적 저하법칙에 의거할 수밖에 없다. 그리고 이는 현대자본주의의 역사적 변화에 조응하여 독점자본주의론과 국가독점자본주의론의 발전에 의해 보완되어야 한다. 이렇게 자본주의의 장기변동과 위기는 맑스에 따르면 가치론과 축적론에 입각하여 평균이윤율의 변동으로 설명되는 반면, 월러스틴의 경우에는 이론적 논거 없이 기업 간 경쟁에 따른 유효수요와 과잉생산의 변동으로 설명한다. 아리기 또한 구조적 위기와 과잉축적을 말하지만 역자 백승욱 교수의 해제처럼 이를 맑스의 이윤율의 경향적 저하법칙으로 설명하는 것은 아니다. 백승욱 교수는 해제에서 아리기의 이론을 맑스의 이론과 관련시키고자 하는데, 이는 전혀 타당한 것이 아니며, 이러한 부당한 이론작업이 한국에서 세계체제론과 역사적 자본주의론을 맑스주의의 일 분파인 것처럼 자리 잡게 만들었다고 생각한다. 아리기 자신은 스미스를 거론하다시피[60] 맑스보다는 오히려 스미스의 이론 즉 시장경쟁에 의한 이윤율 저하에 기반하고 있다. 다시 말하면, 경쟁 심화로 가격이 하락하고 이윤(율)이 저하한다는 것인데, 주지하다시피 이는 맑스의 이론이 아니라 이윤율 저하와 관련하여 맑스가 비판하고자 한 일 대상이었다. 이에 대한 아리기의 명확한 서술을 들어 보면, 이상의 비판에는 반박의 여지가 없다. "……

---

60) 아리기, 『장기 20세기』, 483쪽.

19세기 중엽 세계무역의 대팽창은 앞선 체계적 축적 순환의 모든 실물적 팽창 단계들과 마찬가지로, 자본축적 행위자들에 대한 체계 전반에 걸친 경쟁 압력의 격화로 이어졌다."[61] "1970년대의 이윤 하락은 주로 무역과 생산에 재투자되기를 원하는 대량의 잉여자본의 증가 때문이었다. 1980년대의 이윤 하락은 주로 세계적인 정부와 사업의 지출 삭감 때문이었다."[62] 그리고 이윤의 회복 또한 이러한 관점에서 설명한다. 예컨대 19세기 대공황——대불황을 말한다——이후 벨에포크는, 생산과 교역에서 철수해 신용 형태로 움직이는 이동자본을 둘러싼 국가 간 경쟁으로 군사비 지출이 급증하여 이윤율이 회복되고 또 투기활동에서 새로운 출구를 찾아 교역과 생산에서 잉여자본이 철수해서 경쟁 압력이 약화되어 이윤 개선이 이루어진 결과라는 등, 시장경쟁의 압력 저하 때문에 이윤이 개선된다고 주장한다.[63]

세계체제론/역사적 자본주의론의 이론적 문제는 자본주의의 장기 변동과 이윤율의 경향적 저하법칙에 한정되는 게 아니라 전반적으로 이론적 토대가 결여되어 있고, 경험주의적 방법과 역사적·실증적 분석이 이를 대체하고 있다는 점이다. 무엇보다 이 이론의 구성요소들, 즉 근대 국가 간 체계와 국가 간 경쟁, 헤게모니, 세계적 규모의 축적체제, 세계체제의 계서제, 체제의 카오스, 영토주의와 자본주의 논리 등은 체계적 이론에 의해 서술되어 있지 않고 조야한 명제들로 채워져 있다. 특히 브로델의 삼층구조(자급자족적 경제 영역[물질생활의 영역]/시장경제 영역/자본

---

61) 같은 책, 291쪽.
62) 같은 책, 587쪽.
63) 같은 책, 303쪽.

주의 영역[反시장의 영역])에 입각한 자본주의 경제의 인식[64]은 근본부터 이 이론이 맑스의 정치경제학 비판과 다른 것임을 말해 준다. 또한 생산 관계라는 문제설정을 결여한 것도 마찬가지 문제다. 세계체제론/역사적 자본주의론은 역사적 자본주의의 본질적 특징을 임노동의 착취와, 잉여 가치 생산을 위한 축적의 체제에서가 아니라, 상품화와 시장경제, 시장에 서의 자본의 이윤획득에서 찾고, 세계시장의 전개를 축적의 법칙으로부 터가 아니라 유통과정의 지리적 팽창과 교대로 기술한다.[65] 따라서 이 이 론이 맑스주의의 현대화나 또는 일반화의 맥락에서 읽을 수 있다는 주장 은 더더욱 어불성설이 된다.[66]

이와 같이 문제 많은 이론이 현재의 자본주의 위기와 그 전망에 대 해 올바른 답을 제시할 수 있을까 ──이것이 마지막으로 검토할 문제 다. 월러스틴은 문제의 1945~1990년의 역사를 우선 1945년부터 시작 한 콘드라티예프 순환에 있는 것으로 파악한다. 그때 1967~1973년은 콘드라티예프 순환의 A국면과 B국면이 교대하는 시기이다. 이 순환은

---

64) 아리기, 『장기 20세기』, 44~45쪽.

65) 월러스틴, 『역사적 자본주의/자본주의 문명』, 13쪽 이하.

66) 그 대표적인 논자는 맑스의 정치경제학 비판의 한계를 넘어 이른바 맑스주의의 일반화를 시도한다는 윤소영 교수다. 이를 위해 그는 맑스-그로스만-뒤메닐-아리기의 이론 라인에 의거해 맑스 경제학을 재구성한다는, 그야말로 세계 어디서도 보기 어려운 기괴한 이론작업을 수행한다. 그러나 맑스주의의 일반화라는 프로젝트 자체가, 생산양식과 사회구성체 그리고 계급관계라는 특정한 문제설정하에서 역사와 사회를 분석하는 맑스(주의)와는 상용할 수 없는 구상이고, 또 위와 같은 재구성 라인이 어떻게 맑스주의의 일반화와 연관되는지 의문스럽기만 하다. 무엇보다 그로스만(Henryk Grossmann), 뒤메닐(Gérard Duménil), 아리기는 하나의 이론계보로 묶을 수 없는 서로 이질적인 이론들이며(따라서 이 재구성 라인은 '잡종의 라인'이다), 또한 맑스의 이론을 계승한다기보다는 그 오독에 기여한 이론들이다. 사실 윤소영 교수는 그 전에도 세계체제론/역사적 자본주의론을 수용하면서 이를 (신식민지) 국가독점자본주의론의 비판적 계승이라는 식으로 변명하여 국가독점자본주의론과 역사적 자본주의론도 동일한 이론라인에 속하는 것처럼 맑스주의 이론사를 터무니없게 왜곡한 바 있다.

1967~1973년에 정점에 도달하였고 그 이후 침체기로 들어섰는데, 1990년대 말에 종료할 것으로 전망하였다. 그러면 2000년부터 콘드라티예프의 새로운 순환과 함께 다시 확장국면(A국면)이 개시될 것이다. 한편 이 시기는 1873년부터 시작한 미국 헤게모니 순환에 들어와 있다고 한다. 미국 헤게모니는 1914년부터 1945년까지의 '30년 전쟁'을 통해 헤게모니를 확립하였는데, 1945년은 미국 헤게모니가 확고하게 성립한 시점이었다. 이 미국 헤게모니는 1967~1973년을 정점으로 쇠퇴하기 시작하였다. 이런 점에서 1967~1973년의 시기는 월러스틴에 따르면, 콘드라티예프 순환의 국면이 교대하는 시기일 뿐 아니라 헤게모니 순환의 국면이 교대하기도 하는 격변의 시기인 것이다. 물론 헤게모니 순환이 보다 장기의 시기인 한, 미국 헤게모니 순환은 아직 종료하지 않았다. 그것은 2025~2050년(!)에 종료할 것으로 전망되었다. 그런데 1967~1973년의 시기가 근대세계체제의 역사에서 갖는 의의는 여기에 한정되지 않는다. 월러스틴에 있어 보다 중요한 것은 이 시기가 순환의 국면 교대라는 의의를 넘어 이 체제의 장기적 추세의 전환점이라는 데 있다. 즉 이 시기는 이 체제가 역사적으로 생명을 다해 새로운 대안체제(들)로 대체되는 구조적 위기, 이행의 시기를 인도한다는 점이다. 그래서 2025~2050년은 미국 헤게모니 순환이 종료할 뿐 아니라 자본주의 세계체제 자체가 종말을 고하는 시점이 된다.

그러나 2000년부터 새로운 확장국면이 시작할 것이라는 월러스틴의 전망은 1930년대 대공황 이후 최대의 위기라는 2007/2009년 위기에 의해 허망한 것으로 드러났다. 장기파동론의 기계론적 국면교대의 가설은 현실의 위기에 의해 부정된 것이다. 또한 여기서 세세하게 검토할 수는 없지만, 헤게모니 체제가 최종적으로 붕괴된다는 월러스틴의 여러 논거도 대체로 납득하기 어려운 것이다. 월러스틴이 비현실적인 시나리오라고 기각하는 것이지만,[67] 세계 헤게모니를 둘러싼 선진자본주의 3극 간의 경쟁이 2극 간의 경쟁(유럽연합-러시아 헤게모니 대 일본-미국-중국 헤게모니의 경쟁, 그리고 아마도 후자의 승리)으로 귀결된다면, 그것은 결코 국가 간 체제 자체를 위협하는 것이 아니다. 왜 이런 시나리오가 아니라 자본주의 헤게모니 체제 자체가 붕괴하는 것이 현실적인 시나리오일까? 결국 1967~1973년 이래 체제의 최종적 위기를 가져오는 이행의 요소들이 작동하고 있다는 월러스틴의 주장은 그의 세계체제론 틀 내에서 이론적으로 확인할 수 없고, 더욱이 2050년에 자본주의 세계체제가 종말을 고할 것이라는 주장에는 더욱 난감할 따름이다.[68] 왜냐하면 자본주의의 종말은 언제나 적대적인 계급들과 주체들의 정치적 투쟁의 결과로만 올 것이므로 그 시점은 결코 예견할 수 없는 것이기 때문이다.

　이에 반해 아리기는 현재의 미국 헤게모니의 위기가 어떤 결과로 이어질 것인가에 대해 선험적인 결론을 내지 않는다. 아리기는 일본과 동아시아 지역의 부상을 주목하면서도 이것이 자본주의 세계경제 감제고지의 경비병 교체와 새로운 자본주의 발전단계의 개시, 즉 다섯번째의 체계적 축적순환을 가져올 것인지 불분명하다고 한다.[69] 다만 미국 축적체제의 계속되는 위기의 세 가지 가능한 결과, 요컨대 구(舊)중심지의 지속, 동아시아에 의한 구중심지의 대체, 그리고 영원한 카오스라는 세 가지 길을 횡설수설하는 어투로 제시하였을 뿐이다.[70] 이는 아리기가 월러

---

67) 이매뉴얼 월러스틴, 『우리가 아는 세계의 종언』, 백승욱 옮김, 창작과비평사, 2001, 70쪽 이하.
68) 같은 책. 11쪽.
69) 아리기, 『장기 20세기』, 555쪽 이하. 일본 자본주의의 부상에 대한 아리기의 주목은 그후 일본의 20년 장기불황에 의해 아주 무색하게 되어 버렸다.

스틴과 달리 체계적 축적순환의 교대와 그 최종적 위기를 자동적인 과정이 아닌 역사적 과정으로 파악한다는 것을 보여 준다. 그러나 이렇게 보면 축적순환의 교대와 최종적 위기는 이론적으로 설명되는 게 아니라 역사분석으로 대체된다. 체계적 축적 순환과 국가 간 체계의 모순적 결합에 입각했다는 아리기의 역사적 자본주의론은 앞서 본 바와 같이 자본주의 장기발전과 위기의 법칙을 결여했을 뿐 아니라, 여기서는 체계적 축적순환 교대의 이론과 체계적 축적순환의 최종적 위기 및 새로운 세계체제로의 이행의 이론도 결여한 것이어서 자본주의 이론의 기본적 구성요소를 갖추었다고 말하기 어렵다. 체계적 축적순환의 교대를 통해 왜 세계자본주의가 확장되는지, 하나의 축적순환이 왜 성장하고 쇠퇴하며 새로운 축적순환에 의해 대체되는지, 또 자본주의 역사에서 어떤 특정한 축적순환이 왜 자본주의의 마지막 축적순환이 되는지 등에 대한 이론적 분석이 가능하지 않은 것이다. 이러한 이론적 문제는 세계체제론/역사적 자본주의론의 틀 내에서는 해결될 수 없고, 오로지 맑스의 가치론과 자본축적론·위기론, 자본주의 세계경제론, 자본주의의 단계적 발전이론과 이행의 이론에 근거해서만 과학적으로 분석될 수 있다. 앞서 말한 바처럼, 자본주의는 평균이윤율의 경향적 저하에 따른 구조위기 또는 장기불황을 통해 독점자본주의(제국주의)로 단계이행을 했고, 나아가 독점자본주의의 고유한 모순(정체경향)과의 중층적 작용 위에서 국가독점자본주의로 성장전화하였다. 독점과 국가독점은 주식에 의한 소유와 독점적 계획, 국가소유와 국가적 계획이라는 형태에서 자본주의 내에서지만 자본

---

70) 같은 책, 592~593쪽.

주의의 근본적 구성요소인 사적 소유와 시장조절을 부분적으로 지양하는 것이며, 이는 다름 아닌 다음 체제로의 이행을 예고하는 맹아적 요소들이다. 즉 자본주의는 구조위기하에서 자신을 부정하는 미래사회의 요소들을 맹아적 형태로 발전시킨다는 것이다. 자본주의 구조위기가 이러한 요소들을 발전시키지 않고서는 극복될 수 없다는 것, 이것이 다름 아닌 이 위기의 이행적 성격을 말해 준다. 자본주의 구조위기를 통한 독점자본주의와 국가독점자본주의로의 자본주의의 비가역적 발전은 이렇게 자본주의 위기의 심화, 자본주의의 최종적 위기, 그리고 사회주의로의 이행을 지시하는 것이다. 그럼에도 국가독점자본주의의 최종적 (구조)위기가 과연 언제인가 하는 것은 국가독점자본주의론에서도 이론적으로 답할 수 있는 게 아니다. 그것은 역사적으로, 정치적으로만 결정되는 문제다. 그러나 그 필연성을 논하기 위해서는 이처럼 국가독점자본주의가 자본주의의 최종적 단계라는 것, 새로운 사회로의 이행의 시기를 나타낸다는 이행의 규정이 그에 앞서 이론적으로 논증되지 않으면 안 된다. 이렇게 국가독점자본주의론의 틀에서만 비로소 자본주의의 장기변동과 단계변화를 정합적으로 위기(즉 '전반적 위기')와 이행의 문제에 관련시킬 수 있다.

# 2장 자본주의 역사에서의 '장기파동'[*]

에르네스트 만델[**]

경쟁에 의해 유발되는 자본주의 생산양식의 순환과정은 상품생산의 확
대와 수축, 따라서 잉여가치 생산의 확대와 수축의 형태를 취한다. 이 순
환운동은 순환적으로 전개되는 잉여가치의 실현 및 자본축적의 팽창과
수축에 조응하고 있다. 잉여가치의 실현과 자본축적은 시기적으로도, 규
모와 비율에 있어서도 서로 전적으로 동일하지 않고, 잉여가치의 생산
그 자체와도 일치하지 않는다. 잉여가치 생산과 잉여가치 실현 간의 괴
리, 그리고 잉여가치 실현과 자본축적 간의 괴리는 자본주의적 과잉생산
공황을 설명한다. 이 괴리는 결코 우연에 의해서가 아니라 바로 자본주
의 생산양식의 내적 법칙으로부터 생성되기 때문에, 자본주의에서 경기
변동은 필연적인 것이다.[1]

---

[*] Ernest Mandel, "Long Waves' in the History of Capitalism", *Late Capitalism*, London: NLB, 1972, Ch.4. 이 책의 독일어판과 한국어판은 다음과 같다. Ernest Mandel, *Der Spätkapitalismus*, Frankfurt am Main: Suhrkamp, 1972; 이범구 옮김, 『후기자본주의』, 한마당, 1985. 이 책에서의 번역에는 일본어판(『後期資本主義』, 飯田裕康·的場昭弘 編譯, 拓植書房, 1980~1981)도 보충적으로 참조하였다.

[**] 제4인터내셔널과 벨기에 사회주의노동자당(SAP-POS)의 대표적 이론가, 벨기에 브뤼셀(Brussels)대학교 교수 역임, 1995년 타계.

산업순환 과정에서 자본축적의 증대와 감소는 다음과 같이 규정될 수 있다. 활황시기에는 이윤량과 이윤율이 증가하며, 축적의 규모와 리듬도 모두 상승한다. 반면에 공황과 그에 잇따르는 불황기에는 이윤량과 이윤율이 모두 감소하고, 자본축적의 규모와 리듬도 하락한다. 따라서 산업순환은 **지속적인 축적의 가속화와 둔화**로 나타나게 된다.

우리의 분석은 순환의 연속적인 국면에서 **이윤량과 이윤율**의 증가와 감소는 서로 일치하거나 단지 비슷하다는 선에서 그칠 것이다. 이 문제는 이 책[『후기자본주의』] 14장에서 후기자본주의의 산업순환을 다루는 맥락에서 설명될 것이다.

활황국면에서는 자본축적이 가속화된다. 그러나 이 운동이 일정한 시점에 도달하면, 축적된 총자본량이 가치증식을 달성하는 것이 어렵게 된다. 이윤율의 하락은 이러한 역전의 가장 분명한 징후이다. 과잉축적이라는 개념은 축적된 자본의 일부가 단지 불충분한 **이윤율**로, 그리고 점차 감소하는 이자율로 투하되는 상황을 가리킨다.[2] 과잉축적의 개념은 결코 절대적이 아니라 항상 상대적일 뿐이다. 즉 '절대적으로' 너무 많은 자본이 아니라, 기대되는 사회적 평균이윤율을 달성하기에는 너무 많은 자본이 있다는 것이다.[3]

---

1) 우리는 Mandel, *Marxist Economic Theory*, New York: Monthly Review Press, 1968, Ch.4에서 산업순환에 관한 다양한 학술적 이론들과 맑스주의 이론들을 요약하고, 이 순환이 자본주의 생산양식의 틀 속에서 필연적인 이유를 제시했다.

2) 그로스만은 비록 산업순환과 직접 관련되지는 않았지만, '과잉축적'이라는 개념을 이런 의미에서 사용한다. Henryk Grossmann, *Das Akkumulations- und Zusammenbruchsgesetz des kapitalistischen Systems*, Frankfurt: Neue Kritik, 1967, S. 118 이하. 맑스도 이런 방식으로 그 개념을 사용한다. Karl Marx & Friedrich Engels, *Capital*, Vol.3, trans. Samuel Moore & Edward Aveling, London: Lawrence & Wishart, 1972, p.251[『자본론』 III(상), 301쪽; 『자본』 III-1, 331쪽].

반면에 공황과 그에 뒤따르는 불황국면에서 자본은 가치를 상실하며, 부분적으로는 그것의 가치파괴가 일어난다. 이제 투자감소가 발생하는데, 다시 말하면 주어진 잉여가치 생산수준과 주어진 (혹은 상승하는) 평균이윤율에서 증대될 수 있는 것보다 적은 자본이 투자된다. 즉 이렇게 자본이 가치를 상실하고 그것의 투자가 감소되는 시기는 축적된 총자본량에 대한 평균이윤율을 또다시 상승시키는 역할을 하며, 그에 따라 자본축적과 생산의 집약화를 가져온다. 따라서 자본주의적 산업순환 전체는 자본축적의 가속, 과잉축적, 자본축적의 둔화, 그리고 투자 감소의 결과로서 나타난다.[4] 이윤율의 상승·하락·회복은 자본축적의 계기적 운동에 대응하고, 그 운동을 규정한다.

이제 다음과 같은 문제가 제기된다. 이 순환운동은 단순히 10년이나 7년, 혹은 5년마다 반복되는 것인가? 혹은 보다 장기적인 기간에 걸쳐 산업순환의 연속에 특수한 내적 동력이 있는 것인가? 이 문제에 대해 경험적 자료를 가지고 답을 찾기 전에, 우리는 그것을 이론적 관점에서 고찰해야 한다.

맑스는 산업순환의 길이를 총고정자본의 재생산에 필요한 회전기간에 의하여 규정했다.[5] 생산주기마다 혹은 매년 불변자본 중 고정요소

---

3) "우리가 한 것과 같은 가장 극단적인 가정 아래에서조차, 자본의 절대적 과잉생산은 절대적 과잉생산 일반이 아니며 생산수단의 절대적 과잉생산도 아니다. 그것이 생산수단의 과잉생산인 것은 생산수단이 자본으로서 기능하는 한에서만 그럴 뿐이며, 따라서 또 생산수단이 그 양과 함께 증대한 가치에 비례하여 잉여가치를 생산하여야만 하는 한에서만[즉 그것의 가치를 증식시켜야만 하는 한에서] 그럴 뿐이다." Marx & Engels, *Capital*, Vol.3, p.255[『자본론』 III(상), 306쪽; 『자본』 III-1, 337쪽].

4) Paul Boccara, "La Crise du capitalisme monopoliste d'Etat et les luttes des travailleurs", *Economie et Politique*, No.185, Dec.1969, pp.53~57 참조. 보카라는 그곳에서 과잉축적과 자본가치 저하의 순환에 관하여 언급한다.

(즉 주로 기계류)의 가치의 일부분만이 갱신된다. 고정자본 가치를 갱신하기 위해서는 여러 번의 계속적인 생산기간 혹은 연수가 걸린다. 실제로 기계류가 매년 1/7이나 1/10씩 갱신되는 것(그러면 7년 혹은 10년이 지나면 완전하게 갱신되어 설치될 것이다)은 아니다. 고정자본의 현실적인 재생산과정을 보면, 오히려 7년 혹은 10년 동안에는 단지 이 기계의 수리만 이루어지고, 그후에 새로운 기계류로 급속하게 대체된다.[6]

맑스의 경기순환론과 공황론에서 이 고정자본의 갱신은 경기순환의 길이뿐만 아니라, **확대재생산, 활황**, 자본축적의 가속에 일반적으로 작용하는 결정적 계기가 된다.[7] 게다가 활황기의 열광적 활동을 규정하는 것도 고정자본의 갱신이다. 덧붙여 말하자면, 이러한 결정적인 논점에서 맑스는 경기 상승 운동의 주요한 촉진요인을 기업가의 투자활동에서 찾는 현대의 아카데믹한 경기순환 이론을 앞지르고 있다.

그러나 자본주의 생산양식의 특징적 요소는 확대재생산의 새로운 순환이 매번 이전과는 다른 기계로 시작한다는 사실이다. 자본주의에서는 경쟁의 채찍과 지치지 않는 초과이윤 추구에 의해서, 생산비를 낮추고 상품가치를 저렴하게 하려는 노력이 기술진보를 통해 끊임없이 이루어진다. "가치와 잉여가치를 위한 생산은 [우리가 밝힌 바와 같이] 상품의 생산에 필요한 노동시간[즉 상품의 가치]을 그때그때의 사회적 평균 이하로 감소시키려는 끊임없이 작용하는 경향을 내포하고 있다. 비용가격

---

5) Marx & Engels, *Capital*, Vol. 2, p.185[『자본론』 II, 216쪽; 『자본』 II, 230~231쪽].
6) ibid., p.170[『자본론』 II, 200쪽; 『자본』 II, 211쪽].
7) "공황은 언제나 대규모의 새로운 투자의 출발점을 이룬다. 따라서 사회 전체를 고찰한다면, 공황은 대체로 다음에 올 회전순환(turnover cycle)을 위한 하나의 새로운 물질적 기초를 이룬다." ibid., p.186[『자본론』 II, 217쪽; 『자본』 II, 231쪽]. 또한 Marx & Engels, *Capital*, Vol. 1, pp.632~633[『자본론』 I(하), 862~864쪽; 『자본』 I-2, 860~862쪽] 참조.

(cost price)을 최소한도로 감축시키려는 충동은 노동의 사회적 생산성을 상승시키는 가장 강력한 힘이다. 물론 노동생산성의 상승은 여기에서는 다만 자본생산성의 끊임없는 증대로서 나타날 뿐이지만."[8] 따라서 고정자본의 갱신은 **보다 높은 기술수준에서의** 갱신을 의미하는데, 그것은 다음과 같은 세 가지 의미를 지니고 있다.

첫째, 새로운 기계의 가치는 투자된 총자본 중 보다 큰 구성부분을 형성한다. 즉 자본의 유기적 구성의 고도화 법칙이 여기에서 관철되는 것이다. 둘째, 새로운 기계는 오직 그것의 취득비용과 그것이 산출물에 지속적으로 이전하는 가치가 자본가의 이윤획득 노력과 모순되지 않을 때만, 즉 지불된 산 노동에 대한 절약이 고정자본(보다 정확히 말하면, 총불변자본)의 추가비용을 초과할 때만[9] 구매될 것이다. 셋째, 새로운 기계는 오직 그것이 노동을 절약할 뿐만 아니라 총생산비용을 사회적 평균수준 이하로 낮출 때만, 즉 그것이 주어진 생산분야에서 **평균** 노동생산성을 결정할 때까지의 전체 이행기 동안 초과이윤의 원천을 구성할 때만 구매될 것이다.

그러나 자본의 유기적 구성의 고도화 문제, 즉 보다 높은 기술수준에서의 확대재생산 과정은 단순히 불변자본과 가변자본으로 구성되는 자본의 가치구성의 문제로 환원될 수 없다. 그로스만이 맑스를[10] 따라 올바르게 설명했듯이, 자본의 유기적 구성이라는 개념은 가치적 요인뿐만 아니라 기술적 요인도 포괄하며, 특히 이 두 요인들 사이의 상호관계도

---

8) Marx & Engels, *Capital*, Vol.3, p.859[『자본론』 III(하), 1069쪽; 『자본』 III-2, 1168쪽].
9) ibid., p.262[『자본론』 III(상), 315쪽; 『자본』 III-1, 345쪽].
10) Marx & Engels, *Capital*, Vol.1, p.612[『자본론』 I(하), 837쪽; 『자본』 I-2, 838쪽].

포괄한다(가치구성은 기술적 구성에 의하여 **규정된다**).[11] 즉 이것이 의미하는 바는, 일정량의 기계가 가동하기 위해서는 일정량의 원료 및 보조 재료와 일정량의 노동력을 (그것들의 내재적 가치와 **무관하게**) 필요로 한다는 것이다.[12] 이 비율은 기계의 가치가 아니라 기계의 기술적 성격에 의해 규정된다. 그러나 다른 한편, 사용되는 기계의 양은 응용되는 기초적 기술에 의존하며, 단지 증가된 고정자본량에 의존하지는 않는다. 덜 생산적인 기술적 과정으로부터 보다 생산적인 기술적 과정으로 이행하기 위해서는, 기계의 근소한 개량, 노동조직의 개선, 작업속도의 가속화 또는 보다 좋고 저렴한 원자재를 도입하는 것으로 충분하다. 그러나 기술적 과정을 **완전하게 재조직하기** 위해서는 그 이전에 고안되었어야만 하는 새로운 기계가 필요하다. 또한 새로운 생산분야의 생성을 가능하게 하는 새로운 원료가 필요하며, 노동 조직과 에너지 형태의 질적 비약, 예를 들어 컨베이어 벨트나 자동 이동장치의 도입이 필요하다. 다시 말해, 고정자본의 확대재생산이 취하는 두 가지 형태를 명료하게 구별해야 한다. 생산규모가 확대되며 추가로 불변 및 가변자본이 지출되고 자본의 유기적 구성이 실제로 상승하지만, 이 모든 것이 사회적 생산장치 전체에 영향을 미치는 **기술혁명** 없이 일어나는 형태가 있다. 그리고 다른 한 가지는 생산기술이나 고정자본의 확대뿐만 아니라, 그것의 **근본적 갱신**을 통해서 노동생산성의 질적 변화를 유도하는 형태가 있다.[13]

  잉여가치 실현과 자본축적의 정상적 조건하에서 매 7년이나 10년

---

11) Grossmann, *Das Akkumulations*, SS.326~334.
12) Marx & Engels, *Capital*, Vol.3 , p.243[『자본론』 III(상), 298쪽; 『자본』 III-1, 328~329쪽].
13) "[축적이 일정한 기술적 토대 위에서 단순한 생산확대로 작용하는] 중간기간은 단축된다."
    Marx & Engels, *Capital*, Vol.1 , p.629[『자본론』 I(하), 859쪽; 『자본』 I-2, 857쪽].

에 걸친 고정자본의 확대재생산은 다음과 같이 나타난다. 즉, 생산순환이 경과하면서 새로운 기계의 구입과 발주를 위해 유리되는 자본은 $M\beta$라는 가치부분만큼 증가한다. 10년의 순환에 대해서 총잉여가치량이 $M=M\alpha+M\beta+M\gamma$로 표현된다면, $M\alpha$는 자본가들과 그들의 클라이언트가 비생산적으로 소비한 잉여가치를 나타내고, $M\gamma$는 10년의 계기(繼起)적 생산순환에 의해 유리된 추가 유동자본을 나타내는데, 이것은 다시 추가 노동력 구입을 위한 추가 가변자본과 추가 원료를 생산과정에 계속 투입시키기 위한 추가 유동불변자본으로 구분된다. M의 세번째 구성요소인 $M\beta$는 점진적으로 유리되어서 보다 많고 보다 고가의, 또한 보다 근대적인 기계를 구입하기 위한 추가 고정자본이다.

Cf에 대한 $M\beta$의 관계, 즉 기존 고정자본에 대한 추가 고정자본의 관계는 고정자본의 성장률, $\Delta Cf$, 즉 사회적 기계 스톡양의 가치적 성장률을 형성한다. 우리는 이 성장률의 수준으로 기술혁신이 가속화되거나 완만해지는 시기를 정의할 수 있다.[14] 물론 이 크기들은 항상 가치의 관점에서 이해되어야 한다. 기존의 고정자본 Cf에 대한 감가상각기금도 당연히 기계 구입에 사용될 수 있지만(적어도 실질적인 감가상각기금이 여기서의 문제이고, 이윤의 은폐 문제가 아닌 한), 결코 이미 구입된 기계류의 가치보다 높은 가치로 구매하지는 않는다.

생산기술의 근본적 변화가 고정자본의 중요한 추가투자, 즉 정상적

---

14) 그러나 기술혁신이 상당히 가속화됨에 따라, 노동생산성을 향상시키는 데 있어서 $M\beta$의 중요성은 점점 줄어들고, 기계의 부분적인 대체를 통한 생산기술의 점진적인 개선이 점차 중요한 역할을 하게 된다. 닉은 이것을 '기술·과학혁명'의 한 가지 특징으로 생각한다. Harry Nick, *Technische Revolution und Ökonomie der Produktionsfonds*, Berlin: Dietz, 1967, SS.17~18(우리는 이 문제의 복잡성을 『후기자본주의』 제7장에서 다시 다룰 것이다).

축적의 경우에 기존의 생산과정이 만들어 낼 수 있는 추가적 생산수단뿐만 아니라, 무엇보다도 새로운 생산입지와 생산수단을 창출하기 위한 추가투자를 결정한다는 사실로부터 출발하자. 다시 말하면, 그것은 매우 높은 비율의 $\frac{M\beta}{Cf}$를 결정한다. 따라서 급격한 기술혁신의 시기는 매번 자본축적의 급격한 가속화 기간으로 나타난다.[15]

이와 같은 배경하에서 자본주의 생산양식의 순환과정에서 자본의 주기적 과소투자는 이중의 기능을 수행하고 있다. 그것은 평균이윤율의 불가피한 주기적 붕괴를 표현할 뿐만 아니라 그 과정에서 그것은 이윤율의 하락에 제동을 건다. 그것은 또한 **자본의 역사적인 준비기금**을 형성한다. 즉, '정상적' 확대재생산을 넘어가는 **추가적인 축적**을 위해 필요한 수단을 이 기금으로부터 끌어내서 생산기술을 근본적으로 혁신시키는 데 사용할 수 있다. 보다 엄밀히 말하자면, '정상적인' 자본주의 생산조건하에서 7년 혹은 10년 순환의 말기에 유리된 가치는 순환 초기에 사용된 것보다 더 많고 더 비싼 기계를 구입하기에 충분하다. 그러나 그것은 전면적으로 갱신된 생산기술을 획득하기에는 불충분한데, 특히 I 부문에서 그러한 갱신은 일반적으로 완전히 새로운 생산설비의 창출과 관련되어 있기 때문이다. **몇 번의 계기적 순환**에서 추가 고정자본의 구입을 위해 유리된 가치만이 축적과정의 이와 같은 질적인 도약을 가능하게 한다. 과소투자 시기의 주기적 반복은 이러한 기술혁신에 필요한 자본을 유리시

---

15) "새로운 지식의 유입은 각 상품의 생산함수에 끊임없는 변화를 가져오며, 이 변화는 다양한 형태를 취한다. 특히 기초과학에서 이루어지는 진보는 한 산업의 기초과정이 급격한 변화를 경험함에 따라 생산함수의 전체 성격에 영향을 미친다. 다른 진보는 현존하는 기초적 방법에 개선을 가져온다." Wilfred E. G. Salter, *Productivity and Technical Change*, London: Cambridge, 1960, p.21.

키는 객관적 기능을 충분하게 수행한다. 그러나 이것 자체는 왜 어떤 기간에는 급격한 기술혁명이 발생하고, 다른 경우에는 그렇지 않는가를 설명하지 않는다. 장기간의 과소투자가 존재한다는 것은, 추가자본이 확실히 존재하고 있지만 사실상 투자되거나 지출(가치증식)되지 않았다는 사실을 나타낸다. 따라서 실질적인 문제는 이 추가자본이 특별한 시점에서 대규모로 지출되고, 그후 장기간 유휴화되는 이유를 설명하는 일이다. 해답은 명백하다. 단지 **이윤율의 갑작스러운 상승**만이 잉여자본의 대량투자를 설명해 주는데, 이것은 이윤율의 지속적 저하(또는 이윤율의 보다 더 급속한 저하에 대한 두려움)가 자본의 장기간의 유휴화를 설명할 수 있는 것과 마찬가지이다.[16] 그러므로 자본축적의 새로운 활황이 일어나기 전에, 우리는 **공황 중에 일어나는 자본감가의 주기적 결과 이상으로** 평균이윤율의 갑작스러운 상승을 가능하게 하는 요인들을 분명하게 확정할 수 있어야 한다. 주요 요인들은 다음과 같다.

①예컨대 매우 낮은 유기적 구성을 지닌 영역(또는 지역)으로 자본이 대량유입된 결과로 자본의 평균적인 유기적 구성의 갑작스런 저하.

②예컨대 노동자계급이 패배하고 원자화하여, 노동시장에서 노동력

---

16) 콘드라티예프는 자본축적의 급격한 증대에 필요하다고 생각한 전제 조건들을 다음과 같이 열거한다. 그것은 "①활발한 저축행위, ②비교적 풍부하고 저렴한 대부자본의 공급, ③거대 기업들 및 금융 중심부의 수중에 대부자본의 축적 ④저축행위 및 장기 자본투자를 자극하는 낮은 수준의 상품가격"이다. Nikolai Dmitriyevich Kondratieff, "Die Preisdynamik der industriellen und landwirtschaftlichen Waren", *Archiv für Sozialwissenschaft und Sozialpolitik*, Vol.60, 1928, S.37. 이 설명이 지닌 약점은 자명하다. 이 모든 현상들은 바로 과소투자 국면(가령 미국에서 1933~1938년 사이)에서 급격한 기술혁신을 초래하지 않고 나타난다. 콘드라티예프는 이윤율이 전략적으로 결정적인 역할을 한다는 것을 완전히 간과했다.

이라는 상품의 가격을 올리기 위한 유리한 조건을 이용할 수 없고, 경제적 번영기에도 노동력을 그 가치 이하로 팔 수밖에 없기 때문에 노동강도가 증가된 결과로서 잉여가치율의 갑작스러운 상승.

③불변자본 요소의 가격, 특히 원료가격의 갑작스러운 하락. 이것은 사실상 자본의 유기적 구성의 급격한 하락 혹은 I부문에서 노동생산성의 혁신적인 진보에 의한 고정자본 가격의 급격한 하락과 동일한 작용을 한다.

④새로운 교통과 통신 시스템의 완성, 배급기술의 개량, 재고순환의 가속 등에 의한 유동자본 회전기간의 갑작스러운 단축.

여기서 두 가지 과정은 시간적으로도 개념적으로도 구별되어야 한다. 한편으로 평균이윤율을 상승시키고, 말하자면 이 상승을 촉발시켜서, 유휴자본을 대량투자로 이끄는 과정이 있다. 다른 한편으로는 이전의 유휴자본의 대량투자로부터 나타나는 과정이 있다.

촉발요인들이 그 성격과 규모에서, 축적된 자본량의 증대에 의해 그 효과가 빠르게 중화되는 그런 것이라면, 평균이윤율은 단기간만 상승할 것이다. 이 경우 자본축적 리듬의 완만한 상승은 갑자기 제동이 걸리고, 짧은 중단기간 이후에 새로운 과소투자에 자리를 양보할 것이다. 예컨대 이러한 현상은 제1차 세계대전 동안과 그 직후에 여러 제국주의 국가들에서 일어났다. 반대로 촉발요인들이 그 성격과 규모상, 그 효과가 자본축적의 갑작스러운 증가의 직접적인 결과에 의해 중화될 수 없는 것이라면, 이전에 투자되지 않은 모든 자본량은 점진적으로 축적의 소용돌이로 끌려들어 갈 것이다. 그래서 생산기술의 부분적이고 중간적인 혁신뿐만 아니라 대량적이고 전반적인 혁신을 수행하는 것이 가능해진다. 이것은 특히, 몇 개의 요인들이 동시적으로 또 누적적으로 평균이윤율의 상승에 기여할 때 발생될 것이다.

[『후기자본주의』의] 앞 장들에서 우리는 19세기 90년대에 평균이윤율을 지속적으로 상승시킨 원인들을 간단하게 살펴보았다. 즉 중심국에서 수출한 과잉자본이 식민지에 갑작스럽게 대량으로 투자됐고, 이는 동시에 세계적 규모로 자본의 유기적 구성의 상당한 하락과 유동 불변자본 가격의 갑작스러운 하락을 가져왔으며, 이것들이 결합하여 평균이윤율에 영향을 미쳤다.[17]

자본주의 역사에서 이윤율이 비교적 급격하게 상승했던 두 시기를 확인할 수 있다. 첫번째 시기는 19세기 중반, 1848년 혁명이 발발한 직후 시기였다. 이 경우 결정적인 촉발요인은 소비재 산업에서 평균 노동생산성의 급격한 상승, 즉 상대적 잉여가치 생산의 급격한 증가로 인한 잉여가치율의 급격한 상승이었던 것 같다. 두번째는 제2차 세계대전이 발발했던 시기에 일어났다. 이 시기도 마찬가지로 잉여가치율의 급격한 상승으로 특징지어진다. 이 경우 그것은 계급 간 세력관계의 급격한 변화에 의해 가능해졌고, 노동강도의 급격한 증대에 의해 지속되었으며, 처음에는 원료생산 분야에서의 가장 근대적인 기술의 도입으로 인한 유동불변자본의 가격 하락과, 다음에는 기계제조 공업에서 노동생산성의 갑작스러운 상승으로 인한 고정불변자본의 가격 하락과 결부된 것이었다. 우리는 [『후기자본주의』의] 다음 장에서 제2차 세계대전 이전과 이 전쟁 동안 일어났던 잉여가치율 상승의 구체적인 원인과 결과를 분석할 것이다.

---

17) 무엇보다 [『후기자본주의』] 제3장 각주 13을 참조.

　　그러면 평균이윤율의 갑작스러운 상승에 의해 규정되는, 우리가 유휴자본의 가치증식 과정으로의 재진입 국면으로 묘사했던 이 '기술 전체의 혁명'이란 무엇인가?『자본』제1권 제15장에서 맑스는 모든 발전된 기계를 본질적으로 다른 세 가지 부분, 즉 동력기, 전동기, 도구 혹은 작업기로 구분한다.[18] 전동기와 작업기의 발전과 전화는 물론 일정한 점을 지나서는 전체의 결정적인 동태적 요소를 표현하는 동력기의 발전에 의존한다. "작업기의 규모의 확대 및 그 작업도구의 수의 증대는 이것들을 가동시킬 보다 큰 기계장치를 요구하며, 이 기계장치는 그 자체의 저항력을 극복하기 위하여 —— 균일하고 연속적인 운동을 만들어 내는 데에는 인간은 매우 불완전한 도구라는 점을 도외시하더라도 —— 인간의 동력보다 더 강력한 동력을 요구한다."[19] 또한 "기계체계는 직조업에서와 같이 같은 종류의 작업기들의 협업에 입각하든 또는 방적업에서와 같이 다른 종류의 작업기들의 결합에 입각하든, 그것이 한 개의 자동원동기에 의해 운전되자마자 그 자체로 하나의 큰 자동장치가 된다."[20] 맑스가 말한 바

---

18) 어셔는 맑스가 유어(Andrew Ure) 및 배비지(Charles Babbage)로부터 취한, 기계에 대한 이런 정의를 비판한다. 그는 이런 규정이 기계 진보에 있어서의 결정적 기준을 간과했다고 주장한다. 즉 여러 요소들이 단일한 자동식 '기차'로 '더욱더 우아하게'(아마도 '더욱더 노동절약적인'을 의미하는 듯하다) 결합하게 된 것을 간과했다는 것이다. Abbott Payson Usher, *A History of Mechanical Invention*, Cambridge: Harvard University Press, 1954, pp.116~117. 어셔는 맑스가 처음에 기계류의 역사적 생성과 발전을 설명했다는 것을 못 본 것 같다. Marx & Engels, *Capital*, Vol. 1, p.378[『자본론』 I(하), 508쪽;『자본』 I-1, 514쪽]. 즉 맑스는 분명히 기계 부분이나 서로 다른 기계들의 상호 결합을 강조했기 때문이다. "한 개의 중앙자동장치로부터 전동장치를 통해서만 자기의 운동을 받는 작업기들의 편성체계는 기계제 생산의 가장 발달한 형태이다." ibid., p.381[『자본론』 I(하), 512쪽;『자본』 I-1, 518쪽]. 배비지 자신도 이것을 충분히 알고 있었다. 왜냐하면 그의 뛰어난 사고는 자동화가 실제로 시작되기 100년 전에 이미, 모든 구성 부분들의 조직적 결합이라는 이 개념을 최고의 발전 수준으로 가져갈 자동계산기의 고안에 관여하고 있었기 때문이다.

19) ibid., p.376[『자본론』 I(하), 505쪽;『자본』 I-1, 512쪽].

20) ibid., p.381[『자본론』 I(하), 512쪽;『자본』 I-1, 518쪽].

와 같이, 수작업이 아니라 기계에 의한 '동력기의 생산', 즉 기계적 에너지 생산기계의 생산은 '기계의 조직체계'를 형성하는 규정적 계기이다. 기계에 의한 기계의 생산, 특히 기계에 의한 동력기의 생산은 기술의 급진적 진보에 있어서 역사적 전제조건이다. "일정한 발전단계에 이르러서는 대공업은 수공업과 매뉴팩처가 제공한 기술적 토대 —즉 기계의 수공업적 혹은 매뉴팩처적인 생산—와 양립할 수 없게 되었다." "그리하여 대공업은 그 특징적 생산수단인 기계 자체를 기계로써 생산하지 않으면 안 되었다. 이때부터 비로소 대공업은 자기에게 적합한 기술적 토대를 창조하였으며, 자기 자신의 두 발로 서게 되었다. 19세기의 첫 수십 년간에 기계제 생산이 증대됨과 동시에 기계제 생산은 점차로 작업기의 생산을 담당하게 되었다. 그렇지만 대규모의 철도부설과 해양기선의 건조로 말미암아 원동기 제작에서 오늘날 사용되는 것과 같은 **거대한 기계들**이 나타나는 것은 겨우 최근 수십 년간의 일이다."[21]

그래서 에너지 기술, 즉 기계에 의한 동력기의 생산기술에서의 근본적인 혁명은 전체 기술혁명에 규정적인 계기로 나타났다. 1848년 이래로 증기기관의 기계적 생산, 19세기의 90년대 이래로 전동기 및 내연기관의 기계적 생산, 그리고 20세기 40년대 이래로 전자장치 및 핵에너지 장치의 기계적 생산은 18세기 후반의 본원적인 산업혁명 이후로 자본주의 생산양식에 의해 생겨난 세 번의 보편적 기술혁명이다.

기계에 의한 동력기의 생산기술에 혁신이 일어나게 되면, 기계체계 전체가 점진적으로 변혁된다. 그래서 맑스는 다음과 같이 설명한다.

---

21) ibid., pp.384~385[『자본론』 I(하), 514~516쪽; 『자본』 I-1, 521~522쪽]. 강조는 만델.

공업의 한 분야에서 일어난 생산방식의 변혁은 다른 분야에서도 생산방식의 변혁을 일으킨다. 이것은 우선 다음과 같은 공업에서 나타났는데, 이 공업의 각각의 분야들은 사회적 분업으로 말미암아 분리되어 독립적인 상품을 생산하기는 하지만, 하나의 과정이 각각의 단계로서 서로 연결되어 있기 때문이다. 예를 들어 기계방적업은 기계직조업을 필요로 하였으며, 또 이 둘은 표백업, 날염업, 염색업에서의 역학적·화학적 혁명을 필요로 하였다. 면방적업에서의 혁명은 면섬유를 목화씨와 분리하는 조면기의 발명을 불러일으켰으며, 현재 필요한 대규모적인 면생산은 이로써 가능하게 되었다. 그러나 바로 공업 및 농업에서의 생산방식의 혁명은 사회적 생산과정의 일반적인 조건들, 즉 통신수단과 운수수단의 혁명을 필요로 하였다. 부업적 가내공업을 가진 소규모 농업과 도시 수공업을 축——이것은 푸리에의 표현이다——으로 한 사회의 통신수단과 운수수단은 확대된 사회적 분업, 노동수단 및 노동자의 집중과 식민지 시장을 가진 매뉴팩처 시기의 생산상의 필요를 더 이상 도저히 충족시킬 수 없었으므로, 그들은 변혁되지 않을 수 없었다. 이와 마찬가지로 매뉴팩처 시기로부터 물려받은 운수수단과 통신수단은, 열광적인 생산속도와 그 방대한 규모, 한 생산 분야로부터 다른 생산 분야로의 대량의 자본 및 노동자들의 끊임없는 이동과 새로 창조된 세계시장적 연계를 가진 대공업에게는 참을 수 없는 장애가 되었다. 그러므로 돛배 건조에서의 급격한 변혁과는 별도로, 통신 및 운수수단은 하천기선, 철도, 해양기선 및 전신 등의 체계의 창설에 의하여 점차 대공업의 생산방식에 적응하게 되었다.[22]

동력원과 동력기의 기계적 생산에 있어서 세 번의 근본적 혁신 모두

가 교통과 통신체계에 관한 기술을 포함하여 경제 전체의 생산기술 전체를 변화시켰음을 입증하는 것은 어려운 일이 아니다.[23] 예를 들어 전동기 및 내연기관 시대의 해양기선, 디젤 기관차, 자동차, 무선통신과 전자 및 핵에너지 시대의 제트 항공기, 텔레비전, 텔렉스, 레이더, 인공위성 통신망, 원자력 컨테이너 운반선 등을 생각해 보라.[24] 그러나 동력기와 동력원에 관계된 기초적 생산기술의 혁명으로부터 생겨난 기술적 전화로 인해, 자본주의 생산양식 내에서 매 순환에 걸쳐 점차로 누적되는 과잉자본은 다시금 가치증식과정에 투하된다. 그러나 바로 그 동일한 과정에 의해서 새로운 동력원과 동력기의 점진적 일반화는 장기간의 가속적인 축적국면 이후에 장기간의 정체된 축적국면, 즉 새로운 과소투자 및 새로운 유휴자본의 형성으로 귀결된다.

새로운 동력기의 생산입지는 **신규** 축적자본의 확장을 위한 장기적 가능성을 의미한다. 연속되는 시기에 걸쳐 증기기관, 전동기, 전자장치를 생산하는 산업에 투자된 자본이 시장을 지배하고 있는 한, 오직 소규모의 모험적인 자본(실험 속에서 생존하도록 처해 있는, 즉 완전한 가치증식에는 미치지 못하는)만이 감히 에너지와 동력기라는 '새로운 영역'으로 나아갈 것이다. 새로운 동력기의 이용이 점점 더 일반적으로 되면, 이 동력기를 생산하는 산업의 성장률은 더욱더 하락하며, 최초의 성장국면에서 열광적으로 축적된 자본의 가치증식은 점점 더 어려워진다.

또한 생산기술의 전반적인 전화는 자본의 유기적 구성을 상승시키

---

22) Marx & Engels, *Capital*, Vol. 1, pp.383~384[『자본론』 I(하), 515~516쪽; 『자본』 I-1, 521쪽].
23) David Landes, *The Unbound Prometheus*, London: Cambridge University Press, 1970, pp.153~154, 423 이하.
24) 파이퍼(Wolfgang Pfeifer)가 *Neue Zürcher Zeitung*(1972. 8. 24)에 쓴 에세이 참조.

는데, 이것은 구체적 조건에 따라 바로 평균이윤율의 하락으로 귀결된다. 그래서 평균이윤율의 하락은 다음번 기술적 혁명의 가장 큰 방해물이 된다. 어떤 새로운 기초적 기술 도입의 두번째 국면에서 가치증식이 점점 어려워지면, 과소투자가 증대하고 유휴자본의 창출이 증가한다. 특수한 조건들이 결합해서 평균이윤율을 갑작스럽게 상승시키는 경우에만, 몇 십 년에 걸쳐 점차적으로 집적된 유휴자본은 새로운 기초기술을 개발할 수 있는 새로운 생산영역으로 이동할 것이다.

따라서 국제적 영역에서 자본주의의 역사는 7년에서 10년을 주기로 하는 순환적 운동의 계기(繼起)로서 나타날 뿐만 아니라, 보다 장기간인 약 50년의 계기로서도 나타나는데, 지금까지 우리는 네 번의 (장기)순환을 경험했다.

① 18세기 말에서 1847년의 공황에 이르는 장기시기는 기본적으로 수공업적 혹은 매뉴팩처적으로 제작된 증기기관이 가장 중요한 모든 공업부문과 공업국가들에 점진적으로 확산된 것에 의해 특징지어진다. 이것은 산업혁명 자체의 장기파동이었다.

② 1847년의 공황에서 1890년대 초까지 지속된 장기시기는 기계로 제작된 증기기관이 주요 동력기로서 일반화된 것에 의해 특징지어진다. 이것은 제1차 기술혁명의 장기파동이었다.[25]

③ 1890년대에서 제2차 세계대전에 이르는 장기시기는 모든 산업분야에서 전동기와 내연기관의 이용이 일반화된 것에 의해 특징지어진다. 이것은 제2차 기술혁명의 장기파동이다.[26]

④ 북아메리카에서는 1940년에, 다른 제국주의 국가에서는 1945~1958년에 시작된 장기시기는 (핵에너지의 점차적 도입뿐만 아니라)

**전자장치**에 의한 기계 통제의 일반화로 특징지어진다. 이것은 제3차 기술혁명의 장기파동이다.

이들 장기시기의 각각은 두 개의 부분으로 구분될 수 있다. 우선 기술혁명이 실제로 일어나고, 새로운 생산수단을 위한 생산입지 같은 것들이 우선 창출되어야 하는 최초의 국면이 있다. 이 국면은 이윤율의 상승, **가속적인 축적**, 가속적인 성장, 과거 유휴자본의 가속적인 자기증식, 그리고 이전에 I 부문에 투자되었으나 현재 기술적으로 노후화된 자본의 가속적인 가치감가에 의해 특징지어진다. 첫번째 국면에 뒤이은 두번째 국면에서는 생산기술에서의 실제적인 전화가 이미 일어나 있어서, 새로운 생산수단을 위한 생산입지가 대개 이미 존재하며, 단지 양적인 의미에서 더 확대되거나 개선될 수 있을 뿐이다. 이제는 새로운 생산입지에서 생산되는 생산수단이 산업과 경제의 모든 분야에 일반적으로 사용되도록 하는 것이 문제이다. 그래서 I 부문에서 자본축적의 갑작스러운 확장을 규정했던 힘이 사라져 가고 그에 따라 이 국면에서는 이윤의 하락, **축적의 점진적인 둔화**, 경제성장의 둔화, 축적된 총자본(특히 새롭게 추가적으로

---

25) 랑게가 제2차 세계대전 이후 생산과정의 자동화와 같은 기술적 대변동에 대해 '산업혁명'이라는 용어를 사용하는 데 반대한 것은 옳다고 생각한다. "이런 용어법은 산업화의 기반을 형성한 산업혁명의 역사적 특수성을 모호하게 한다. 또한 대규모 산업을 생성시킨 본래의 산업혁명은 자본주의 생산양식의 생성과 그에 따른 새로운 사회구성체와 밀접하게 관련이 있다는 것이 강조되어야 한다." Oskar Lange, *Entwicklungstendenzen der modernen Wirtschaft und Gesellschaft*, Wien: Europa-Verlag, 1964, S.160. 따라서 우리는 (널리 사용되어 온 '제2차, 제3차 산업혁명'이라는 용어 대신에) '제1차, 제2차, 제3차 기술혁명'이라는 용어를 사용한다. 그렇게 함으로써 우리는 과거에 범했던 오류를 정정한다.
26) 조르주 프리드만은 '제2차 산업혁명'을 위와 같이 파악한다. Georges Friedmann, "Sociologie du Travail et Science Sociales", Georges Friedmann & Pierre Naville, *Traite de Sociologie du Travail*, Paris: Éditions Armand Colin, 1961, p.68.

축적된 자본)의 가치증식에 있어서 곤란의 증대, 그리고 유휴자본의 점진적이고 재생산적인 증가가 일어난다.[27]

　　1823년까지 가속적인 성장, 1824~1847년의 성장 둔화, 1848~1873년의 가속적인 성장, 1874~1893년의 성장 둔화, 1894~1913년의 가속적인 성장, 1914~1939년의 성장 둔화,[28] 1940~1945년과 1948~1966년의 가속적인 성장이라는 계기적 국면을 포함하는 이 도식에 따르면, 우리는 오늘날 제2차 세계대전과 함께 시작된 '장기파동'의 두번째 국면(자본축적의 둔화에 의해 특징지어지는)에 진입했을 것이다. 주요 제국주의 국가들에서 잇따르는 급속한 경기침체가 이 가설을 입증한다고 생각한다(1962년의 프랑스, 1963년의 이탈리아, 1964년의 일본, 1966~1967년의 서독, 1969~1971년의 미국, 1970~1971년의 영국, 1971년의 이탈리아, 그리고 1974~1975년의 전 세계적인 경기침체).

　　분명히 이 '장기파동'은 기계적으로 관철되는 것이 아니라 '고전적

---

27) 1900년과 1912년 사이에 미국의 비농업부문 기업들의 고정자본 가치는 고정가격 (1947~1949년 달러)을 기준으로 168억 달러에서 314억 달러로 두 배 증가하였다. 1912년 과 1929년 사이에는 비록 속도가 완만해졌지만 314억 달러에서 536억 달러로 또다시 증가하였다. 그 가치는 대공황 이후 18년 동안 거의 일정하게 유지되었고, 1945년까지는 다시 530억 달러에 도달하지 못했으며, 오히려 1946년에는 약간 감소하였다. 1947년에 549억 달러에 도달했고, 마침내 1948년에 633억 달러로 1929년의 최고수준을 넘어섰다. 그러나 같은 기간에 은행자산은 1929년 720억 달러에서 1945년 1,620억 달러로, 생명보험회사들의 자산은 175억 달러에서 거의 450억 달러로 증가했는데, 대략 30% 정도의 달러 평가절하를 감안하면, 은행자산은 70%, 생명보험회사들의 자산은 100% 증가하였다. US Department of Commerce, *Long-term Economic Growth 1860-1965*, Washington, 1966, p.186, pp.200~202, p.209.

28) 원칙적으로 우리는 '고전적 순환'을 막 끝낸 공황 다음 연도로 각각의 장기시기를 시작하고 공황이 일어난 연도로 장기시기를 끝낸다. 공황의 발생시기는 모든 자본주의 국가들에서 완전히 동일하지 않기 때문에, 세계시장의 전반적 기조를 창출하는 가장 중요한 자본주의 국가(즉 제1차 세계대전까지는 영국, 그후에는 미국)의 시기를 채택하였다.

순환'의 변용을 통해서 작용하고 있다.[29] 확장국면에서 순환적 호황 시기는 보다 길고 집약적이며, 순환적 과잉생산공황은 보다 짧고 피상적이다. 반대로 정체경향이 지배하는 장기파동의 국면에서는 호황시기는 덜 열광적이고 더욱 일시적인 것으로서 나타나지만, 순환적 과잉생산공황의 시기는 보다 길고 더욱 심각하게 될 것이다. '장기파동'은 형이상학적 구성으로서가 아닌 오직 이런 순환적 변동의 결과로만 파악될 수 있다.

자본주의 역사에서 '장기파동'을 최초로 인식했던 이는 러시아의 맑스주의자인 파르부스(Alexander Parvus)였다.[30] 1890년대 중반에 그는 농업공황 연구를 통해서, 1873년에 시작되었고 엥겔스가 매우 중요하게 생각했던[31] 장기불황은 새로운 장기상승에 의해 곧 대체될 것이라는 결론에 도달하였다. 그는 이 견해를 1896년 『작센 노동자신문』(*Sächsische Arbeiterzeitung*)의 논문으로 최초로 발표하였고, 1901년의 팸플릿에서 더욱 상세하게 설명했다.[32] 파르부스는 맑스의 유명한 구절을 근거로 하여,[33] 팽창적 '장기파동' —— '경제불황'의 장기파동으로 이어지는 —— 을

---

29) 러시아의 맑스주의자인 보그다노프(Aleksandr Bogdanov)는 이것의 가능성을 의문시한다. '장기파동'에 대한 많은 비판자들이 그의 입장을 따랐다. 이하에서 우리는 이것에 대해 답할 것이다.

30) 엄격한 의미에서 이것은 부정확할 수 있다. 슘페터에 따르면 순환적 경제발전에서 이른바 '장기파동'의 존재를 주장했던 클라크(Hyde Clark)의 "Political Economy"라는 제목의 논문을 제본스(Willam Stanley Jevons)가 인용했다고 한다. 그 논문은 정기간행물 『레일웨이 레지스터』(*Railway Register*, 1874)에 게재되었으나, 이 문제에 관한 더욱 진전된 논의에는 아무 영향을 주지 못했다. Joseph Schumpeter, *History of Economics Analysis*, New York, 1954.

31) 무엇보다 Marx & Engels, *Capital*, Vol.3, p.489의 엥겔스의 각주『자본론』III(하), 603쪽;『자본』III-2, 668쪽.

32) Alexander Parvus, *Die Handelskrise und die Gewerkschaften*, München: Druck von M. Ernst, 1901, SS. 26~27.

33) Marx & Engels, *Capital*, Vol.1, p.450 [『자본론』I(하), 604쪽;『자본』I-1, 605쪽] 참조.

파악하기 위한 관념적 틀을 마련하고자 자본의 **질풍노도** 시대라는 개념을 사용했다. 파르부스에게 있어 장기적 파동운동을 결정하는 것은, "자본주의 경제의 모든 영역, 즉 기술·금융시장·무역·식민지에서 진행되는", 그리고 "전 세계경제를 새롭고 훨씬 개선된 기초 위에" 놓는 변화들에 의한 세계시장의 확장이었다.[34] 그는 자신의 명제를 입증하기 위한 통계적 자료를 제시하지 못했기 때문에, 시기구분에 있어서 중대한 오류를 범했다.[35] 그의 스케치는 비록 미숙하고 비논리적이었지만, 비범하고 예리한 정신을 소유한 맑스주의 사상가의 천재적 시도로 남아 있다.[36]

카우츠키의 찬사를 받았던[37] 파르부스의 이런 풍부한 생각은 10년이 지나서야 네덜란드의 맑스주의자인 판 헬데렌(Jacob Van Gelderen)에 의해 다시 전개되었다.[38] 1913년 페더(J. Fedder)라는 필명으로 판 헬데렌은 네덜란드 '좌익' 잡지인 『신시대』(*De Nieuwe Tijd*)에 세 편의 논문을 발표했다. 여기서 그는 자본주의 국가들에서 일반적으로 관찰되는

---

34) Parvus, *Die Handelskrise und die Gewerkschaften*, S.26.

35) 그래서 그는 **질풍노도**의 시기가 1860년대에 시작하여 1870년대 초반에 끝났다고 하지만, 오늘날에는 1847년의 공황부터 1873년까지 팽창적 '장기파동'이 있었다는 점이 일반적으로 받아들여지고 있다.

36) 무엇보다도 파르부스는 러시아의 다른 맑시스트들의 관점과는 대조적으로, 트로츠키와 함께, 다가오는 러시아혁명의 결과로서 노동자정부를 예견한 영구혁명론의 창시자였다. 그러나 그는 오스트레일리아의 모범을 따르는 사회민주적 정부(즉 여전히 자본주의 생산양식의 틀 내에 남아 있는 정부)를 예상한 반면, 트로츠키는 1906년에 이미 러시아혁명이 빈농의 지지에 기초한 프롤레타리아 독재로 나갈 것이라는 견해를 가지고 있었다.

37) Karl Kautsky, "Krisentheorien", *Die Neue Ziet*, Vol.XX, 1901~1902, S.137.

38) 판 헬데렌과 동시에 (그리고 그와 무관하게) 아프탈리옹(Albert Aftalion, *Les Crisis Periodiques de Surproduction*), 투간-바라노프스키(Michail Tugan-Baranovsky, *Studien zur Theorie und Geschichte der Handelskrisen in England*의 프랑스어판), 레스퀴(Jean Lescure, *Des Crises Generales at Periodiques de Surproduction*), 파레토(Vilfredo Pareto, 1913)가 '장기파동'의 문제를 약간 단편적으로 건드렸지만, 어느 것도 헬데렌의 분석 영역에 가까이 도달하지 못했다. 이 점에 관해서는 Ulrich Weinstock, *Das Problem der Kondratieff-Zyklen*, Berlin/Munich: Duncker & Humblot, 1964, SS.20~22 참조.

가격상승을 출발점으로 삼아 19세기 중반 이래 자본주의 역사에서의 '장기파동' 가설을 제기했다. 맑스주의 문헌에서 지금까지 거의 주목받지 못했던 이 논문들은 파르부스나 카우츠키가 했던 것보다 질적으로 더 높은 수준에서 중요한 문제를 제기했다. 판 헬데렌은 단지 그의 가설에 대한 경험적 증거를 모아 많은 영역에서의 가격, 외국무역, 산출과 생산능력의 변동 및 이자율, 자본축적, 사업 창립 등의 변동을 추적하려 했던 것만은 아니다.[39] 그는 자본주의 생산양식의 장기적 파동 운동을 **설명**하고자 했는데, 파르부스와는 반대로 시장의 확장이 아니라 생산의 확대로부터 출발했다. 그에 따르면 "자본주의 경제에서 활황기[40] 생성의 전제조건은 그것이 자생적이든 완만하든 간에 생산의 확장이다. 이것은 다른 생산물의 수요를 창출하고, 간접적으로는 항상 생산수단을 만드는 산업의 생산물의 수요와, 원료의 수요를 창출한다. 생산의 확대에 의해 발생된 수요의 성격은 …… 다음과 같은 두 가지 주요 형태를 취할 수 있다.

①희소 거주지역의 개척에 의해서. 이런 지역에서는 농업이나 축산업이 사람들에게 수출품을 제공하는데, 그것으로 필요한 상품 구입의 지불에 사용한다. 구입상품은 두 종류인데, 대량소비재(그 중에서도 가공산업)와 생산재료(기계·철도 및 통신설비에 필요한 자재·건축자재)이다. 이런 수요의 증대에 의한 가격상승은 한 생산분야에서 다른 생산분야로 파급된다.

---

39) J. Fedder, "Springvloed-Beschouwingen over industrieele ontwikkeling en prijsbeweging", *De Nieuewe Tijd*, Nos. 4, 5, 6, April, May, June, Vol.18, 1913.
40) 헬데렌은 팽창적 '장기파동'을 밀물(springvloed, spring tide)로, 정체적 '장기파동'을 썰물(ebb)로 부른다.

②인간의 특수한 욕구를 충족시키기 위한, 지금까지보다 더 강력한 위

치에 있는 산업부문(자동차와 전기산업)의 갑작스러운 생성에 의해

서. 이것의 영향은 보다 작지만, 첫번째 형태와 성격은 동일하다.”[41]


    같은 시기에 유사한 결론을 정식화한 카우츠키와 무관하게[42] 판 헬

데렌이 이런 분석으로부터 도출해 낸 결론은, 금 생산의 중대한 증가가

전형적으로 확대기조의 ‘장기파동’에 선행한다는 것이었다.[43] 분명히 그

의 설명은 확연한 이중성으로 곤란에 처해 있는데, 왜냐하면 ‘장기상승’

은 세계시장의 확대 혹은 새로운 생산분야의 발전에 기인했기 때문이다.

더구나 그는 추가자본 투자라는 문제가 화폐재료의 생산(즉 금 생산)으로

환원될 수 없고, 잉여가치의 추가생산과 축적의 문제가 된다는 점을 깨닫

지 못했다. 그러나 우리는 어떤 개척자에게, 새롭게 발견된 복합적 문제

의 모든 측면에 대해 그가 만족스러운 답을 즉시 마련하라고 요구할 수

는 없다. 왜냐하면 판 헬데렌의 작업은 분명히 선구자적 성격의 것이기

때문이다. 1920년대와 1930년대에 콘드라티예프에서 슘페터와 듀프리

에(Léon Hugo Dupriez)에 이르기까지 보다 정교해진 ‘장기파동’에 관한

이론들 중 어느 것도 판 헬데렌이 발전시킨 것을 넘어서지 못했다. 그가

---

41) Fedder, “Springvloed-Beschouwingen over industrieele ontwikkeling en prijs-beweging”, pp.447~448.

42) Karl Kautsky, “Die Wandlungen der Goldproduktion und der Wechselnde Charakter der Teuerung”, Supplement to *Die Neue Ziet*, No.16, 24 Jan.1913. 이 글의 20쪽에서 카우츠키는 1818~1849년, 1850~1873년, 1874~1896년, 1897~1910년의 시기에 가격의 장기적 하강과 상승을 금 생산의 장기적 변동에 의하여 설명한다.

43) Fedder, “Springvloed-Beschouwingen over industrieele ontwikkeling en prijs-beweging”, pp.448~449. 이것은 적어도 부분적으로는 오늘날 벨기에 사람인 듀프리에가 제시한 ‘장기파동’에 관한 설명이기도 하다.

사용할 수 있었던 통계적 자료가 불충분하다고 해서 그의 기여의 선구자적 의의가 손상되지는 않는다. 그가 겨우 60년 동안의 증거에 기초해서 "경제활동의 모든 영역에서의 특이한 템포 변화를 수립"한다고 비판하고, 이것은 "기각되어야 한다"고 언명하는 바인슈토크(Ulich Weinstock)는 옳지 못하다.[44] 중요한 것은 판 헬데렌의 증거가 충분한가 혹은 불충분한가라는 형식적인 문제가 아니다. 실질적인 문제는 오늘날 우리가 사용할 수 있는 자료의 관점에서 판 헬데렌의 작업가설이 정확한 것인지 아닌지에 대한 것이다. 바인슈토크는 이런 검증을 빠뜨렸고, 따라서 판 헬데렌의 작업의 선행적 의의를 이해할 수 없었다.

제1차 세계대전 기간이 거의 끝날 때 신생 소비에트연방에서는 '장기파동'의 문제가 심도 있게 다뤄지기 시작했다. 케렌스키 임시정부의 식량성 차관이었던 콘드라티예프는 1919년 이후로 이 문제에 관심을 가졌고, 1920년에 모스크바 경기연구소(Moscow Institute for Conjunctural Research)를 설립하여 자신의 '장기파동' 이론을 위한 자료를 수집하기 시작했다.[45] 1914년 이전의 발전과 비교하여 전후 자본주의 발전의 문제를 다루고 있었던 트로츠키 역시 이 문제들의 복잡성을 연구했다. 그러나 아마도 그는 소수의 맑스주의자 혹은 경제학자들에게 통용되는 언어로 쓰였다는 어려움을 겪던 헬데렌의 저서를 알지 못했을 것이다.[46] 공산

---

44) Weinstock, *Das Problem der Kondratieff-Zyklen*, S.28.
45) 가비(George Garvy)가 *International Encyclopedia of Social Sciences*(1968) 6권에서 쓴 콘드라티예프에 관한 논문 참조.
46) 콘드라티예프는 1922~1925년에 러시아어로 논문들을 쓰고, 1926년에 그의 유명한 독일어 논문 Nikolai Dmitriyevich Kondratieff, "Die lange Wellen der Konjunktur", *Archiv für Sozialwissenschaft und Sozialpolitik*, Vol.56, No.3, Dez.1926을 발표했을 때, 어쨌든 판 헬데렌의 연구를 접하지 못했다고 말한다. 이런 진술을 의심할 이유는 없다.

주의 인터내셔널 제3차 대회에 제출된 유명한 세계정세 보고서에서 트로츠키는 장기파동의 문제에 관하여 다음과 같이 설명한다.

올해 1월에 런던의 『타임스』(*Times*)는 아메리카 식민지 13개 주의 독립전쟁 시기부터 오늘날까지 138년 동안의 통계를 발표하였다. 이 기간 동안 16번의 산업순환, 즉 16번의 공황과 호황의 국면이 있었다. …… 이 발전곡선을 상세하게 분석해 보면, 그 기간은 5개 부분, 즉 5개의 상이한 종류와 상이한 기간을 지닌 시기로 되어 있음을 알 수 있다. 1781년부터 1851년까지의 발전은 '매우 완만'했는데, 관찰될 수 있는 운동은 거의 없었다. 70년 동안 외국무역은 기껏해야 1인당 2파운드에서 5파운드로 상승했을 뿐이다. 1848년 혁명은 유럽시장의 범위를 확대하는 작용을 했지만, 그 이후 한계점에 도달했다. 1851년부터 1873년까지 발전곡선은 급격히 상승했다. 22년간 외국무역은 1인당 6파운드에서 21파운드로 상승했고, 같은 기간에 철 생산량은 1인당 4.5kg에서 13kg로 상승했다. 계속해서 1873년 이후에는 불황시기가 뒤따랐다. 1873년부터 대략 1894년까지 영국에서는 무역정체가 관찰되었는데, …… 22년 동안 21파운드에서 17.4파운드로 하락했다. 그후 또 다른 호황기가 도래해서 1913년까지 계속되었다. 즉 외국무역은 17파운드에서 30파운드로 상승했다. 그리고 마지막으로 1914년에 자본주의 경제의 파멸시기인 다섯 번째 시기가 시작된다. 순환적 변동은 자본주의 발전의 변화를 추동하는 주요운동과 어떻게 조합되어 있는가? 그것은 매우 간단하다. 자본주의 발전시기에 공황은 성격상 짧고 표면적인 것이지만, 호황은 길게 지속되고 커다란 영향을 미친다. 자본주의의 하강기에 공황은 길게 연장되는 성격이 있지만, 호황은 잠깐 동안이고 표면적이며 투기적이다.[47]

그때 트로츠키는 분명히 이전의 친구인 파르부스에 의거하여 1850 년 이후의 자본의 **질풍노도** 시기에 대하여 말하고, 다음과 같은 두 가지 예견으로써 결론을 지었다.[48]

첫째, 단기적으로는 자본주의의 일정한 발전이 ──비록 매우 단명하고, 어떤 식으로도 유럽에서의 사회주의 혁명 가능성을 배제할 수는 없지만──경제적으로 가능할 뿐만 아니라 불가피하다. 둘째, 유럽 노동자계급의 혁명운동이 지속적인 퇴보를 겪는다면, 장기적으로 '20~30년 후에' 자본주의의 새로운 팽창이 가능하다.[49]

그후 수개월 동안 트로츠키는 여러 기회에 동일한 문제로 다시 돌아갔고,[50] 콘드라티예프의 첫번째 연구가 나왔을 때 『사회주의 아카데미 연보』(*Viestnik Sotsialisticheskoi Akademii*)의 편집진에게 보내는 편지 속에서 또다시 그 주제를 취급했다. 그 편지에서 트로츠키는 자본주의 역사에서 '정상적인' 산업순환 외에도, 자본주의 생산양식의 장기적 발전을 이해하는 데 대단히 중요한 보다 장기의 시기들이 존재했다는 신념을 재확인했다.

---

47) Leon Trotsky, "Report on the World Economic Crisis and the New Tasks of the Communist International", Second Session, June 23, 1921, of the Third Congress of the Communist International, *The First Five Years of the Communist International*, Vol.1, 1945, p.201.

48) ibid., p.207.

49) ibid., p.221.

50) Leon Trotsky, "Flood-tide: the Economic Conjuncture and the World Labour Movement", 25 December 1921, *The First Years of the Comintern*, 1953, pp.79~84; "Report on the Fifth Anniversary of the October Revolution and the 4th World Congress of the Communist International", 20 October 1922, ibid., pp.198~200.

이것은 잠정적인 도식이다. 우리는 역사에서 동질적인 순환들이 일련의 그룹으로 분류되는 것을 보고 있다. 수많은 순환들이 뚜렷한 형태의 호황과 미약하고 단명한 공황으로써 특징지어질 때, 자본주의 발전의 전(全) 시기가 존재하게 된다. 그 결과 자본주의 발전의 기본곡선은 급속한 상승운동을 그린다. 이 기본곡선이 부분적이고 순환적인 진폭을 지나면서도 수십 년에 걸쳐 거의 같은 수준에 머물면, 정체시기가 생겨 난다. 마지막으로, 일정한 역사적 기간 동안 기본곡선이 순환적인 진폭을 지나면서도 전체적으로는 하강해서 생산력 저하를 보여 준다.[51]

더욱이 트로츠키는 '자본주의적 발전의 장기곡선'의 연구가 어떻게 행해져야 하는가에 대한 구체적 설명을 제시하였고, 이런 라인에 따른 실증조사가 역사유물론을 풍부하게 하는 데 특별히 중요할 것이라고 강조하였다.[52] 이러한 맥락에서 눈에 띄는 것은, 트로츠키가 '순전히' 경제적인 데이터의 한계를 넘어서 일련의 사회적·정치적 발전도 조사에 포괄시킬 필요성을 강조했다는 것이다. 이런 취지에서 그는 순전히 통계적 자료에 근거하여 '장기파동'의 존재를 주장한 콘드라티에프의 최초 연구에 대한 날카로운 비판을 제기했다.[53]

---

51) Leon Trotsky, "The Curve of Capitalist Development", 21 Apr. 1923, *Fourth International*, May 1941, p.112. 원래 1923년 4월 21일자 『사회주의 아카데미 연보』의 편집진에 보내는 편지로서 후에 이 연보의 제4호(1923년 4월~7월)에 실렸다. 여기서는 영문번역을 인용한다.

52) ibid., p.114.

53) 문제의 저작은 Nikolai Dmitriyevich Kondratieff, *Die Weltwirtschaft und ihre Bedingungen Während und nach dem Krieg*, Moscow, 1922이다.

코민테른 제3차 세계대회 후에 콘드라티예프 교수는 늘 그렇듯이 대회 자체에서 채택된 문제의 정식화를 공들여 회피하면서 이 문제에 접근하였으며, 10년 주기를 갖는 '소순환'(minor cycle)과 함께 약 50년을 포괄하는 '대순환'(major cycle)이라는 개념을 정립하려고 했다. 이렇게 대칭적으로 정식화된 구성에 따르면, 하나의 대순환은 약 다섯 개의 소순환으로 구성되는데, 그 절반은 호황의 성격을 지니고, 나머지 절반은 공황의 성격을 지니며, 그 사이 필수적인 과도적 단계가 있다. 콘드라티예프에 의해 정리된 대순환의 통계학적 결정요인은 개별 국가와 더불어 세계시장 전체와 관련하여 주의 깊은 검증을 거쳐야 한다. 소순환에서 관찰될 수 있는 '엄밀하게 법칙적인 리듬'을 스스로 '대순환'이라고 명명한 시기에 동일하게 부여하려고 한 콘드라티예프 교수의 시도를 미리 논박하는 것은 이제 가능하다. 그것은 명백하게 형식적 유추에서 비롯한 잘못된 일반화이다. 소순환의 주기적인 반복은 자본주의적 힘들의 내적 운동에 의하여 조건지어지고, 일단 시장이 존재하면 언제 어디서나 스스로를 드러낸다. 콘드라티예프 교수가 부주의하게 또한 순환으로서 규정하려고 하는 자본주의 발전곡선의 대구간들(50년)에 있어서는 그 성격과 지속기간이 자본주의적 힘들의 내적 상호작용이 아니라 자본주의적 발전이 나아가는 그 외적 조건들에 의해 결정된다. 자본주의에 의한 새로운 국가 및 대륙의 획득, 새로운 천연자원의 발견, 이것과 결부된 전쟁, 혁명과 같은 '상부구조적' 질서의 주요 요인들이 자본주의적 발전의 상승기·정체기·하락기의 성격과 교체를 결정한다.[54]

---

54) Trotsky, "The Curve of Capitalist Development", pp.112~114.

가비는 이러한 주장을 트로츠키가 장기변동의 존재를 인정했으나 그것의 주기적 성격은 부정했다는 의미로 해석한다.[55] 우리가 모든 문제를 순환, '장기파동', '장기시기' 그리고 '자본주의 발전곡선의 대구간' 사이의 어의상의 구별에 관한 무의미한 논쟁으로 축소하지 않는 한, 이 견해는 그렇게 정확한 것은 아니다. 트로츠키는 콘드라티예프의 명제에 대해 주요한 두 가지 논점을 제시하였다. 첫째, '장기파동'과 고전적 '순환' 사이의 유비는 오류다. 즉 장기파동은 고전적 순환과 같은 '자연발생적 필연성'을 지니지 않는다. 둘째, 고전적 순환은 자본주의적 생산양식의 내적 동학의 관점에서 전적으로 설명될 수 있지만, 장기파동을 설명하기 위해서는 "자본주의 발전곡선 및 그것과 사회생활 전반과의 상호관계에 대한 보다 구체적인 연구"[56]가 요구된다. 다시 말해서 트로츠키는 고정자본 갱신에 의한 고전적 순환의 설명(맑스)에 유비하여 구성된 '장기파동'의 일원적 이론에 반대하였다.

우리는 1920년대 많은 소련 경제학자들에 의해 주장된 이 두 가지 비판을 완전히 지지할 수 있다.[57] 우리가 '장기파동'을 이윤율의 상승과 하락의 장기파동에 의해 규정되는 축적의 가속과 감속의 장기파동으로 정의한다면, 이윤율의 상승과 하락은 단일 요인에 의해 규정되는 것이

---

55) George Garvy, "Kondratieff's Theory of Long Cycles", *The Review of Economic Statistics*, Vol.XXV, No.4, Nov.1943, pp.203~220.

56) Trotsky, "The Curve of Capitalist Development", p.114.

57) 가비는 위와 같은 맥락에서 보그다노프, 오파린(Oparin), 스투덴스키(Studensky), 노보실로프(Novozhilov), 그라놉스키(Granovsky) 및 구베르만(Guberman)의 견해들을 인용한다. 또한 A. Herzenstein, "Gibt es grosse Konjunkturzyklen?", *Unter dem Banner des Marxismus*, Nos.1~2, 1929를 참조. "장기적인 가격파동이 순환적으로 나타난다는 현혹에 기초해서, (콘드라티예프는) 물적 생산력의 불균등한 동태를 경기변동의 규칙적인 메커니즘으로 (설명한다)." ibid., S.123.

아니라, 트로츠키에 의해 제시된 요인들이 중요한 역할을 하는 일련의 사회적 변화에 의해 설명되어야 한다. 다음의 〈표 1〉이 이를 명확히 하는 데 도움이 될 것이다.

'장기파동'의 상승과 하강은 매우 다른 요인들의 상호작용에 의해 결정된다는 점이 규명되고, 이 '장기파동'은 자본주의 생산양식에서의 고전적 순환과 같은 내재된 주기성을 갖지 않는다는 점이 강조된다면, 그 본성상 자본에 항상 영향을 미치는 **모든** 변화의 종합적 표현인 중심적 메커니즘(즉 이윤율의 변동)과의 밀접한 관련을 부정할 이유가 없다.[58]

네덜란드의 맑스주의자인 드 울프(Sam de Wolff)는 콘드라티예프와 동시에, 그러나 독자적으로 '비순환적인' 수치계열을 끌어냄으로써 판 헬데렌의 명제를 통계학적으로 보다 정교하게 하려 했다. 그러나 그 과정에서 그는 장기순환이 고전적 순환의 2.5배라는 '장기순환'의 '절대적 규칙성'을 가정__함으로써__, (이미 트로츠키가 지적한) 고전적 순환과의 형식적 유비를 추구한 콘드라티예프의 오류를 더욱 극단으로 가져갔다. 드 울프는 비록 '고전적 순환'의 평균적 길이가 점차 10년에서 9년으로, 그리고 8년, 나아가 7년으로 단축되고 있다고 생각했지만, 장기순환과 고전적 순환에 엄밀한 길이를 부여하였다.[59] 드 울프의 1924년의 분석은

---

58) 이러한 맥락에서 틴버겐과 칼레츠키가 산업순환에서 이윤과 이윤율(이 용어의 맑스주의적 의미로 명확하게 정의되지는 않았지만)에 부여한 중요성을 참조하라. Jan Tinbergen & Jacques J. Polak, *The Dynamics of Business Cycles*, London: Routledge, 1950, pp.167, 170 이하, etc.; Michal Kalecki, *Theory of Economic Dynamics*, London: Allen & Unwin, 1954.

59) Sam de Wolff, "Prosperitäts- und Depressionsperioden", Hg. Hermann Otto Jenssen u.a., *Der Lebendige Marxismus*, Jena: Thüringer Verlagsanstalt und Druckerei, 1924, S. 30, SS.38~39.

<표 1> 장기파동

| 시기 | 주요기조 | 공업 상품의<br>가치부분의 운동 | 운동의 원천 |
|---|---|---|---|
| 1793~1825 | 확장,<br>이윤율 상승 | Cf: 급격하게 상승<br>Cc: 급격한 상승 후 감소<br>v: 하락<br>m/v: 상승 | 수공업적 기계, 농업이 공업에 뒤처짐-원료 가격 상승. 실질임금 저하. 산업 프롤레타리아트의 완만한 증가와 대량 실업. 세계시장의 급속한 확대(남아메리카). |
| 1826~1847 | 정체,<br>이윤율 정체 | Cf: 상승<br>Cc: 하락<br>m/v: 안정적 | 전(前) 자본주의적 생산과 경쟁함으로써 영국 및 서구에서 이윤이 감축됨. C의 가치 상승이 잉여가치율 상승을 중화시킴. 세계시장의 확대 완만화. |
| 1848~1873 | 확장,<br>이윤율 상승 | Cf: 하락<br>Cc: 안정적, 그후 상승<br>v: 하락<br>m/v: 상승 | 기계에 의한 기계생산으로의 이행이 Cf 가치 낮춤. Cc는 상승하지만 Cf의 하락과 경합하지 않음. 1848년 혁명의 결과 유럽 전체와 북미에서 공업화의 진전과 철도건설의 확대로 세계시장의 엄청난 확대. |
| 1874~1893 | 정체,<br>이윤율 저하,<br>그후 정체,<br>다시<br>경미한 상승 | Cf: 상승<br>Cc: 하락<br>v: 완만한 상승<br>m/v: 처음에 하락,<br>　　　그후 다시 상승 | 기계에 의한 기계생산으로의 일반화. 기계로 생산되는 상품도 더 이상 초과이윤을 획득하지 못함. 자본의 유기적 구성의 고도화로 평균이윤율이 하락. 서유럽에서 실질임금의 상승. 자본수출의 증대와 원료가격 하락의 결과 비로소 자본축적이 서서히 증가. 세계시장이 비교적 정체. |
| 1894~1913 | 확장,<br>이윤율 상승,<br>그후 정체 | Cf: 하락<br>Cc: 완만하게 상승<br>v: 완만하게 상승, 그후 안정<br>m/v: 급격한 상승, 그후 안정 | 식민지로의 자본투자, 제국주의의 발흥, 독점의 일반화에 의해 (그리고 더욱 완만하게 상승하는 원료가격으로부터 이익을 얻고, 또 제2차 기술혁명과 그에 따른 노동생산성과 잉여가치율의 급격한 상승에 의해 촉진되어) 이윤율이 전반적으로 상승하게 됨. 이것이 자본축적의 급속한 확대를 설명함. 세계시장의 급격한 확대(아시아·아프리카·오세아니아). |
| 1914~1939 | 후퇴,<br>이윤율의<br>급격한 저하 | Cf: 안정적<br>Cc: 하락<br>v: 하락, 그후 안정, 다시 하락<br>m/v: 하락, 그후 안정<br>(독일: 1934년 이후 상승) | 전쟁 발발, 세계무역의 붕괴, 물적 생산의 감퇴가 자본의 가치증식 곤란을 규정. 이 현상은 러시아혁명의 승리와 그것에 의한 세계시장의 축소에 의해 강화됨. |
| 1940/1945<br>~1966 | 확장,<br>이윤율이<br>처음에 상승,<br>그후 완만하게<br>저하 시작 | Cf: 상승<br>Cc: 하락<br>v: 처음에 안정적 혹은 하락,<br>　　그후 완만하게 상승<br>m/v: 급격하게 상승,<br>　　　그후 안정 | 파시즘 및 제2차 세계대전에 의한 노동계급의 약화(부분적 고립화)가 이윤율의 대대적인 상승을 허용. 이것이 자본축적을 촉진함. 처음에는 무기생산을, 그후에는 제3차 기술혁명을 야기함. 이것은 불변자본의 상당한 저렴화를 가져와서 이윤율의 장기적 상승에 도움이 됨. 세계시장은 아우타르키(autarky)와 세계전쟁, 비자본주의적 영역(동유럽·중국·북조선·북베트남·쿠바)에 의해 축소되었지만, 제국주의 국가들의 국제분업과 반(半)식민지의 공업화에 의해서 상당히 확대됨. |
| 1967~ | 정체,<br>이윤율 저하 | Cf: 안정 내지 상승<br>Cc: 하락, 그후 급격하게 상승<br>v: 완만하게 상승, 그후 안정<br>m/v: 안정 | 제국주의 국가들의 '산업예비군'의 완만한 흡수가 자동화의 증대에도 불구하고 잉여가치율이 더욱 상승하는 것을 억제함. 계급투쟁이 이윤율에 영향. 국제적 경쟁의 격화와 세계통화위기가 동일하게 작용, 세계무역의 확대가 완만해짐. |

* C: 불변자본, Cf: 고정불변자본, Cc: 유동불변자본, v: 노동력가치, m: 잉여가치, m/v: 잉여가치율

가격과 전체 생산의 변화에 의해 규정되었고, 이런 의미에서 '장기파동'에 관해 어떠한 설명도 제공하지 못했으며, 따라서 판 헬데렌의 분석보다 더욱 후퇴한 것이다. 1929년에 출간된 저작에서[60] 그는 콘드라티예프와 아주 유사하게 설명하는데, 그것은 건물·가스공장·철도관련 자재·배관·케이블 등의 매우 내구력이 강한 고정자본의 재건설에 기초한 것이었다. 여기서 또다시 맑스의 '고전적 순환'에 관한 설명과의 엄밀한 유비가 다시 가정되었지만, 그 타당성은 경험적으로 결코 입증되지 않았다.[61]

'장기파동'을 검출하고 정의하기 위한 콘드라티예프의 유명한 시도는[62] 그후 슘페터에 의해 장기시기의 **탁월한** 설명으로 격상되었다. 그러나 콘드라티예프는 그 최초의 완숙한 형태에서도[63] 여전히 서로 다른 유형의 설명방식 사이에서 동요하고 있었다. 그의 견해에 따르면, 장기파동의 '퇴조기'에는 심각한 농업불황이 특징적이고, 반면 '장기의 상승국면'에서는 선행된 발견이나 발명의 응용, 금 채취의 가속화, 전쟁을 비롯한 사회적 동요가 포함된다는 것이다. (이름을 들지는 않았지만) 트로츠키의

---

60) Sam de Wolff, *Het Economisch getij*, Amsterdam: Emmering, 1929, pp.416~419.
61) 그래서 아이사드, 리글맨(John R. Riggleman), 한센(Alvin Hansen)과 미국의 다른 사람들이 분석한 건설 및 건설 수송수단의 순환은 드 울프가 가정한 대로 38년이 아니라 평균 17~18년이었다(Walter Isard, "A Neglected Cycle: The Transport-building Cycle", *Review of Economic Statistics*, Vol.34, 1942, Alvin Hansen & Richard Clemence, *Readings in Business Cycles and National Income*, London: Allen & Unwin, 1953, p.467, p.479를 참조). 흔히 '쿠즈네츠 순환'(Kuznets cycle)으로 불리는 미국에서의 건축순환에 대해서는 Simon Kuznets, *Long Term Changes in National Income of USA since 1869*, London: Cambridge University Press, 1952를 참조. 미국과 영국 건축순환의 연관성과 (부분적으로) 상반된 방향에 대해서는 eds. Derek Aldcroft & Peter Fearon, *British Economic Fluctuations 1790-1939*, London: Macmillan, 1972 참조.
62) Kondratieff, "Die lange Wellen der Konjunktur".
63) 콘드라티예프는 트로츠키 및 기타 러시아의 맑스주의자들의 비판에 영향을 받아 '장기순환'이라는 개념을 1926년에 '장기파동'이라는 개념으로 바꿨을 것이다. 그러나 실질적으로 그의 '파동' 개념은 '순환'과 동일하다.

비판에 대한 직접적인 반론으로서, 콘드라티예프는 '장기파동'이 중기적 파동과는 달리 "우발적인 상황과 외부적인 사건들", "예를 들어 기술변화, 전쟁 및 혁명, 새로운 국가들의 세계시장으로의 통합과 금 채취의 변동"[64]에 의해 규정된다는, 본질적이지만 완벽하지 않은 고찰에 대해 논박했다. 콘드라티예프 자신이 강조했던 이 요인들은 원인이 아니라 결과라는 것이다. 이 요인들의 규칙적 운동은 (그가 그 영향을 결코 부정하지 않았지만) 경제발전의 장기적 변동에 의해서만 설명될 수 있다는 것이다. 따라서 그는 예컨대 "장기파동의 상승을 자극하는 것은 새로운 영역의 통합이 아니라, 반대로 새로운 상승이 자본주의 국가들의 경제적 동학의 템포를 가속시킴으로써, 판매와 원료를 위한 새로운 국가들과 새로운 시장의 수탈을 필연적이고 가능하게 한다"[65]라고 주장했다.

이것은 그 자체로는 아직 '장기파동'에 관하여 설명을 하지 못했는데, 그것은 2년 후 그의 두번째 독일어 논문에서 제시되었다.[66] 그의 설명은 주로 '대규모 투자'의 장기지속, 저축활동의 변동, 화폐자본(대부자본)의 유휴화, 그리고 장기간에 걸친 낮은 가격수준의 결과에 근거했다.


이 요소들(대규모 투자, 기술개선, 숙련노동집단 등)은 장기간 사용될 수 있다. 그것들의 건설과 생산도 장기간이 걸리기 때문에, 통상적인 상업 및 산업순환의 폭을 넘어 버린다. 그러한 자본재를 위한 기금의 확대과정은 계속적이지도 규칙적이지도 않다. 장기적 경제파동의 존재는 이

---

64) Kondratieff, "Die lange Wellen der Konjunktur". S.593.

65) ibid., S.593.

66) Kondratieff, "Die Preisdynamik der industriellen und landwirtschaftlichen Waren(Zum Problem der relativen Dynamik und Konjunktur)".

기금의 확장 메커니즘과 관련되어 있다. 가속적인 확장기간은 상승하는 파동과 일치하는 반면, 이 자본재 생산이 정체되는 기간은 대순환의 하강하는 파동과 일치한다. 여기에서 문제가 되는 종류의 자본재 생산은 비교적 장기간에 걸쳐서 자본의 광범위한 지출을 필요로 한다. 그러므로 자본재의 생산이 증가하는 시기, 즉 장기적인 상승파동의 생성은 일련의 전제들에 의존한다. 이 전제들이란 다음과 같다. ① 높은 저축성향, ② 대부자본의 비교적 풍부한 공급과 저금리, ③ 유력한 금융센터나 기업 수중으로의 이 대부자본의 축적, ④ 낮은 수준의 상품가격(이것은 저축활동과 장기 자본투자를 자극한다). 이 전제들의 존재가 조만간 앞서 말한 기초 자본재의 생산을 증대시키고, 따라서 상승하는 장기 경제파동의 출현을 가져오는 상황을 창출한다.[67]

이와 같이 '장기파동'에 관해 나름대로 일관된 설명을 제시한 후, 콘드라티예프는 농업과 공업에서 평균 노동생산성이 발전하는 리듬의 차이에 대한 조사로 넘어갔고, 다음의 결론에 도달했다. 즉 농업의 노동생산성의 지체에 의한 '농산물 구매력의 상승'은, 그로 인해 모든 상품에 대한 수요가 빠르게 증대되기 때문에, 결국 '장기파동'을 가동시킨다.[68]

콘드라티예프의 비판가들에 대한 그의 응수는 그가 열거한 다섯 가

---

67) ibid., S.37.
68) ibid., SS.58~59. 드 울프는 콘드라티예프의 논문을 읽지 않고 고전적 순환에 대한 유사한 설명을 하고 있는 듯하다. 그는 고전적 순환을 태양흑점 순환과 관련시키고 있다. 태양흑점이 최소가 되는 해는 흉작이 와서 교역 관계가 농업에 유리하게 되며, 태양흑점이 최대가 되는 해는 풍작이 들어서 교역 관계가 공업에 유리하게 되고 이윤과 고정자본에 대한 투자가 증대된다. 그러나 드 울프는 제본스에 의거한 이 주장을 산업자본주의의 초창기에 한정하고 있다. de Wolff, *Het Economisch getij*, pp.286~287.

지 인과관계에 똑같이 잘 적용된다. 그는 이것들이 원인이지 결과가 아니라는 것을 결코 해명하지 못했다. 제1차 세계대전까지 확장적인 '장기파동'에서 농산물에 대한 수요·공급 격차의 확대는 확장의 원인이라기보다 오히려 결과로서 볼 수 있다. 고용의 증대와 공업생산의 성장이 수요증대를 일으키지만, 농업생산은 공업생산만큼 탄력적이지 않다.[69] 그러나 농업원료 및 식량가격이 상승한다면, 공업생산물의 수요에 대해서뿐만 아니라 산업이윤율에 대해서도 그 결과가 검토되어야 하는데, 콘드라티예프는 이것을 하지 못했다. 따라서 왜 '공업생산물의 구매력 저하'가 급격하게 확장을 억제하지 않는지에 대해 답할 수 없었다.

유휴 화폐자본(대부자본)은 모든 공황의 특징이다. 저금리에도 불구하고 왜 이 자본은 생산적으로 투자되는 대신 장기간 유리되는 것일까? 이 동일한 문제는 저축활동의 증대나 자본집적의 증대에도 적용되는데, 그것은 (계기적인 '붐'의 정점에서 단기간의 중단을 동반하는) 자본주의 발전의 변수라기보다는 상수로 묘사될 수 있을 것이다.[70] 더구나 '내구기간이 긴 자본재'에 관해서라면,[71] 드 울프의 동일한 명제에 관해 동일한 비판이 적용된다. 즉 40년 내지 50년간 생산에 사용되는 '자본재'는 자본주

---

69) 콘드라티예프 자신도 이것을 강조했다. Kondratieff, "Die Preisdynamik der industriellen und landwirtschaftlichen Waren(Zum Problem der relativen Dynamik und Konjunktur)", S.60.

70) 자본축적이 가속화되는 기간은 또한 자본의 유동화가 증가되는 시기로 특징지어진다는 것은 사실이다. 1849~1873년의 기간에 증권거래소와 주식회사의 확대, 1893~1913년에 트러스트·투자은행·지주회사의 확대, 1945~1967년에 투자기금·전환사채·유로체크 등의 확대가 관찰된다.

71) 이 주제를 고찰하면서 콘드라티예프는 슈피토프 교수가 사전항목으로 쓴 논문 Arthur Spiethoff, "Krisen", *Handwörterbuch der Staatswissenschaften*, Vol.4, 1923의 영향을 분명 받았다. 이 논문의 수정판은 Arthur Spiethoff, *Die wirtschaftlichen Wechsellagen*, Tübingen: Mohr, 1955에 실려 있다.

의에서 미미한 역할을 행할 뿐이다. 문제의 자본재가 이보다 더 짧은 생명기간을 가진 것이라면, 어떤 '반향효과'도 40년 내지 50년의 순환을 불러일으킬 수 없다. 그래서 유휴자본과 생산적으로 투자된 자본의 상승·하강 운동은 대개 10년 순환으로 제한된다. 콘드라티예프는 그의 논의로부터 두 가지 결정적 요인, 즉 평균이윤율의 장기적 변동과, 갱신된 고정자본의 가치와 규모에 대한 기술혁신의 영향을 배제함으로써, 자신이 제기했던 문제의 해답으로 가는 길을 스스로 막아 버렸다. '장기파동'을 설명할 때 콘드라티예프가 범한 오류의 방법론적 기초는, 가격변동에 대한 과도한 집착, 공업생산의 변동과 생산성 상승에 대한 불충분한 분석 때문이라고 할 수 있다. 결국 이것은 그가 가치와 화폐에 관한 맑스의 이론을 부정하거나 수정한 탓으로 돌릴 수 있다.

'경제에서의 장기파동'을 가장 철저하게 연구했던 슘페터는[72] 이런 오류를 피하려고 했다. 슘페터는 (콘드라티예프가 '장기파동'에 주목했을 때 이미 완성시킨)[73] 그의 자본주의 발전의 일반이론으로부터 출발하여, '기업가의 기술혁신 활동'에 기초한, 즉 그의 자본주의 발전의 일반이론과 일치하는 '장기파동'의 개념을 밝혔다. 한편 그는 가격지수보다 생산지수를 보다 중요시했지만, 이것에 대해 경험적인 입증을 하는 데에는 실패한 것 같다.[74] 더구나 혁신이 일정 시기에 대규모로 도입되는 원인은 생산기술의 역할과 이윤율의 장기적 변동에 대한 보다 철저한 분석 없이

---

72) Joseph Schumpeter, *Business Cycles*, New York: McGraw-Hill, 1939.

73) Joseph Schumpeter, *Die Theorie der Wirtschaftlichen Entwicklung*, Düsseldorf: Verlag Wirtschaft & Finanzen, 1911[영어판: *The Theory of Economic Development*, trans. Redvers Opie, New York: Galaxy, 1961].

74) Weinstock, *Das Problem der Kondratieff-Zyklen*, SS.87~90.

는 만족스럽게 설명될 수 없다. 이 두 가지 요인이야말로 슘페터의 **대표 작**에서 충분히 고려되지 않았던 것이다. 슘페터가 이윤 문제의 중심적 의 의를 충분히 인식하고 있었다는 점에서 이는 더욱 놀라운 것이다.[75]

'장기파동'에 관한 슘페터와 콘드라티예프의 이론에 대한 가장 체계 적인 비판은 헤르첸슈타인(A. Herzenstein), (콘드라티예프에 대해) 가비, (슘페터에 대해) 쿠즈네츠, 그리고 바인슈토크에 의해 행해졌다.[76] 그들 의 비판이 그리 설득력 있는 것은 아니다. 콘드라티예프의 통계적 방법 의 기술적 불충분성, '장기파동'의 시작과 종결에 관한 자의적인 선택, 가 격수준을 제외한 지수들의 설득력 부족은 모두 인정될 수 있다. 경제사 학자들이 여전히 1848~1873년의 두드러진 확장, 1873~1893년의 장기 불황, 1893~1913년의 급격하게 상승한 경제활동, 양차대전 사이에 정체 되거나 후퇴한 것은 아닌 매우 완만한 발전, 2차대전 이후에 다시 나타난 상당한 상승에 대해서 실질적으로 동의하고 있다는 것은 지금도 사실이 다.[77] 다만 '첫번째 콘드라티예프 파동', 즉 1793~1823년의 급격한 성장 국면 및 1824~1847년 사이의 완만한 성장국면에 대해서는 (부분적으로 정당화되는) 어떤 의심의 여지가 있다.[78] 적어도 다섯 개의 장기파동의 그

---

75) 예컨대 Schumpeter, *Business Cycles*, pp.15~17, pp.105~106, etc.

76) Garvy, "Kondratieff's Theory of Long Cycles"; Weinstock, *Das Problem der Kondratieff-Zyklen*; Simon Kuznets, "Schumpeter's Business Cycles", *Economic Change*, New York: Norton, 1953, pp.105~124. 바인슈토크는 가비의 콘드라티예프에 대한 비판과 쿠즈네츠의 슘페터에 대한 비판에 매우 의존하고 있다.

77) 1848~1873년, 1890년대로부터 제1차 세계대전까지의 시기 및 제2차 세계대전 이후의 세 계경제의 열광적인 팽창 또는 주요 세계불황에 관한 연대기적 기록들을 열거하는 것은 번 거롭다. 1873~1896년의 '장기불황'에 관한 상세한 기록은 Hans Rosenberg, "Political and Social Consequences of the Great Depression of 1873-1896", *The Economic History Review*, Nos.1~2, 1943, pp.58~61 참조.

와 같은 귀결은 결코 우연적 사건이나 여러 가지 외생적 요인에 의한 것이라고 할 수 없다.

헤르첸슈타인의 콘드라티예프 비판은 콘드라티예프의 이론적 설명에서의 오류 대부분을 드러내었다. 그러나 그는 '장기파동'의 존재를 실증적으로 반박하려고 했을 때, 다른 방향으로 너무 심하게 편향되었다. 그는 미국의 경제발전으로부터 부적절하게 추세를 추론하고, 그럼으로써 1849~1873년의 장기성장과 1873~1893년의 대불황을 영국에만 관련된 것으로 한정하려고 했다. 그러나 이 장의 끝 부분에 수록된 통계자료는 이 두 개의 '장기파동'이 분명히 19세기 자본주의의 세계생산과 세계시장 전체를 휩쓸었다는 점을 보여 준다. 심지어 헤르첸슈타인은 단 하나의 잡지의 대단치 않은 논문에 기초하여 1893~1913년 시기의 성장 증가를 부정하기까지 하였다. 콘드라티예프에 대한 그의 이론적 비판은 더욱 흥미롭다. 그는 "역사적 시기를 주기적 순환으로서 분류"하려는 콘드

---

78) 이것의 이유는 이미 한 세기 전에 맑스가 『자본』 제1권의 프랑스판에 추가한 구절에서 설명되었다[이 구절은 엥겔스가 편집한 『자본』 영어판에는 없다. 이것은 영어판 633쪽 마지막 문장 앞에 놓여야 한다.—『후기자본주의』 영어판 옮긴이 주]. "그러나 다음과 같은 일들이 일어난 뒤에만, 자기영속적인 반복되는 순환(순차적인 국면들이 몇 년을 포괄하며, 순환은 항상 일반적 공황[general crisis]에서 그 정점에 도달하는데, 일반적 공황은 하나의 순환의 종점일 뿐 아니라 다른 하나의 순환의 출발점이기도 하다)이 시작될 수 있다. 즉, 기계공업이 확립되어 국내의 생산 전체에 지배적인 영향을 미치게 되었을 것, 세계시장이 신대륙·아시아·오스트레일리아의 광대한 영역을 차례차례 포섭해 버렸을 것, 그리고 끝으로 다수의 공업국들이 세계시장에서 경쟁에 참가했을 것 등이다"[『자본론』 I (하), 864쪽; 『자본』 I-2, 862쪽]. 그러나 많은 역사가 및 경제학자들이 1793~1847년의 장기파동의 존재를 주장한다는 사실은 계기적인 가격운동만에 기인하는 것이 아니라 산업혁명의 시작부터 나폴레옹 전쟁의 여파에 이르기까지 세계무역의 (특히 영국 상업의) 열광적 확대에 기인한다. 그러나 그후 세계무역은 정체 혹은 위축되었다. 1815~1819년에 연평균가치 4,350만 파운드에 달했던 영국의 수출은 1820~1824년에는 3,680만, 1825~1829년에는 3,600만, 1830~1834년에는 3,700~3,800만 파운드로 떨어졌다. 1815~1819년 수준은 그 절대 수치에 있어서는 1835~1839년까지, 1인당 수치에 있어서는 1840년대 말까지 도달하지 못했다.

라티예프의 시도에 반대했는데, 왜냐하면 그에 따르면 "세계시장의 일반적 조건에, 그리고 이 시장의 국민경제들 간의 상호관계에 근본적 변화를 가져오는 …… (콘드라티예프의 일련의) 특별한 역사적 상황"은 논리적으로 "일정한 규칙성을 띠면서 반복되는 변동"을 설명할 수 없기 때문이다.[79] 그러나 그는 자본주의 세계시장에서 '특별한 역사적 상황들'이 두 가지 기본적 범주, 즉 장기에 걸쳐 평균이윤율을 상승시키는 것과 하락시키는 것으로 구분될 수 있다는 사실을 간과하였다. 헤르첸슈타인은 이런 상황들이 이윤율에 대해 단지 무작위적이고 적절치 않은 영향을 미친다는 것을 규명하지 못했다. 이와 같은 증명이 없으므로(우리의 견해로는 이론적으로나 실증적으로나 그런 증명을 제공할 수 없다), '특별한 상황들'이 평균이윤율, 즉 자본축적과 경제성장률의 장기상승과 장기하락을 계기(繼起)적으로 촉진한다고 간주하지 않을 이유가 없다.

'장기파동'은 '보다 약하거나' '보다 강한' 고전적 순환들의 단순한 표현으로서, 존재하지 않는다고 해석하는 시도도 역시 설득력이 없다.[80] 적어도 장기적 경제발전이 규칙적인 교대하에 한 번은 번영국면들에 의해, 다른 한 번은 공황과 침체국면들에 의해 보다 강력하게 영향을 받는다는 사실을 문제 삼지 않으면 안 된다. 그것이 자명한 사실로서가 아니라 그 자체로서 인식된다면 그에 대한 설명을 찾아야 하고, 그래서 우리는 다시 '장기파동'의 문제로 돌아가게 된다. 쿠즈네츠를 따라 '장기파동'

---

79) A. Herzenstein, "Gibt es grosse Konjunkturzyklen?", S. 125.

80) 그러한 시도를 했던 최초의 인물은 보그다노프인 것 같다. "장기파동은 경기순환과 독립된 것이 아니라, 단지(!) 우연하게도(!) 장기순환의 각 국면에 들어가는 서로 다른 기간을 가진 개별 경기순환들을 합한 결과이다."[인용 출처 불분명함]. 가비는 이 구절을 찬성하며 인용하였고, 바인슈토크도 이것을 되풀이하고 있다.

을 '추세' 혹은 임의의 '10년 평균들'로 대체하는 것이 유행하게 되었다. 그러나 여기서도 하나의 진정한 문제가 장기의 시기들로 해소됨으로써 기각된다. 심지어 1929~1932년의 대공황조차 이 '추세 계산'속에서 사라져 버린다.[81] 그러나 누구도 이 특별한 공황의 존재를 의심할 수 없다.

바인슈토크는 '역사주의'에 대한 포퍼(Karl Popper)의 논쟁술에 기초하여 '장기파동'의 이론은 맑스주의적 영감에 의한 것이므로 무용하다고 주장한다.[82] 물론 그럼으로써 비과학적 편견을 드러내는 자는 어떤 맑스주의자도 아니고 바로 그 자신이다. 결국 실질적 문제는 궁극적으로 '장기파동'의 존재가 입증될 수 있느냐 없느냐에 관한 것이고, 만약 존재가 입증된다면, 그것이 어떻게 설명될 수 있는가 하는 것이다. 바인슈토크는 다음과 같이 비판한다. "장기파동을 입증하는 데 필요한 산출량과 소득의 시계열은, 충분한 수의 상대적으로 발전된 국가들에서 프랑스혁명 이후의 기간에 대해 필요한 신뢰도를 갖고 재구성될 수 없다."[83] 다시 말해 '장기파동'은 통계학적으로 증명될 수 없다. '장기파동'론이 경험적으로 확증될 수 없다면, 말할 것도 없이 그것은 근거 없는 작업가설이고

---

81) 따라서 쿠즈네츠는 1928~1963년 혹은 심지어 1913~1963년의 기간에 세계무역의 10년간 성장의 '평균들'을 가지고 작업하는데, 이는 1929~1939년 기간에 세계무역이 현저하게 축소되었다는 특정한 사실을 완전히 없애 버린다. Simon Kuznets, "Quantitative Aspects of the Economic Growth of Nations, M-X Level and Structure of Foreign Trade: Long term Trends", *Economic Development and Cultural Change*, Vol.XV, Part II, No.2, 1967 참조. 이는 후진국의 '1인당 소득'을 1,000달러로 계산하고, 이것이 인구의 75%는 불과 100달러를, 24%는 2,000달러를, 1%는 45,000달러를 받는 상황의 결과라는 것을 전혀 고려하지 않고서 '상대적 생활수준'을 결정하는, 악명 높은 '통계학적 평균'을 연상시킨다.

82) Weinstock, *Das Problem der Kondratieff-Zyklen*, SS.62~66. 바인슈토크는 장기파동이 '진정한 순환'이기보다는 '역사적 시기'로 간주되어야 한다는 결론을 내리지만(ibid., S.201), 40년 전에 맑스주의자인 트로츠키가 동일한 생각을 정식화했다는 것을 깨닫지 못했다(이 장 각주 51, 54 참조).

83) ibid., S.101.

<표 2> 영국의 산업생산물 연간 성장률

| 기간 | 성장률 |
| --- | --- |
| 1827~1847 | 3.2% |
| 1848~1875 | 4.55% |
| 1876~1893 | 1.2% |
| 1894~1913 | 2.2% |
| 1914~1938 | 2.0% |
| 1939~1967 | 3.0% |

* Brian R. Mitchell & Phyllis Deane, *Abstract of British Historical Statistics*, London: Cambridge University Press, 1962.
** 1913년까지는 호프만(Hoffmann) 지수이고, 1914~1938년은 로맥스(Lomax) 지수이다(두 가지 모두 건설업은 제외함). 제2차 세계대전 이후 시기의 계산은 EEC 통계국에서 가져왔고, 건설업이 포함되어 있다. 1801~1811년 평균으로부터 1831~1841년 평균까지의 성장률은 4.7%이다.

결국 신비화된 것이겠지만, 우리는 통계적 증명이 아니라 이론적 설명이 주요한 문제라고 생각한다.[84] 그러나 경험적 증명의 방법 그 자체는 설명되어야 하는 특정한 문제에 적절해야 한다. 금본위제하에서 다른 상품들의 평균가치보다 귀금속 상품가치의 보다 큰 감소를 포함하여, 인플레적 발전에 의해 유발된 가격운동은 분명 신뢰할 만한 지표가 아니다.[85] 일정한 시기에 '성장부문'인 특수한 생산부문의 역할에 의해 크게 영향을 받

---

84) 사후 출판된 저서에서 랑게는 다음과 같이 말한다. "위에 열거한 역사적 사실들(1825년 이후의 자본주의 생산에서 교대로 나타나는 국면들)은 심각하게 유보할 것은 아니지만, 장기적 순환의 존재를 입증하는 데는 충분하지 않다. 이 이론을 입증하기 위해서는 순환의 두 계기적인 국면들 사이의 인과관계를 보여 주어야 하지만, 아무도 그것에 성공하지 못했다." Oskar Lange, *Theory of Reproduction and Accumulation*, Warsaw: Polish Scientific, 1969, pp.76~77. 우리도 마찬가지로 '장기순환'이라는 개념은 거부하며, 따라서 '밀물'에 의한 '썰물'의 기계적 규정과 그 반대의 기계적인 규정도 거부하지만, 그럼에도 불구하고 장기파동의 내적 논리는 이윤율의 장기적 진동에 의해 규정된다는 것을 보여 주려고 하였다.

**〈표 3〉 독일의 산업생산물 연간 성장률**

| 기간 | 성장률 |
| --- | --- |
| 1850~1874 | 4.5% |
| 1875~1892 | 2.5% |
| 1893~1913 | 4.3% |
| 1914~1938 | 2.2% |
| 1939~1967 | 3.9% |

* 1938년까지의 수치는 Walther G. Hoffmann, *Das Wachstum der deutschen Wirtschaft seit der Mitte des 19. Jahrhunderts*, Berlin: Springer Verlag, 1965를 참조. 제2차 세계대전 이후의 수치는 *Statistisches Jahrbuch Für die Bundesrepublik*를 참조.

는 개별상품들의 생산량 수치도 주의 깊게 다루어져야 한다. 인플레적 가격운동에 의해 공동으로 결정되는 소득곡선도 또한 파생적인 지수이며, 기본적인 역사분석 이후에 사용될 수 있을 뿐이다. 따라서 가장 신빙성 있는 지표는 총공업생산량 지표와 세계무역량(혹은 1인당 세계무역량)의 발전이라고 생각된다. 전자는 자본주의적 생산의 장기경향을 나타내고, 후자는 세계시장 팽창의 리듬을 나타낸다. 정확하게 이 두 지표에 관한 한, 1847년 공황 이후 '장기파동'의 경험적 증명이 매우 가능하다.

1967년 이후 장기확장 파동으로부터 더욱 둔화된 장기성장 파동으로의 전환은 매 시기에 대해 세계 산업생산의 각각의 추세에 의해 통계적으로 확인된다.

---

85) 따라서 전적으로 가격운동에 기초한 잉베르의 논지는(Gaston Imbert, *Des Mouvements de Longue Durée Kondratieff*, Aix-en-Provence: Université d'Aix-Marseille, 1959) 기각되어야 한다. 랜디스는 가격의 전개에 대한 '장기파동' 개념을 거부하지만, 그러나 그렇다고 어떻게도 '장기파동'의 존재를 부인하지는 않는다. Landes, *The Unbound Prometheus*, pp.233~234.

<표 4> 미국의 산업생산물 연간 성장률

| 기간 | 성장률 |
| --- | --- |
| 1849~1873 | 5.4% |
| 1874~1893 | 4.9% |
| 1894~1913 | 5.9% |
| 1914~1938 | 2.0% |
| 1939~1967 | 5.2% |

* 1849~1873년 수치는 Robert E. Gallmann, "Commodity-Output 1839~1899", *Trends in the American Economy in the 19th Century, Studies in Income and Wealth*, No.24, Princeton: Princeton University Press, 1960을 참조. 이후의 수치는 US Department of Commerce, *Long Term Economic Growth 1860~1965*를 참조.

** 1874~1893년의 수치는 평균보다 더 높다. 남북전쟁으로 인해 '장기파동'에 일정한 지연이 야기되었고, 그래서 1880년대 생산이 유럽에서보다 미국에서 더 급격하게 증대하였기 때문이다.

<표 5> 1인당 세계 물적 생산 연간 성장률

| 기간 | 성장률 |
| --- | --- |
| 1865~1882 | 2.58% |
| 1880~1894 | 0.89% |
| 1895~1913 | 1.75% |
| 1913~1938 | 0.66% |

* Léon Hugo Dupriez, *Des Mouvements Economiques Généraux*, Vol.II, Louvain: Institut de recherches économiques et sociales, 1947, p.567.

듀프리에는 2차대전 이후 그로서는 최종적 형태로 경제발전에서의 장기파동론을 제출했다.[86] 이 이론에 따르면 콘드라티예프 파동의 설명에서 상품가치 지수로부터의 화폐가치 지수의 편차가 결정적인 역할을

---

86) Dupriez, *Des Mouvements Economiques Généraux*, Vol.II; *Konjunkturphilosophie*, Berlin: Duncker & Humblot, 1963.

<표 6> 세계무역 연간 성장률

| 기간 | 성장률 |
| --- | --- |
| 1820~1840 | 2.7% |
| 1840~1870 | 5.5% |
| 1870~1890 | 2.2% |
| 1891~1913 | 3.7% |
| 1913~1937 | 0.4% |
| 1938~1967 | 4.8% |

*Michael George Mulhall, *Dictionary of Statistics*, London: Routledge, 1889; Michael George Mulhall & William Harper, *Comparative Statistical Tables and Charts of the World*, Philadelphia: Commercial Museum, 1899; Kuznets, "Quantitative Aspects of the Economic Growth of Nations, M-X Level and Structure of Foreign Trade: Long term Trends"; Ingvar Svennilson, *Growth and Stagnation in the European Economy*, Geneva: United Nations Economic Commission for Europe, 1954; Statistisches Jahrbuch für die Bundesrepublik Deutschland, 1969에 의거하여 계산한 것임.

<표 7> 산업생산물 연간 성장률

| | 1947~1966 | 1966~1975 |
| --- | --- | --- |
| 미국 | 5.0% | 1.9% |
| EEC 6개국 | 8.9% | 4.6% |
| 일본 | 9.6% | 7.9% |
| 영국 | 2.9% | 2.0% |

*OECD 및 UN의 통계를 기초로 계산. 우리는 현재의 경기침체 동안 다음과 같은 하락률을 가정한다. 1974년에는 미국 -3%, 일본 -3%, EEC -1%, 영국 -2%, 1975년에는 미국 -2%, 일본 -1%, EEC -2%, 영국 -1%. 아마도 이 계산은 1974~75년의 전반적 경기침체의 규모를 과소평가한다. 확실히 1970년대의 나머지 기간 동안의 성장률은 (특히 일본에서는) 60년대에 미치지 못할 것이기 때문에, 장기적 추세는 1947~1966년의 성장률과 1967~198?년[연도 불명확함]의 성장률 간의 차이를 줄이기보다는 두드러지게 하는 경향을 지닐 것이다. ** 미국의 1947~1966년 칸의 수치는 1940~1966년의 통계치이다.

한다. "일군의 본질적인 경제과정과 우연적인 역사적 사실 사이의 근본적 관계는 화폐가치 지수의 편차에서 찾아야 한다. 그런 편차는 화폐와 상품과의 관계를 결코 안정화시키지 못하므로 사실상 불가피한 것이다. 이것이 콘드라티예프의 파동을 지배하는 기본적 경제현실이며, 이 현실

<표 8> 영국의 평균 장기이자율

| 기간 | 성장률 |
| --- | --- |
| 1825~1847 | 3.99 % |
| 1852~1870 | 4.24 % |
| 1874~1896 | 3.11 % |
| 1897~1913 | 3.25 % |

* Dupriez, *Des Mouvements Economiques Généraux*, Vol.II, p.54.

이 가격변동과 관련된 모든 과정을 결정한다. 그것은 콘드라티예프 파동 하에서 전개되는 장기의 진보를 설명하기 위해 도입된 새로운 사실이며, 그것이 경기순환 자체에서보다 여기서 훨씬 더 결정적이고 간단한 결정 요인임이 드러난다."[87] 듀프리에의 주장의 토대는 자본에 대한 수요(맑스주의자들에 따르면 추가적 화폐자본에 대한 산업자본가들의 수요)의 높은 변동성에 근거한다. 장기파동의 상승국면에서는 화폐가치 지수의 하락으로 인한 가격상승이 자본 수요를 자극한다. 그러면 주로 전쟁이나 혁명 후에 '국가재정을 재조직하려는 욕구'가 뚜렷해지는 전환점이 도래하고, 신용을 위한 화폐량의 감소 때문에 화폐가치 지수는 상승하며, 그에 따른 디플레이션과 가격하락은 경제성장을 둔화시킨다.[88]

따라서 이런 도식에서 결정적인 전환점은 순수하게 심리적 요인에 의해 야기되는데, 이것이 슘페터의 획기적인 혁신 성향을 지닌 탁월한 기업가들과 마찬가지로 자의적인 '데우스 엑스 마키나'의 역할을 수행한다.[89] 그러나 이런 약점을 차치하면, 듀프리에의 주장은 맑스가 이미 리

---

87) Dupriez, *Konjunkturphilosophie*, pp.201~202.
88) Dupriez, *Des Mouvements Economiques Généraux*, Vol.II, pp.92~96.

카도에 대해 신랄하게 비판하였던 상품과 화폐의 이원론(이는 화폐가 그 자체로 상품이기 때문에 교환수단으로서의 역할을 수행할 수 있다는 것을 이해하지 못한다)의 새로운 특별한 버전을 나타낸다. 그러나 그 생산조건에 의해 결정되는 바의 화폐재료, 즉 귀금속의 상품가치(생산가격)가 논의로부터 제거된다면, 듀프리에가 장기파동에서 결정적인 동력이라고 주장한 요인은 지폐 유통량의 변동, 즉 지폐 인플레이션으로 환원된다. 그러나 장기파동의 초기 추동력은 자본에 대한 수요(이는 가치증식을 할 수 있는 실질자본이지 지폐가 아니다)에서 생기기 때문에 그 논의는 저절로 무너진다. 왜 어떤 시기에는 유통하는 지폐의 부족으로 화폐자본에 대한 수요가 질식되어 이자율 하락이 생기는 것인지, 반면에 다름 아닌 신용이 확대되는 다른 시기에는 왜 화폐수요가 급속히 증가하여 이자율을 올리는 것인지가 명확하지 않다. 실로 듀프리에 자신은 영국에서 장기이자율의 순환적 변동을 보여 주는 표를 제시했지만, 그 표는 그가 증명하려고 했던 것과 정반대의 것을 보여 준다. 왜냐하면 이자율은 '화폐 인플레이션'의 국면에서보다 바로 '화폐 재편'과 '화폐 부족'의 국면에서 더 낮기 때문이다.

콘드라티예프와 슘페터의 경우와 마찬가지로 듀프리에의 경우에서도 논의 전체의 결정적인 연결고리, 즉 이윤율이 빠져 있다. 경제발전에서 장기파동의 상승과 하강은 화폐의 '과다' 혹은 '과소'의 결과가 아니다

---

89) 슘페터는 *Die Theorie der Wirtschaftlichen Entwicklung*에서 이미 이런 논지를 제시했는데, 거기에서 그는 소수의 '혁신적인 인물들'의 출현이 필연적으로 전반적인 혁신의 물결을 야기한다고 분명하게 주장하였다. 그는 *Business Cycles*에서 이 이론에 더욱 매달렸다. 따라서 쿠즈네츠가 슘페터를 기업가 능력의 순환이론을 제창했다고 비판한 것은 올바르다. Kuznets, "Schumpeter's Business Cycles", p.112.

(이는 '인플레이션적인' 세대 또는 '국가재정의 재편 욕구'에 영감을 받은 세대가 키를 잡고 있는지 여하에 달려있다). 반대로 화폐자본에 대한 수요와 그에 따른 이자율은, 평균이윤율의 하락으로 인해 자본가들의 투자행위에 제동이 걸릴 때, 상대적 감소를 겪게 된다. 오직 특수한 조건으로 인해 평균이윤율이 급격하게 상승하고 시장이 현저하게 확장될 때에만, 이 투자행위는 모든 산업을 변혁시킬 수 있는 기술적 발견을 획득하며, (상대적으로 높은 이자율에서) 자본축적과 화폐자본 수요의 장기적 확대경향을 야기할 것이다.

'장기파동'의 문제 해결을 위한 우리 분석의 특정한 기여는, 이윤율에 영향을 미치는 요소들——예컨대 원료가격의 급격한 하락, 세계시장 혹은 새로운 자본투자 영역의 갑작스러운 확대, 잉여가치율의 급격한 상승 혹은 하락, 전쟁, 혁명 등——의 다양한 조합을 기초적 생산기술의 급격한 갱신 혹은 재생산에 기초를 둔 자본의 장기적 축적 및 가치증식의 내적 논리에 관련시킨 것이다. 우리의 분석은 이 운동을 자본의 축적과정 및 자기증식과정의 내적 논리에 의해 설명한다. 비록 발명 및 발견이 연속적으로 이루어진다고 해도 자본축적의 장기적 발전은 여전히 불연속적인데, 그것은 자본의 가치증식을 촉진하고 (이윤율의 상승 또는 높은 수준에서 이윤율의 안정을 가져오는) 조건들이 이윽고 가치증식을 악화시키는 조건으로 변하기 때문이다. 이런 변화의 구체적 메커니즘은 주요 전환점이 되는 시기(예를 들어 19세기의 20년대와 70년대 초반, 제1차 세계대전 직후, 20세기의 60년대 중반)에 자본주의 생산양식의 구체적이고 역사적인 조건을 참고하여 분석될 수 있다. 이것이 바로 이 장에서 우리가 논증하려 했던 것이다. 우리는 촉발요인들의 **상이한** 조합이 1848년 이후, 1893년 이후, 1940년(미국) 이후, 그리고 1948년(서유럽과 일본) 이후 평균이윤율의 연속적이고 급격한 상승을 가져왔음을 보였다. 1848년 혁명 이후 이윤율의 상승은 본질적으로 (그 자체가 부분적으로는 혁명의 결과 인) 세계시장의 급격한 확장과 캘리포니아와 호주에서의 금 생산의 급격 한 증대 때문이었고, 이는 제1차 기술혁명에 유리한 조건을 창출하였다. 이것이 이번에는 고정불변자본의 가치의 급격한 저렴화와 잉여가치율 의 가파른 상승, II부문 노동생산성의 엄청난 증대, 그에 따른 상대적 잉 여가치 생산의 거대한 증가를 가져왔다. 이 모든 요인들이 평균이윤율과 자본축적 그 자체를 급속하게 상승시켰다.

　　19세기 90년대 초반의 새로운 팽창적 장기파동의 촉발요인은 식민 지와 반식민지로의 엄청난 자본수출과 그것에 의한 원료와 식량의 저렴 화인데, 이것이 제국주의 국가들에서 이윤율의 급격한 상승을 가져왔다. 이것이 제2차 기술혁명과, 고정자본 비용의 하락, 산업자본 일반의 회전 시간의 확연한 가속화, 달리 말해서 잉여가치와 이윤의 양과 비율의 또 한 번의 증가를 가능하게 했다. 최근의 역사가 제기하는 중심적 문제는, 1913년 이후의 자본축적의 장기적 후퇴 내지 침체(이는 1929~32년의 대 공황에 의해 심화되었다) 후에 왜 제2차 세계대전 직전과 대전 중, 그리고 그후에 (문제의 특정한 제국주의 국가에 의존하면서) 평균이윤율의 새로운 상승과 자본축적의 새로운 가속화가 일어날 수 있었나 하는 것이다. 이 것은 또한 1960년대 후반 이후 새로운 장기파동(상승파동에 이은 하강파 동)을 예측할 수 있는가 하는 새로운 문제를 제기한다. 우리는 [『후기자본 주의』] 다음 장들에서 이들 문제에 답할 것이다.

# 3장 발전모델의 파열과 형태변화[*]
## ― 사회적 전화의 과정으로서 현재의 위기

엘마르 알트파터[**]

10년간의 불황 후에, 이 위기가 자본주의 발전의 **구조적 파열**을 뚜렷하게 하고, 바로 이 점에서 20세기 마지막 사반세기 현재의 발전단계가 2차대전 후 여타의 침체와 구별된다는 것에 대해 폭넓은 합의가 이루어지고 있다. 두 가지 측면이 이를 명백히 한다. **첫째**, 현재의 위기는 어느 하나 또는 다른 국가에 한정되지 않는 자본주의 세계체제의 **지구적 위기**다. 둘째, 명백하게 하나의 특정한 **발전모델** 또는 사회화 형태가, 구조변화 없이는 발전의 충격들이 이를 넘어 어떤 효과도 갖지 못하는, 그런 **한계**에 부딪혔다. 그래서 파열은 명백하다. 그러나 이 파열이 이미 50여 년 전에 그로스만[1]이 자본주의에 내재한 경향으로서 폭로하고자 했던, 일종의 자본주의 '붕괴'인가 하는 문제는 논쟁적으로 토론되고 있다. 예컨대 오늘날 월러스틴은 최근 간행된 저서[2]에서 자본주의 체제는 룩셈부르크적인

---


[*] Elmar Altvater, "Bruch und Formwandel eines Entwicklungsmodells: Die gegenwärtige Krise ist ein Prozeß gesellschaftlicher Transformation", Hg. Jürgen Hoffmann, *Überproduktion, Unterkonsumtion, Depression*, Hamburg: VSA-Verlag, 1983.

[**] 독일 베를린(Berlin) 자유대학교 정치학과 교수 역임, 맑스주의 잡지『계급투쟁의 문제들』(PROKLA)의 창간자 중 한 명이며 공동편집인, 생태 맑스주의적 경향과 함께 녹색당(Die Grünen) 창당멤버였고, 최근에는 좌파당(Die Linke)에 가입.

의미에서(사실 그의 주장의 핵심은 슘페터의 논의를 따르지만)붕괴의 가장 자리에 와 있다고 주장한다. 그에 따르면 자본주의 체제의 **성공**이야말로 자본주의 체제를 축적의 난관으로 가져가서, 선진자본주의 국가들에서도 후진자본주의 국가들에서도 반(反)자본주의적 신사회운동을 유망하게 하는 것이다. 그러나 월러스틴의 견해에 따르면 붕괴는 최종적인 것이 아니라 한다. 그는 1990년대와 함께 새로운 '콘드라티예프' 상승국면이 시작할 수 있다고 매우 가망성 있게 생각한다. 같은 책에서 아리기는, 월러스틴과는 좀 다르게, 30년 이상 세계시장의 번영을 뒷받침했고, 그래서 장기간의 번영을 가능하게 했던 헤게모니의 제도적 틀('헤게모니의 위기')이 그 과정에서 교체된다는 '불연속적 변화'라는 개념으로 논증을 한다.[3] 위기에서는 언제나 종말의 정서가 일어난다. 어떤 저자가 표명하는 비관론의 정도에 따라 특정한 발전모델의 종료 또는 자본주의 체제 자체의 붕괴로서 붕괴가 예언된다.

---

1) Henryk Grossmann, *Das Akkumulations- und Zusammenbruchsgesetz des kapitalistischen Systems*, Frankfurt: Neue Kritik, 1967(1929).
2) Samir Amin & Giovanni Arrighi & André Gunder Frank & Immanuel Wallerstein, *Dynamics of Global Crisis*, New York/London: Monthly Review Press, 1982.
3) 이 책에서는 월러스틴과 아리기 외에 프랑크와 아민도 함께 작업하였다. 이들의 글은 이론과 패러다임에서도, 또 강조점에서도 차이가 있다. 이들은 그 공동의 전제를 서론에서 서술한다. 그것은 다음과 같다. ①자본주의는 단지 세계체제로서만 분석될 수 있다. ②개별 국민국가는 국제분업체계에서 그 지위가 고정되는 한에서만 적절하게 파악될 수 있다. ③세계에서 역사적으로 한 번뿐인 노동자계급의 강함에도 불구하고, 사회주의 세계운동은 커다란 난관에 놓여 있다. ④제2차 세계대전 이후 시대의 미국 헤게모니는 발전의 한계에 봉착했다. ⑤현재의 갈등은 미국과 소련의 체제경쟁으로 환원될 수 없다. 이 책 말미의 결론에서 저자들은 공동의 전제에도 불구하고 존재하는 고찰 방식의 차이를 지적한다. 이는 1970년대와 1980년대 구조적 파열의 성격 규정과, 제국주의 개념의 유용성 또는 사회주의 운동 및 민족해방운동의 평가와 관계된다. 저자들 사이의 특히 중요한 하나의 차이는 위기의 심각함에 대한 평가에 있다. 아민, 월러스틴 그리고 프랑크는 위기의 심화(아마도 그들은 금융의 붕괴를 생각하는 듯하다)가 개연성이 있다고 생각한다. 그에 반해 아리기는 일층의 위기 심화에 저항해 붕괴를 피할 수 있는 역의 힘이 충분히 크다고 믿는다.

## 1. 단계와 순환

특정한 발전모델의 심대한 파열을 관찰할 수 있는 것은 자본주의 역사에서 결코 처음이 아니다. 자본주의는 발전추세를 따라 순환적으로 변동하면서 운동하고 단지 양적인 증가로서 성장을 창출하는 사회체제가 아니다. 오히려 발전은 부르주아 사회의 형성 이래 다소간 정확하게 측정되는 경제변수들의 질적인 변화, 공장과 일상에서의 기술적 관계의 혁신, 생활조건과 사회화 형태의 전화, 발전동학에 적응하기 위한 정치관계의 재조직이다. 자본주의는 바로 동태적인 체제이기 때문에, 연속적인 변화와 함께 시간 간격을 두고 불연속적인 변화도 가져온다. 연속적으로 진행하는 변화는 동시대 사람에게 종종 인식될 수 없고, 회고할 때에야 비로소 인식될 수 있다. 그에 반해 불연속적인 변화는 생활방식과 사회화 형태 및 정치적 조절형태의 파열 지점으로서 직접적으로 인식될 수 있다. 파열 후에 전개되는 전화과정은 언제나 갈등이 높아진 국면이며, 그 귀결은 그 사회의 새로운 발전모델일 것이다. 왜냐하면 어떤 위기도 영원히 계속되지는 않고, 전화과정으로서 위기가 종료될 때는 비로소 어느 정도 연속적인 발전의 새로운 국면을 가능하게 하는 새로운 경제·사회·정치적 '균형'이 형성될 것이기 때문이다. 자본주의 생산양식에서의 균형은, 역사적으로 적절한 노동력의 재생산조건과 자본에 대한 충분한 이윤율을 허용하는, 그런 자본과 노동의 관계로서 정의될 수 있다. 사회구성체 전체에서 균형은 갈등 해결과 합법적인 권력 행사의 규칙과 한계를 확고히 하는 토대의 합의를 형성하는 것이다.

우리는 장기파동론 덕분에 다음과 같은 사실을 알고 있다. 기술적인 도약, 기술혁신의 추동 또는 사회적 조절의 전화와 함께, 경제적으로는 고성장률과 사회·정치적으로는 앞에서 말한 의미의 '균형'을 가능하게 하는 조절형태로 특징지어지는, 장기의 상승국면이 인도된다는 것을 말이다. 이때 문제는 언제나 발전순환 동학의 원천이 소진되지 않은 채 종말에 달한 것처럼 그렇게 오래 지탱되는, 부르주아 사회에서의 특정한 헤게모니 보장 형태에 관한 것이다. 이 원천의 소진은 기술적으로 논증될 수 있고,[4] 또는 조절형태에서의 난관[5]이나 과잉축적론의 틀[6]에서 논증될 수 있는데, 결정적인 것은 발전의 종국에는 (전화시기의 시작을 나타내는) 구조적 파열이 등장한다는 점이다. '장기파동'에는 상승과 위기 그리고 새로운 상승을 자동적으로 창출하는 **어떤 메커니즘**도 존재하지 않기 때문에, 순환적 요소가 의미 없다는 점을 강조하는 것이 중요하다. 오히려 위기 즉 구조적 파열이 결정적인데, 여기서 그때그때 역사적으로 특유하게, 절호의 기회에 자본축적과 사회적 헤게모니를 가능하게 하는 전화가 일어난다.

이와 관련해서 자본주의 발전의 **단계론**도 흥미롭다. 맑스주의 전통 내에서는 가치법칙에 의해 규제되는 경쟁의 결과로서 독점화가 진전하여 조절 메커니즘을 와해시킨다는 패러다임이 특별히 중요하다. 왜냐하면 경쟁은 자본가들을 축적으로 강제하고(심지어는 이윤율이 떨어질 때도 그러한데, 이에 대해서는 후술할 것이다), 자본축적은 집적 및 집중과 동일한 뜻이기 때문이라는 것이다. 그러나 이를 통해 경쟁 및 가치법칙의 작

---

4) Gerhard Mensch, *Das technologische Patt: Innovationen überwinden die Depression*, Frankfurt: Umschau Verlag, 1977에서 말하는 '기술적 비김'.

5) Michel Aglietta, *A Theory of Capitalist Regulation: The US Experience*, London: NLB 1979; Joachim Hirsch, *Der Sicherheitsstaat*, Frankfurt: Europäische Verlag, 1981.

6) Elmar Altvater & Kurt Hübner & Michael Stanger, *Alternative Wirtschaftspolitik jenseits des Keynesianismus*, Opladen: Westdeutscher Verlag, 1983.

용방식은 수정되거나 심지어 위태롭게 되어서, 자본주의의 기능을 유지하기 위해 자본주의 생산 및 재생산의 조절자로서 국가개입이 필연적이 된다고 한다. 그 결과 경쟁자본주의로부터 독점자본주의를 거쳐 국가독점자본주의로의 이행을 피할 수 없다는 것이다. 독점화에 의해 가치법칙이 수정됨으로써, 자기조절의 '경제적 메커니즘'은 그 기능능력을 상실한다. 그 결과 경제와 정치의 관계는 이와 관련하여 재구조화된다. 경제에 개입하는 국가는 사적 자본과 다른 논리에 따라 행동한다. 자본주의 발전의 한 단계로부터 다른 단계로의 이행이 진정한 사회적 위기의 모든 특성과 함께 하나의 파열을 거치지 않고 전개될 것이라는 가정은 더없이 경제주의적인 축약일 것이다. 따라서 하나의 단계론은, 진지하게 그리고 일관되게 사고한다면, 단지 위기론으로서만 구성될 수 있다. 그러나 이 중심적 측면이 불충분하게 조명되었다는 것은 국가독점자본주의 단계론의 본질적 결함 중의 하나이며, 이 때문에 오늘날 구조위기의 설명에 대한 이 이론적 입장의 부적절함이 생겨났다.

국가독점자본주의 개념을 정식화하고, 이 개념에 자신의 혁명론에서의 특정한 의미를 부여한 자는 레닌이다. 즉 한편에서 국가독점자본주의로의 이행은 '국가기구'의 강화를 의미한다. 자본주의는 국가에 의해 조절되고, 따라서 잠재적으로 조직되며 합리적인 조절을 할 수 있다. 보다 진전된 합리화로의 이 이행을 레닌은 국가기구의 혁명적 접수를 위한 하나의 전제조건으로 보았다. 그러나 다른 한편 국가독점자본주의로의 이행은, 경쟁이 가치법칙에 의해 더 이상 조절되지 않기 때문에, 자본주의의 사회적 위기가 **첨예화되는** 상황을 초래한다. 이는 또한 이해의 대립이 균형으로 가지 못한다는 것을 의미한다. 오히려 경쟁은 날카로워지고 국민국가 간 경쟁으로 전화된다. 이 경향은 불가피하게 제국주의 전쟁으로 이어진다. 따라서 레닌이 1916년 제국주의 연구에서 보인 바처럼, 국가독점자본주의는 **제국주의로서**, 즉 자본주의 발전의 **최후의 단계**로서 정의될 수 있다. 자본주의 사회구성체 내에서 이 발전단계를 넘어서는 어떤 생산적인 발전도 존재하지 않는다. 그래서 국가독점자본주의론의 전통에 속한 바르가와 같은 저자들이 이 발전단계를 '자본주의의 전반적 위기'의 단계로 정의한다면, 이는 논리적으로 일관된 것이다.[7]

주지하다시피 역사적 발전의 도약을 파악하기 위한 이 단순하고 얼핏 보면 설득력 있는 구상은 문제가 없는 게 아니다. 왜냐하면 **첫째로**, 레닌에 의해 혁명전략의 맥락에서 전개된 이 개념은 실증주의적이고 객관주의적·공식으로 전도되기 때문이다. 자본주의 발전의 단계를 고수하는 국가독점자본주의의 입론은 보다 후기의 분석에서는 주요 표지 및 특성을 정의하는 것으로 희석된다.[8] 그러한 이론 변화가 자본주의 발전의 운동법칙에 대한 통찰력의 손실을 가져온다는 것은 의심의 여지가 없다. 둘

---

7) Eugen Varga, *Der Kapitalismus des zwanzigsten Jahrhunderts*, Berlin: Verlag die Wirtschaft, 1962; Hg. Elmar Altvater, *Die Krise des Kapitalismus und ihre politischen Folgen*, Frankfurt/Wien: Europäische Verlagsanstalt, 1969 참조. 바르가는 러시아혁명 이후의 자본주의 발전이 전반적으로 불안정하고 위기적이라고 서술한다. 그러나 그는 상당히 현실적이어서 심지어 '전반적 위기'의 진행 속에 상승의 시기를 가정한다. 따라서 그는 자본주의의 '전반적 위기'의 세 개의 단계를 정의한다. 이로써 이론적 컨셉과 경험적 관찰의 혼합이 생겨나기 때문에, 이론적으로 견고하다는 주장은 설득력을 잃게 된다. Charlene Gannage, "E. S. Varga and the Theory of State Monopoly Capitalism", *The Review of Radical Political Economics*, Fall 1980; Elmar Altvater, "La teoria del capitalismo monopolistico di stato e le nuove forme di socializzazione capitalistica", *Il marxismo oggi, Storia del marxismo* Vol.4, Torino, 1982 참조.
8) 이러한 접근은 국가독점자본주의론의 준공식적인 버전, 예컨대 Autorenkollektiv, *Imperialismus heute*, Berlin: Akademie-Verlag, 1965나 Autorenkollektiv, *Zur Theorie des staatsmonopolistischen Kapitalismus*, Berlin: Akademie-Verlag, 1967에서 특히 눈에 띈다. 외견상(이든 또는 아니든) 위기현상의 일정한 특성과 설명은, 국가독점자본주의 개념의 발전을 위한 자기비판적인 노력이 결국 쓸데없이 보일 만큼, 그렇게도 자명하게 비판적으로 받아들여진다.

째로, 이 경우 특별히 불리한 논점 중의 하나가 이상의 논의와 관련해 직접적인 중요성을 갖는다. 단계론자들은 통상 파열국면 또는 이행국면을 그 위기 차원에서 그리고 재구성의 경향과 관련해서 올바로 평가하지 못하고, 오히려 그 대신 자본주의 발전의 각 국면을 합리화(즉 사회주의를 향해 점점 더 성숙해 가는 생산력의 발전)와 위기의 첨예화(사회적 물질대사를 조직하는 데 점점 더 적절하지 않게 되는 생산관계)의 상승-하강의 논리라는 의미로 해석한다. 위기는 사회적 재생산의 일상과 구별될 수 없고, 이런 의미에서 위기는 실로 '일반적'이다. 그로써 위기 개념에만 그 분석력과 (그에 근거한) 정치력을 부여하는 종별적 차이가 상실되어 버린다. 즉 모든 것이 위기적이라면, 모든 건 정상인 것이다. 초점을 잘못 맞추었기 때문에, 사회적 발전 경향과 함께 구조적 파열은 기껏해야 희미하게나 인식될 수 있고, 그것도 보충으로서 그러하다.

국가독점자본주의론 내에서 이런 종류의 어려움은 해결되지는 않아도 분명하게 관찰할 수는 있다. 보르코는 다음처럼 쓰고 있다. "국가독점자본주의의 발전은 20세기 초의 자본주의만이 아니라 1930년대와 1940년대의 자본주의와 비교해서도 새로운 많은 것을 가져왔다. 이 점에 대해서는 맑스주의 문헌에서 어떤 의견차도 없다. 그에 반해 이 새로운 것의 범위와 정도에 대한 평가에서는 차이가 있다. 이에 대한 토론은 모든 유용함에도 불구하고 또한 결점도 나타냈다. 즉 자본주의 생산양식에서의 변화의 성격과 정도를 규정할 수 있는 기준을 명확하게 정식화하지 못한다는 점이다. 무엇을 하나의 질적 상태로부터 다른 상태로 자본주의가 이행하는 것의 척도로 간주하여야 하는가? 자본주의 생산양식에서 양적 변화의 누적과 질적 도약 사이의 경계는 어디에 있는가?"[9] 이로써 우리는 레닌이 던졌던 질문과 맞부딪치게 된다. 즉 국가독점자본주의는 국가독점적 자본주의로서 자본주의 발전의 다른 단계들과 구별되어야 한다. 그러나 국가독점적 **자본주의**로서 이 발전단계는 여전히 자본주의에 머무른다. 이를 고려한다면, 우리는 하나의 중요한 결론을 끌어낼 수 있다. **첫째로**, 자본주의 생산양식 내에서 상이한 발전단계들을 구별할 수 있을 것이다.[10] 물론 이것은 자본주의 사회구성체 내에서 **상이한 사회화 형태들**이 존재한다는 것을 의미한다. 그래서 우리는 사회화 형태라는 개념을 단수가 아니라 **복수로** 사용한다. 자본주의 사회구성체 내에서는 상이한 사회화 형태들이 존재한다. 그러면 **둘째로**, 우리는 그 형태들을 구별할 수 있게 해주는 특성이 무엇인지 질문해야 한다. **셋째로**, 발전단계들의 특성을 열거하고 그 동학을 분석하는 것만이 아니라, 상이한 발전단계 사이의 구조적 파열의 시기를 분석으로 가져오는 것이 중요하다.

　　우리가 이 세 가지 점을 유념하고 있다면, 자본주의 발전단계의 구상을 또한 역사발전의 **장기순환** 구상으로 옮겨 놓을 수 있다. 왜냐하면 방법론적 관점에서 고찰하면, 두 개의 구상 사이에는 단지 전망의 차이만이 존재하기 때문이다. 즉 자본주의 발전 단계론자가 자본주의 발전의 하나의 특정 단계에서 작용하는 특성과 법칙성에 주목을 집중하는 반면,

---


9) J.Borko, "Methodologische Fragen der Analyse des staatsmonopolistischen Kapital-ismus", *Sowjetwissenschaft: Gesellschaftswissenschaftliche Beiträge*, Nr.10, 1973, S.1089; Helga Nussbaum, "Was ist staatsmonopolistischer Kapitalismus?", Hg. Dieter Baudis & Helga Nussbaum, *Wirtschaft und Staat* 1, Berlin 1978, S.22 이하에서 인용.

10) 이는 일본의 (우노 고조[宇野弘藏]의 이름을 딴) 우노학파에서 비슷하게 보여진다. 물론 이 학파에서는 상이한 이론수준 간의 구별(이것은 이러한 고찰방식에 어떤 엄밀성을 부여한다)이 도입된다. 즉 ①자본주의 원리론은 자본주의 자체에 대해, 자본주의 발전의 모델로서 유효하다. ②발전단계론은 중상주의, 자유주의, 제국주의를 구별한다. ③역사적 현상분석은 현실적 발전을 목표로 한다. Thomas T. Sekine, "Uno-Riron: A Japanese Contribution to Marxian Political Economy", *Journal of Economic Literature*, 1978 참조.

장기파동론자는 자본주의 발전의 역사단계로서 정의될 수 있는 장기 상
승국면들 사이의 파열에 집중한다.


## 2. 사회적 관계의 '형태', 단수인가 혹은 복수인가?

지금까지 상론한 바를 심화시키기 위해서는, 단수의 사회화 **형태** 또는 복
수의 사회화 **형태들**이라는 개념과, 전화 즉 하나의 형태로부터 다른 형태
로의 이행 과정이라는 개념에 대해서 약간 고찰해 보는 것이 도움이 된
다. 맑스는 자신보다 앞선 이전의 정치경제학과 구별하여 왜 "이 내용이
그 형태를 취하는가?"[11]라는 질문을 제기하였다. 이 인용문은 왜 노동이
가치의 형태를 취하고 노동시간이 가치량의 형태를 취하는가에 대해서
묻고 있다. 역으로 우리는 또한 왜 역사적 발전의 진행에서 사회 형태의
내용이 탈형식화(Deformalisierung)[12]의 과정과 재구조화 즉 전화의 과
정에 놓이게 되는가를 질문해야 한다. 그렇게 고찰하면, 이것은 형태와
내용의 변증법에 관련된 것이다. 사회적 발전(내용)은 특정한 사회화 형
태들 내에서 실행되고, 동시에 이 형태를 넘어서도록 추동한다. 맑스는
어떤 각주에서, 이미 돈키호테가 뜨내기 기사를 사회의 모든 경제적 형
태들과 결합될 수 있는 것으로 생각했던 오류에 대해서 대가를 치렀다고
쓰고 있다.[13]

---

11) Karl Marx, *Das Kapital*, Bd.1, *MEW*, Bd.23, S.95[『자본론』 I(상), 103쪽;『자본』 I-1, 144쪽].
12) 여기서 나는 '탈형식화' 개념을 역사적인 전통적 형태를 해체하는 첫걸음으로 이해한다. 하
    지만 종종 이 개념은 비공식적 그룹 및 결정단위의 비공식적 활동과 결정과정을 통해 (예컨
    대 헌법에 명문화된) 부르주아 국가의 공식적 의무를 위태롭게 하는 정치과정을 묘사하는 데
    (예컨대 글뤽스만[Christine Buci-Glucksmann]의 경우 '국가의 탈형식화'로서) 이용된다.
13) Marx, *Das Kapital*, Bd.1, S.96[『자본론』 I(상), 105쪽;『자본』 I-1, 146쪽].

　　사회적 실천형태는 인간과 자연 사이의 사회적 물질대사를 매개하고 조절한다. 그러나 이 물질대사는 사회적 과정이기 때문에, 이는 또한 사회적 관계의 네트워크와, 그 침전된 구조 즉 사회적 제도들의 체계에 의해서 조절된다. 역사적으로 주어진 한 사회의 제도들의 총체는, 맑스가 경제구조 또는 생산양식과 사상형태 및 이데올로기 ‘상부구조’의 사회적 제도들 전체를 지칭하기 위해서 채택한 ‘사회구성체’라는 개념으로 고쳐 쓸 수 있다. 우리는 이를 다음과 같이 나타낼 수 있다. 생산양식은 생산력과 생산관계의 총체로서 해석할 수 있는 반면, 사회구성체는 이보다 훨씬 많은 것, 즉 정치제도와 이데올로기 그리고 개별화 및 사회화의 형태들을 포함한다. 어떤 사회구성체도 역사적 비동시성 없이는, 지나간 구성체의 잔존물 없이는 상정될 수 없다. 그러나 하나의 사회구성체를 구성하는 형태요소들은 최소한의 일치성을 보여야만 한다는 것도 명백하다. 이 때문에 예컨대 전화과정을 자극하는 적응적 메커니즘이 경제구조 내에서나, 또는 정치형태 내에서의 변화로서 효과를 갖게 된다. 정치의 경제로의 적응과정이라는 테제가 의미하는 바는 바로 이것이다.[14]

　　우노 고조의 3분할 이론(원리론-단계론-현상분석론)에서 제시된 바와 같이 논리구조의 분석을 사회적·역사적 발전의 분석과 분리하는 것은 가능하지 않다. 이는 사회구성체로서 자본주의의 역사적 성격 자체로부터 나온다. 자본주의는 인류 역사에서 자본축적 형태의 성장과 발전이

---

14) 이 테제에 대해서는 Bernhard Blanke(1977)[문헌미상] 및 Jürgen Hoffmann, "Staatliche Wirtschaftspolitik als Anpassungsbewegung der Politik an die kapitalistischen Ökonomie", Hg. Brandes u.a., *Handbuch 5 Staat*, Frankfurt am Main: Europaische Verlags-anstalt, 1977 참조. 결국 국가론에서 광범하게 사용되는 국가의 ‘상대적 자율성’이라는 개념(예컨대 니코스 풀란차스[Nicos Poulantzas])은 적응 경향에 기반하고 있는데, 정치체제는 ‘최종심급에서’ 경제관계에 의해 이 적응 경향에 종속되어 있다.

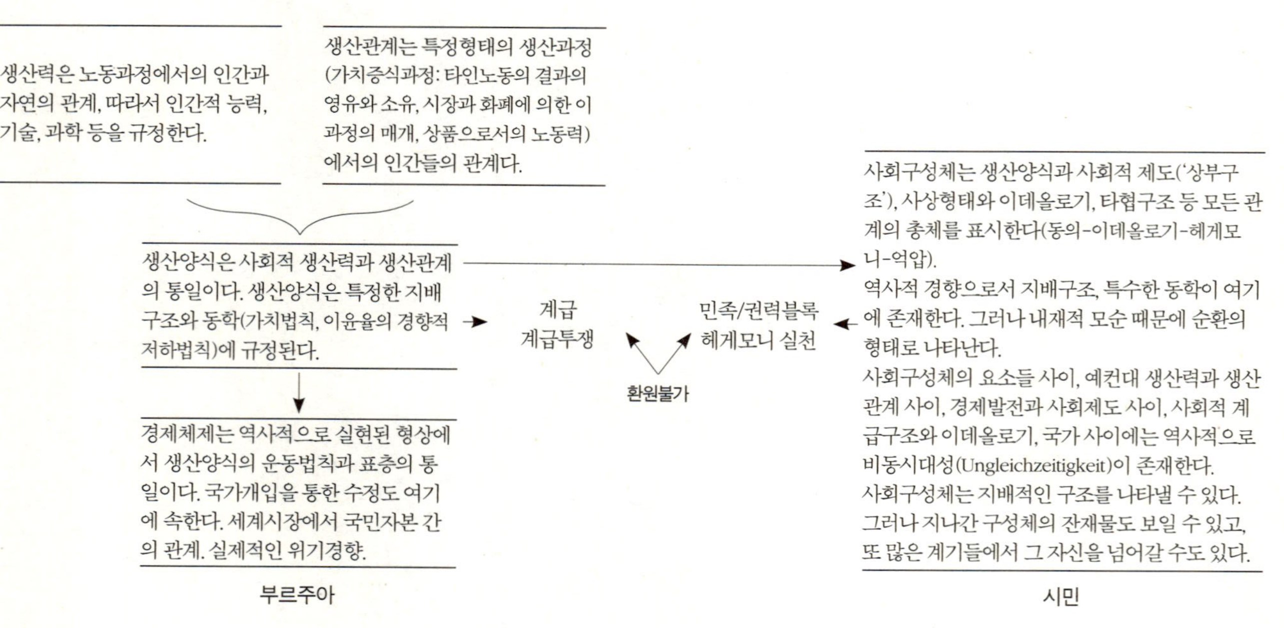


생산양식과 사회구성체 사이에는 도출이나 환원의 관계가 아니라 접합의 관계가 존재한다. 이데올로기는 올바른 반영이나 잘못된 반영이 아니라 개개인의 존재방식의 모순적 계기들을 호명하는 것이다.

발전의 구조화 원리가 된 최초의 생산양식이다. 양적 단위로 측정된 자본의 가치증식 즉 이윤의 생산——이것이 생산적 자본의 확대(축적)에 기여한다——이 경제제도 발전의 지도원리이고, 의사결정단위의 행동의 지도원리이다. 이 과정은 처음 볼 때는 단지 **양적인** 성장 과정이지만, 그것은 **질적인** 구조변화로서 실행되고, 이는 사회구성체에 영향을 미친다. 말하자면 우리는 여기서 위에서 언급한 인용문에서 보르코가 전통적인 용어법으로 정식화한 문제, 즉 자본주의 발전의 진행에서 양적인 누적과 질적인 변화의 문제에 직면해 있는 것이다. 물론 여기서 우리는 단지 자본의 가치증식이라는 의미에서만 양적인 과정이 일어난다. 즉 축적은 자본의 확대라는 식으로 이 모순을 해소할 수 있다. 그러나 이 과정이 실행되는 형태의 측면과 관련해서 보면, 단순히 양적인 발전은 존재하지 않고, 그것은 **언제나** 질적인 것이다. 그것은 결코 다른 것일 수 없다. 한 형태의 내용은 양적으로 증가하거나 감소할 수 있다. 그에 반해 형태는 단순하게 성장할 수 없고, 발전과정에서 변해야 한다. 심지어 주어진 한 형태의 외관상 양적인 확대조차도 질적인 변화다. 5리터의 통에 10리터의 양을 부을 수는 없다. 그러기 위해서는 통을 바꿔야만 한다. 또한 식민화나 제국주의적 침투 과정을 통한 세계시장으로의 자본주의 사회구성체의 '양적인' 확대를 생각해 볼 수 있다. 자본주의는 말하자면 양적으로 지리적인 의미에서만 확대되는 게 아니라, 이 과정에서 그 특징도 변화시킨다. 즉 자본주의 발전의 형태가 변화된다.

맑스는 **절대적** 잉여가치와 **상대적** 잉여가치의 생산 형태를 분석했을 때, 이미 자본축적의 진행에서 이러한 질적인 변화과정을 서술하였다. 단순한 매뉴팩처적 협업의 물질적 토대는 역사적으로 후에 나타난 산업생산(공장제도)과는 다른 착취 및 분업의 형태, 다른 위계구조 형태, 다른 노동력 숙련, 그리고 노동과정 외부의 다른 생활 조직 및 정치관계 조직을 요구한다. 공장제도는 근본적으로 착취 형태 즉 생산과정 내에서의 위계와 지배의 형태를 변화시킨다. 분업체계는 노동력 숙련의 구조와 마찬가지로 혁신된다. 가족 내에서의 전통적인 재생산 형태는 여성과 아동이 점차 생산과정에 통합되는 과정에서 파괴된다. 공장 밖에서는 격렬한 계급투쟁의 결과로서 점점 사회적 관계의 국가적 조절이 자본주의 발전의 새로운 동인으로서 떠오르고, 그로부터 복지국가가 탄생하게 된다. 따라서 우리는 자본주의 사회구성체 내에서 사회적 통합의 상이한 형태들을 구별할 수 있다. 어떤 경우에도 하나의 형태만이 존재하지는 않는다.

자본주의에서 사회화 형태의 변화가능성이라는 가정은 존-레텔[15]이나 그람시,[16] 최근에는 아글리에타[17]에 의해 착안되고 일층 발전되었다. 이들은 자본주의 생산과정의 변화와 그로부터 귀결되는 일상생활 및 인간의식 그리고 특히 헤게모니의 정치적 조직에서의 결론에 주목했다. 테일러(Frederick Taylor)에 의해 개발된 것과 같은 과학적 노동평가와 공장에서의 합리적 노동 조직은 정신노동과 육체노동의 관계만을 변화시키는 것이 아니다. 이 변화는 정신노동과 육체노동에 관한 존-레텔의 분석에 인상적으로 묘사되어 있다. 그람시는 공장의 컨베이어 벨트 도입이 노동자계급의 노동조건 및 생활관계에 미친 영향으로 일어난 혁명적 변화를 인식한 최초의 인물 중 하나였다. 대량생산과 컨베이어 벨트는 한편에서 규율과 분업의 일층 심화를, 다른 한편에서는 대량생산의 조건

---

15) Alfred Sohn-Rethel, *Geistige und körperliche Arbeit: Zur Theorie der gesellschaftlichen Synthesis*, Frankfurt am Main: Humanities Press, 1970.
16) Antonio Gramsci, *Philosophie der Praxis*, Frankfurt: S. Fischer, 1967.
17) Aglietta, *A Theory of Capitalist Regulation*.

으로서 성장하는 **연속적인 유효수요**, 즉 가격 및 임금정책의 새로운 형태
와 국가를 통한 유효수요 조절의 새로운 형태를 요구한다.[18] 따라서 재생
산의 사회적 조건은 이 과정의 진행 속에서 생산과정에서의 계급투쟁의
형태 및 이른바 '시민사회'에서의 헤게모니 실천의 형태를 변화시킨다.

아글리에타[19]는 자신의 자본주의 조절이론에서 이 새로운 형태들을
상세하게 서술하였고, 이것들에 그람시가 이미 1926년에 사용한 이름 즉
**포드주의**라는 이름을 부여하였다. 조절형태와 그 역사적 전화의 분석을
위한 이론적 프로그램을 아글리에타는 다음처럼 서술하였다.

> 자본주의 조절의 연구는 …… 추상적인 경제법칙의 조사에 있을 수 없
> 다. 사회관계의 전화를 통해 새로운 경제적 및 비경제적 형태(구조로 조
> 직되고, 심지어 다시 지배적인 구조 즉 생산양식을 재생산하는)가 창출
> 되는 한, 그것은 사회관계 전화에 관한 연구다. 이렇게 보면 역사적 유물
> 론의 일반법칙은 명백해진다. 즉 계급투쟁의 영향하에서 생산력의 발전
> 과 투쟁조건의 전화, 그리고 이러한 발전의 효과하에서 계급투쟁이 포
> 함되는 형태. 이러한 전망에서 역사는 더 이상 어떤 추상적인 도식을 변
> 호하기 위한 알리바이일 수 없고, 추상과 구체 사이의 긴장을 다음과 같
> 은 질문으로 향하게 하는 실험적 과정의 지양할 수 없는 구성 부분이 된
> 다. 어떤 힘들이 사회체제를 전화시키고 그것의 장기적인 응집을 보장

---

18) 따라서 '케인스주의'는 단지 고전파 국민경제학에 대한 이론적 답변으로서만이 아니라, 선
행한 사회적 변화에 대한 경제이론적 조응으로서 이해되어야 한다. 이는 케인스주의 패러
다임의 현재의 위기를 이해하는 데 있어서도 중요하다. 즉 케인스주의는 신고전파 '반혁명'
의 이론적 우월성 때문이 아니라, 위기적 과정에서 조절형태가 적응하는 그 사회적 토대의
변화 때문에 파산한 것이다.
19) Aglietta, *A Theory of Capitalist Regulation*.

하는가? 이러한 응집의 조건과 양식은 진화할 능력이 있는가? 어떤 조건하에서, 그리고 어떤 과정을 통해 질적 변화가 생산관계로 들어왔는가? 자본주의 발전단계를 확인하는 것이 가능한가, 그리고 그 확인을 통해 생산양식의 구조위기가 설명될 수 있는가? 현재의 위기는 자본주의 내에서의 다른 역사적 변화들에 잇따르는 하나의 변화라고 파악할 수 있는가, 그리고 이는 계급투쟁의 미래에 대한 가설의 토대를 제공하는가? 이것이 자본주의 조절이론을 위한 현재적 질문들이다.[20]

이와 연관해 우리는 자본주의 발전을 **이중적** 과정으로 서술할 수 있다. **첫째로** 사회적 재생산, 계급투쟁 또는 사회적 실천의 주어진 전통적 형태 내에서의 과정으로, 그리고 **둘째로** 이 형태의 전화과정이자 사회적 파열의 시기에 일어나는 '탈형식화'와 '재구조화'의 과정으로. 이런 개념화는 당연히 위기 개념에 대해 중요하다. 이것은 산업순환의 **경기순환적** '소'위기와 자본주의 발전의 **구조적인** '대'위기 사이의 구별을 필요하게 만들고, 또 가능하게 하기 때문이다. 이른바 대위기는 사회구조의 전화과정을 인도하는 재생산 **형태의** 위기, 헤게모니 위기라고도 명명할 수 있다.

## 3. '소'위기와 '대'위기

우리 논의의 이 지점에서 좀 상세하게 형태 개념을 서술해 놓는 것이 도움이 된다. 뮐러[21]를 따라 **형태**를 '단초 모순에 의해 추동된 선행과정의

---

20) Aglietta, *A Theory of Capitalist Regulation*, pp.16~17.

결과이자 덮개(Verhüllung)'로서 이해할 수 있다면, 기능은 형태의 보다 상세한 규정으로서 이해할 수 있다. 맑스의 화폐 분석과 유비해서 보면, 상품으로부터 화폐형태의 도출(『자본』 제1장) 다음에, 형태에 합당한 기능을 통한 이 형태의 보다 상세한 규정(『자본』 제3장)이 생겨난다. 사회적 과정의 형태는, 사회적 실천이 일어나고 사회모순이 동태적으로 전개되는 '틀'을 형성한다.

이렇게 해서 기능은 언제나 **기능장해적**(dysfunktional) 측면을 갖는다는 점이 암시되었다. 사회적 맥락에서 기능은, 사회의 재생산관련에서 그 기능에 따라 특별한 **개입수단**을 갖고 작동하는 **제도**를 통해 인지된다. 사회에 특수한 기능, 제도 그리고 수단을 적합하게 논증함으로써, 비로소 사회적 재생산 형태의 윤곽이 그려진다. 왜냐하면 그때서야 비로소 특수한 내용이 왜 다름 아닌 주어진 형태를 취하고, 또 역으로 왜 사회적 재생산의 조절형태가 그 내용, 즉 부르주아 사회의 구조와 운동에 적합한가 아닌가가 논증되기 때문이다. 그러나 형태와 내용 간의 긴장 때문에, 제도와 그 수단은 항상 다시 위기에 빠진다. 이 위기는, **첫째로** 주어진 개입수단의 경계가 확장됨으로써, **둘째로** 제도를 위한 새로운 수단이 획득됨으로써, **셋째로** 주어진 발전과정 내에서의 기능의 수행이 포기됨으로써 극복될 수 있다. 마지막의 문제해결 방식은 불가피하게 사회제도의 직접적인 또는 은밀한 해체로 이어진다. 세 가지 경우 모두에서 사회 전체의 형식적 조직의 재구조화를 통해 하나의 출구가 발견되어야 한다.

---

21) Rudolf Wolfgang Müller, *Geld und Geist: Zur Entstehungsgeschichte von Identitätsbewußtsein und Rationalität seit der Antike*, Frankfurt/New York: Campus Verlag, 1977, S.27.

이러한 고찰은 위에서 언급한 소위기와 대위기의 구별을 통해 보완되고 강조된다. 소위기는, 예컨대 경제에서의 경기순환적 위기나 정부와 반대당이 바뀔 때 정치에서 정부가 맞는 위기처럼, 단지 사회적 재생산의 주어진 형태 내에서의 적응적 과정일 뿐이다. 그에 반해 대위기는, 주어진 형식구조 내에서는 일층의 발전을 위한 가능한 출구가 존재하지 않기 때문에, 사회적 재생산의 형식적 구조가 다소 심각하게 파열하는 것으로서 이해해야 한다. 하나의 예가 이를 명확하게 할 수 있다. 경제적 소위기는 자본에 부담을 주고 임금소득자에 유리한 소득재분배를 통해 야기될 수 있다. 이 위기는 산업관계 체계의 변경 없이 역행적인 재분배를 통해 극복될 수 있다. 그에 반해 대위기는, 주어진 체계의 산업관계 내에서 자본에 유리한 재분배가 전혀 가능하지 않아서 산업관계의 형식적 구조가 파괴되고 '새로운 방식으로 구성'되어야만 할 때 일어난다. 따라서 소위기는 심대한 사회적 귀결도, 정치적 귀결도 갖지 않는 반면, 대위기는 경제위기에 의해 야기되더라도 본질적으로 언제나 사회적 위기이고 정치적 위기이다. 이는 경제과정 및 정치과정이 그때그때 다른 '하위체계'에 개입해 들어와 작용하는 것을 묘사하기 위해서 베르거가 채택한 개입(interferenz)이란 개념으로써 의미하는 바라 할 수 있다.[22]

이렇게 해서 우리는 다음과 같은 결론을 끌어낼 수 있다. 2차대전 이후 경제번영의 장기순환 동안에[23] 자본주의 세계는 세계적 수준에서 자본주의 조절의 제도적 구조를 위협하지 않은 소위기(해당 지역과 민족에 대해 그것이 아무리 드라마틱하고 비극적이었다 할지라도)만을 경험하였다. 이는 자본주의 세계체제에서 경제적·정치적 제도 전체가 기능하는 것을 보장하기 위해 충분한 개입수단을 갖고 있는 헤게모니 강국이 존재했다는 것과도 관계가 있다. (자본축적의 유망한 조건하에서) (세계의) 사회적 재생산의 주어진 형태 내에서 필수적인 적응과정을 허용할 운동 공간은 충분하게 컸다. 1970년대 이래 비로소, 자본주의 세계체제 모순의 전개를 통해 형태구조 내에서의 적응 메커니즘의 작용이 어렵게 되거나 또는 제한되었다는 것이 명백하게 된다.

1970년대와 1980년대의 위기는 구체적이고 이중적인 의미에서 '전반적인' 위기다. 그것은 **첫째로,** 자본주의 세계체제 **전체** 즉 자본주의 중심과 주변을 모두 포함한다는 점에서 전반적이다. 심지어 현실사회주의도 이 위기에 연루되었다. **둘째로,** 그것은 **역사적** 의미에서 전반적이다. 왜냐하면 현재의 위기는 1930년대 이후 처음으로 자본주의 발전의 장기상승 시기의 중심제도를 파괴하고 그 자리에 새로운 제도를 놓기에 적합하기 때문이다. 하나의 조절모델은 그 한계에 부딪혔다. 폴라니[24]는 전통적인 시장제도가 파시즘에서도 미국의 뉴딜에서도 경제와 정치관계의 새로운 구성을 통해 혁신되었기 때문에, 1930년대를 '혁명적인 10년'이라고 명명하였다. 이 혁신은 2차대전 이후 자본주의 세계경제의 장기번영

---

22) 베르거는 3개의 위기 유형을 구별하는데, 그 특징을 체계이론적으로 다음과 같이 서술한다. 사회적 하위체계에서의 위기, 사회적 하위체계들이 서로 개입함으로써 유발되는 위기, "사회나 또는 그 하위체계 중의 하나와, 이를 둘러싼 자연적이고 문화적인(!) 환경 사이의 경계에 뿌리내린" 위기('!'는 베르거). Johannes Berger, "Wandlungen von Krisenursachen im wohlfahrtsstaatlichen Kapitalismus", Argument Sonderband AS68, 1981, S.83. 여기서 내가 선호하는 구별과의 차이는 다음과 같다. 베르거의 세 개 위기 유형 모두는, 이것들에 의해 사회적 재생산의 형태가 위협받지 않는 한 소위기라 할 수 있다. 물론, '대위기'의 관점에서 보면, '대위기'가 사회적 하위체계에 한정될 수는 없을 것 같다. '형태위기'(Altvater, "Der Kapitalismus in einer Formkrise: Zum Krisenbegriff in der politischen Ökonomie und ihrer Kritik", *Aktualisierung Marx'*, Argument Sonderband AS100, Berlin: Argument-Verlag, 1983)는 언제나 '하위체계'를 넘어간다.

23) 만델(Ernest Mandel, *Der Spätkapitalismus*, Frankfurt: Suhrkamp, 1972)이 정식화한 바처럼 확장적 기조의 장기파동 동안에.

24) Karl Polanyi, *The great Transformation*, Frankfurt am Main: Suhrkamp, 1978.

을 위한 전제조건이었다. 오늘날에도 세계적 수준에서 사회적 재생산의 전통적 형태가 파손되었다. 사회발전의 구조가 변하기 때문에 다른 개입수단 및 다른 기능을 갖는 새로운 제도가 형성되고 있다. 대위기 또는 형태위기에서 포괄적인 재구조화라는 이 전화과정은 격렬한 사회갈등 없이는 가능하지 않다.


## 4. 현재 위기의 이중적 성격

장기발전 순환 및 그 종료와 함께 등장하는 위기의 전반적 성격을 이중적 의미에서(즉 세계적이기 때문에, 또 역사적으로 장기간 지속하기 때문에) 전반적이라고 정의한 후에, 우리는 이제 현재의 위기를 상세하게 분석할 수 있다.


### 1) 세계체제 개념에 대한 서론

세계시장 또는 자본주의 세계체제의 위기를 말한다면, 그것은 무엇을 의미하는가? 통상 세계시장은 선진자본주의 국가들, 주변(그리고 특히 현실사회주의 체제) 사이의 상호의존 체계라고 단지 형식적으로 파악된다. 이 컨셉의 분석적 사용가치는 자본주의 권력구조를 분석하는 데 충분할지 모르지만, 자본의 국제화 과정에서 발생하는 자본주의 세계체제의 모순적 동학을 파악하는 데는 별로 도움이 되지 않는다. 자본의 국제화는 그러나 세 가지 형태에서 전개된다. 즉 상품의 수출입을 통한 **상품자본**의 국제화(좁은 의미에서의 세계시장 형성), 초국적 기업을 통한 **생산자본**의 국제화, 그리고 마지막으로 금융자본의 국제화 형태에서의 화폐와 신용의 국제화. 이 국제화 과정의 진행에서 형성되는 경제적 상호의존은, 국제정치관계의 성격과 진행에 영향을 미치는 기관들에서 또 국제통화제도에서 국제무역을 조절하기 위한 **정치제도**의 복잡한 체계를 낳는다.[25] 따라서 세계시장 개념은 자본의 세 가지 형태에서의 **경제적 상호의존**과 정치제도의 전체와 관계된다. 이 분석적 컨셉의 사용가치는 2차대전 후 세계시장의 전개를 고찰할 때 나타낼 수 있다.

2차대전 종전 때나 그 직후에 자본축적을 용이하게 하기 위해 설립된 새로운 제도, 즉 국제통화기금(International Monetary Fund, IMF), 관세와 무역에 관한 일반협정(General Agreement on Tariffs and Trade, GATT), 국제연합(United Nations, UN) 및 그 산하기관, 세계은행(World Bank) 그리고 (후에 1950년대에는) 유럽경제공동체(European Economic Community, EEC) 같은 지역경제통합체가 창출되었다. 이 모든 제도는 1930년대 공황의 진행 속에서 붕괴된 세계시장을 다시 구성하기 위해 국제무역을 용이하게 하는 데 효과가 있었다. 세계시장 전개의 첫번째 국면에서는 국제화가 본질적으로 **세계무역**의 폭발적인 증가로서 일어났다는 점이 특징적이다. 1950년대 세계무역의 실질 평균증가율은 7.5%로 성장하였다. 세계무역의 가속적인 팽창 동안 구래의 많은 무역장벽이 해체되었고, 그래서 1950년대 말에는 주요국 통화가 태환성을 회복하였다. 이는 세계시장 전개의 두번째 국면의 시작을 위한 하나의 전제가 된다.

1960년대의 세계무역은 여전히 연평균 11.9%의 실질 증가율로 확대되고 있었지만, 당시 세계시장 전개의 본질적 특징은 초국적 기업 형태에서의 **생산적 자본의 국제화**였다. 초국적 기업은 자본주의 역사만큼 오

---

25) Altvater u.a., *Alternative Wirtschaftspolitik jenseits des Keynesianismus*.

래전부터 존재하고 있었지만, 그러나 직접투자의 중요성, 무엇보다 이른
바 제3세계 국가뿐 아니라 서유럽으로의 미국자본의 투자가 명백하게
증가했다는 점에서 1960년대가 주목할 만하다.

대체로 1970년대에 시작하는 세계시장 전개의 세번째 국면에서는
신용제도도 최종적으로 국제화된다. 여기서도 국제적 신용관계는 자본주
의만큼 오래전부터 존재하고 있었다는 것, 1950년대와 1960년대에도 국
제적 신용거래는 결코 소홀히 될 수 없었다는 것을 지적할 수 있다. 그럼
에도 1970년대는 하나의 전환점을 나타낸다. 왜냐하면 국제 자본시장의
새로운 형태, 즉 유로달러시장[26]이 중요성을 획득하고, 1970년대의 10년
동안 연평균 성장률 25~30%로 성장하기 때문이다. 그로써 이 시장은 세
계생산의 성장률도, 세계무역의 성장률도 훨씬 능가하여 성장하였다.

물론 2차대전 후 세계시장의 전개국면에 대한 이러한 서술은 대단
히 거친 것이지만, 그러나 본질적인 경향, 즉 세계시장에서의 경제적 상
호의존과 정치제도에서 미국 헤게모니가 재생산된다는 것을 명백하게
드러낸다는 장점을 갖고 있다. 국제적 구조는 미국 헤게모니의 **국민적** 전

---

26) 유로통화시장은 이미 1970년대 이전에 생성되었다. 최초의 '유로달러영업'은 금과의 교환
으로 부족한 달러를 획득하고 이를 미국에 투자하지 않는 방식으로 이미 1950년대에 구소
련에 의해 실행되었다. 런던은 '유로달러의 중심'으로서 그렇게 이용되었다. 그러나 이런
사소한 규모의 영업에 비해 1960년대 초에 시작된 커다란 규모의 유로달러 금융거래로 인
해, 유로달러시장의 생성 시점을 1960년대 전반기로 잡는 것이 정당화된다. 그 토대는 달
러 수입(收入, Einnahmen)을 미국으로 이전하려고 하지 않거나 이전할 수 없는 초국적기업
의 달러 수입량의 증대에 있다. 미국 정부는 값비싼 지불준비 규정과 30일까지의 일람부 예
금에 대한 이자 금지를 통해 국제통화시장의 형성 과정을 뒷받침하였다. 1970년대에 달러
이외의 다른 통화도 점점 더 유로시장에 참여했고, 이 시장은 또한 지정학적으로 아시아와
카리브 지역으로 확대되었다. Gerd Junne, *Der Eurogeldmarkt: Seine Bedeutung für
Inflation und Inflationsbekämpfung*, Frankfurt: Campus-Verlag, 1976; Gunter Dufey
& Ian H. Giddy, *The International Money Market*, Englewood Cliffs: Prentice-Hall,
1978 참조.

제——우월한 노동생산력, 군사적 초강국, 문화적 지배 그리고 특히 세계화폐로서 미국통화——를 보완하는 것이다. 이런 의미에서 세계경제는 헤게모니의 물질적 재생산의 영역으로 서술될 수 있고, 반면 정치적 세계체제는 헤게모니 구조의 **조직** 또는 제도적 강화의 영역으로 해석될 수 있다. 많은 논자들이 헤게모니 체제를 미국에 의해 지배되는 구조라고 서술하였다. 실제로 미국은 1940년대 이래 자본주의 세계시장에서 '지배적인 경제'였고, 지금도 그러하다. 그러나 미국 헤게모니는 미국의 국민적 권력구조의 결과인 것만이 아니다. 미국 헤게모니는 국민국가 간 상호의존의 발전된 국제체제를 통해, 국제적 제도의 효과를 통해, 그리고 앞에서 서술한 자본의 국제화의 세 가지 의미에서의 경제적 상호의존의 갈등 없는 경과를 통해 물질적 토대가 형성된다는 점을 고려해야만 한다. 따라서 미국 헤게모니는 국제적 맥락의 특별한 형태와 자본주의 세계체제의 특별한 조직이 없으면 **아무것도** 아니다.

### 2) 실물적 축적과 화폐적 축적의 분리

앞에서 설명한 바처럼, 대위기는 이행의 시기로서 파악되어야 한다. 따라서 우리가 자본주의 세계체제의 위기를 말한다면, 그것은 지난 수십 년간의 모든 제도와 상호의존 관계, 따라서 헤게모니 체제가 발전의 난관에 봉착했다는 의미에서다. 마치 제도적 틀 내에서의 적응과정이 별로 효과적이지 않아서 세계시장제도의 재구조화가 기다리고 있는 것처럼 보인다. 그러나 성장률과 번영 정도를 기준으로 해서 보면 이 체제는 특별히 성공적이었던 것으로 보이기 때문에, 재구조화 경향을 상론하기 전에 지난 수십 년간의 발전모델이 파열하는 이유를 서술해야만 한다.

　이 성공적인 체제, 즉 자본의 세계적 재생산의 이 형태가 왜 발전의 종말에 빠져들었는가? 나는 맑스가 행한 구별에 근거함으로써 나에게 가장 중요하게 보이는 이유를 스케치하고자 한다. 맑스는 **두 가지 형태의 경쟁**, 즉 부문 내에서의 경쟁과 상이한 부문 간 경쟁을 구별하였다. 경쟁의 제1형태는 상품교역의 진행 속에서 실행되는데, 이때 거래되는 매 상품의 시장가치가 형성된다. 기업은 생산조건의 개선을 통해 경쟁자보다 더 유리하게 생산하고, 이렇게 해서 (사회적) 시장가치 이하의 비용으로 초과이윤을 얻고자 한다. 그러나 이 기업은 증대된 상품량을 또한 **확장되는** 시장에서 판매할 수 있을 때에만 초과이윤을 **실현할** 수 있다. 따라서 우리는 세계시장 전개의 첫번째 국면에서는 가장 생산적인 국민자본이 초과이윤을 획득하였고, 바로 세계무역의 가속적인 팽창의 결과로 이 초과이윤을 실현할 수 있었다고 결론지을 수 있다. 이것이 기술적 조건의 우위에 기반한 미국 헤게모니의 황금시기다. 미국과 여타 선진자본주의 국가 간의 생산력 격차는 이에 대한 뚜렷한 표지다. 이 첫번째 국면에 이어 초국적 기업의 직접투자 증가라는 두번째 국면이 뒤따른다. 그 귀결은 선진적인 기술과 노동과정 조직구조의 확산이며, 그로써 자본주의 중심에서의 생산력 체계는 점점 더 균등화되고, 다시 말해 '기술적 격차'는 작아지고, 그래서 초과이윤을 획득할 가능성도 실현하기 더 어렵게 된다. 이것만이 아니다. 서유럽 국가들과 특히 일본은 미국처럼 '생산수단의 낡은 기구의 부담'을 지지 않아도 되었기 때문에, 이들 국가는 1960년대가 지나가는 중에 많은 부문에서 미국 자본에 대해 우월한 지위를 획득할 수 있었다. 이 과정은, 그 사이 태환의 제약이 크게 해체되었기 때문에, 국민적 수준에서만이 아니라 국제적으로도 이 부문으로부터 저 부문으로 이동할 수 있는 **개별 자본 간 경쟁의 제2형태**에 대해 중요하다.

유사한 생산조건의 확산과 함께 우리는 이윤조건의 균등화만이 아니라 평균이윤율의 저하 경향 또한 관찰할 수 있다. 1970년대에 행해진 일련의 경험적 분석에 따르면, 거의 모든 선진자본주의 국가들에서 이윤율의 경향적 저하가 증명된다.[27]

1960년대 말 잠행성 인플레이션으로부터 악성 인플레이션으로의 이행(이는 베트남 전쟁 비용충당을 위한 엄청난 재정지출에 의해 용이하게 되었다)은 고이윤을 화폐적으로 유지하기 위한 시도(실물적 조건은 더 이상 전혀 이를 허용하지 않았지만)로 해석될 수 있다. 그러나 실물적 문제를 화폐적으로 해결하려는 시도는 개별 국민국가에서뿐 아니라 자본주의 세계체제에서도 추가적인, 그리고 점점 더 통제하기 어려운 문제를 야기하였다. 가장 중요한 문제는 세계화폐로서 미국 달러의 붕괴를 통해 제기되었다. 이미 1960년대 초 이래 격렬한 위기에 의해 흔들린 후, 1970년대 초에 국제통화제도의 붕괴와 함께 국제자본이동을 위한 메커니즘의 기능이 정지되었다. 국제통화제도의 붕괴 역사는 자주 말해졌기 때문에, 여기서 반복할 필요가 없다.[28] 그러나 지금의 맥락에서는 브레턴우즈 체

---

27) 이윤율의 경향적 저하에 관한 실증은 조금도 의심할 수 없다. 많은 분석들이 이 경향을 명백하게 증명하였다. 물론 실증적 명백함을 지적하는 것만이 아니라, 그때그때 변화된 역사적 조건하에서 이 경향을 입증하려는 이론적 노력이 필요하다. 따라서 이론적·정치적으로 가장 흥미로운 논쟁은 이윤율이 하락하는가 아닌가가 아니라, 그 저하가 어떤 원인에 기인하는가 하는 것이다. 이 경우 계급운동이 잉여가치율에 미치는 영향과, 기술발전이 자본의 유기적 구성에 미치는 작용이 특히 중요하다. 이와 관련하여 또 다른 측면이 흥미롭다. 즉 앞에서 서술한 자본 이전의 과정은 국제적 맥락에서 자본축적과 동일한 의미다. 자본축적이 이윤율 저하를 가져온다면, 이는 단지 세계적인 수준에서의 하락일 것이다. OECD가 제시한 데이터는 이런 경향을 보여 준다. Thomas Peter Hill, *Profits and Rates of return*, Paris: OECD, 1979; *OECD-Economic Outlook*, July 1983 참조.

28) 예컨대 Fred L. Block, *The Origins of the International Economic Disorder*, Berkeley: University of California Press, 1977; Riccardo Parboni, *Finanza e crisi internazionale*, Milano: ETAS libri, 1980 참조. 국제통화제도의 위기 경향에 대한 간략한 요약은 또한 Altvater u.a., *Alternative Wirtschaftspolitik jenseits des Keynesianismus*, Ch.2에 나와 있다.

제의 붕괴가 미국 헤게모니의 쇠퇴와 관계가 있다는 것, 그리고 미국 헤게모니의 쇠퇴는 세계시장에서의 자본흐름을 평준화하는 과정과 관계가 있다는 것이 강조되어야 한다. 이 경향은 다시 이윤율의 전반적 하락을 가져온다. 이윤율의 균등화와 하락에 대해 맑스가 서술한 것은, 사건의 역사를 왜곡하지 않고도 실제로 제2차 세계대전 후 자본주의 세계체제의 전개에서 구조역사적으로 재발견될 수 있다.[29]

맑스가 이미 보인 바와 같이, 이윤율의 저하에는 모순적인 과정이 동반된다. 우리가 거대한 투자액이 이윤으로부터 충당되어야만 한다고 현실적으로 출발한다면, 생산량의 성장률은 자본의 한계생산성과 축적률 그리고 자본계수의 곱으로 서술될 수 있기 때문에, 이윤율의 저하는 **축적률**의 저하와 동일하다.[30] 이 요소들 간의 양(+)의 상관관계 때문에, 축적률의 저하는 자본의 한계생산성의 상승이나 자본계수의 하락에 의해 상쇄될 수 있을 것으로 보이지 않는다. 이윤율의 경향적 저하에 동반되는 두번째 현상도 마찬가지로 중요하다. 즉 이윤율 저하의 이면은 축적과 다른 목적에 사용될 수 있는 **이윤량의 증가**다. 그러나 다음과 같은 사정 때문에 모순적인 상황이 발생한다. **첫째로**, 선대자본——즉 자본스톡과, 임금 및 임금 부대비용의 형태로 조달되어야 하는 가변자본——이 이윤량보다 훨씬 강력하게 증가하기 때문에, **이윤량의 증가**에도 불구하고 축적률은 감소한다. 위기의 시기에는 이윤이 임금보다 더 증대한다는 것

---

29) 말하자면 알트파터는 여기서 이윤율의 균등화법칙과 이윤율의 경향적 저하법칙의 세계시장에서의 수정과 관철을 논하고 있다.——옮긴이

30) 생산량 성장률($\Delta Y/Y$)은 자본의 한계생산성($\Delta Y/\Delta K$), 자본스톡 증가율($\Delta K/K$) 그리고 자본계수($K/Y$)의 곱으로 정의할 수 있다. 즉 $\Delta Y/Y=(\Delta Y/\Delta K)\cdot(\Delta K/K)\cdot(K/Y)$. 자본스톡의 증대($\Delta K$)——이는 곧 투자($I$)다——와 이윤($P$)을 등치시키면(즉 $I/K=P/K$), GDP 성장률은 이윤율에 종속된다는 점이 드러난다.

을 통계적으로 관찰할 수 있다. 다만 이로부터 성급하게 축적률의 불변에도 불구하고 축적할 수 있는 가능성이 이미 증명되었다고 결론지어서는 안 된다. 그러나 **둘째로,** 이윤율의 저하는 이제 자본가들이 획득된 이윤에 대한 **대안적인 투자가능성**을 강력하게 전망하기 때문에, 최소한의 축적률조차도 달성될 수 없다는 첨예한 결과를 가져온다. 위기의 최초 국면에서 임금은 여전히 증가하거나 또는 적어도 불변인 채로 머물기 때문에, 기업부문의 이익은 당장은 감소한다는 것이 라이히스방크[당시 독일 중앙은행]에 의해 위기국면에서 언제나 확인되었다. 임금이 정체되고 심지어 절대적으로 그리고 실질적으로 하락하는 동안, 이익은 회복되기 시작한다. 그러나 이익은 투자되는 대신 거대한 규모로 **채무정리**(채무의 해소를 통한 은행부문에의 투자)나 증권에 투자된다. 그 결과 이윤율 저하 시에 축적과정은 축적을 위한 객관적인 가능성이 결여되는 것 때문만이 아니라, 축적을 하고자 하는 주관적인 '성향'이 퇴조하는 것 때문에도 둔화된다. 그래서 이윤량의 증대에도 불구하고 이윤율 및 축적률의 하락 시에 신용제도가 격렬하게 확장된다는 것은 결코 우연이 아니다. 1970년대 세계생산과 세계무역이 증가율 저하를 보이고, 1980년대 초에는 심지어 절대적으로 감소할 때, 바로 국제유동성의 양은 폭발하고 있었다. 축적되지 않는 이윤은 은행제도의 유동적 수단으로 전화되는데, 은행제도는 당연히 이를 대출하는 데 관심이 있다. 따라서 1973년 이래 국제신용제도에 유동성을 공급한 석유달러만이 아니라 선진자본주의 국가의 기업들의 예금 자체가, 1980년대 초 국제 화폐 및 자본 시장이 2조 달러 이상이라는 천문학적인 액수로 팽창한 것에 책임이 있다. **화폐적 축적은 실물적 축적에서 달아나 버린다.** 왜냐하면 유동성은 대출로써 일층 공여되지만(이로부터 비롯되는 채무에 대해서는 곧 살펴볼 것이다), 이는 수익성 있는 투자에 투입될 수 없거나 사소한 규모로 투입될 수 있을 뿐이기 때문이다. 그렇게 생성되는 세계적 규모의 불균등성은 얼마 동안은 기능할 수 있지만, 그러나 화폐적 축적과 실물적 축적의 분리로부터 비롯되는 긴장은 불가피하게 '대폭발'을 가져온다.[31]

　　먼저 선진자본주의 국가 자체에서의 귀결을 보도록 하자. 산업의 축적으로부터 신용제도가 분리되는 것에 근거해서, 자본가계급 내에서 이윤과 이자 사이의 '분배갈등'이 이후의 발전전망이 달려 있는 주축점이 된다. 타바레스(Maria da Conceição Tavares)는, 1982년 미국 거대기업들이 그들의 총수익의 40%를 이자 지불에 사용하였다는 미국 연방준비제도(Federal Reserve System, FRS)의 한 조사를 인용한다.[32] 경제협력개발기구(Organization for Economic Cooperation and Development, OECD)는 한 조사에서 이자에 의한 이윤의 압박을 확인하였다.[33] 그것에 따르면 1973~1981년간 OECD 6대 국가에서 국민소득 중 이윤 비중은 32%로부터 28%로 하락하였다. 특히 실현된 이윤율(자본수익률)이 동일한 기간에 20%로부터 13%로 떨어졌기 때문에, 임노동과 자본 간의 '분배갈등'은 이윤과 최종적으로 이윤율의 전개에 커다란 영향을 미치지 못했다. 이로부터 이윤율의 저하는 이윤과 임금 사이의 분배보다는 앞에서 언급한 경쟁의 두 가지 형태와 신기술의 확산을 통해 이루어진, 그리고 자본생산성에 영향을 미치는 그러한 자본구조의 변화 때문이라는 점이

---

31) Samuel Lichtensztejn, "A Crise Financeira internacional: Condições e implicações", *Revista de Economia Politica*, Vol.3, Nr.2, São Paulo, Apr.~Jun.1983의 고찰을 참조.
32) Maria da Conceição Tavares, "A Crise Financeira Global", *Revista de Economia Politica*, Vol.3, Nr.2, São Paulo, Apr.~Jun.1983, p.16.
33) *OECD-Economic Outlook*, p.56 이하.

분명해진다. 이 데이터에서는 총이윤이 문제였는데, '순수이윤율'을 얻기 위해서는 이로부터 이자가 더 공제되어야 한다. OECD의 계산에 따르면, 자본수익률로부터 실질이자율을 공제한 후에는 이례적으로 낮은 '순수이윤율'이 남는다. 미국에서 그것은 1973년 18.8%로부터 1982년 4.2%로 감소하였고, 일본은 35%로부터 14.3%로, 독일은 14.1%로부터 8.1%로, 영국은 6.6%로부터 −0.6%로, 그리고 캐나다는 15.3%로부터 6.8%로 감소하였다.[34] 이 경우 데이터는 기업이 실제로 지불해야 하는 명목이자가 아니라 실질이자라는 점을 고려해야 한다. 따라서 신용제도의 확장과 경기침체 또는 이윤율 저하의 결과로 그 기간 동안 '이자가 이윤을 뜯어냈다'고 정당하게 말할 수 있다. 그래서 기업이 점점 더 자신의 처분가능한 화폐자본을, 마찬가지로 이자를 얻는 방식의 투입 쪽으로 옮겨가는 것도 놀라운 게 아니다. 거대 초국적 콘체른조차도 그 이익의 커다란 부분을 자본시장 영업으로부터 얻는다는 추측은 물리칠 수 없다. 그러나 개별 자본가적 관점하에서만 이것은 성공을 약속하는 대안이다. 경제 전체적으로 이자는 이윤에 속박되어 있다. 화폐는 은행가의 전설 속에서만 수익의 원천일 뿐이고, (자본주의) 현실에서는 그렇지 않다. 이것은 이미 아리스토텔레스도 알고 있었다. 이윤도 이자도 생산적 노동에 의해 생산된 잉여가치로부터 충당된다. 경제위기 시에 이자의 상승은 철의 법칙처럼 이윤율의 압박을 의미한다. 이 압박의 정도는 양적인 데이터를 고찰

---

34) 오해를 피하기 위해서 강조해야 하는데, 위의 수치는 절대적인 것으로서가 아니라 단지 경향을 말해주는 것으로 이해될 수 있다. 왜냐하면 이 수치는 첫째로, 단지 제한적으로만 비교될 수 있고(이로써 이윤율의 국제적 비교에는 이미 방법적 한계가 세워져 있다), 둘째로, 모든 검증을 이겨내서 정당화될 수 없는 특정한 이론적 가정 위에 입각해 있기 때문이다. 상세한 내용에 대해서는 Altvater u.a., *Alternative Wirtschaftspolitik jenseits des Keynesianismus*, S.231 이하 참조.

할 때만이 아니라 역사적 고찰에서도 드러난다. 자본주의 역사에서 1979년 이후처럼 이자가 장기간에 걸쳐 높게 유지되었던 적은 없었다. 확실히 이것은 경제적·구조적 원인 때문일 뿐 아니라, 미국과 영국에서의 신자유주의 경제정책 때문이기도 하다. 군수산업의 재원조달을 위한 엄청난 재정적자로 인해 이자가 상승하는 것은 불가피하다. 여기에 또 다른 요인도 추가된다. 1950년대와 1960년대 미국의 헤게모니 지위는 노동생산력에서의 **실질적인 우위**에 입각하였다. 미국은 여전히 세계시장에서 지배적인 경제이지만 오늘날은 **실질적인 우위**를 더 이상 갖고 있지 않기 때문에, 그 헤게모니를 이제 **화폐적** (및 군사적) 수단을 통해 행사할 수 있다. 1950년대와 1960년대에는 헤게모니의 토대가 자본주의 세계경제의 발전을 위한 자극물이었던 반면, 오늘날 헤게모니가 행사되는 형태는 엄청난 규모에서 파괴적인 과정인 것이다.

이자를 통한 이윤의 압박과정이 지닌 **파괴적인** 측면은 국제신용제도의 이면, 즉 측정할 수 없이 증대된 제3세계 국가 및 몇몇 동유럽 국가의 **채무**에서 나타난다. 1973년 위기 발발 이래 석유달러의 유입과 선진자본주의 국가에서의 축적 둔화 때문에 은행은 유동성 과잉이었고, 신흥국가들은 채무상환과 관련해서도 확실한 후보자였으므로, 공업화를 위해 이들 국가에게 기꺼이 그 수단을 대출하였다. 제3세계 국가는 자신에게 제공되는, 채무에 기반한 공업화의 기회를 기꺼이 이용하였다. 왜냐하면 **첫째로**, 유로머니 시장에서 국제차입은 1979년까지 상대적으로 저렴했고, 이자는 일시적으로나마 심지어 인플레율보다도 낮았기 때문이다. **둘째로**, 공여된 은행대출은 국제기관, 무엇보다 IMF의 그것처럼 정치적 조건에 속박되지 않았다. 그렇게 국제은행에서의 채무는 비교적 짧은 시간에 공업화의 문턱을 넘을 수 있는, 정말 안락한 길인 것처럼 보였다.

그러나 불행하게도 채무에 기반한 공업화 메커니즘은 기능할 수 없었다. 그 이유는 두 가지다. **첫째**, 미국은, 이미 본 바처럼 비교적 낮은 이자율의 시기가 지난 후에 이자율을 상방으로 압박하기 시작했다. 이는 미국 정치엘리트의 비열함의 결과가 아니라, 1979년 11월 이란 인질극으로 돌발적으로 알려지게 된, 미국 헤게모니의 첨예한 위기를 해결하기 위한 유일한 출구였다. 이미 언급한 바처럼, 화폐적 수단으로 헤게모니적 지배를 되찾고자 하였다. 그 헤게모니의 **척도**는 예나 지금이나 강한 달러다. 1950년대와 1960년대에는 미국이 평균 이상의 생산성으로 생산했기 때문에 미국 달러가 강했던 반면, 1979년 후에는 **화폐적 조처** 즉 미국의 금리상승을 통해 그 강함의 일부를 되찾았다.[35] 이런 방식으로 장기간 강한 달러를 유지하는 것은 경제적·정치적·군사적으로 강력한 미국이라도 성공할 수 없다고 확실하게 예상할 수 있다. 그러나 당장 엄청나게 상승한 금리는 몇몇 채무국가들이 그 원리금 상환을 하지 못하게 되는 결과를 가져왔다. 그러나 **두번째** 이유가 보다 중요하다. 국제대출의 80% 이상이 달러로 계약되었기 때문에, 채무국가는 원리금을 지불하기 위해 달러 수입을 필요로 한다. 그러나 세계무역의 성장률이 후퇴하고 선진자본주의 국가들이 점점 더 제3세계 국가로부터의 상품 수출에 대해 보호주

---

35) 여기서 화폐적 헤게모니 보장과 군사적 헤게모니 보장 간의 관련을 지적하는 게 중요한데, 이는 신자유주의적-통화주의적 사상과 미국의 웅대한 보수적-반동적 계획의 내재적 결합을 통해 이데올로기적으로만 만들어지는 게 아니다. 오히려 군비확장은 경기침체하 국가재정의 적자를 감소시킬 수 없고, 이자를 상승시키는 결과를 가져온다. 이는 다시 외국자본을 끌어들임으로써 대외적으로 강한 달러를 가져오는 장점이 있다. 이것은 달러 시세를 상승시키지만, 국가가 자본시장의 수단을 흡수하기 때문에 이자수준을 인하시킬 수 없다. 따라서 군사적 헤게모니 보장과 화폐적 헤게모니 보장은 상호 보완된다. 그러나 이로 인해 사회를 양극화시키고 정치사회적 관계가 점점 더 사회적 합의로부터 멀어지게 만드는 경제구조가 생성된다. 또한 군비확장으로 인한 대외적 공격성이 대내적으로도 영향을 미치게 된다.

의적 장벽을 세우는 시기에 어떻게 미국 달러를 얻을 수 있는가? 이런 치명적인 상황에서 **통화의 평가절하**는 외관상 하나의 출구를 제공한다. 그러나 실제로 이 방편은 한걸음 더 심연으로 가져간다. 왜냐하면 내부적으로 **인플레**가 가열되기 시작하고, 평가절하와 함께 해당 국가의 부가 강한 통화국가의 기업으로 전면적으로 투매되기 때문이다. 멕시코, 브라질, 아르헨티나 또는 칠레에서 그런 일이 일어났다. 따라서 빈국과 부국, 남과 북 사이의 차이를 보다 심화하는 재분배 과정이 지구적인 엄청난 규모로 일어난다. 달리 표현하면, 고금리로 선진자본주의 국가의 인플레율을 저하시키는 정책의 성공은 심지어 패배한 전투의 전령이 아니라면 기껏해야 피로스(Pyrros)의 승리일 뿐이다. 그것은 단지 인플레를 세계의 다른 부분으로 옮겨 놓은 것이고, 화폐적 축적과 실물적 축적의 분리에 다만 다른 표현을 준 것일 뿐이다. 물가상승률은 실제로 후퇴하지만, 그러나 주요 국가들의 대대적인 평가절하는 밀려난 인플레의 경고 외에 다른 것이 아니다. 그밖에 달러 수입(收入, Einnahmen)을 추구했지만 별로 가망이 없던 국가들은 수입(輸入, Importe)에 쓰이던 달러 지출을 감축하도록 강제되었다. 따라서 그 국가들은 수입(Importe)을 줄일 것이며, 이로 인해 세계무역과 세계생산의 침체에 일조할 것이다.

상태는 병리학적으로 되어 간다. 원리금을 상환하기 위한 태환성 통화의 정상적인 수입은 더 이상 충분하지 않다. 따라서 멕시코, 브라질, 아르헨티나, 칠레 등 제3세계의 고채무 국가 또는 동유럽 국가는 원리금 상환을 위해 점점 더 국제신용을 차입하도록 강제되었다. 이때 문제는 통상 단기대출에 관한 것인데, 그러나 이는 단기적으로 해당 국가로 들어올 수 있을 뿐 아니라 또한 단기적으로 그 국가를 떠날 수 있고, '만기연장' 방식으로 다시 갱신되어야 한다. 민스키[36]가 자신의 연구 중심으로 삼았던 **금융 불안정성**은 격동을 일으킬 것 같다. 상환되어야 할 원리금은 주어진 관계의 틀에서 언젠가는 줄어들 거라는 전망이 부재한 채 점점 더 증대한다. 1982년 8월의 멕시코 또는 1983년 8월의 브라질 그리고 많은 여타 국가들의 모라토리엄(지불유예) 선언은 단지 지탱할 수 없는 상황에 대한 가장 표면적인 증거일 뿐이다. 거대한 규모의 차환(Umschuldung)이 기다리고 있다. 그 차원을 명료하게 하기 위해 과거의 차환액을 합산하는 게 도움이 된다. 1956~1973년 **전체** 기간 동안에 차환되어야 하는 대출 총액은 68억 달러다. 그 중에서 1970년 인도네시아에 대한 21억 달러의 대출이 가장 큰 항목이다. 1974년 15억 달러가 차환을 위해 대기하고 있고, 1977년까지 해마다 매년 5억 달러 이하가 차환되어야 한다. 그러나 1978년에 이미 23억 달러, 1979년에는 49억 달러가 만기가 된다. 1980년에는 44억 달러다. 매번 터키가 30억 달러 이상으로서 최대의 차환 후보국가다. 1981년에 상황은 첨예화된다. 터키는 다시 30억 달러 이상으로 은행 문 앞에 대기하고 있으며, 폴란드는 43억 달러, 그리고 많은 여타 국가들이 뒤따른다. 합쳐서 108억 달러가 차환 목적으로 국제은행제도에 의해 조달되어야 한다. 그러나 이것은 1982년에 비하면 아직 아무것도 아니다. 이 해에 279억 달러가 만기가 된다. 즉 1956~1976년의 20년 전체에서보다도 거의 4배나 되는 큰 수치이고, 여기에 멕시코는 아직 전혀 계산되지도 않았다. 이 '폭발적인 차환'[37]은 1983년에도 멈

---

36) Hyman P. Minsky, "Financial Markets and Economic Instability, 1965~1980", *Nebraska Journal of Economics and Business*, Vol.20, Nr.4, 1981; "Monetary Policies and the International Financial Environment", *Working Paper Series*, Washington University, June 1983.

37) *Neue Züricher Zeitung*, Sonderbeilage 1982. 11. 23.

추지 않는다. 모든 차환된 대출은 1984년이나 1985년 또는 그후 언젠가는 다시 한 번 만기가 되기 때문에, 다음 연도들에서도 차환은 계속될 것이다. 이런 폭발을 통제할 수 있다면, 그건 실로 국제은행제도의 역사적 대성과일 것이다. 그러나 국제은행제도는 혼자서는 이를 할 수 없을 것이고, 따라서 IMF와 같은 국제기관들은 40년 전 그 설립시기에는 어느 누구도 생각하지 못했던 과제를 떠안도록 의무가 부여된다. 그러나 사적 신용공여자를 공적 기관으로 대체하는 것은 다만 회수불능의 채권과 손실을 사회화하는 것일 뿐이다. 모두가 그것에 대해 지불을 해야 한다. 그러나 어떤 규모로 그래야 하는가? 이는 권력관계에 달려 있다. 손실의 배분을 둘러싼 논쟁은 앞으로의 시기에 전쟁과 평화를 위해서도 가장 중요한 세계정치적 테마의 하나가 될 것이라고 가정할 수 있다.[38]

예고되는 드라마에는 많은 불량배와, 적어도 마찬가지로 많은 희생자가 있다. 여기서 또 하나의 불량배 즉 국가가 그 음울한 특징에서 정확하게 묘사되지는 않겠지만, 서술의 완전함을 위해 약간이나마 언급되어야 한다. 국가는 내부적인 국가부채의 정책으로 위기적 발전을 막지 못한다. 그러나 국가부채 정책을 반대해 일반적인 설득력을 지니는 그 어떤 논거도 제시할 수 없을 것이다. 차감 잔고라는 기계적 방식으로 고찰하면, 증가하는 국가부채는 또한 사적 부문의 증가하는 유동성을 흡수하는 보완물로서 간주될 수 있다. 국가가 위기의 논리에 긍정적으로 적응한다면(국가는 세계적으로 그렇게 하였다), 그 결과는 출구가 없다는 것이다. 따라서 타바레스가 현재의 금융위기에 대한 유일한 해결책으로서 국

---

38) 상세한 내용에 대해서는 Altvater, "Der Kapitalismus in einer Formkrise: Zum Krisenbegriff in der politischen Ökonomie und ihrer Kritik" 참조.

민적 및 국제적 신용제도의 근본적인 재구조화(여기에는 물론 국민국가의 채무체제의 재구조화도 포함된다)를 개진한다면, 그것은 올바른 것이다. 그러나 여기서도 다음 문제가 중요하다. 즉 누가 이를 지불해야 하는가? 비용 없이는 어떤 재구조화도 이룰 수 없고, 어느 누구도 자발적으로 비용을 부담하려 하지 않을 것이므로, 갈등은 피할 수 없게 된다.

## 3) 성장과 고용의 분리

이제 '전반적' 위기의 다른 측면, 즉 자본주의 발전의 장기파동의 진행에서 **역사적 이행국면**으로서의 그 성격을 보도록 하자. 이와 관련해서는 대단히 중요한 단지 하나의 측면만 언급하도록 한다. 경제발전의 장기파동 초기에는 이윤율과 함께 투자율과 축적률이 증대하므로, 신투자의 파동이 촉발되어서 GDP 성장률도 상방으로 도약한다. 투자 붐은 기술혁신에 기반해서 일어날 수 있지만, 그러나 이는 이윤율의 의미 있는 증가와 결합되지 않으면 안 된다. 왜냐하면 그렇지 않은 경우 축적률도, 투자도 증대될 수 없기 때문이다. 기술적 논증은 무엇보다 슘페터와, 최근에는 멘슈,[39] 클라인크네히트[40]가 장기상승 국면을 설명하기 위해 끌어들여 왔다. 만델[41]은 자신의 장기파동론에서 고이윤율에 근거한 논증을 강조한다. 활발한 투자활동 및 높은 성장률 그리고 경제적 번영의 시기에는 개

---

39) Mensch, *Das technologische Patt: Innovationen überwinden die Depression*.

40) Alfred Kleinknecht, "Überlegungen zur Renaissance der 'langen Wellen' der Konjunktur('Kondratieff-Zyklen')", Hg. Wilhelm Heinz Schröder & Reinhard Spree, *Historische Konjunkturforschung*, Stuttgart: Klett-Cotta, 1980.

41) Ernest Mandel, *Long Waves of Capitalist Development: The Marxist Interpretation*, New York: Cambridge University Press & Paris: Éditions de la Maison des Sciences de l'homme, 1980.

혁으로 실제적인 성공을 달성할 수 있기 때문에, 정치영역에서 개혁주의 입장이 관철될 수 있다. 정치문화는 전반적으로 낙관적인 행동방식과 의식형태에 의해 특징지어진다. 그러나 시장이 점점 더 확장되는 생산능력으로 생산되는 상품가치의 실현을 보장하는 규모로 더 이상 확대되지 않는다면 어떤 일이 발생하는가를 질문해야 한다. 발전의 한계를 설명하기 위해 완전히 다른 패러다임들, 예컨대 '생산물 주기' 패러다임, 유효수요 갭 주장, 또는 여기서 선호하고 있는 이윤율 저하 경향 테제가 제시되었다. 발전의 한계를 이론적으로 어떻게 파악하느냐에 관계없이 결과는 어느 경우나 투자율의 감소일 것이다. 이에 대해서는 이미 앞 절에서 지적하였다. 나아가 또한 투자 성격의 변화가 일어나는데, 투자율 감소와 관련하여 이것이 결정적으로 중요하다. 확장과정 동안에 투자는, 증대하는 생산량으로 확대되는 시장의 가능한 한 최대의 몫을 차지할 수 있기 위해 본질적으로 자본확대에 기여한다. 그러나 생산과 수요의 성장률이 퇴보하고 심지어 마이너스가 되면, 노동력의 고용에 이중적인 공격이 가해진다. 첫째로, 노동생산성의 증가율이 마찬가지로 감소되지 않는 한(그러나 이는 비현실적인 가정이다), 투자의 퇴보(이미 분석한 이유로 인해 투자비율도 성장률도 퇴보)와 함께 투자재산업의 고용은 감소한다. 노동력 방출이 (어떤 형태로든) 노동시간 단축이나 제3의 고용부문에 의해 상쇄될 수 없다면, 실업의 증가는 불가피하다. 그러나 둘째로, 이 과정에서 투자의 성격도 변화한다. 확장 목적의 투자에 비해 합리화 성격의 투자가 눈에 띄게 증가한다. 침체하는 시장에서 기업 간의 경쟁은 합리화를 통한 생산비용의 절감이라는 수단을 통해 행해진다. 장기파동의 초기에는 무엇보다 생산물 혁신으로 구성되었던 신기술이 장기파동의 하강국면에서는 생산과정 혁신에 집중된다. 부문 내에서의 경쟁은 확장하는 시장에서 초과이윤을 가능하게 하였다. 반면 침체하는 시장에서는 초과이윤을 실현하기에는 시장의 확대가 결여되어 있다. 경쟁상의 지위를 유지하기 위해, 단지 '정상이윤'을 달성하기 위해 합리화 노력이 요구되는데, 이는 고용해체라는 결과로 이어진다. 그러나 고용 감소와 함께 수요도 저하해서 이 과정은 자기파괴적으로 계속되는 경향이 있다. 1970년대 후반 이래 선진자본주의 국가들이 빠져 있는 이런 상황은 표면적으로 '성장과 고용의 분리'라고 묘사할 수 있다. 자본축적이 노동수요를 확대한다면, 그때만 사실 자본축적과 고용증대가 동시에 일어날 수 있다. 그러나 자본축적은 노동을 절약하기 위해 일어날 수도 있다. 이 경향이 우세하다면, 기술진보로 이루어지는 모든 성장과정에 동반되는 현상인 노동력 방출은 더 이상 상쇄될 수 없다. **실업은 구조적이 된다.** 그러한 상태에서 개혁조처는 어렵고 불가능하기까지 하며, 정치문화는 오히려 비관주의적 기조로 특징지어진다. 세계적으로 확산된 전망 부재는 국민국가에서나 국제체제에서나 증대되는 갈등으로 뒷받침된다. 경쟁은 장기파동의 종국에는 맑스가 말한바 '적대적인 형제 간의 투쟁'으로 전화된다.

자본주의 발전의 장기파동은 따라서 한계에 부딪힌다. 그 뒤에서 전반적 위기의 기뢰 지대가 시작된다. 자본주의 세계체제 전체가 위기에 휩싸이고, 역사적으로 장기간 존속한 경제사회 발전모델은 파열된다. 위기가 전화의 시기임이 뚜렷하게 드러난다.

## 5. 전화의 시기로서 위기

우리는 이행의 시기, '비연속적인 변화'[42]의 국면에 들어서고 있다. 물론 이행기에는 시작과 종말이 있다. 현재 우리는 단지 시작을 규정하는 상태에 있다. 어떤 사람들은 이것이 1968년에 서유럽에서 계급투쟁의 폭발적 증가, 미국의 학생반란 그리고 베트남의 구정(Tet) 공세와 함께 유래되었다고 한다. 어떤 사람들은 미국이 달러의 금 태환을 폐절한 1971년을 그 시작이라고 생각한다. 또 다른 사람들은 그해 초에 고정환율제도가 최종적으로 지양되고, 같은 해 가을에 이스라엘-이집트 전쟁 후 석유가격의 극적인 등귀로 세계가 충격에 빠진 1973년을 낡은 축적모델이 파열된 시점으로 고집한다. 모두가 어떻게든 맞는 소리다. 왜냐하면 구조적 파열의 시작은 언제나 하나의 기간이므로 구체적 날짜를 말하는 것은 가능하지 않기 때문이다. 그러나 위기적 사건들의 누적으로 세계시장 전개에서 하나의 전체 시대가, 그리고 그와 함께 축적 및 정치 조절의 특정한 모델이 종말을 맞게 되었다는 점이 너무도 분명하게 드러난다. 이는 보다 정확하게 서술되어야 한다.

케인스주의 정책은 말하자면 1970년대 자본주의 세계체제의 위기까지 그 헤게모니 프로젝트의 정치적 교서였다. 이 정치경제 모델은 **완전고용**뿐 아니라 복지국가의 확대와, 자유주의적 및 **사회적 민주주의**의 이념과 현실 또한 약속한다. 전체적으로 이는 정치적 프로젝트를 **형성**하고, 정치적으로 조절되는 경제적 재생산 및 사회적 헤게모니의 형태를 형성한다. 완전고용의 상태에서는 복지국가가 기능하고 확대될 수 있다. 왜냐하면 복지국가의 재정적 토대는 보증되었고, 그 개개의 사회보장 대상자는 단지 과도적 단계에서 복지국가의 성과에 맡겨졌기 때문이다. 어떤 경우에도 복지국가는 확장되는 고용체계에서 이들을 언제나 다시 사회적으

---

42) Giovanni Arrighi et al., "A Crisis of Hegemony", *Dynamics of Global Crisis*, New York: Mothly Review Press, 1982, pp.55~108.

로 유용한 노동으로 돌려보낼 수 있다. 그러나 완전고용의 교서가 공수표가 되고, 현실에서 실업자 수가 절대적·상대적으로 증가하면, 복지국가는 위기에 빠진다. 완전고용 정책과 복지국가적 정책이 해체될 수 없는 통일을 나타낸다는 점은 언제나 이론적으로 명확하게 인식된 것은 아니다.[43] 완전고용이 더 이상 만들어질 수 없기 때문에 복지국가가 난관에 빠지는 위기 시에 비로소 그러하다는 것이 분명해진다. 왜냐하면 복지국가는 그 본질상 생산부문의 노동을 지향하기 때문이다. 실업과 산재, 질병 등에 대한 사회보장제도는 실업이 단지 **구조적이지 않으며 단지 경기순환적인** 동안만 기능할 수 있다. 경제적 위기 경향을 통해 복지국가에서 그 토대 즉 완전고용이 떨어져 나가면, 복지국가가 사회의 헤게모니화 기능을 차별화와 **주변화**의 기능으로 변화시킬 수 있다는 점이 겨우 몇 년 지나지 않아 드러났다. 전통적인 복지국가는 애초에 복지국가에 위임된 과제에 비추어 기능장해적 측면을 우쭐거리며 강조하고 있다.

위에서 형태 개념에 대해 상론한 것이 아마도 여기서 가장 명백해질 것이다. 복지국가 형태 내에서 '소'위기는 탁월하게 극복될 수 있다. 이 형태는 예컨대 **경기순환적** 실업문제를 해결하기 위해 특별히 도움이 된다. 상승국면 동안 쌓인 수단은 복지국가의 사회보장 대상자에 대한 지불로서 사용될 수 있다. 직업전환을 위한 복지국가의 지원은 지역적인 갈등, 노동의 질이나 여타 갈등을 줄이는 데 기여한다. 따라서 재취업은 별 문

---

43) 크레트케(Michael Krätke, "Zur Politischen Ökonomie des Wohlfahrtsstaates", *PROKLA* 49, 1982)는 '복지국가의 정치경제학' 분석에서 완전고용정책과 복지국가정책이 무조건 통일되어 있는 것은 아니라는 입장을 대변한다. 그러나 (다른 문제에서는 재치 있지만) 이는 절반만 옳다. 복지국가 없이도 권위적인 완전고용 정책이 있을 수 있지만(나치의 경제정책이 그 사례일 수 있다), 완전고용 조처 없이는 복지국가가 기능할 수 없다.

제 없이 달성된다. 그러나 '대'위기 시에 구조적 실업이 지배할 때는 다르다. 그때는 전통적인 형태의 복지국가가 더 이상 기능할 수 없다. 사회보장 대상자는 다시 취업될 수 없고, 오랫동안, 종종 지속적으로 복지국가에 의존해 살게 된다. 사람들은 이제 이러한 상황(복지국가의 그 형태가 이에 대비해 구성되지는 않았다)을 제압하지 못하는 복지국가의 무력함을 경험한다. 복지국가는 이제 상당 정도 관료화되고 비효율적이며 오만한 것으로 경험되어서, 복지국가에 반대하는 선동은 비옥한 기반을 발견한다. 복지국가에 의존해 살아가는 사람들은 차별화와 주변화의 끊임없는 메커니즘보다 더 나쁜 것을 경험한다. 지속적인 의존 즉 실업과 함께 성과는 하락하고, 지불조건은 점점 더 경직되며, 통제 메커니즘은 더욱 품위를 잃는다. 복지국가는 자선가('물뿌리개')였다가 이제는 실업에 대해 징벌하는 죽음의 천사가 된다.[44]

이러한 기능방식은 전혀 복지국가의 결점이 아니고, 복지담당 직원의 오류도 아니며, 복지국가에서 완전고용을 보장하고 또 자본주의 토대 위에서 사회적 및 자유주의적 민주주의를 보장하기 위한, 케인스주의적 국가개입주의의 **전체적 형태**를 구성하는 문제다. 위에서 전개했던 개념에 의거해 말한다면, 복지국가의 형태 내에서는 적응과정이 전혀 가능하지 않고, 형태 자체가 처분되어야 한다. 위기의 돌풍이 복지국가를 뒤흔든다. 좌우간 완전고용을 달성하는 데 더 이상 성공하지 못하는 케인스주의적 국가개입주의를 첫번째 돌풍이 날려 보낸다. 그러면 두번째 타격이 복지국가를 때린다. 그리고 세번째 타격은 사회민주주의 또는 정치적

---

44) 이 메커니즘에 대해서는 Wolf Wagner, *Die nützliche Armut*, Berlin(West): Rotbuch-Verlag, 1982 참조.

헤게모니를 경제적으로 재생산하는 특정 모델을 비슷한 방식으로 대표하는 모든 정당들을 뒤흔든다(이 정당들에는 유로코뮤니즘 정당과, 또 특정한 정도까지는 유럽의 보수정당이나 기독교민주당의 사회적 분파들도 해당된다).

[대]위기 시에는 경제적 재생산의 형태만이 아니라 정치조직 형태도 파열 시험대에 놓이게 되고, 이는 이 특정한 형태를 정치적으로 체화하거나 또는 적어도 상징하는 정치 주체도 휩싼다. 사회민주주의는 노동과 완전고용, 사회적 균형의 불가분의 통일 즉 개혁주의적 타협을 내화한 것이다. 이런 의미에서 사회민주주의는 개입국가와 복지국가의 공생에서 하나의 주역이다. 사회적 균형의 객관적 조건이 이행의 위기에 빠져들면, 당연히 이 모델의 주체적 요인도 영향을 받는다. 그렇게 보면, 서유럽에서 사회민주주의적 입장의 영향력이 1970년대 말/1980년대 초에 퇴조한 것은 놀라운 일이 아니다. 낡은 모델이 더 이상 기능할 수 없다는 것을 모두가 느끼고 알기까지 하지만, 그러나 번영의 시대의 낡은 프로젝트처럼 그렇게 신뢰할 만하고 설득력 있는 새로운 정치 프로젝트는 존재하지 않는다. 완전고용과 산업성장이라는 사민주의의 약속은 오늘날 미래의 음악이 아니라 향수에 젖은 소리일 뿐이다.

우리의 고찰이 옳다면, 자본주의 세계체제의 위기는 국민국가의 기능방식에 영향을 미친다. 자본주의 국가의 개입수단은 대단히 제한되어 있다. 자유민주주의의 경우 국가는 단지 화폐와 법률의 수단으로만 개입할 수 있다. 그러나 자본축적의 경향과 함께 확대되고 심화되는 자본주의 **세계체제**에서 화폐와 법률은 **국민적인** 개입수단이다. 오늘날의 자본주의 세계에는 약간의 예외를 제외하면 국제적 법률도 존재하지 않고, 또 달러가 세계화폐로서의 기능을 상실한 후에는 국제화폐도 존재하지 않는다. 국제적 화폐 및 신용 운동을 통제할 수 있는 국제 중앙은행은 존재하지 않는다. 나아가 국민국가와 몇 안 되는 국제적 정치기관은, 사적인 국제통화 및 자본흐름이 증대할 때 이 수단을 통제할 능력을 별로 가지고 있지 못하다. 케인스주의 정책이 경제성장을 자극하는 데 성공적이었던 것처럼 보인 것은 이 정책의 비극이라고 말할 수 있다. 그러나 자본주의 조건하에서 경제성장이란 자본축적 외에 다른 게 아니고, 자본축적은 언제나 집적과 집중을 의미한다. 그렇게 해서 국가통제에 되갚음을 할 수 있는 권력물이 생성되었다. 오늘날 동유럽 국가를 제외한 세계무역의 80~90%는 초국적 콘체른에 의해 전개된다. 그 중 40%는 여러 국가에 소재한 초국적 콘체른의 자회사 사이의 '세계무역'이다. 장기간의 세계시장 상승의 끝에서 실제적인 **권력중심**이 어디인가, 또 **무력함의 중심**이 어디인가를 상상하는 데는 커다란 판타지가 필요하지 않다. 조금도 과장하지 않고, 가치법칙이 정치적 개입원리에 대해 승리했다는 주장을 제출할 수 있다.

연극의 주역인 국민국가가 자본주의 세계체제를 의도한 대로 조절하지 못한 채 어찌할 바를 모르고 행동해야만 한다는 것이 비극의 성격을 보여 준다. 상품시장도 금융시장도 국제적이며, 그 구조와 규모에 비추어 볼 때 원칙적으로 **불안정**하다. 이것은 무조건 새로운 현상은 아니다. 새로운 것은, 그 불안정성을 더 이상 국민국가적 개입수단을 투입해서 경제정책적으로 상쇄할 수 없다는 점이다. 오로지 **노동시장**만이 국민적 시장으로 남았으며, 그것도 오늘날은 국민국가적 구획화의 결과 100년 전보다 더 그러하다.[45] 그러나 **시장의 위계** 내에서 노동시장은 상품시장 및 금융시장에 비해 가장 끝의 자리를 차지한다. 개가 마지막 시장을 물어뜯는다. 이러한 상태에서 케인스와 베버리지(William Beveridge)의 완전고용 교서는 황야의 외침과 같고, 효과가 없으며, 그래서 또한 쓸데없는 것이다.

따라서 특정한 조절모델이 입각해 있는 그 기둥, 즉 완전고용을 약속하는 개입국가, 이해를 조정하고 사회적 위험을 상쇄하는 복지국가, 이 모델의 주체적 담지자로서 사회민주주의 조직 그리고 마지막으로 자본주의 세계체제 내에서 개입수단을 마음대로 사용할 수 있는 국민국가, 이 모두가 비틀거리게 되었다. 이 형태의 정역학이 구상된 모든 차원을 사회발전의 모순들이 넘어가기 때문에, 이 형태가 파손된다. 이때 문제는 단지 이윤율의 저하만이 아니라, 또한 실물적 축적과 화폐적 축적의 분리(이는 국제적인 **채무 및 신용위기**로 표명된다), 그리고 생산력발전과 고용의 분리(자본주의 세계의 **대량실업**은 이 때문이다)에 관한 것이다. 또한 국제 채무위기와 대량실업은 동일한 동전의 양면, 즉 1970년대 이래 자본주의가 빠져 있는 형태 위기의 유쾌하지 않은 두 개의 얼굴일 뿐이다.

위기는 파괴적으로 진행된다. 이는 우선 점점 더 급해지고, 결코 중지될 수 없다. 경제적으로 파괴적인 힘은, 부분적으로는 엄청난 규모의 감가과정에서 표명된다. 즉 감소된 수요에 생산능력을 적응시키고, 그때그때의 합리화 경쟁에서 세계시장 경쟁의 최고의 기술적 상태를 달성하기 위해, 파산, 공장 가동중지, 심지어 신규 설비의 감가상각까지 한다. 이윤성을 유지하기 위해서는 이른바 사물의 강제(Sachzwang)에 굴복해야

---

45) 국경을 넘는 노동력의 이주의 자유는 오늘날 세계 대부분에서 제한되거나 심지어 지양되었다. 단지 불법이주만이 아직 행해진다. 그로써 가속적인 산업화과정에서 자본의 운동공간을 확대할 수 있는 하나의 밸브가 폐쇄되었다. 19세기에 대영제국과 아일랜드로부터의 이주는, 후에 중부유럽, 동부유럽 그리고 남부유럽으로부터의 이주처럼, 축적을 위한 하나의 조건이었다. 뮐러-플란텐베르크(Urs Müller-Plantenberg, "Einkommensstruktur und Arbeitsmarkt international", *PROKLA* 42, 1981)는 이 연관에 주목하였다.

만 한다.[46] 그러나 시장과 축적률의 침체 시에 이는 제로섬 게임처럼 다른 사람의 희생하에서만 달성된다. 다른 사람들은 아직 이를 알지 못한다. 일시적인 난관은 대출로 모면한다. 그러나 대출이 만기가 될 때, 원리금 상환의 거대한 부담이 두드러진다. 따라서 세계시장 위기는 신용위기로 첨예화된다. 감가 경향은 상품자본과 생산자본에서 멈추지 않고, 화폐자본 또한 엄습한다. 앞에서 서술한 실물축적과 화폐축적 간의 분리는 화폐(이는 또한 화폐자본이다)가 감가됨으로써 해결된다. 격렬한 인플레, 통화위기, 심지어 거대은행의 붕괴는 이러한 감가의 아주 상이한 표현방식이라 할 수 있다. 그러나 자본주의 세계체제에서 화폐의 파괴와 함께, 다른 한편 지금까지의 세계통화 및 세계경제 질서의 어떤 요소도 남지 않게 된다. 따라서 위기의 일층의 첨예화도 가능하다.

따라서 이행과정의 전통적 모델이 다시 한 번 역사적으로 작동할 수 있다. 먼저 경제적·사회적·정치적 주요 제도의 파괴에까지 이르는 **파열**이 새로운 발전모델의 방향으로 생산적으로 전화하기 위한 전제가 된다. 이 모델은 이미 보인 바와 같이 자본주의 내에서 새로운 동의구조를 형성함으로써, (이윤과 임금, 그리고 이윤과 이자 사이의) 축적의 균형과 사회적 균형을 나타내 보여야 한다. 물론 위기는 부르주아 사회 내에서라 하더라도 새로운 길을 위한 기회 또한 제공한다. 즉 대량실업의 해소를 통해, 기술과 투자에 대한 사회적 통제를 통해, 복지국가 '정치철학'의 재조

---

46) 피아트(FIAT) 회장 아그넬리(Giovanni Agnelli)가 이 강제를 공개적으로 매우 아름답게 다음처럼 묘사하였다. 기업은, 그 가장 고귀한 의무가 이윤획득에 있는, 하나의 사회적 책임단위로 상정된다. 왜냐하면 적정한 이윤 없이는 경쟁력도, 확실한 고용도 가능하지 않기 때문이라는 것이다. 이 경우 문제는 결코 이데올로기에 관한 것만이 아니고, 기업에 성공을 가져다줄 행동지침적인 관념에 관한 것이다. Giovanni Agnelli & Arrigo Levi, *Intervista sul capitalismo moderno*, Bari: Laterza, 1983 참조.

직을 통해, 그리고 국제신용제도의 통제와 재구조화를 통해서 위기를 해결하는 길을. 현실적으로 보면 어떤 위기극복 전략도 이러한 생산적이고 진보적인 전화의 표지판을 따르지 않을 것이 확실하다. 그러나 그것이 오늘날 이미 실천되고 있는 '현실적인', 현실정치적인 방도에 머무른다면, 단지 자본주의적 사회화의 특정한 한 형태로서 남게 될 것이다.

# 4장 포드주의와 국가독점자본주의론[*]
## — 국가독점자본주의론의 현재성에 대하여

호르스트 하이닝어[**]

포드주의 컨셉은 지난 10년 동안 맑스주의 문헌에서 중요한 이론으로서 자리 잡았다. 나로서는 이 글에서 이 컨셉을 전반적으로 고찰하는 게 아니라(이를 위해서는 광범한 작업이 필요하다), 앞선 내 논문[1]에 이어서 자본주의 발전에 관한 지금까지의 맑스주의적 시기 구분에 대해 사회이론적 대안을 제공한다는 '포드주의[이론]'의 주장과 논쟁하는 게 문제다. 히르슈와 로트는 '포드주의 이론: 하나의 프로그램'이라는 표제하에 이렇게 쓰고 있다. "포드주의 컨셉으로 우리는 전체 사회 분석의 대안적 접근을 소개하고 적용하려고 한다."[2]

---

[*] Horst Heininger, "Fordismus und SMK-Theorie: Zur Aktualität der Theorie des Staatsmonopolistischen Kapitalismus(II)", *Z. Zeitschrift Marxistische Erneuerung*, Nr.33, März 1998[하이닝어는 '국가독점자본주의론의 현재성에 대하여'라는 제목하에 시리즈 논문을 기획하였는데, 이 글은 그 두번째 논문이자 마지막 논문이다. 예고했던 후속 논문들은 아직 발표되지 않았다].

[**] 구동독 국제정치경제연구소(Internationale Politik und Wirtschaft, IPW) 교수 역임, 현재 『맑스주의 갱신의 잡지』(*Z. Zeitschrift Marxistische Erneuerung*)의 편집자문위원.

1) Horst Heininger, "Zur Aktualität der Theorie des Staatsmonopolistischen Kapitalismus. I. Der formationstheoretische Aspekt", *Z. Zeitschrift Marxistische Erneuerung*, Nr.31, Sept.1997. 다음 논문들에서 나는 포드주의 이론의 다른 관점들을 검토할 것이다.

현재의 포드주의 컨셉의 이러한 문제들을 다루기에 앞서, 이것의 근원, 즉 1920년대 및 1930년대의 테일러주의-포드주의 논쟁을 간략하게 들여다보는 게 도움이 될 것으로 보인다. 특히 오늘날의 포드주의 이론이 많이 관계하고 있는 그람시의 서술을 고찰할 것이다.

## 1. 테일러주의-포드주의-아메리카주의: 레닌과 그람시의 서술

테일러주의와 포드주의는 개념적으로 모두 하나의 산업적 작업방식 또는 특정한 자본주의 발전국면을 특징짓는 데 적용된다. 이 경우 테일러주의는 과학적인 작업실행의 체계를 의미하는데, 이 체계는 정확한 시간 및 노동연구에 입각해 있고, 그래서 노동 및 생산진행의 포괄적인 합리화를 위해 이용될 수 있다. 그것은 이미 제1차 세계대전 전에 생겨났지만, 1920년대에 비로소, 무엇보다 미국에서 그리고 그보다는 정도가 덜하지만 유럽에서 상당하게 적용되었다. 주지하다시피 레닌은 테일러주의를 "……노동자로부터 동일한 노동시간에 세 배의 노동을 짜내는 것"인 "땀을 짜내는 '과학적' 체계"라거나,[3] 또는 "기계를 통한 인간의 노예화"[4]로 특징지었다. 이러한 평가로써 레닌은 노동자의 착취 증대에서 테일러주의의 역할을 강조하였다. 그러나 그는 동시에 노동과정과 개별적 노동경과의 합리적 접합이, 근대적인 컨베이어 벨트 생산을 통한 노동생산성

---

2) Joachim Hirsch & Roland Roth, *Das neue Gesicht des Kapitalismus: Vom Fordismus zum Postfordismus*, Hamburg: VSA-Verlag, 1986, S.41.

3) Vladimir Il'ich Lenin, "Ein 'wissenschaftliches' System der Schweißauspressung", *LW*, Bd.18, Berlin: Dietz-Verlag, 1962, S.588.

4) Vladimir Il'ich Lenin, "Das Taylorsystem: die Versklavung des Menschen durch die Maschine", *LW*, Bd.20, Berlin: Dietz-Verlag, 1961, S.145.

상승에 대해 갖는 의의도 인식하였다. 그래서 그는 볼세비키에 의한 권력 접수 후에, 이 시스템의 부정적인 측면이 아니라 긍정적인 측면을 볼 것을 권고하고, 또 사회주의 국가의 기업들에서 노동생산성을 올리기 위해서 이를 이용할 것을 권고하였다.[5] "우리는 러시아에서 테일러 시스템의 연구와 그 안에 있는 가르침, 그것에 대한 체계적인 검토와 평가에 착수해야 한다."[6]

똑같이 그람시는 자본주의에서 테일러 시스템의 노동자적대적인 성격을 강조했다. "테일러는 냉소적으로, 그리고 명백하게 미국 사회의 목표, 즉 노동하는 인간에서 최대한 기계 같은 부분을 발전시키고, 일정 정도 노동자의 지능과 창의성, 판타지의 참여를 요구했던 고급직능노동의 오래된 정신적-육체적 관련을 해체시켜서 생산활동을 단순한 육체적 관점으로 환원시킨다는 것을 표현한다. 그러나 실제로는 어떤 새로운 것에 관한 문제가 아니라, 산업주의 자체의 생성과 함께 시작한 과정의 최신 국면의 문제다. 이 최신 국면은 지나간 국면보다 집약적인 것이고, 보다 잔인한 형태로 나타나지만, 그러나 또한 지나간 유형과는 다른 것에 의해, 그리고 틀림없이 보다 높은 유형에 의해 극복되어 새로운 정신적-육체적 관련이 생성될 것이다."[7] 레닌과 마찬가지로 그람시도, 테일러주의에서는 노동 및 생산과정의 새로운 형태의 형성 — 그 기본방향에서는 사회주의 조건하에서도 노동생산성의 일층의 증대를 위해 불가결

---


5) Vladimir Il'ich Lenin, "Ein Löffel Teer in einem Faß voll Honig", *LW*, Bd.33, Berlin: Dietz-Verlag, 1966, S.354.
6) Vladimir Il'ich Lenin, *Die Nächsten Aufgaben der Sowjetmacht*, *LW*, Bd.27, Berlin: Dietz-Verlag, 1960, S.250.
7) Antonio Gramsci, *Gefängnishefte*, Bd.3, Ht.4, Hamburg: Argument-Verlag, 1992, SS.529~530.

한——에 관한 문제라는 것에서 출발한다. 동시에 그람시는 테일러 시스템, 즉 인간을 파편화하고 소외시키는 이 생산방법의 장기적이고 강제적인 적용의 위험을 경고하였다.[8]

그람시는 표준화된 수요를 위한 대량생산을 발전시키는 포괄적인 생산합리화(일관작업)——이는 엄청난 노동생산성 증대를 가져오고, 그럼으로써 가격인하와 고임금 지불을 가능하게 한다——와의 긴밀한 연관하에 테일러주의를 고찰하였다. 작업방식에서의 이와 같은 변혁은 1차대전 후 미국에서 처음으로 관철되기 시작했고, 미국의 자동차 생산자 포드(Henry Ford)가 그러한 대량생산 및 대량소비라는 산업정책적 구상을 1920년대에 요란법석을 떨며 선동하고 자신의 기업에서 실행했기 때문에, 그것은 '포드주의'라는 명칭하에 알려졌다. 주지하다시피 이는 유럽에서도 포드주의 논쟁으로 이어졌는데, 이 논쟁에서 몇몇 노조 지도자들이 자본주의의 장기적인 개조라는 관념을 포드주의와 결합시켰다.[9]

그람시는 『옥중수고』에서 여러 번 '포드주의'에 대해 언급하였고, 무엇보다 세 개의 계기를 강조하였다. **첫째로,** 그는 자본주의가 우선 미국에서 이와 같은 산업 개조와 함께 (대량생산·고임금·대량소비에 의해 특징지어지는) 새로운 작업방식에 도달했다는 것을 부각시켰다. 그는 종종 포드

---

8) 이와 관련하여 그람시는 새로운 노동방법을 "군사적으로" 관철한다는 트로츠키의 노선과 논쟁하였다. "노동세계에서 강제의 원칙은 올바른 것이었다. …… 그러나 그것이 취하는 형태는 잘못되었다. 군사적 '모범'은 불운한 편견이 되었고, 노동군대는 실패하였다." Gramsci, *Gefängnishefte*, Bd.3, Ht.4, S.529. 이에 대해서는 또한 케비르의 상세한 논의를 참조. Sabine Kebir, *Antonio Gramscis Zivilgesellschaft: Alltag, Ökonomie, Kultur, Politik*, Hamburg: VSA-Verlag, 1991, S.31, S.109 이하.

9) 1920년대의 포드주의 토론에 대해서는 Kurt Hübner & Birgit Mahnkopf, *Ecole de la Régulation: Eine kommentierte Literaturstudie*, WZB Discussion Paper FS II 88~201, Berlin, Wissenschaftszentrum Berlin., 1988, S.84 이하 참조.

주의와 동의어로서 '아메리카주의'라는 개념을 사용하였는데, 그로써 그는 '포드주의'가 특정한 조건 때문에 미국에서 처음으로 관철되었고, 유럽에서 뒤늦은 '만회적인 근대화'를 위한 사례로서, 또 동시에 강제로서 작용하였다는 것을 말하고자 하였다.[10] **둘째로,** 그는 포드주의가 결코 경제영역에 한정되지 않고, 무엇보다 노동자의 생활양식에까지 작용을 미쳤으며, 사회의 예술과 문화에도 중대하게 영향을 끼쳤다는 것을 볼 수 있게 안목을 넓혔다.[11] 바로 이와 같은 **포드주의의 비경제주의적 해석**은 당대의 합리화 논쟁의 좁은 시야를 훨씬 넘어갔다. 그것은 오늘날도 자본주의 사회구성체의 포괄적인 고찰을 위해, 또 그럼으로써 일면적인, '경제주의적' 접근방식의 정정을 위해 중요한 자극을 매개해 준다. **셋째로,** 그람시는 분명하게 포드주의의 한계, 모순 그리고 갈등을 지적하였다. 그는 "……이른바 고임금은 일시적인 보수형태를 표현한다"는 것을 강조했다. "새로운 노동방법으로의 적응은 단지 강제를 통해서만 이루어질 수는 없다. 그러한 결과를 얻기 위해 필수적으로 요구될 강제기구는 분명 고임금보다 비용이 더 들 것이다. …… 그러나 새로운 방법이 관철되고, 새로운 노동자 유형을 창출하면, …… 임금 또한 감소될 것이다."[12] 그 밖에 고임금은 전체 경제는 말할 것도 없고 그 산업에서도 일반적으로 성립하지는 않을 것이다. 그리고 그는 아메리카주의-포드주의가 불가피하게 새로운 사회적 갈등을 가져올 것임을 반복해서 지적한다.[13]

---

10) 이에 대해서는 무엇보다 아메리카주의에 대한 그람시의 평가를 참조. Gramsci, *Gefängnis-hefte*, Bd.1, Ht.1, 1991, S.130 이하; *Gefängnishefte*, Bd.2, Ht.2, 1991, SS.340~341.
11) 이에 대해서는 포드주의 조건하의 노동자의 여가 행태와 성적(sexual) 행태에 대한 그람시의 상론을 참조. Gramsci, *Gefängnishefte*, Bd.3, Ht.4, S.529 이하. 또한 Kebir, *Antonio Gramscis Zivilgesellschaft: Alltag, Ökonomie, Kultur, Politik*, S.31, S.110 이하 참조.
12) Gramsci, *Gefängnishefte*, Bd.3, Ht.4, S.533.

포드주의-아메리카주의에 대한 그람시의 관념적 표상은 포드주의 이론의 가공을 위한 중요한 근거점이었고, 오늘날도 그러하다. 그러나 이 이론은 그람시의 포드주의 테제를 훨씬 넘어서는 독자적인 이론적 방법 및 그에 상응하는 개념체계를 발전시켰다.


## 2. 오늘날 포드주의는 무엇이라고 이해하는가?

우선 거칠지만 일단 두 개의 수용방식, 즉 생산컨셉으로서의 포드주의와 사회컨셉으로서의 포드주의로 나눌 수 있다.[14] 전자는 포드주의를 주로 산업적 조직모델로서 분석하는 방식인데, 제도적·사회적 틀의 조건은 전반적으로 비워 놓는다. 즉 그러한 조직구조의 사회적 특정성은 분석으로 가져오지 않는다. 이러한 수용방식의 저작들은 국민적, 지역적, 그리고 국제적 수준에서의 노동조직 및 생산조직 그리고 기업조직의 변화 문제를 다루고 있다. 이 저작들은 구체적 분석을 통해 생산력 발전의 새로운 경향과 모범, 그리고 형태에 대한 중요한 해명을 매개하고, 그럼으로써 '포스트' 포드주의로의 이행형태에 관한 논쟁에서 중요한 역할을 한다.[15]

포드주의에 관한 저작의 대부분은 다른 수용방식, 즉 본래의 포드주의 모델인 사회컨셉으로서의 포드주의에 귀속시킬 수 있는데, 이때 첫번째 수용방식은 동시에 이 컨셉의 중요한 일 구성요소를 이룬다. 그러나

---


13) 예컨대 Gramsci, *Gefängnishefte*, Bd.6, Ht.11, Hamburg: Argument-Verlag, 1994, SS.1318~1320 참조.
14) 중점 주제 '포드주의 이후'에 대한 블룸(Katharina Bluhm)의 개관을 참조. "Konturen der Fordismusdebatte", *Berliner Debatte INITIAL*, Jg.7, Ht.6, 1996, S.3 이하.
15) ibid., SS.6~7 참조.

결정적인 것은, 사회이론적 '포드주의' 수용이 본질적으로 1970년대 프랑스 사회과학자들에 의해 완성된 **조절이론**(Regulationstheorie)의 방법과 개념을 지향한다는 점이다.[16] 휘브너와 만코프는 이 연관을 다음처럼 표현한다. "'포드주의'라는 이름하에 프랑스의 '조절이론' 부분이 독일의 사회과학 논쟁에 들어왔다."[17]

이 이론에 따르면 자본주의는, 일련의 **상이한 구성체**, 국면, 시대 또는 특정한 발전모델(그것들에는 단지 자본주의의 '경제적 근본관계'만이 공통적이다) 속에서 전개한다. 이것들은 잇따르는 교대 속에서 더 이상의 어떤 법칙적인 관련을 통해서도 서로 결합되어 있지 않다. "역사적으로 자본주의는 특수한 구성체들을 형성했는데, 이것들은 부르주아 사회의 경제적 근본관계, 즉 생산수단의 사적 소유와 상품교환에 의해 매개되는 '자유로운' 임금노동의 착취 위에 입각해 있지만, 그러나 매우 상이한 형태의 착취와 사회구조화, 정치적 조절 그리고 사회화에 의해 각인되어 있다. 그래서 이것들은 각각 고유한 경제적·정치적·이데올로기적 기능 메커니즘, 갈등 구조 그리고 위기 연관을 갖고 있다."[18] 그러한 자본주의 구성체[19]의 두 개의 주요 요소는 **축적체제와 조절양식**이다. 리피에츠는 다음처럼 축적체제를 정의한다. "축적체제는 사회적 생산물의 체계적인 분

---

16) 무엇보다도 아글리에타, 리피에츠, 부아예 그리고 베르트랑이 그러하다. 국가독점자본주의론의 현재성에 대한 다음 논문에서 나는 보다 상세하게 조절이론에 관해서 다룰 것이다. 이 글에서는 다만, 여기에서 다루는 포드주의 관점에 필요한 한에서만 조절이론의 문제에 들어갈 것이다.
17) Hübner & Mahnkopf, *Ecole de la Régulation: Eine kommentierte Literaturstudie*.
18) Hirsch & Roth, *Das neue Gesicht des Kapitalismus*, S.42.
19) 여기는 조절이론의 구성체 개념과 논쟁할 자리가 아니다. 이에 대해서는 나의 다음 논문에서 검토할 것이다.

배 및 재분배 양식인데, 이는 비교적 오랜 시기에 걸쳐 생산조건(투입되는 자본량, 부문 간 분배 그리고 생산기준)의 변화와, 최종소비조건(임금종속적인 계급 및 여타 사회계급의 소비기준, 집단적 지출 등)의 변화 사이의 특정한 상응관계를 만들어 낸다."[20] "이 체제는, **기술적 패러다임**이라고 부를 수 있는, 노동 조직 및 기술 사용의 일반원칙에 입각해 있다."[21] 조절양식에 대해서는 다음처럼 쓰고 있다. "우리는 개별적인 기대와 행동양식을 끊임없이 축적체제의 전체 논리에 맞추어 놓는, 명시적이거나 익숙해진 기준 및 제도의 앙상블을 **조절양식**이라고 지칭한다."[22]

포드주의 이론이 이해하는 바에 따르면, 포드주의는 자본주의 발전에서 그러한 하나의 구성체다. 노동 및 생산 조직의 테일러주의-포드주의적 유형이 하나의 상응하는 축적체제와 포드주의적 조절양식의 형성과 각인을 위한 토대를 마련한다. 리피에츠는 이 연관을 다음과 같이 특징짓는다.

노동 조직의 일반원리로서 (또는 '산업적 패러다임'으로서) 포드주의는 테일러주의 더하기 기계화다. 테일러주의는 한편에서 생산과정의 구상과, 다른 한편에서 직접적 생산과정에서의 표준화되고 확정된 과제의 실행 사이에 엄격한 분리를 내포한다. 거시경제적 구조로서 (또는 '축적체제로서') 포드주의는 이 조직원리로부터 나오는 생산성 증가를 한편

---

20) Alain Lipietz, "Akkumulation, Krisen und Auswege aus der Krise: Einige methodische Überlegungen zum Begriff 'Regulation'", *PROKLA*, Nr.1, Jg.15, Ht.58, 1985, S.120.
21) Alain Lipietz, "Demokratie nach dem Fordismus", *Das Argument*, Nr.189, Jg.33, Ht.5, Sept. & Okt. 1991, S.678.
22) ibid., S.678.

에서 이윤으로 조달되는 투자의 성장과, 다른 한편에서 노동자임금의 구매력 성장으로 옮겨 놓는 것을 의미한다. 운동규칙의 체계로서 (또는 '조설양식'으로시) 포드주의는 장기노동계약과 엄격하게 조문화된 해고규정, 그리고 (가격 및 전반적 생산성 증대의 지수화로부터 나오는) 프로그램화된 임금 증대를 구비한 임금관계를 나타낸다. 나아가 복지국가를 통한 임금의 광범위한 사회화가 임금종속적 계급에게 최저소득을 보장한다.[23]

포드주의 컨셉의 여타 프랑스 대표자들과 히르슈, 비숍, 데페(Frank Deppe) 등 독일 논자들에게서도 포드주의에 대한 비슷한 묘사를 찾아볼 수 있다.

'포드주의'는 조절이론을 지향함으로써 독자적인 사회이론의 지위로 올라섰다. 1980년대 중반 이래로 독일의 저자들은 그러한 포드주의 이론을 가공하고 선전한 저작들을 간행하였다.[24] 나는 이하의 논의에서 무엇보다 히르슈, 비숍 등 포드주의 컨셉의 대변자들이 선전하는 바와 같은 이 컨셉의 사회이론적 자기주장, 즉 그것이 금세기 자본주의의 발전과 그 시기구분을 위한 논리정연한 모델을 제공하고, 그렇게 함으로써 독점 및 국가독점자본주의론에 대한 대안으로 간주된다는 주장과 논쟁할 것이다.[25]

<hr>

23) Danièle Leborgne & Alain Lipietz, "Postfordistische Politikmuster im Globalen Vergleich", *Das Argument*, Jg.38, Ht. 5/6, 1996, S.697.
24) 이에 대해서는 무엇보다 Hirsch & Roth, *Das neue Gesicht des Kapitalismus*; Joachim Hirsch, *Kapitalismus ohne Alternative?*, Hamburg: VSA-Verlag, 1990; *Der nationale Wettbewerbsstaat*, Berlin/Amsterdam: Edition ID-Archiv, 1995 참조.

포드주의의 역사적 규정을 위해 개별 저자에 따라 아주 상이한 개념들이 사용된다. 즉 '포드주의'라는 개념 외에 히르슈, 비숍 등의 '시대'(Epoche), '시기'(Periode), '단계'(Stadium), '국면'(Phase), '단계'(Etappe)나 리피에츠의 '자본주의 발전모델'(Enwicklungsmodell) 등의 명칭이 등장한다. 참으로 상이한 이런 개념 선택에도 불구하고, 이 저자들은 **포드주의의 역사적 규정**에 관한 다음 두 개의 근본문제에서 의견의 일치를 본다.

첫째로, 포드주의에서 문제는 **시간적으로 확정될 수** 있는, **특정한 자본주의 발전국면**에 관한 것이라는 점이다. 히르슈는 다음처럼 쓰고 있다. "제2차 세계대전 종료 이래 1970년대까지 자본주의적 부분만이 아닌 전 세계의 사회·경제·정치적 관계에 대해 규정적이었던 자본주의의 역사적 형상을 포드주의란 용어로 지칭한다."[26] 포드주의의 형성은 미국의 헤게모니가 국제적으로 확고하게 된 시점에 완료되었다고 한다. 포드주의는 "아메리카 헤게모니의 시대"라는 것이다. 1970년대에 포드주의는 위기에 빠졌고, 아직도 위기는 지속된다고 한다. 포드주의 컨셉의 다른 대변자들에서도 자본주의의 역사적 발전에 포드주의를 배치시키는 유사한 파악방식이 발견된다. 비숍은 유럽에서 포드주의가 관철된 시점을 1950년대로 보고 있다.[27]

---

25) 예컨대 Hirsch, *Kapitalismus ohne Alternative?*, S.30; *Der Nationale Wettbewerbsstaat*, S.48; Joachim Bischoff, "Postfordistischer Kapitalismus oder Krise des Fordismus", *Sozialismus*, Ht.1, 1995, S.26 참조.

26) Hirsch, *Der Nationale Wettbewerbsstaat*, S.75; "Das neue Gesicht des Kapitalismus", Hg.Ursula Beer u.a., *Die versteinerten Verhältnisse zum Tanzen bringen: Beiträge zur marxistischen Theorie heute*, Berlin: Dietz, 1991, S.135 이하 참조.

27) Bischoff, "Postfordistischer Kapitalismus oder Krise des Fordismus", S.26.

둘째로, 테일러주의-포드주의의 '기술적 패러다임'이 포드주의 (단계) 형성의 출발점을 이룬다는 것이다. 포드주의의 상응하는 축적체제 및 조절양식과 사회영역에 대한 그 영향도 이로부터 나올 것이다. 비숍은 이렇게 쓰고 있다. "테일러주의적 대량생산의 관철은 '전(前) 포드주의적' 자본주의로부터 '포드주의적' 자본주의로의 이행의 결정적인 지점이다."[28] 비숍에 따르면, 산업의 작업방식 변화는 생활형태 및 교통형태의 변혁과 결합하여 시대의 변화를 가져온다. 테일러주의-포드주의는 자본주의 발전의 '대공업' 단계를 뒤따르는 시대라 하는데, 이 시대는 한편에서는 개인에게 상정된 노동성과의 도식화와 기계화가, 다른 한편에서는 일관작업과 함께 임금노동자에게 새로운 질의 분업과 새로운 성과차원을 각인시키는 생산 조직이 문제라는 것이다.[29]

## 3. 자본주의 발전의 시기 구분을 위한 포드주의의 방법적 시도에 대하여

포드주의 컨셉은 20세기 자본주의 발전의 시기구분을 위한 방법적 시도 (Ansatz)로서 "산업의 작업방식 변화", 즉 테일러주의-포드주의로의 이행을 선택한다. 이에 대한 상세한 논의를 보면, 자본관계, 무엇보다 소유와 분배관계에서의 적응과정이 고찰되지 않는다는 점이 드러난다. 즉 19세기 말 생산의 사회화가 새로운 방식으로 자본주의의 역사적 한계를 명백히 하는 상태에 도달했다는 것을 고려하지 않는다. '자본주의 틀 내에서의 자본의 사회화'의 최초의 형태들이 형성되었고, 일층의 사회화의

---

28) Hirsch, "Das neue Gesicht des Kapitalismus", S.137.
29) Bischoff, "Postfordistischer Kapitalismus oder Krise des Fordismus", S.26.

전개는 보다 더 새롭고 높은 자본관계의 적응형태를 요구하였다. 맑스와 엥겔스는 주지하다시피 주식회사와 트러스트, 신용의 역할을 예로 해서 이 과정을 서술하였고, 이를 "자본주의 생산양식의 경계 내에서 사적 소유로서의 자본의 지양"[30]이라고 평가하였다. 대공업의 완전한 형성과 함께 자본주의는 생산력의 일층 발전을 위해서는 자본의 사회화 형태가 불가결하게 된 단계에 도달하였다. 독점의 형성, 무엇보다 그 금융자본주의적 형태에서의 대자본의 지배, 마지막으로 경제과정에 대한 국가의 점점 더 강력한 개입은 불가피한 결과였다.[31] **자본주의 생산양식의 발전에서 이 역사적 변화**와 함께 자본주의 발전의 새로운 단계로의 이행은 '자본주의 틀 내에서의 자본의 사회화'의 일층 고도화된 형태의 형성과 긴밀하게 결합되었다. 20세기 자본주의의 시기 구분은 이 점을 고려해야 한다.

자본집적과 자본집중의 새로운 형태와 차원이 대기업에서의 테일러주의-포드주의적 작업방식 및 테일러주의에 토대를 둔 대량생산으로의 이행을 위한 전제를 이루었지만, 이 연관은 포드주의 이론에서 매우 퇴색되어 있다. 또한 제2의 산업혁명이라 종종 지칭되는,[32] 19세기로부터 20세기로의 전환기의 기술혁신(무엇보다 생산에서 전기동력의 도입)은, 이 새로운 발전단계의 자본관계가 없다면 가능하지 않았을 것이라는 점도 상기해야 한다. 그러나 포드주의 컨셉에서 소유관계는, 또는 적어도 자본관계의 **변화**는 전(前) 포드주의로부터 포드주의로의 시대 변화에 대

---

30) Karl Marx, *Das Kapital*, Bd.3, *MEW*, Bd.25, 1964, S.452[『자본론』 III(상), 542쪽; 『자본』 III-1, 586쪽] 또한 ibid., S.454 이하[『자본론』 III(상), 544쪽; 『자본』 III-1, 588쪽 이하] 참조.

31) 나는 이전 논문("Zur Aktualität der Theorie des Staatsmonopolistischen Kapitalismus(I): Der Formationstheoretische Aspekt")에서 보다 상세하게 이 문제들을 다루었다.

32) 예컨대 벨(Daniel Bell, *Die Nachindustrielle Gesellschaft*, Frankfurt/New York: Campus-Verlag, 1975)이 그러하다.

해, 그 시간적 위치 규정에 대해 어떤 역할도 하지 않는다. 따라서 소유관
계는 "생활형태 및 교통형태에서의 변혁"의 분석에서도, 또 포드주의로
지칭되는 구성체의 그밖의 영역에서의 특수성을 각인하는 것에서도 어
떤 독자적인 지위를 갖지 않는다.[33]

　　국가독점자본주의론이 '산업의 작업방식'의 고유한 성격과 전체 사
회관계의 형성에서 그것의 역할에 별로 주목하지 않았으며, 너무 일면적
으로 소유 문제에 집중했다고 국가독점자본주의론을 비판할 수 있다면
(이는 정당한 비판이다), 포드주의 컨셉에 대해서도 여기서는 명확하게 자
본주의 발전의 새로운 단계로의 이행에서 소유 문제의 역할을 무시한 데
에 그 '일면성'이 있다고 지적해야만 한다. 이것은 자본주의 사회를 그 발
전단계에서 경제·정치·이데올로기적으로 구성하기 위한, 권력 및 이해
관계의 구조, 국가의 역할과 조절과정, 그리고 그 사회의 여타 영역들을
이해하기 위한, 하나의 본질적인 규정요인을 제거하는 것을 의미한다.


## 4. 포드주의 '축적체제'와 '조절양식'의 문제에 대하여

테일러주의-포드주의의 산업적 생산 패러다임('제1의 기둥') 외에, 축적
체제 및 조절양식의 특수한 형태들이 '포드주의 발전모델'의 두 개의 또
다른 '기둥'을 이룬다.[34] 이것들은 공히 이 모델을 자본주의 발전의 독자
적인 특별한 단계로 특징짓는다.

---

33) 히르슈는 그의 포드주의 모델에서 이윤율의 경향적 저하에 관한 맑스의 이론에 근거함으로
　　써, 자본주의 발전에서의 역사적 연속성에 관해 약간 다른 입장을 취한다. 그러나 그 또한
　　소유관계에서의 변화와 자본주의의 상이한 국면(또는 구성체)의 형성에서의 그것의 역할에
　　대해 검토하지 않는다. Hirsch & Roth, *Das neue Gesicht des Kapitalismus*, S.37 이하.

포드주의 **축적체제**의 주요한 특징은 다음에 있다. 즉 높은 생산성 진보가 자본주의 역사상 처음으로 임금소득의 지속적인 상승과 어느 정도의 대중복지를 자본의 수익성과 양립할 수 있게 했을 뿐 아니라 심지어 그 기초를 이룬다는 것이다.[35] 몇몇 프랑스 저자들에서는 대량생산과 대중소비력 간의 관계가 사실상 포드주의와 등치되는 식으로 이 관계가 강조된다. 예컨대 베르트랑은 다음처럼 확언한다. "임노동자 대중을 위한 소비로의 강제와 테일러주의 방법의 결합은 자본주의 경제로의 임노동 통합의 새로운 형태, 즉 포드주의를 정의한다."[36]

20세기 동안, 무엇보다 2차대전 이후 시기에 공업국가들에서 공업재(승용차, 냉장고와 여타 가사 도구, TV와 라디오, 기타 내구산업재)의 대량소비가 새로운 차원의 높은 임금소득의 토대 위에서 관철되었다는 것은 의심할 수 없다. 이런 생산물을 생산하기 위한 부문은 주요한 자본투자 영역이 되었고, 이제 사회적 재생산과정의 주요한 구성부분을 이루고 있다. 문제는 다만, 공업재의 대량소비의 발전과정을 역사적으로 어떻게 배치하는가 하는 것이다.

자본주의 역사에서 개인소비의 확대는 장기적 과정으로서 관찰될 수 있는데, 자본의 가치증식에 대해 그 의의는 점점 높아졌다. 상대적 잉여가치 생산의 조건을 분석할 때 맑스가 강조한 바――"첫째로 기존 소비의 양적인 확대, 둘째로 공황 시에 현존 욕구의 선전을 통한 새로운 욕

---

34) Alain Lipietz, "Demokratie nach dem Fordismus", *Das Argument*, Nr.189, Jg.33, Ht.5, Sept. & Okt.1991, S.680.

35) Hirsch, *Der Nationale Wettbewerbsstaat*, S.76.

36) Hugues Bertrand, "France: modernisations et piétinements", ed. Robert Boyer, *Capitalismes fin de siècle*, Paris: PUF, 1986, p.69.

구의 창출, 셋째로 새로운 욕구의 생산과 새로운 사용가치의 발견 및 창출."[37] ——처럼, 생산력의 증대와 발전을 지향하는 잉여가치의 생산은 새로운 소비의 창출 또한 요구한다. 이 조건, 즉 유통 내에서의 소비순환의 확대는 자본주의가 심화·발전하는 것의 또 다른 표현이다. 그것은 또한 소비재 생산과도 바로 관련된다. 개인소비를 위한 새로운 사용가치, 무엇보다 공업소비재의 창출은 자본축적과 가치증식의 자극제가 된다.

19세기 말 이래 생산력의 가속적인 발전과 사회적 부의 증대에 따라 임금노동자의 욕구범위는 증대하고, 이 욕구 충족의 보다 커다란 가능성을 쟁취할 운동공간이 확대된다. 레닌은 그 시대에 이런 사태를 지적해서 자본주의의 발전은 불가피하게 전체 인구 및 노동자 프롤레타리아트의 욕구 증대를 가져오고, 이 욕구 증대의 법칙은 노동자계급의 투쟁과 함께 개인소비의 양과 질의 변화로 이어질 것이라고 하였다.[38]

개인소비의 확대와 함께 공업소비재, 특히 내구재의 비중이 끊임없이 증대한다. 미국의 경우 이 경향을 장기적인 통계적 시계열을 이용해서 추적할 수 있다. 우리는 제1차 세계대전 참전 시까지 미국에서 실질임금이, 그리고 전체 재화생산 중 내구소비재의 비중이 약 1/4만큼 점진적으로 증대한 것을 보게 된다. 이후 시기에 내구소비재의 비중은 제2차 세계대전까지 중단 없이 증대하였다(물론 공황시기에 절대수치는 감소하였다). 이 경우 자동차 판매의 급격한 증대가 결정적이었다. 자동차는 '대량소비재'로서 '주요생산물'이 되었다.[39] 1920년대 이래 항상 '내구소비재'

---

37) Karl Marx, *Grundrisse der Kritik der Politischen Ökonomie*, Berlin: Dietz, 1953, S.312[김호균 옮김, 『정치경제학 비판 요강』II, 그린비, 2007, 19쪽].

38) Vladimir Il'ich Lenin, *Zur Sogenannten Frage der Märkte*, LW, Bd.1, Berlin: Dietz-Verlag, 1977, S.98.

는 전체 재화생산 중에서 노동수단('내구생산재')보다 더 높은 비중을 차지하였다.[40] 그래서 우리는 이 시기에 내구공업재의 대량소비가 관철되는 **첫번째 추동**의 역사를 기록한다. 독일에 대해 상응하는 시계열 통계를 나는 알고 있지 않다. 다만 현존하는 자료에 따르면, 독일에서는 1900년부터 제1차 세계대전까지의 시기에 실질임금의 커다란 증대는 말할 수 없고, 또 1920년대에 임금은 실제로 증가했지만, 그러나 미국의 증가에는 뒤처졌다.[41] 그에 따라 전체 시기 동안 소비 중에서 내구공업재가 차지하는 비중도 **추세**는 동일하다 해도 미국보다 적게 증가하였다.[42] 그러나 이상의 비교에서 다음 사항을 잊어서는 안 된다. 즉 두 번의 세계대전과 두 번의 전쟁 전(前) 시기에 (적어도 유럽에서) 테일러주의-포드주의 작업방식을 완전히 이용한 엄청난 군수생산이 존재하였고, 그것에 축적체제가 조응해야만 했다는 것이다.

따라서 '포드주의 축적체제'의 형성은 20세기에 장기적으로 관찰되는 경향이다. 그것은 그때그때 특정한 역사조건하에서 여러 번의 추동

---

39) Hirsch, *Der Nationale Wettbewerbsstaat*, S.76.

40) Jürgen Kuczynski, *Darstellung der Lage der Arbeiter in den Vereinigten Staaten von Amerika seit 1898*, Berlin: Akademie-Verlag, 1966, S.152 이하; Bureau of the Census, *Historical Statistics of the United States: Colonial Times to 1970*, Part 1 & 2, Washington, 1975 참조.

41) Kuczynski, *Darstellung der Lage der Arbeiter in Deutschalnd von 1900 bis 1917/18*, Berlin: Akademie-Verlag, 1967, S.326 이하; *Darstellung der Lage der Arbeiter in Deutschalnd von 1917/18 bis 1932/33*, Berlin: Akademie-Verlag, 1966, S.179 이하를 참조.

42) 독일에서 소비 발전의 장기경향에 대한 주요한 근거는 호프만의 연구(Walther G. Hoffmann, *Das Wachstum der deutschen Wirtschaft seit der Mitte des 19. Jahrhunderts*, Berlin: Springer, 1965)가 제공한다. 또한 Horst Heininger, "Veränderungen in den Beziehungen zwischen individueller Konsumtion und Marktentwicklung im modernen Kapitalismus", *Konjunktur und Krise*, Jg.12, Ht.4, 1968도 참조.

가운데 관철되었다. 내구소비재 생산 영역은 지속적으로 사회적 재생산 과정의 주요한 구성부분이 되었고, 그럼으로써 자본주의 경제순환의 기능에서 그 의의가 높아져 왔다. 이러한 발전에서 변동과 역전이 있었지만 경향을 지양할 수는 없었다. 이 경향은 전(前) 포드주의 시기에 이미 작용하였고, 포드주의 '구성체'에서 (더 탐구해야 할 특수한 조건에 근거하여) 매우 특별한 지위를 달성하였으며, '포스트포드주의' 및 새로운 '구성체'로의 이행에서도 경제·사회적 발전의 근본특성이 되고 있다.

　　**조절양식**과 관련해 리피에츠는 포드주의를 "사회를 형성하는, 역사적으로 특수한, 임노동과 자본 사이의 사회적 타협(여기서 자본의 가치증식 과정과 자본분파 간 경쟁 과정은 노동자계급과의 협력에 의존하거나 노동자계급의 저항을 통해 매개된다)"[43]으로 정의한다. 다른 저자들도 비슷하게 포드주의 조절양식의 본질을 간략히 정의한다. 이때 "포드주의 복지국가"의 형성을 포드주의의 한 주요 특징으로 부각시킨다. "근대 **복지국가**의 형성이 포드주의 조절연관의 결정적 동인 중 하나를 이룬다."[44] 그리고 이 '사회국가' 또는 '복지국가'가 작용하는 두 개의 주요 관점이 지적된다. 즉 복지국가는 노동력과 임금의 국가적인 조절 및 국가적으로 조직·보장되는 사회보장을 의미하며, 따라서 "……포드주의 축적체제의 결정적인 버팀목으로서 대량소비를 안정시키는"[45] 주요 기능을 갖는다. 그리고 동시에 포드주의 국가는 "관료적 통제 및 감시국가"[46]라 한다.

---

43) Alex Demirovic, "Regulation und Hegemonie: Intellektuelle, Wissenspraktiken und Akkumulation", Hg.Alex Demirovic & Hans-Peter Krebs & Thomas Sablowski, *Hegemonie und Staat: Kapitalistische Regulation als Projekt und Prozeß*, Münster: Verlag Westfälisches Dampfboot, 1992, S.129에서 재인용.

44) Hirsch & Roth, *Das neue Gesicht des Kapitalismus*, S.66.

45) ibid., SS.66~67.

물론 '포드주의'로 지칭되는 전후 시기에서 앞서 말한 조절연관에 관한 서술에 대해서는 별로 이의를 제기할 게 없다. 그것은 특정한 사실 관계를 재현하고 있기 때문이다. 다만 포드주의 컨셉의 추종자들이, 무엇보다 2차대전 후 복지국가의 형성이 격렬한 계급투쟁의 결과로서 관철되어야 했다는 것, 그리고 이 시기에 사회주의라는, 국제적으로 영향력 있는 다른 사회체제가 존재하였기 때문에(이는 무엇보다 유럽에서 사회적 논쟁에 영향을 미쳤다) 지배계급이 의식적으로 '계급타협'을 하였다는 것을 충분히 고려하지 못했다는 점은 지적될 수 있다.

그러나 포드주의 컨셉에서 서술된 바의 조절과 조절양식에 대한 나의 주요한 반대는 또 다른 것이다. 그것은 이 조절과 조절양식이 다른 무엇보다 또는 유일하게 유효한 조절형태로서 그려지고 있는 것에 대한 반대다. 여기에는 포드주의 축적체제에서보다 더 심하게, 특정한 자본주의 발전단계의 정치·경제적 연관에 대한 편협한 시각이 관계하고 있다. 왜냐하면 엄청난 군수생산과 군사연구를 위한, 또 대외적 팽창의 촉진을 위한 국가와 기관의 경제조절은 '외부에' 머물고 있고, 조세 및 재정정책을 매개로 하는 조절의 상이한 형태와 수단은, 대량소비를 유지하기 위한 케인스주의적 유효수요정책과 연관될 수 없기 때문이다. 자본 간 경쟁을 통해 매개되는 경제적 조절이 완전히 배제되고 있다는 것은 차치하더라도 말이다.[47]

---

46) Hirsch, *Der Nationale Wettbewerbsstaat*, S.79; Hirsch & Roth, *Das neue Gesicht des Kapitalismus*, S.64 이하.
47) 조절이론에 대한 다음 글에서 조절의 이런 문제와 여타 문제에 대해 상론할 것이다.

## 5. 포드주의: 자본주의의 하나의 단계 또는 구성체?

이미 지적한 바처럼, 포드주의란 용어는 1950년대에 시작되어 1970년대에 공황과 함께 종료된, 2차대전 이후의 특정 시기를 의미한다. 테일러주의-포드주의의 기술적 패러다임, 대량소비의 축적체제, 그리고 복지국가를 포함해 이 체제에 조응하는 조절양식이라는 세 개의 포드주의 기준에 따르면, 이 포드주의 구성체는 서유럽과 미국에 타당하다고 한다. 그러나 미국에서는 이미 그 전에 포드주의 작업방식으로의 일정한 이행이 있었고, 나아가 '황금의 20년대'에 수년간의 '불완전한 포드주의 단계'가 존재하였다(그러나 여기서 복지국가적 조절양식은 결여되어 있었다. 왜냐하면 복지국가적 접근은 1930년대 루스벨트의 '뉴딜'과 함께 대공황의 결과로 형성되었기 때문이다). 몇몇 논자는 1930년대와 1940년대가 포드주의의 '형성' 단계였을 것이라 생각한다. 2차대전이 왜 포드주의 구성체의 준비 단계에 들어가는지에 대한 상세한 논거는 주어져 있지 않다. 그러나 그들 역시 최종적으로는 1950년대 이후로 포드주의를 위치짓는다.[48]

특정한 전후 국면으로 포드주의의 시기를 '위치짓는' 이 구상은 여러 관점에서 이론적·경험적 검증을 받아야 한다. 즉 한편에서 포드주의 발전단계로 편제시킨 기준이 어느 정도까지 이 단계의 **특수한 특징**인지, 그리고 다른 한편에서는 시간적으로 정확하게 묘사된, 문제의 2차대전 후 시기가 **포드주의란 용어**로 **적합하게 특징지어질** 수 있는지에 대한 역사적 비교를 감수해야 한다.

---

48) Hirsch, "Das neue Gesicht des Kapitalismus", S.136 참조.

포드주의 컨셉의 몇몇 비판자들은 예컨대 다음과 같은 이유로, 독일에서 비교적 짧은, [문제의] 전 기간에 대해 포드주의 발전모델의 기준이 한 번도 적합하지 않았다고 하는 이의를 제기한다. 즉 1950년대에 "……테일러주의적 노동 조직의 방법은 이미 강력하게 보급되었고, 노동생산성의 성장률은 이미 꽤 높았지만, 그러나 그에 상응하는 실질임금의 상승은 수반되지 않았다. 축적과정은 임금종속적 계급의 생활관계를 자본주의화하는 것에 의해서보다는 빠르게 회복하는 투자증대에 의해 규정되었다"[49]는 것이다. 포드주의 구조는 1960년대에 비로소 관철되었고, 그리고 나서는 가속화되었다고 한다. 휘브너는 다음과 같은 극단적인 평가를 한다. "포드주의의 위기를 1974/1975년으로 잡는다면(많은 조절이론가들은 위기의 시작을 이미 1967년으로 잡는다), 포드주의가 지배한 시기는 겨우 15년에 달할 뿐이다. 포드주의가 관철되기까지, 그리고 1970년대 중반 이래 전화하고 재구조화되는 오랜 기간과 비교하면, 적어도 '순수한 형태'의 포드주의에 관한 한, 본래의 포드주의 단계에는 거의 하나의 에피소드 같은 성격이 주어진다."[50] 제솝은 심지어 독일이 "한 번도 완전하게 포드주의적이지 않았다"고 주장한다.[51] 이러한 이의들로부터 적어도, 그 세 개의 주요 기준이 어느 만큼이나 앞서 언급한 전후 단계로 포드주의를 시간적으로 '위치짓는 것'을 증명하는 데 기여할 수 있는가 하는 확실한 의문이 일어난다.

---

49) Kurt Hübner, "Neue Gesichtszüge des Kapitalismus: Anmerkungen zu der Fordismus-Postfordismus-Analyse von Hirsch & Roth", Kurt Hübner & Birgit Mahnkopf, *Ecole de la Régulation: Eine kommentierte Literaturstudie*, SS.95~96.

50) ibid., S.96.

51) Bob Jessop, "Postfordismus: Zur Rezeption der Regulationstheorie bei Hirsch", *Das Argument*, Nr.3, Jg.30, Ht.169, 1988, S.386.

그러나 설령 경우가 그렇다 하더라도, 문제는 여전히 남는다. 즉 이 전후 단계가 포드주의 기준들로 충분하게 또는 적합하게 특징지어지는 가? 또 어떤 조건들로 인해 이 전후 단계에 포드주의가 형성되었는가?

문제의 시기는 종종 '전후 자본주의의 전 세계적 번영국면' 또는 '황 금기'라고도 지칭된다.[52] 수다한 연구들이 증명했던 바처럼, 이 번영은 특정한 정치·경제적 요인들이 동시에 작용했기 때문에 가능했다. 여기에 는 무엇보다 다음과 같은 요인들이 들어간다. 2차대전을 통한, 전쟁 전에 쌓여 있던 구조적 과잉축적의 제거, 이미 전쟁 전(前) 시기에 발전되었고 전쟁 중에 특히 발전하였으며 이제 민간생산을 위해 이용될 수 있었던 기술의 토대 위에서 생산력 발전의 엄청난 가속화, 환경을 희생하고 원 료 및 에너지의 저가격을 이용한——즉 무엇보다 제3세계에 대한 일층의 수탈을 통한——높은 축적률의 외연적 경제성장 유형, 케인스주의적 국 가의 유효수요정책. 동시에 그것은 경제생활의 국제화가 증가하는 단계 였다. 국제화가 격렬하게 전개되기 시작하였고, 이는 무엇보다 지도적인 공업국가들 간의 점점 더 긴밀한 경제적 연관과 상호의존을 가져왔다.

고임금의 전개, 대량소비의 현저한 확대, 복지국가적 조절은 위와 같 은 특별한 성장조건들과 관련해 파악해야 한다. 그 조건들이 없었다면 그것들은 생각될 수 없었고, 동시에 그것들은 이 성장의 한 특정 요소로 작용했다. 이 과정은 그러나 저절로가 아니라 격렬한 사회적 논쟁의 결 과로 실현된 것이었다. 그리고 이미 여러 번 지적했듯이, 문제는 동시에 자본주의와 사회주의 간의 격렬한 체제논쟁 시기에 관한 것이었다. 사회 적 투쟁에서의 성공, 고임금 및 다른 성과의 달성은 노동자운동의 상승 을 통해 가능했지만, 적어도 달성된 규모에서 보면 사회주의의 영향 없 이는 생각할 수 없는 것이었다. '포드주의적' 발전을 분석할 때 마찬가지로 고려해야 하는 것은, 여기서 고찰되는 시기가, 동시에 냉전, 군비증강 그리고 제국주의의 유혈적 식민지전쟁 및 개입전쟁에 의해 각인되었다는 점이다. 포드주의에 대한 저작들은 이런 연관들을 별로 고려하지 않는다. 하나의 예외는 여기서도 히르슈인데, 그는 이 연관들을 지적한다.[53]

　　포드주의 컨셉의 방법론 문제로 옮겨 가면, 이러한 인식들로부터 포드주의의 구성체 성격을 더 의문시하게 하는 몇몇 결론이 나온다. 여기서 문제가 되는 전후 단계의 '산업적 패러다임', '축적체제', '조절양식'은 결코 '포드주의적'으로만 각인되지 않는다. 그것들은 이미 앞선 논의에서 확인된 것처럼 여러 요구에 조응해야 했다. 거기에는 축적과 소비 간의 특정한 관계 외에도 외적 팽창의 확보, 군비증강, 그리고 이 시대의 사회구성체를 똑같이 각인시키는 여타의 정치·경제적 요인들이 들어간다. 물론 이런 것은 전후 모든 시대에 해당되고, 문제의 전후 단계에서는 '포드주의'와 비교해 그러한 비중을 갖지 못한다고 이의를 제기할 수 있다. 그러나 이 시기에 축적과 소비가 동시에 강력한 상승을 기록했을 뿐 아니라, '양자의 우군'으로서 군비증강이 국민생산의 비중으로 측정해 '평화시기'로는 한 번뿐인 최고 수준에 도달했다는 점을 간과해서는 안 된다. 마지막으로 포드주의 이론은 이 시기에 발전하기 시작한, 경제생활의 폭발적인 국제화의 원인을 설명하기 위한 어떤 적합한 방법적 접근도 제공하지 못한다.[54] 그 이론은 본질적으로 국제관계에서의 미국의 헤게모니와 아메리카 포드주의 모델의 다른 국가로의 전파만 지적할 뿐이다.

<hr>

52) Hirsch, *Kapitalismus ohne Alternative?*, S.11 참조.
53) Hirsch, *Der Nationale Wettbewerbsstaat*, S.75 이하.
54) Horst Heininger & Lutz Maier, *Internationaler Kapitalismus*, Berlin: Dietz, 1987 참조.

## 6. 결론

이런 모든 이의에 의하면, '포드주의'를 20세기 자본주의 발전의 시기 구
분에 대한 적절한 사회컨셉으로 간주할 수 없다고 생각한다. 포드주의
컨셉의 약점은, 내 생각으로는 조절이론을 받아들인 것에 그 원인이 있
다. 무엇보다 생산력과 생산관계의 변증법적 적응과정으로부터 나오고,
또 언제나 새로운 형태의 모순적인 자본관계의 발전을 가져오는, 자본주
의의 역사적 발전에서의 특정한 연속성을 부정함으로써, 테일러주의-포
드주의의 산업적 패러다임이란 형태에서의 포드주의 이론의 방법적 시
도는 안목이 너무 짧다는 결과를 가져왔다. 그것은 자본주의 사회구성체
의 규정요소로서 20세기 자본주의를 본질적으로 각인시키는 소유관계
의 변화를 분석에서 배제한다. 산업적 패러다임, 축적체제 그리고 조절양
식의 특정한 통일로서의 포드주의를 그 역사적 연관들로부터 모델구성
방식으로 추상함으로써, 구성체에 대한 포드주의의 서술은 불가피하게
자의성을 띠게 된다. 자본주의의 구성체 또는 단계로서의 포드주의를 시
간적으로 1950년대와 1960년대의 전후 시기로 위치짓는 것은 적절하지
않다. 왜냐하면 그런 규정이 이 시기의 특수성을 설명할 수 있는 것도 아
니고, 또 포드주의가 이 시기의 모순적인 여러 과정 및 역사적 특수성과
함께 이 시기를 적절하게 특징지을 수 있도록, 그렇게 '포드주의'가 이 시
기를 각인시켰다고 증명할 수 있는 것도 아니기 때문이다.

이제 '포드주의'라는 개념이 이 컨셉과 결합된 작업방식, 축적체제
그리고 조절양식의 연관을 특징짓는 데 적절한가 하는 문제가 남는다.
히르슈는 다음처럼 그것을 강조한다. "포드 공장에서 실현된 생산 조직
의 컨셉은 그것이 요구하는 사회적·경제적 환경과 함께, 20세기 중반 수

십 년간 자본주의가 세계적으로 각인시켰던 구성체의 구조를 핵심에서 내포하였다는 것에 의해, '포드주의'라는 개념의 사용은 과학적으로 정당화되었다."[55] 히르슈는 이 논거에 포드주의 단계의 역사적 위치지음과 관련한 몇몇 주장을 덧붙인다. 그러나 포드주의 컨셉의 구성체론적 서술에 대한 의심과 더불어, 생산조직적 컨셉을 위한 명칭을 자본주의의 역사적 발전시기를 특징짓는 데 사용하는 것에 대해 점점 더 주저하게 된다. 그밖에 다음처럼 또 일층 반대하는 주장이 있다. 즉 그러한 명칭은, 한편에서 테일러주의-포드주의적 작업 방식과, 다른 한편에서 분배관계 및 사회적 업적(복지국가!) 사이에 직접적이거나 심지어 필연적인 연관이 존재한다는 관념을 확산시킬 수 있다는 것이다. 그러나 내 생각으로는 산업적 작업방식을 '테일러주의-포드주의'로 지칭하는 것과, 사회구성체를 '포드주의'로 명명하는 것은 완전히 다른 별개의 것이다.

'구성체론적' 자기주장을 제쳐 놓는다면(이 글에서는 오로지 포드주의의 이 관점만이 주제였다), 내 생각으로는 명백하게 포드주의 이론은 현대자본주의 사회의 경제, 정치 그리고 문화에 대한 분석으로 맑스주의 자본주의 이론의 발전에 중요한 기여를 하였다. 나는 거만을 떨며 '포드주의'에 대한 뛰어난 저작들을 싸잡아 비판하는 게 아니다. 그 반대로 나는 그 저작들을 자본주의 이론의 일면성 ——바로 국가독점자본주의 이론이 그것에 책임이 있다 ——을 극복하는 데 있어 결정적인 진보라고 생각한다. 다만, 포드주의 이론의 다른 비판자들도 이미 확인한 바처럼, 그러한 작업은 조절이론적 포드주의 이론과 결합하지 않고서도 생각할 수

---

55) Hirsch & Roth, *Das neue Gesicht des Kapitalismus*, S.45.

있다는 점을 지적하고자 한다.[56]

　　결론적으로 내가 확인하는 바는, 국가독점자본주의론이 아마도 20세기 자본주의 발전의 시기 구분을 위해 더 좋은 맑스주의 이론의 변종이라는 점이다. 국가독점자본주의 이론은 자본주의 발전의 특정한 역사적 연속성을 고집하는 컨셉——이는 결코 교조적인 결정론의 의미에서가 아니다——을 제시하였고, 동시에 그 발전의 개별 단계로의 이행을 설명하는 이론을 제공하고자 노력하였다. 국가독점자본주의 이론은 자본관계의 적응의 새로운 형태, 특히 국제적 형태를 논증함과 동시에 자본주의 발전의 가능한 새로운 운동공간 및 내적 모순의 일층의 전개도 연구한다. 물론 그것이 자본주의 발전과정의 일반적 연관에만 한정된다면, 이 컨셉은 충분하지 않을 것이다. 국가독점자본주의 이론은 '국가독점주의의 상이한 형태 및 변종'이라는 컨셉으로, 개별국가에서, 또 상이한 조건하에서의 국가독점자본주의의 차별적인 전개에 대한 독자적인 이론적 표상을 토론으로 가져온다. 이 문제에 대해서는 다음 글에서 다룰 것이다.

---

56) Hübner & Mahnkopf, *Ecole de la Régulation*, S.77 이하; Jessop, "Postfordismus: Zur Rezeption der Regulationstheorie bei Hirsch", SS.385~387 참조.

# 5장 일본에서의 현대자본주의 논쟁
## — 레귤라시옹 이론과 국가독점자본주의론

김성구

1970년대 이래 한 세대 이상을 풍미한 레귤라시옹 이론[1]의 현대자본주의 분석은 전통적인 맑스주의 정치경제학과 이론·방법·현실분석에서 날카로운 쟁점을 형성해 왔다. 하지만 그럼에도 불구하고 레귤라시옹 학파와 맑스주의 정치경제학의 상호비판과 논쟁은 오늘날까지 드물게만 접할 수 있었다. 그 하나의 이유는 레귤라시옹 이론이 신고전파 주류 경제학에 대해서는 날카로운 비판을 수행하면서도 맑스의 부분적 수용과 함께 포스트케인스주의의 관점을 발전시킴으로써 맑스주의에 대해서는 호의적이었던 것에 있을 것이다. 또한 맑스주의 이론의 적지 않은 부분에서 레귤라시옹 이론이 긍정적으로 수용된 것도 또 하나의 이유일 것이다. 독일에서는 네오맑스주의 이론가들에 의한 레귤라시옹 이론 비판이 있었고, 논쟁 과정에서 히르슈, 알트파터, 비숍 등 다수의 네오맑스주의 인물들이 레귤라시옹 이론을 비판적으로 수용하여 맑스주의에 입각한 조절이론을 전개하였다.[2] 미국에서도 네오맑스주의 경향의 이론가들에

---

1) 프랑스 조절학파의 조절이론을 일본문헌에서는 프랑스어 그대로 레귤라시옹 이론이라고 흔히 명명한다. 이 글에서도 따로 프랑스 학파의 조절이론을 지칭할 때는 이 용어를 사용한다.

의해 레귤라시옹 이론이 수용되었고, 미국판 조절이론이라고 할 사회적 축적구조론(SSA이론)이 제출되었다.[3] 그러나 일본에서는 레귤라시옹 이론을 수용한 대표적인 논자인 야마다 도시오(山田銳夫)에 의해 정통파로부터 우노 학파에 이르기까지 맑스주의 경제학에 대한 광범한 비판이 행해졌고, 그것에 촉발되어 정통파, 우노 학파, 그리고 레귤라시옹 학파 간의 주목할 만한 논쟁이 전개되었다.[4] 야마다는 레귤라시옹 학파의 복잡다단한 이론구성과 논자들에 따른 다양한 색채와 차이를 넘어 간결하고 정연하게 레귤라시옹 이론을 소개할 뿐 아니라 맑스주의 경제학에 대해서도 폭넓은 문헌 섭렵과 해박한 지식을 보여 주고 있는데, 아마도 그의 이런 강점이 위의 논쟁을 가능하게 했을 것이다. 그러나 다른 한편 맑스주의 경제학에 대한 야마다의 이해는 상당 정도 오해 또는 왜곡과 편견으로 물들어 있는데, 기타하라 이사무(北原勇)를 비롯한 맑스주의 경제학자들이 논쟁의 필요성을 절감했던 것은 이 때문이었다. 이 논쟁은 전후 자본주의의 성장과, 1970년대 이래의 구조위기와 재편에 대한 분석, 이러한 현실 역사를 이론화하는 틀 즉 현대자본주의론을 어떻게 구성하는가 하는 문제, 현대자본주의론과 『자본』과의 관계 규정, 그리고 현대자본주의의 전망 등에 걸쳐 전개되었다. 이 글에서는 레귤라시옹 학파와

---

2) Birgit Mahnkopf Hg., *Der Gewendete Kapitalismus*, Münster: Verlag Westfälisches Dampfboot, 1988; Kurt Hübner, *Theorie der Regulation*, Berlin: Sigma, 1989; Joachim Hirsch & Roland Roth, *Das neue Gesicht des Kapitalismus*, Hamburg: VSA-Verlag, 1986; Joachim Hirsch, *Kapitalismus ohne Alternative?*, Hamburg: VSA-Verlag, 1990 등 참조.

3) David Gordon & Richard Edwards & Michael Reich, *Segmented Work, Divided Workers*, New York: Cambridge University Press, 1982 참조.

4) 그 결과는 北原勇·伊藤誠·山田銳夫, 『現代資本主義をどう視るか』, 青木書店, 1997로 간행되었다.

맑스주의 경제학 간에 진행된, 좀처럼 보기 드문 이 일본 논쟁을 제한된 범위에 한정해서 소개할 것이다. 무엇보다 쟁점을 명확히 하기 위해서 우노 학파와의 논쟁은 생략하고 레귤라시옹 이론과 국가독점자본주의 론의 논쟁으로 축약했으며, 양자의 발제와 코멘트를 중심으로 정리하였다. 아울러 보론에서는 약간의 추가 문헌을 통해 특히 레귤라시옹 학파의 위기론에 대한 국가독점자본주의론의 비판 관점을 보완하고자 하였다. 가능한 한 필자의 논쟁 개입보다는 논쟁 자체를 그대로 전달하고자 하였고, 필자의 견해가 필요한 경우는 각주에서 처리하였다. 따라서 보론을 비롯한 본문의 내용은 대부분 관련 문헌에서 발췌·정리한 것이다.[5]


## 1. '새로운' 국가독점자본주의론과 현대자본주의 분석: 기타하라 이사무[6]

20세기 말 선진자본주의 국가들에서 보여지는 심각한 경제침체는 기본적으로 1970년대 초 '전후 IMF체제'의 붕괴와 함께 시작된 세계 대불황의 연장선상에 있다. 물론 1970년대 중반의 세계 대불황이 그대로 계속된다는 말은 아니다. 1980년대에는 신자유주의 정책에 의한 경제활성화가 있었고, 1980년대 말~1990년대 초에는 소련 및 동구 사회주의 체제의 붕괴 즉 냉전 구조의 해체라는 커다란 조건 변화가 일어났다. 그러나

---

5) 이하 참고문헌은 다음과 같다. 山田銳夫, 『20世紀 資本主義: レギュラシオンで讀む』, 有斐閣, 1994 [현대자본주의연구모임 옮김, 『20세기 자본주의』, 한울, 1995]; 北原勇·伊藤誠·山田銳夫, 『現代資本主義をどう視るか』; 增田壽男, 「レギュラシオン理論とSSA理論の'蓄積体制'·'危機論'; 廣田精孝, 「レギュラシオン学派の'蓄積体制'論とマルクスの再生産論」; 松橋透, 「SSA派の景気循環論の問題視角」, 富塚良三·吉原泰助 編, 『恐慌·産業循環』(下), 有斐閣, 1998.

6) 北原勇·伊藤誠·山田銳夫, 『現代資本主義をどう視るか』, 17쪽 이하.

일시적인 활성화와 외적 조건 변화가 어떻든 내적인 기본경향에서 보면, 1970년대 이래의 경제정체 기조를 확인할 수 있다. 뿐만 아니라 현재의 혼돈 상태를 배가시키는 세 가지 요인에도 주목해야 한다. 즉, ME(극소전자)화와 정보혁명의 진전이라는 현대적 생산력의 발전이 가져오는 재생산과정의 변혁, 특히 아시아 비자본주의권의 자본주의화와 급속한 발전 및 그것과 선진자본주의 경제의 정체와의 관련, 그리고 금융자유화에 따른 금융시장의 투기와 카지노화가 그것이다. 총괄하면, 전후 25년의 성장의 시대가 1970년대 초를 경계로 해서 왜 경제정체의 시대로 전환했는가, 현재의 혼돈 상태는 왜 계속되는가, 이 혼돈 상태로부터 자본주의는 어떤 탈출책을 모색하고, 그에 대해 비판세력과 변혁주체는 어떻게 대처하는가, 그리고 우리는 어떤 전망을 가질 수 있는가, 이런 질문들에 답할 수 있는 전후 자본주의 역사의 분석과 이론적 총괄을 경제학은 요구받고 있는 것이다.

## 1) 3층 이론체계

이상의 문제제기하에서 기타하라는 국가독점자본주의론에 입각하여 자신의 적극적인 고찰을 제시한다. 그는 이전부터 현대자본주의 분석을 위한 이론적 무기로서 '자본주의 일반이론', '독점자본주의 이론', '국가독점자본주의 이론'이라는 각각 대상과 논리차원 및 이론적 성격을 달리하는 세 종류의 이론과, 이 이론들을 중층적으로 종합하는 이론체계의 확립을 주창하였다. 야마다가 기타하라의 이 3층 구조의 이론체계를 '정통파'의 최근의 대표적 방법으로서 소개·비판하는 것에 대해, 기타하라는 자신이 소련 『경제학 교과서』[7] 및 프랑스 공산당 계열의 『국가독점자본주의』[8] 또는 전후 일본의 대부분의 제국주의론이나 국가독점자본주의론과는 상용될 수 없는 방법으로서 독자적인 이론을 구축해 왔다고 반박한다. 정통파나 교조주의 딱지는 자신과 어울리지 않는다는 것이다.

3층의 이론체계 중 가장 기초적인 부분은 '자본주의 일반이론'이다. 현대자본주의도 자본주의인 한, 여기서도 자본주의 일반이론이 포착하는 '자본주의 일반의 법칙'이 기본적으로 관철된다는 것이다. 기타하라는 맑스의 『자본』을 기본적으로 자본주의 일반이론이라고 간주한다. 『자본』은 자본주의를 하나의 역사적인 경제체제로 보고, 그 기본적인 구조적 특징, 즉 모순의 소재와 모순 전개의 법칙성 그리고 장기경향과 역사적 한계성을 명확히 해서 자본주의 일반이론의 골격을 갖추었다고 한다. 이런 점에서 그의 견해는 『자본』을 '독점 이전 단계의 자본주의의 경제법칙'을 해명한 것으로 파악한 소련 『경제학 교과서』나, '19세기 영국 경제의 현상분석'으로 간주하는 야마다의 견해와 대립한다. 물론 그도 『자본』은 미완성의 저작이며, 집필 당시의 시대적 제약도 면할 수 없고, 오늘날까지 계속되는 자본주의의 일반이론으로서는 충분하지 않다고 본다. 때문에 『자본』을 토대로 하면서도 이론 구축의 전제인 하향법적 연구의 대상을 현대로까지 확장해서 보다 완전한 자본주의 일반이론을 구축하는 게 필요하다고 한다.

한편 기타하라는 경제법칙의 관철과 경쟁 간의 관계를 중시하지 않으면 안 된다고 생각한다. 왜냐하면 경쟁의 전면지배야말로 자본주의 법칙의 완전한 관철을 매개하고 보증하는 것이기 때문이다. 자본주의의 단

---

7) Nikolai A. Zagolow, *Lehrbuch Politische ökonomie*, Frankfurt am Main : Marxistische Blätter, 1972.
8) Paul Boccara et al., *Le Capitalisme monopoliste d'état*, Paris : Éditions sociales, 1971.

계적 변용을 먼저 독점의 성립, 그리고 국가의 개입에서 포착하는 이유도 바로 여기에 있다. 그러나 다른 한편 기타하라는 자본주의 모순의 파악에서 자본축적과 생산력발전의 과정에서 진전되는 상대적 및 절대적 잉여가치의 증대, 상대적 과잉인구의 배출과 이용, 생산과정과 축적과정에서의 자본의 노동지배 및 노동소외의 강화, 노동자의 생활불안 증대를 중시한다고 하여, 흔히 오해하는 것처럼 독점에 의한 경쟁형태의 변용에 관한 분석으로 자본축적과 임노동관계의 분석을 대체하는 것이 아님을 분명히 한다.

19세기 말 이래 자본주의는 독점단계에 들어서서 오늘날까지 계속되고 있다. 기타하라는 이 단계의 구조적 특징을 단적으로 '독점의 지배 및 독점과 경쟁의 결합'이라고 표현한다. 경쟁이 자본주의 상품경제의 기본속성이라는 것은 독점단계에서도 변하지 않지만, 그러나 독점의 지배에 의해 그것은 일정 정도 제약되고 변용된다. 이 구조가 자본주의 일반의 법칙의 관철을 부분적으로 방해하고 변용시킨다. 즉 독점가격의 형성, 이윤율의 계층적 평준화, 투자행동의 변화 등 경쟁단계와 다른 특징이 나타난다. 뿐만 아니라 독점자본을 정점으로 하는 지배와 수탈의 계서제, 총자본과 총노동 각각에서의 계층분화, 독점자본 연합과 산업노동자 대조직 간의 대립이라는 계급대항의 변화 등 구조적 특징 외에, 동태적 측면에서도 사회적 총자본의 축적과 확대재생산의 운동에 변화를 가져온다. 즉 산업순환의 변용, 한편에서 정체기조의 발현(거대하고 만성적인 자본과잉과 노동력과잉의 병존)과 다른 한편에서 신산업의 형성 및 대외팽창에 의한 간헐적인 비약적 발전의 교대, 대공황과 전쟁으로의 경제모순의 폭발과 일시적 해결, 그 하에서 계급모순·민족모순·국가 간 모순의 변화와 발전 등등. 이러한 독점자본주의 고유의 구조와 동태를 관철하는 법칙성을 체계적으로 해명하는 것이 기타하라의 '독점자본주의 이론'이다. 독점단계 고유의 구조와 동태(모순), 그리고 그 전개양식은 다음에서 보는 바처럼 국가개입의 존재방식을 규정함과 동시에, 그것에 의해 일정한 변용을 받아 오늘날 관철되고 있다.

2차대전 이후의 현대자본주의는 경제과정에의 국가의 전면적이고 항상적인 개입에 의해 특징지어지는 독점자본주의, 즉 국가독점자본주의다. 기타하라에 따르면 국가개입의 존재방식과 그 영향은 시대별로, 또 국가별로 상당한 차이가 있지만, 일반적으로 다음과 같은 특징을 지적할 수 있다. ①독점자본주의의 내적 모순이 격화됨에 따라 출현한 위기에의 대응으로서 노동자계급에의 양보가 필요하게 되고, 특히 높은 수준의 고용달성과 사회보장의 정비가 국가정책의 중심목표가 된다.[9] ②고용달성과 경기부양을 위해 금융 및 재정정책을 통한 시장 창출과 경제활동 전반의 규모 확대가 추구된다. 즉 금리 및 통화량 조작을 통한 물가 유지와 투자 자극, 조세제도와 사회보장을 통한 소득 재분배와 소비 확대, 공공 토목사업과 군비지출을 통한 시장창출 등의 수단들이 동원된다. ③지속적인 경제성장의 추구가 최종적인 정책이 된다. 한편에서 고수준의 고용 유지, 특히 노동자의 생활수준 향상과 사회보장 요구에 응할 수 있기 위해서도, 다른 한편에서 이를 자본의 이윤획득과 축적요구에 양립시키기 위해서도 결국 지속적 경제성장이 요구된다. 이를 위해서는 정책수단의

---

9) 여기서 기타하라는 위기를 러시아혁명이라는 외적 조건에 의해서가 아니라 독점자본주의의 내적 모순의 격화 때문에 야기된 것으로 파악한다. 또 자본 측으로부터 볼 때 불가결한 존재인 상대적 과잉인구를 정책적으로 압축하는 것을 용인하고 국민의 생존권을 보장함으로써 자본주의적 자기책임 원칙의 대전환을 수용하지 않을 수 없었던 것에서 위기의 심각성을 읽을 수 있다고 한다. 그에 따르면 이는 다른 한편에서 이러한 정책에 대한 자본 측으로부터의 근본적인 반발이 끊임없이 존재한다는 것을 말해 준다.

지속적 동원만이 아니라 외환·통화·무역의 안정적인 국제질서의 기초
위에서 무역의 확대와 생산성 향상 그리고 신산업을 창출하는 기술진홍
이 필요하다.[10]

　·이러한 정책의 실행으로 경제구조 및 계급관계에도 일정한 변화가
일어난다. 우선 자본 간의 경쟁과 독점의 관계에 일정한 변화가 생긴다.
그것은 군산복합체와 정치의 유착에서 전형적으로 나타나는 독점자본
과 국가의 유착 문제이며, 자본 간 경쟁력과 독점력의 차이는 정치와의
유착 정도에 의해 크게 좌우된다. 또한 자본·임노동관계의 제도적 변화
도 있다. 즉, 노자 쌍방의 전국적 조직의 단체교섭으로 노동조건의 일부
를 결정하는 제도, 코포라티즘적 정책결정과 사민당 정권의 용인, 그리
고 국유화와 국가의 기업 관리가 그것이다. 이상과 같은 정책적·제도적
특징과, 그 하에서 모순들의 전개를 종합적으로 포착하여 이론화하는 것,
이것이 기타하라의 '국가독점자본주의론'이다. 독점자본주의의 모순들
은 국가독점적 정책에 의해 그 발현이 억제 또는 완화되는 동시에, 다른
한편에서는 심화·다양화되고, 새로운 모순도 잇달아 발생·전개한다. 따
라서 독점자본주의의 경제법칙과 국가독점적 정책의 종합 결과로서 나

---

10) 이처럼 정책적 개입이라는 측면에 주목하여 국가독점자본주의를 설명하는 것은 기타하라
　　의 의도와 달리 국가독점적 개입의 계급적 성격과 그 모순적 효과를 올바로 분석할 수 없게
　　한다. 뒤에서 보겠지만 이는 야마다가 기타하라의 국가독점자본주의론을 국가정책론이라
　　고 비판하는 빌미가 된다. 국가독점적 개입의 근본 목표는 위기에 처한 자본주의와 독점자
　　본주의의 재생산을 구원하는 것이고, 총자본과 독점자본의 이윤 획득을 보장하는 것이며,
　　국가독점적 개입의 이러한 계급적 성격은 전체 시민의 일반이익을 위해 봉사한다는 자본주
　　의 국가형태의 중립적 외관을 통해 은폐된다. 경제성장과 완전고용 그리고 사회복지를 위
　　한 국가개입은 외관상에서 파악한 국가의 역할이며 계급적 본질과 모순된다. 기타하라도
　　시사하는 바처럼 이런 모순이 국가독점을 둘러싼 노자 간의 투쟁을 불가피하게 만들고, 그
　　투쟁 여하에 따라 국가독점자본주의의 역사적 형태가 결정된다.

타나는 경제현상들의 전개에서 법칙성을 발견하는 것은 쉽지 않지만, 이를 감안하면서도 기타하라는 국가개입의 정착에 의해 규정되는 이 시대의 특징을 일반적으로 포착하는 이론, 즉 국가독점자본주의론은 가능하고 또 필요하다고 한다.

## 2) 냉전하의 국가독점자본주의[11]

기타하라에 따르면, 2차대전 이후 현대자본주의는 현실사회주의의 붕괴에 이르는 시기까지 단순한 국가독점자본주의가 아니라 미·소 간의 냉전에 의해 크게 규정된 '냉전하의 국가독점자본주의'였다. 이로써 현대자본주의 분석은 앞서 본 국가독점자본주의론의 방법적 어려움에 더해서 냉전이라는 역사적 조건과 그에 따른 규정성도 포괄해야 한다. 기타하라는 그 주요 내용을 다음처럼 열거한다. ①미국을 맹주로 하는 '국가독점자본주의 연합'의 형성. 이는 각각 자립한 주권국가로서의 국민국가가 제국주의적으로 대립한다는 전쟁 전의 구도와는 질적으로 다른 것이었다. 국가독점자본주의 연합은 냉전에 대항하기 위해 자본주의 진영 내의 국제적인 이해관계를 조정하고 상호 협력해 가는 틀로서 IMF와 GATT체제를 구축하였으며, 발전도상국에 대한 지배와 원조를 행하였

---

11) 사회주의 체제의 성립과 냉전이 국가독점자본주의 형성과 작동에 미친 영향을 어떻게 규정해야 하는가 하는 문제는 국가독점자본주의론 논쟁의 오랜 주제였다. 대표적으로 전반적 위기론에 입각한 국가독점자본주의론은 사회주의 체제의 성립에 따른 자본주의의 체제적 위기를 국가독점자본주의가 성립하는 주요원인으로 파악한다. 이에 대해 기타하라는 사회주의 체제의 성립과 냉전을 국가독점자본주의의 외적 조건으로 파악하고 국가독점자본주의의 성립 원인을 독점자본주의의 내적 모순——독점자본주의의 정체 기조와 만성적인 과잉자본——에서 찾는다는 점에서 그의 말대로 스탈린주의적 전통에서 벗어나 있다. 그러나 기타하라도 인정하다시피 사회주의 체제의 성립과 냉전이 국가독점자본주의의 성립과 작동을 규정하는 주요한 조건인 한에서, 이는 그 외적 조건일 뿐 아니라 또한 외적 원인이기도 하다.

다. ②군사 역할의 격증. 체제의 존망을 건 세계규모의 냉전 때문에 거대한 군사력의 보유, 재정과 생산에서 높은 군사부문 비율의 항상화, 기술개발과 생산력 발전에서 최신 군사기술 개발 촉진정책의 역할 증대, 미국에 의한 대규모 대외 군사지출과 대외 원조, 그리고 한국전쟁과 베트남전쟁 등 열전의 현실화. ③노동자계급에의 양보의 필요성 증대. 냉전의 압력하에서 자본주의 체제의 안정화를 위해 노동자계급의 체제적 포섭과 사회주의 세력의 약화가 지상명령이 되었고, 이 때문에 앞에서 본 고용유지와 사회보장 정비가 보다 강력하게 요구되었다. ④지속적 성장정책의 필요성 증대. 이처럼 냉전에 규정되는 거대한 군비지출 및 대외원조를 위해, 또 노동자계급에의 양보 필요성의 증대 때문에 앞서 본 지속적 성장의 필요성도 크게 강화되었다.

이렇게 2차대전 후의 현대자본주의를 분석하는 경우, 앞에서 본 '국가독점자본주의(일반)론'을 기준으로 할 뿐 아니라 냉전하에서 규정되는 이와 같은 새로운 관련 및 국가정책과 독점자본주의 경제와의 상호작용을 종합적으로 파악해 이론적으로 분석하지 않으면 안 된다. 이런 관점에서 기타하라는 전후의 지속적 성장을 다음처럼 설명한다. ①미국 주도의 국제협력체제인 IMF·GATT체제 구축, ②그 기초 위에서 각국 정부의 성장정책, ③주로 미국에서 시작된 기술혁신(신생산방법·신생산물·신산업)의 세계적 이전과 노동 및 생활양식의 아메리카화 즉 대량생산과 대량소비의 세계적 보급, ④거대 독점자본(특히 미국계 다국적기업)의 해외진출과 함께 선진국 간 무역의 비약적 증대, ⑤미국의 대외 군사지출과 대외 원조에 의한 대량의 달러 산포. 이들 요인에 의해 투자·생산·고용·임금·소비의 상호촉진적 확대가 이루어져 독점자본주의에 고유한 급격한 발전가능성이 지속적 경제성장으로 현실화되었다는 것이다. 또한 지속적 성장의 파탄과 정체에 대해서도 다음처럼 설명한다. ①지속적 성장을 지탱한 국제협력체제의 붕괴와 미국의 지위 저하(냉전의 수행과 일본·독일 등의 발전하에서 미국 산업의 경쟁력 저하, 1971년 무역수지의 적자 전환과 국제수지 위기, 금-달러 태환 정지, IMF체제의 붕괴, 그럼에도 미국을 대체하는 헤게모니 국가는 나타나지 않는 상태에서 미국 산업의 쇠퇴 심화, 경상수지 적자 및 재정 적자의 항상화와 거대화, 미국에 의한 세계적 달러 산포의 한계), ②기술혁신과 보급의 일단락, 획기적 신기술과 대형 신제품의 고갈, 신산업에 의한 시장확대의 둔화, ③선진국 간 무역 확대의 한계, ④이상의 요인들 위에서 임금 등귀가 계기가 되어 경제성장이 파탄하고 독점자본주의 고유의 정체기조가 발현, 국가독점자본주의의 확립 이전보다 훨씬 강력하고 심각하게 지속된다(과잉자본과 과잉생산능력이 파괴되지 않으며, 독점기업이 이를 떠안는다는 독점자본주의 고유의 특징은 국가에 의한 공황방지책에 의해 더욱 배가된다). ⑤정체 기조의 발현에 대한 여러 정책적 대응은 효과가 없고 새로운 모순이 잇달아 발생한다. 즉, 금-달러 태환 정지 후 미국에서 시작하는 무모한 경기부양책은 인플레의 가속화와 세계적 확산을 야기하여, 한편에서는 총수요 억제정책으로의 전환과 경기하강을 부득이하게 만들고, 다른 한편에서는 인플레와 달러 감가에 대한 중동 산유국의 반란 즉 오일쇼크, 이로 인한 선진국가들의 재생산 메커니즘의 일대 혼란, 그리고 1974/1975년 공황과 함께 일층의 침체와 물가 등귀가 병존하는 이른바 스태그플레이션이 출현한다(그러나 이 시기 일본은 예외로서 새로운 ME기술의 혁신과 제조과정에의 적용을 통해 급격한 수출 확대를 이룩하고 정체로부터 탈출하여 고성장을 재현한다).

이런 상황에 대한 대응으로 등장한 것이 레이건의 신자유주의적·신보수주의적 정책이다. 기타하라에 의하면, 그것은 한편에서 '강한 미국'

의 부활을 노래하고 소련에 대해 핵미사일 군비확산 경쟁을 유발하여 그 붕괴를 도모함과 함께, 다른 한편 국내적으로는 종래의 성장촉진 정책과 달리 노동자조직을 강압적으로 약화시켜 냉전하에서 증대된 자본의 과대한 부담(즉 완전고용과 사회보장, 독점자본에 대한 규제와 조세 부과, 누진 과세, 재정적자 등)을 삭감함으로써 사태의 호전을 도모하는 것이다. 신자유주의·신보수주의 정책은 인플레 억제와 일시적인 경제활성화에 성공하지만, 고금리와 달러 강세를 수반하여 미국의 재정적자와 경상수지적자를 오히려 심화시킨다. 그뿐만이 아니라 규제 완화와 금융자유화에 의해 경제정체하에서 투기적 거래를 팽창시키고 국제통화 및 증권시장의 혼란을 야기하였다. 이렇게 세계경제는 정체와 혼란의 심연으로 끌려들어 갔다. 국가독점자본주의적 정책은 점점 더 막다른 상황으로 몰렸고, 발본적인 재편이 강력하게 요구되었다.

### 3) 포스트냉전하 국가독점자본주의의 재편 방향[12]

막다른 상황에서 발본적인 재편을 요구받던 '냉전하 국가독점자본주의'는 소련 사회주의 체제의 붕괴, 냉전구조의 해체와 함께 그 역사적 사명을 끝내고 막을 내렸다. 그리고 1990년대 포스트냉전하에서 국가독점자본주의는 새로운 재편과정에 들어선다. 우선 냉전의 소멸에 따라 앞에서 본 냉전의 규정성은 기본적으로 변화한다. 기타하라는 국가독점자본주의가 어떤 재편을 필요로 하는가에 대해 다음과 같이 간략하게 언급한다. ①자본주의 국가 간 협력체제의 유지, 나아가 강화가 필요하며, 안정적인 세계질서의 구축이 요구된다. 우선 심각한 장기정체 및 실업 문제를 극복하기 위해 지속적 성장 재현을 위한 틀로서의 안정적인 세계질서(국제 통화관리 제도, 국제적 불균형 시정기구, 국제 투기억제 구조)의 재구축이 필요불가결하다. 또한 정보혁신(멀티미디어 및 인터넷)을 축으로 한 자본·정보·기술·노동의 국제적인 상호침투(즉 지구화)의 진행에 의한 세계의 통일성의 진전과 세계 규모에서의 노동의 사회화의 진전, 그리고 구소련 및 동구권의 자본주의화 추진도 협력적인 국제체제의 재구축을 요구한다. ② 냉전의 소멸로 미국의 대외 군사지출 및 대외 원조의 필요성은 감소되었지만, 그러나 군사력의 대폭 삭감은 군산복합체의 저항과 실업증대의 부담 때문에 용이하지 않다. 포스트냉전하에서 빈발하는 지역·민족·종교 간 분쟁의 조정과 억압을 위해 국가 간 협력적 군사개입과 군사비 부담을 요구받고 있어 세계 전체로서 군사비 지출은 당분간 크게 감소하지는 않을 것으로 보인다. ③ 노동자계급에의 양보의 필요성도 감소하였다. 또한 지속적 성장의 과정에서 노동자조직은 체제 내로 통합된

---

12) 기타하라처럼 전후 국가독점자본주의의 발전 역사를 '냉전하의 국가독점자본주의', '포스트냉전하의 국가독점자본주의'로 구분하는 것은 문제가 있다. 우선 그는 냉전을 국가독점자본주의가 작동하는 외적 조건으로 규정하기 때문에 외적 조건을 기준으로 국가독점자본주의의 발전국면을 구별하는 것은 내재적 모순의 전개에 의해 국가독점자본주의의 변화를 파악하는 것이 아니다. 또한 전후 국가독점자본주의의 형태변화를 가져온 주요한 계기는 냉전의 해체보다 시기적으로 앞선, 1970년대 이래의 전후 최초의 구조위기이며, 이 위기에 대한 대응으로 국가독점자본주의는 이미 케인스주의 형태로부터 신자유주의 형태로의 전환을 시작하였다. 신자유주의적 국가독점자본주의가 확립된 것은 1980년대 말 1990년대 초라 할 수 있다. 이는 시기적으로 현실사회주의의 붕괴와 같은 시기지만, 그것에 의해 국가독점자본주의의 새로운 시기(이른바 포스트냉전하의 국가독점자본주의)가 시작되었다고 하기보다는 구조위기하 신자유주의적 전환이 완료된 것으로 이해하는 것이 올바르다(반면 기타하라의 시기 구분 또는 단계 구분에서는 신자유주의로의 변화가 가져온 위기적 효과는 냉전하의 국가독점자본주의에서 다루어지고, 신자유주의의 위기에 대한 대응은 포스트냉전하의 국가독점자본주의에서 검토된다). 물론 현실사회주의의 붕괴와 냉전의 해체가 신자유주의적 전환의 완료를 가져온 중요한 일 요인이었음은 부정할 수 없을 것이다. 그러나 전후 국가독점자본주의의 역사와 형태변화를 객관적으로 추적한다면, 이 변화를 '냉전하의 국가독점자본주의'나 '포스트냉전하의 국가독점자본주의'보다는 '케인스주의적 국가독점자본주의'나 '신자유주의적 국가독점자본주의'로 규정하는 것이 보다 과학적이라 생각한다. 그렇다고 냉전체제가 국가독점자본주의의 형태를 규정한 주요한 조건이었고, 그 해체가 국가독점자본주의 분석에서 간과해서는 안 될 주요한 조건변화라는 점을 부정하는 것은 결코 아니다.

후, 레이거노믹스와 대처주의의 강압하에서 약화되었다. 그래서 당분간 사회보장은 가능한 한 삭감될 것이고, 구조조정에 의한 해고가 추진되겠지만, 이후의 전개는 노동자조직의 저항 여하에 달려 있다. ④ 지속적 성장의 재현과 관련해서는 두 가지 타개책, 즉 신기술 및 신산업 개발에 의한 경제발전과 대외팽창을 통한 발전이 필사적으로 모색될 것이다. 이런 타개책이 성공할지는 문제이며, 오히려 이를 통해 새로운 문제와 곤란이 전개될지 모른다.

위에서 기술한 국가독점자본주의 재편의 방향과 내용은 요약하면 세계 수준에서의 경제 외적인 공권력의 구축과 그것에 의한 경제개입이 객관적으로 요구된다는 것을 나타낸다. 다름 아닌 '세계 규모의 국가독점자본주의'(냉전하에서 시작된 국가변모의 일층의 진전, 중층적 국가편성, 말하자면 유럽연합이 그 하나의 모델)라 할 만한 것의 구축이 어렵더라도 어떻게든 모색되어야 하는 시대가 된 것이다. 물론 그 전망은 국민국가 간 이해대립과 민족주의 및 지역주의의 갈등하에서 극히 불투명하다.


## 2. 기타하라 이사무에 대한 야마다 도시오의 코멘트[13]

야마다는 기타하라의 국가독점자본주의론이 구소련 또는 전후 초기의 국가독점자본주의론과 비교하면 크게 진보한 것이고, 구래의 이론들에 대한 비판을 포함하고 있다고 본다. 그에 따르면 첫째, 기타하라의 이론에는 1960년대 일본의 국가독점자본주의론 논쟁(위기설 대 사회화설)에

---

13) 北原勇·伊藤誠·山田銳夫, 『現代資本主義をどう視るか』, 45쪽 이하.

서 전형적으로 보여지는 논의, 즉 국가독점자본주의의 추상적인 발생론 또는 본질론으로 시종일관하는 발생사론적 접근을 탈피해서 현실분석의 이론으로서 국가독점자본주의론을 전개한다는 정당한 의도가 존재한다. 둘째, 국가독점자본주의 성립의 계기를 자본주의의 전반적 위기라는 체제 간 모순에서 구하는 견해를 비판하고, 오히려 독점자본주의 내부의 모순에서 구하려 한다는 점은 전반적 위기론에의 의존을 탈피하는 것으로 평가할 수 있다. 셋째, '자본주의 일반이론-독점자본주의론-국가독점자본주의론'이라는 맑스 경제학의 체계를 제시해서 그 속에 국가독점자본주의론을 위치지었다는 것에서 『자본』과 현대자본주의론의 관계를 확정하려는 적극적 의도가 엿보인다. 그럼에도 불구하고 야마다는 기타하라의 이론에는 구래의 국가독점자본주의론과 공유하는 인식이 있고, 그가 주장하는 '세계 규모의 국가독점자본주의'론은 문제가 많은 논의라고 생각한다. 야마다의 코멘트는 다음과 같다.

첫째, 기타하라의 이론은 '독점단계=고유의 정체기조'라는 가설에 의해 지탱되고 있는데, 이것이 타당한가? 전후 자본주의를 크게 1950~1960년대의 지속적 성장기와 1970년대 이래의 장기불황기로 구분하는 것에서는 기타하라의 견해와 일치한다. 문제는 장기불황의 근본성격을 어떻게 이해하는가 하는 점이다. 기타하라는 이를 독점자본주의 고유의 정체기조가 발현된 것이라 하고, 또 고도성장기에는 국가독점자본주의 정책의 유효함에 의해 그 정체기조의 발현이 억제되었다고 한다. '독점단계=고유의 정체기조'라는 인식은 '자유경쟁단계=발전기조'와 대비되어 설정된다. 여기서 정체기조라는 것은 '사회적 총자본의 축적 즉 확대재생산의 운동을 정체적으로 만드는 경향'이라고 말해지며, 독점하에서는 확대재생산의 급속한 진전 가능성이 있음에도 불구하고 그것이 현실화되지 않는다고 하고, 문제의 초점은 설비투자에 놓여진다.[14] 독점자본주의 또는 20세기 자본주의에 정체국면(장기불황 또는 구조적 위기)이 있다는 것은 사실에 비추어 명료하며, 이것이 부정되지는 않는다. 그러나 어떻게 독점자본주의의 기조가 정체라고 단정할 수 있는가 하는 것이 의문이다. 통계상으로 2차대전 후의 세계는 GDP 성장률, 1인당 GDP 성장률, 생산성 상승률, 고정자본스톡 성장률, 어느 것을 보더라도 19세기 후반 및 20세기 전반보다도 훨씬 높은 성과를 보인다. 그런데 왜 독점자본주의는 정체기조라 하는지 의문스럽다. 설비투자를 놓고 보더라도 그렇다. 이를 GDP 성장률과 고정자본스톡 성장률로 대체해서 보면, 자유경쟁단계보다도 독점단계의 편이 더 높다. 기타하라의 경우는 자료적 근거를 일체 결여하고 선험적으로 '독점단계=정체기조'라고 정리하고 있다. 통계 문제가 아니라 이론의 문제를 보아도 마찬가지다. 맑스의 이윤율의 경향적 저하법칙이 자본주의 전체를 관통하는 장기경향의 법칙으로서는 오류인 것처럼, 그 독점단계 버전이라 할 이 정체기조론은 논증되기 어렵다. 의식적이든 무의식적이든 기타하라는 20세기 전반, 특히 1930년대 자본주의 위기의 영향 때문에 이를 독점자본주의 단계 일반에 확대해서 적용하는 것 같다.

둘째, 기타하라의 국가독점자본주의론은 거의가 정책론으로 끝나고 현대자본주의 메커니즘의 분석을 결여하고 있다. 그의 이론은 결국 고용달성, 사회보장, 성장지속 등 정책분석이 전부라는 느낌을 받는다.

---

14) 기타하라는 발제와 코멘트 후에 이어지는 토론에서 만성적인 대량의 과잉자본과 과잉노동력의 병존을 정체의 주요 현상으로 파악하고, 이런 상태가 지속되는 것은 자유경쟁단계에서는 없었다는 점에서 20세기 독점단계의 특징으로 파악한다. 北原勇·伊藤誠·山田銳夫, 『現代資本主義をどう視るか』, 156쪽.

더구나 그 정책론의 이면에는 '독점의 의지'론이 있고, 마치 국가독점자본주의 정책은 오로지 독점의 의사 여하로 결정된다고 말할 뿐이다. 즉 국가의 상대적 자율성에 대한 인식이 결여되어 있고, '독점의 의지→국가독점자본주의 정책→현대자본주의'라는 일직선의 목적사관이며, 각 경제주체의 의사와 행동을 통해 객관적으로 형성되는 경제 메커니즘의 분석이 빠져 있다.

셋째, '세계 규모의 국가독점자본주의'로의 재편이라는 최근의 주장은 이제까지의 기타하라의 주장과 모순되며, 결과적으로 국가독점자본주의론의 패러다임의 위기를 노정하는 것이다. 이전의 기타하라는 자본주의 '최고의 단계'로서 독점자본주의가 있고, 이 독점자본주의의 '최후의 소단계'로서 국가독점자본주의가 있는데, 이 국가독점자본주의가 전후에 '가장 성숙된 모습'을 보인다고 했다. 그런데 최근 그는 이 가장 성숙한 전후의 국가독점자본주의가 실은 '냉전하의 국가독점자본주의'라는 특수한 편성이었고, 그것이 오늘날 해체되어 새로운 '세계 규모의 국가독점자본주의'로 재편되고 있다고 한다. 이런 식이라면, 국가독점자본주의 소단계라는 것은 언제까지 계속되는가라는 질문이 제기될 수밖에 없다. 그것은 자유경쟁단계보다도 길 것 같다. 결국 자본주의는 그 대부분의 기간에 걸쳐 『자본』의 '기본적 경제법칙'이 그대로는 발현되지 않는다고 말하는 것과 다를 바 없다. 돌이켜 보면, 전후 국가독점자본주의론은 국가독점자본주의론의 패러다임을 근본적으로 반성할 기회들이 있었다. 전반적 위기론 및 정체론은 고도성장 앞에서 힘을 잃었고, 자본주의 붕괴론은 현실사회주의의 붕괴로 파산하였으며, 신자유주의의 대두로 국가개입확대론도 설 자리를 잃었다. 그럼에도 국가독점자본주의론은 종래의 논의에 특별한 보정을 가하는 미봉책으로 만족해 왔다. 기타

하라의 '국가독점자본주의 재편'론, '세계 규모의 국가독점자본주의'론
(이는 형용모순이다)은 이런 이론적 미봉책의 정점이라 할 것이다.


## 3. 현대자본주의 분석에 대한 레귤라시옹 학파의 접근: 야마다 도시오[15]

야마다는 전후 현대자본주의론의 역사적 전개를 돌이켜 보는 가운데 오
늘날의 새로운 동향을 소개하고, 이어서 레귤라시옹 학파의 현대자본주
의론을 '포드주의론'과 '애프터포드주의론'[16]을 중심으로 검토한다.


### 1) 현대자본주의론의 역사와 동향

야마다에 따르면, 전후 일본에서 현대자본주의론의 원형을 이룬 것은 국
가독점자본주의론이었고, 국가독점자본주의의 성립 근거는 자본주의의
전반적 위기에서 찾아진다. 20세기 들어 자본주의는 전반적인 체제위기
에 빠지며, 전쟁과 대공황이라는 심각한 상황하에서 독점자본주의는 국
가독점자본주의로 이행하는 이외에 자신을 유지시킬 수가 없었다는 것
이다. 국가독점자본주의는 자본주의의 최고이자 최후의 단계이고, 사회
주의를 준비하는 것이라 한다. 여기에는 '전반적 위기→국가독점자본주
의→사회주의'라는 잘못된 역사공식이 나타나 있다는 것이다. 물론 세
계적으로 슈타인들(Joseph Steindl)의 장기침체론이 제출되는 등 2차대

---

15) 北原勇·伊藤誠·山田銳夫, 『現代資本主義をどう視るか』, 95쪽 이하. 이 발제문은 山田銳
   夫, 『20世紀 資本主義: レギュラシオンで讀む』, 有斐閣, 1994[현대자본주의연구모임 옮김,
   『20세기 자본주의』, 한울, 1995]의 압축적인 요약이라 할 수 있다.
16) 애프터포드주의는 포스트포드주의와 같은 의미의 용어다. 반면 네오포드주의는 애프터포
   드주의의 특정한 유형, 즉 미국형 유형을 말한다.

전 직후 자본주의의 위기적 측면에 주목한 것은 국가독점자본주의론만
이 아니었다. 그러나 1950년대 전반부터 1970년대 초에 걸쳐 일본도 세
계경제도 고도성장을 지속했다. 이런 변화를 배경으로 영미권에서는 장
기침체론이 퇴조하고, 대신 스트레이치(Evelyn John Strachey)나 갤브레
이스 등이 새로운 현대자본주의론을 전개했다. 일본에서도 쓰루 시게토
(都留重人)에 의해 '자본주의는 변했는가'라는 질문이 제기되었다. 그러
나 맑스주의 학파 내에서는 바란과 스위지처럼 현대자본주의의 기본 특
징을 정체와 위기로 파악하는 경향이 뿌리 깊게 존속하였고, 이 경향이
오히려 주류를 이루었다. 그 배후는 독점자본주의와 제국주의 단계를 부
패하고 사멸하는 자본주의로 파악한 레닌의 시각과, 1930년대 자본주의
위기의 잔영이 강하게 영향을 미친 것이다. 이러한 관점에 서면, 눈앞의
고도성장이라는 사실은 정체의 '예외'로 위치지어질 수밖에 없다.

   그러나 맑스주의 학파 내에서도 이런 예외론적 파악에 대해 정당한
이의가 반복해서 제기되었다. 치샹(Kurt Zieschang)이 제시한 국가독점
자본주의 사회화설(생산관계설)이 그 대표적인 것이다. 전반적 위기에 처
했다는 현대자본주의가 어떻게 장기번영을 유지할 수 있는가, 그것이 문
제의식이었다. 야마다는 이 문제에 대한 답으로서 사회화설이 설득력 있
는 것은 결코 아니지만, 사회화설 논자들(예컨대 이나가키 료스케[玉垣良
典])이 이윽고 이 해답의 최대 장해는 다름 아닌 국가독점자본주의 개념
그 자체에 있다는 것을 발견하고, 정당하게도 이 개념을 방기해 간다고
한다. '개념은 자신의 역사를 갖는' 것이며, 현대자본주의를 국가독점자
본주의로 규정하는 한, 그것에는 어떻게 해도 오류인 레닌주의의 그림자
가 붙어 다니기 때문이라는 것이다. 그러나 이들과는 반대로 국가독점자
본주의 개념의 유효성을 인정하고, 그 이론적 정비 및 경제학 체계로의

위치규정을 추구하는 시도도 전개되었다고 한다. 즉, 오래전에는 국가독점자본주의론과 레닌의 『제국주의론』의 관계가 문제였지만(미나미 카즈키[南克己]), 결국에는 기타하라, 혼마 요이치로(本間要一郎)처럼 국가독점자본주의론을 새로 구상한 맑스 경제학 체계의 일환으로 하는 견해가 유력하게 되었다. 즉, 맑스 경제학은 '자본주의 일반이론-독점자본주의론-국가독점자본주의론'이라는 중층적 이론체계에서 전개되어야 한다는 '3단계 중층 이론'이 그것이다.

한편 1970년대 초의 달러쇼크와 오일쇼크를 계기로 전후 자본주의는 이윽고 세기말의 장기불황에 빠져든다. 스태그플레이션·실업·생산성 둔화·이윤율 저하·산업 공동화·노자타협의 해체, 그리고 국제경제적 갈등과 함께 환경 문제 및 남북 문제가 일층 심각하게 제기된다. 그 사이 다른 한편에서는 현실사회주의가 경제개혁 실패 후 마침내 1980년대 말부터 1990년대 초에 걸쳐 붕괴한다. 그 와중에 일본 및 아시아는 그 경제적 지위를 상승시킨다. 이러한 상황은 당연히 현대자본주의론에 재구성을 요구하고, 그 결과 국가독점자본주의론과는 다른 새로운 이론들이 나타나기에 이른다. 무엇보다 지속적 고도성장으로부터 장기불황으로의 전환, 이와 관련한 현대자본주의의 특질 및 메커니즘을 둘러싸고 여러 종류의 새로운 이론이 등장했다. 이윤압박설(글린[Andrew Glyn]·서트클리프[Bob Sutcliffe]), 노사갈등론(로손[B. Rowthorn]), SSA이론(고든[David Gordon] 외), 레귤라시옹 이론(아글리에타·리피에츠·부아예) 등이 그것이다. 이 이론들에 공통되는 현저한 특징은 노사관계 및 노동과정을 파고든다는 것이다. 이제까지는 국가독점자본주의론에서 전형적으로 보여지는 바처럼 자유경쟁인가 독점인가 하는 경쟁론적 시각, 또는 국가개입인가 아닌가 하는 국가론/정책론적 시각이 중심축을 이룬 반면,

새로운 현대자본주의론에서는 독점 및 국가 문제 안에 있는 노동 문제로 분석이 심화된 것이다. 여기에는 브레이버먼(Harry Braverman)의 작업도 힘을 보탰다. 전후 성장으로부터 위기로의 반전을 설명할 열쇠는 노동 문제라는 것, 이것이 새로운 이론에 공통된 관점이다. 현대자본주의론은 경쟁 및 국가로부터 노동으로, 보다 정확하게 말하면 노동도 정당하게 시야에 포함한 경쟁 및 국가로 관점을 심화시킨 것이다. 야마다는 세계화 시대인 오늘날에는 이 노동관점만으로 만족해서는 안 되고 국제관계 및 금융의 관점도 중요하다는 것을 덧붙인다.

## 2) 포드주의의 발전과 쇠퇴

이상의 개관으로부터 야마다는 현대자본주의론을 위해 국가독점자본주의라는 패러다임을 폐기하는 것이 무엇보다 중요하다고 한다.[17] 이는 첫째, 국가독점자본주의론이 전제하고 있는 자본주의 붕괴론(전반적 위기론·정체기조론 등)과 결별하는 것이다. 20세기는 결코 정체기조로 규정될 수 없고, 중장기적으로 성장과 위기를 교대해 왔다. 이를 사실로서 인

---

17) 국가독점자본주의론의 전면적 폐기를 주장하는 야마다는 확실히 레귤라시옹 이론의 창시자들과는 다른 급진적인 면모를 보인다. 레귤라시옹 이론의 원저자 중 1인인 아글리에타는 원래 국가독점자본주의론을 보완하기 위해 자신의 저작을 저술했다고 밝힌 바 있으며 (Michel Aglietta, *A Theory of Capitalist Regulation*, London: Verso, 1979, p.380), 사실 그 저작의 주요 내용들은 통상 생각하는 것과는 달리 상당 부분 국가독점자본주의론과 부합되는 것이기도 하다. 그런데 야마다의 문제제기에서 정작 더 중요한 쟁점은, 기타하라도 지적하는 바처럼, 그가 국가독점자본주의론의 비판과 폐기라는 주장을 넘어 맑스주의 경제학과 맑스의 정치경제학 비판 자체를 폐기하고자 한다는 점이다(北原勇·伊藤誠·山田銳夫, 『現代資本主義をどう視るか』, 140쪽). 야마다 자신은 현대자본주의의 새로운 현상들에 비추어 『자본』이 일반이론으로서 얼마나 유효한가를 검토할 뿐이라고 항변하지만, 가치론과 잉여가치론을 부정하는 것은 결국 『자본』을 부정하는 것이 아닐 수 없다(같은 책, 142쪽 이하). 그는 국가독점자본주의론의 이론적 편향과 오류에 대한 비판을 기화로 해서 암묵적으로 맑스 경제학 자체를 불신과 폐기로 몰아가는 성과를 꾀하고 있는 것이다.

<그림 1> 현대자본주의론의 방법 비교

a. 국가독점자본주의론

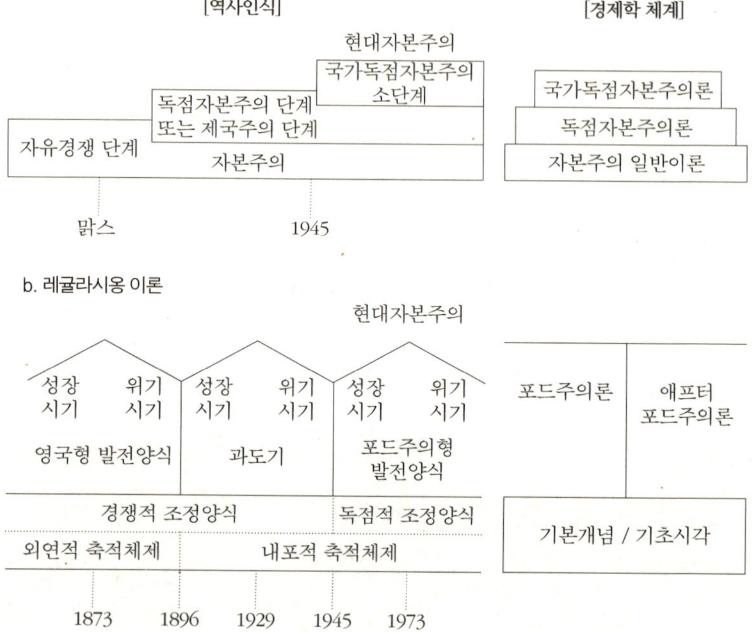


b. 레귤라시옹 이론



<그림 2> 레귤라시옹 이론의 개념들

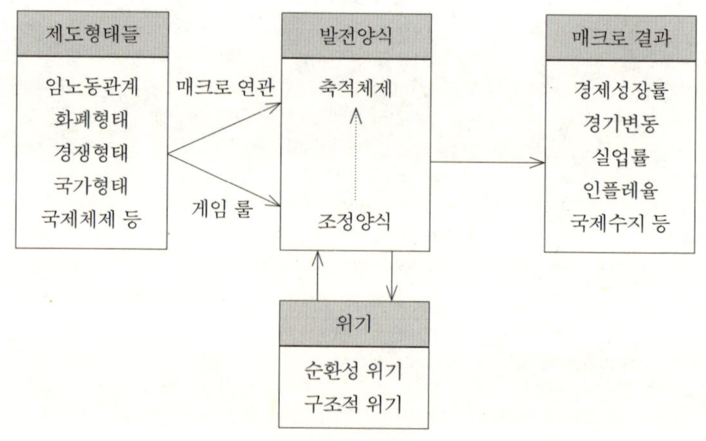

정하고 성장과 위기의 교대로서의 역사를 포착해서 이론 구성에 반영해야 한다는 것이다. 둘째, 새로운 국가독점자본주의론이 상정하는 '3단계 중층 이론'도 회의적이라고 한다. 그 배후에는 자유경쟁이야말로 자본주의의 정상적이고 순수한 모습이며, 그것은 19세기 중엽 영국에서 전형적으로 존재했던 것이라는 고정관념이 있다. 따라서 20세기 자본주의는 그러한 정상으로부터 일탈하고 왜곡된 것으로서 위치지어진다. 이로부터 자본주의는 그 발전에 의해 단계적으로 고차화되고 현대는 그 최후의 단계라는 '단계사관'이 나온다. 역사관에서의 단계사관은 경제학 방법론에서 '3단계 중층 이론'과 직결된다. 자본주의의 역사를 붕괴로 향하는 단계적 고차화로 파악하지 않고 '발전양식' 또는 '레짐'(체제)의 흥성과 쇠퇴, 그리고 새로운 발전양식과의 교대로서 파악하는 것이 필요하다. 셋째, 자본주의 분석의 주요관점은 노동의 관점을 결여해서는 안 된다는 것이다. 물론 노동관점은 경쟁관점이나 국가관점과 마찬가지로 만능은 아니다. 오늘날의 상황을 고려하면, 일반적으로 노동·경쟁·국가·금융·국제체제 등을 폭넓게 시야에 놓는 분석 방법을 채용하면서, 동시에 그 중에서 열쇠가 되는 제도장치를 중심축으로 놓는 분석이 필요하다. 아마다는 그것이 레귤라시옹 이론이라는 것이다. 즉, 레귤라시옹 학파는 자본주의의 독점단계 정체론 및 단계적 고차화론을 거부하고, 성장과 위기의 교대, 발전양식의 성쇠와 교대라는 역사관을 취한다. 또한 노동·경쟁·국가·금융·국제체제에 관한 제도형태들을 시야에 넣으면서도 결정적 중요성을 갖는 제도장치에 초점을 모은다. 그리고 발전양식을 구성하는 '축적체제'(매크로 연관)와 '조정양식'(게임 룰)의 분석으로 나아가며, 더욱이 해당 발전양식의 위기(특히 구조위기)와 새로운 발전양식의 가능성을 문제로 한다는 것이다(〈그림 1〉, 〈그림 2〉 참조).

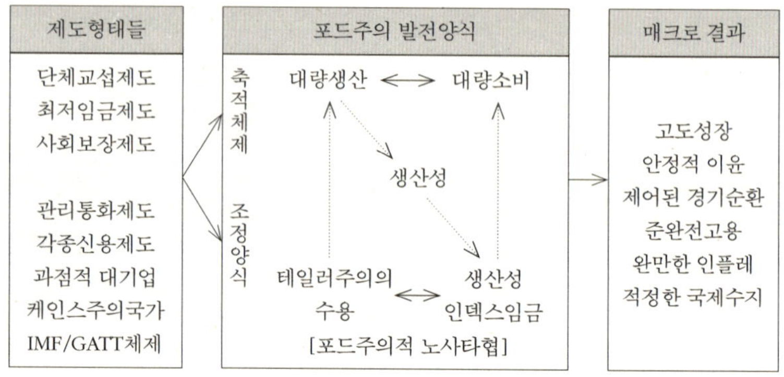




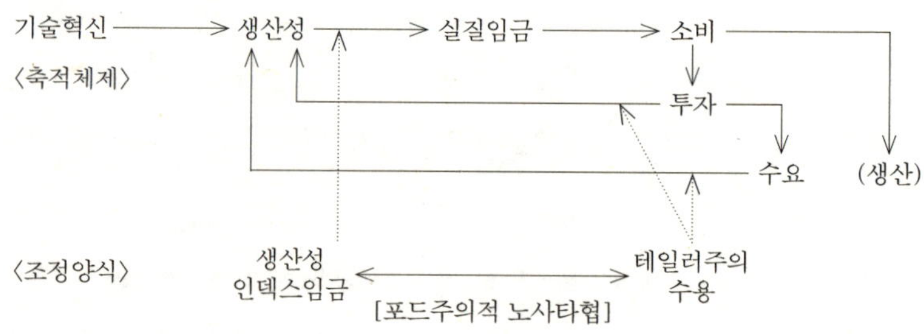


레귤라시옹 학파에서 현대자본주의는 국가독점자본주의가 아니라 '포드주의'라는 개념으로 포착된다. 전후 선진자본주의 경제는 1970년 전후를 경계로 하여 포드주의라 불리는 발전양식의 번영기로부터 쇠퇴기로 전환하였다. 고도성장의 지속으로 '자본주의 황금시대'라 불렸던 1950~1960년대는 이 포드주의의 성장기에 해당하고, 1970년대 이후의 장기불황의 시대는 그 위기의 시대에 해당한다. 포드주의라 규정할 때 기본적 분석 관점은 경쟁 및 국가가 아니라 그에 앞서 노동에 있다. 이 노동관점은 레귤라시옹 이론에서 '임노동관계'라는 용어로 사용하는데, 이 이론은 제도형태들 중에서도 임노동관계를 중시해 왔다. 이런 방법적 관점에 의해 포드주의의 성장요인과 메커니즘이 해명되어야 한다는 것이다. 레귤라시옹 이론에서 말하는 포드주의란 한마디로 요약하면, 노동 측에 의한 '테일러주의'의 수용과 경영 측에 의한 '생산성인덱스임금'의 제공이라는 타협에 의해 매개된 '대량생산-대량소비'의 축적체제다(〈그림 3〉 참조).

그러면 이 대량생산-대량소비 체제는 어떠한 매크로 연관을 갖고 있고, 그 연관은 어떻게 성립하고 유지되었던 것인가? 대량생산-대량소비의 매크로 체제는, 보다 엄밀하게 말하면 생산성의 분배 및 파급 메커니즘과 생산성의 확보 및 상승 메커니즘 사이에 상호촉진 관계가 존재하는 그러한 체제이다(〈그림 4〉 참조).

즉 '생산성 상승→실질임금 상승→개인소비 자극→투자 활성화→총수요 증대→경제성장', 이것이 생산성 성과의 분배 및 파급 메커니즘이다. 다른 한편 '경제성장→생산성 상승(규모의 경제/수확체증 효과)', 또한 '투자 및 기술혁신→생산성 상승', 이것이 안정적인 생산성의 확보 및 상승 메커니즘이다. 전후 대량생산-대량소비 체제는 이처럼 생산성의 분배 및 확보의 상호촉진 관계, 또는 생산성과 수요의 누적적 인과 관련 위에서 비로소 실현되었다. 생산성 상승이 경제성장을 자극하고 경제성장이 다시 생산성 상승을 자극하는 그러한 '황금회로' 위에서 대량생산-대량소비가 만개했는데, 이것이 포드주의 축적체제다.

그러나 왜 전후에 이러한 체제가 성립되었는가, 여기에 레귤라시옹 이론의 핵심적 질문이 있다. 왜냐하면 대량생산기술만이라면 이미 20세기 초부터 알려진 것이기 때문이다. 주지하다시피 포드는 테일러주의적으로 분해된 단순반복 작업과 컨베이어 벨트를 결합해서 대량생산 방식을 확립하고 자동차 생산에 혁명을 가져왔다. 그런데 무엇 때문에 전전에는 대량생산이 대량소비와 연동되지 못했는가? 전후에 비로소 대량생산-대량소비 체제가 확립된 것은 국민경제 수준에서 고임금이 실현되었기 때문이다. 보다 정확히 말한다면, 임금결정에 관한 새로운 방식, 즉 생산성 상승에 비례해서 실질임금도 상승하는 '생산성인덱스임금'이 일반화되었기 때문이다. 이와 달리 전전에 임금은 노동시장에서의 수요-공급에 따라 결정되는 경쟁적 임금이었으며, 전체로서는 저임금이었다. 즉 전전에는 생산성 상승이 오로지 이윤으로서 경영 측에 돌아가고 노동 측에는 분배되지 않았다. 그런데 전후에는 경영 측이 노동 측에 양보하여 생산성인덱스임금을 지불하게 된 것이다. 이것은 경영 측의 패배도, 노동 측의 승리도 아니다. 그 대신 경영 측은 노동 측에 테일러주의를 수용케 했다. 테일러주의는 노동자로부터 숙련·판단력·자주성을 박탈하고 노동을 반복적인 단순작업으로 만들기 때문에, 전전에 노동자는 이것에 완강하게 저항하였지만, 전후에는 수용하기에 이른 것이다. 여기에 노동 측의 양보가 있다. 요컨대 전후에 노사가 테일러주의 수용과 생산성인덱스임금 사이에서 타협을 이룸으로써 포드주의 축적체제가 유도된 것이며, 이런 임노동관계에서의 노사타협이야말로 포드주의의 핵심을 이루는 조정양식이 된 것이다. 다시 말하면, 전후 성장의 비밀은 단지 국가개입이라든가 정부 정책이 아니라, 또 기술혁신, 저가의 원재료, 안정적 국제체제가 아니라 무엇보다도 이러한 노사타협 또는 게임 룰의 성립에 있었다. 물론 레귤라시옹 이론은 이들 요인의 역할을 부정하지 않는다. 그것들은 〈그림3〉의 '제도형태들'이라는 항목에 나타나 있다.

　　전술한 바처럼 포드주의는 1970년경 위기에 빠지고 쇠퇴기로 전화한다. 20세기 말 현재 우리는 위기 중에 있다. 위기의 계기는 닉슨쇼크 (1971년)와 제1차 오일쇼크(1973년)이지만, 이것들은 위기의 결과이지 원인은 아니다. 위기의 근본원인은 오히려 노동수준에 있다고 레귤라시옹 학파는 진단한다. 이 위기는 포드주의를 지탱하고 있던 축적체제와 조정양식 모두가 와해되었기 때문이다. 우선 테일러주의에 의한 생산성 상승이 한계에 도달했다. 테일러주의적 노동은 이제까지 생산성 상승에 크게 기여했지만, 이 원리를 더욱 추구하는 것은 노동의 세분화·단편화·무내용화를 일층 추구하는 것이 된다. 그것은 노동자의 피로와 질병을 증대시키고, 노동의욕의 감퇴와 사보타주를 초래해서 결국에는 노동자의 반항과 파업을 유발한다. 따라서 테일러주의 원리를 전제로 해서 기계화를 더 추구해도 생산성 상승으로 연결되지 않는다('산출/자본' 비율의 저하). 이에 더해 생산성인덱스임금도 붕괴하였다. 포드주의적 공업화의 성공은 도시화와 함께 간접임금(사회보장 수당)의 상승압력을 높였을 뿐 아니라 케인스주의적 완전고용정책의 성공은 노동자의 전투성을 고양시켜 직접임금의 상승압력을 형성했다. 이렇게 포드주의가 성공한 결과, 1960년대 말 선진국가들은 임금폭발과 이윤압박에 시달렸다(이윤몫의 저하). 이 분배위기에 대해 경영 측은 임금긴축으로 대응했다. 임금과 생산성 사이의 연계를 해체해서 임금결정을 경쟁적·개별적인 것으로 역전시켰다. 이로써 인덱스임금이라는 타협이 해체되었다. 요컨대 포드주의 조정양식의 근간을 이루었던 테일러주의와 인덱스임금이 모두 붕괴한 것이다. 그 결과 이것에 의해 유지되었던 대량생산-대량소비의 축적체제도 붕괴하였다. 테일러주의의 붕괴는 노동위기, 생산성 위기이며, 인덱스임금의 붕괴는 분배위기인데, 1970년대 장기불황은 이렇게 포드주의 노동위기와 분배위기가 복합한 결과이다. 1960년대 중반 이래 이윤율은 극적으로 저하하였고, 더구나 그 구성요인인 산출/자본 비율(유기적 구성의 역수)과 이윤몫(착취율) 모두 저하했는데, 레귤라시옹 이론은 산출/자본 비율 저하의 배후에는 노동위기가 있고, 이윤몫의 저하 배후에는 분배위기가 있었으며, 총괄해서 포드주의 조정양식의 붕괴가 있었다고 파악한다.[18]

## 3) 애프터포드주의

위기의 시대는 동시에 재편의 시대이다. 레귤라시옹 이론의 용어로 말하면, 구조적 위기란 구래의 발전양식이 쇠퇴하든가 새로운 발전양식이 모색되는 시기다. 야마다는 이를 '애프터포드주의'라 부른다. 그러면 애프터포드주의 시대에는 어떠한 새로운 축적체제와 조정양식이 모색되는 것인가가 문제인데, 그 윤곽은 아직 명료하지 않다. 하지만 국가별로 다양한 궤도가 현재화된다고 한다. 레귤라시옹 학파의 연구에 의하면, 적어도 임노동관계라는 점에서 세 가지 대표적 또는 이념적 궤도가 식별된다. 즉 미국형(네오포드주의), 북유럽형(볼보주의), 일본형(도요타주의)이 그것이다.

---

18) 야마다의 이윤율 산식은 다음과 같다. r=(P/K)=(P/Y)·(Y/K), 단 r은 이윤율, K는 자본, P는 이윤, Y는 산출량(부가가치). 따라서 (P/Y)는 이윤몫, (Y/K)는 산출량/자본 비율이고, 이윤율은 이윤몫과 산출량/자본 비율의 곱으로 분해된다. 나아가 야마다는 전자를 잉여가치율(착취율)로, 후자를 자본의 유기적 구성의 역수라고 하여 자신의 이윤율 산식이 맑스의 이윤율 산식을 변형시킨 것으로 생각한다. 야마다 도시오, 『20세기 자본주의』, 90쪽. 그러나 양자의 산식은 서로 상이하다. 맑스는 이윤율을 자본스톡에 대한 이윤의 비율이 아니라 총자본(불변자본 C+가변자본 V)에 대비한 잉여가치 S(=이윤)의 비율[S/(C+V)]로 정의하며, 또 잉여가치율은 총부가가치 중 이윤의 비율이 아니라 가변자본에 대한 잉여가치의 비율(S/V)로, 자본의 유기적 구성은 산출량 대비 자본의 비율이 아니라 가변자본에 대한 불변자본의 비율(C/V)로 정의한다.

미국을 전형으로 하는 네오포드주의는 지금까지의 테일러주의적 노동편성 원리를 유지하면서, 다른 편에서는 인덱스임금이라는 분배 원리는 해체하여 이른바 19세기형의 경쟁적·개별적 임금으로 되돌리는 길이다. 포드주의의 위기 요인과 연관해서 말한다면, 이윤율을 규정하는 산출/자본 비율과 이윤몫 중 무엇보다도 이윤몫의 회복을 통한 위기탈출의 전략이라 할 수 있다. 말하자면 포드주의적 분배(인덱스임금) 없는 포드주의적 노동(테일러주의)의 존속이다. 그 결과, 미국에서는 의연히 생산성 위기가 지속되고 국제경쟁력이 저하되었을 뿐 아니라 경쟁적 임금에 의해 빈부격차가 확대되고 사회적 불안정이 증대되었다고 한다.

반면 스웨덴을 대표로 하는 볼보주의에서는 테일러주의를 넘는 새로운 노동편성을 추구함으로써 노동자의 교육·숙련·근로의욕을 환기시키는 한편, 단순한 임금상승에 머무르지 않고 사회복지 및 시간단축을 촉진하는 형태로 생산성 성과가 분배된다. 네오포드주의가 '임금 긴축→이윤몫 회복→이윤율 회복'을 꾀하는 것과는 대조적으로, 볼보주의는 '테일러주의 극복→산출/자본 비율 회복→이윤율 회복'을 도모한 것이다. 이는 포드주의적 노동 없는 포드주의적 분배를 발전시키는 길이다. 이 전략은 1980년대까지 성공하였다. 그러나 국내자본에 대한 과중한 사회보장비용 부담 등으로 자본의 국외탈출이 시작되어 산업 공동화의 위험이 생겼을 뿐 아니라 평등주의적 임금구조는 노동의욕에 부정적 영향을 주었다고 한다. 요컨대 볼보주의도 장래의 발전모델로는 취약한 것이다. 그래서 1970년대 이래 세계적 경제대국이 된 일본 모델 즉 도요타주의에 주목하게 된다. 그러나 이 모델도 문제가 많은 궤도였다.

레귤라시옹 이론의 관점에서 도요타주의 분석이란 현대 일본의 축적체제와 조정양식을 확정하는 문제다. 축적체제에 대해 보면, 일본에서는 제2차 오일쇼크(1979년)로부터 엔고 불황기(1986년)에 걸쳐 수출주도형 성장체제가 정착했다. 이 시기 투자는 수출부문과 강한 연관을 나타냈다. 그에 따라 수출부문(자동차·공작기계)을 중심으로 현저한 생산성 상승이 실현되었지만, 실질임금은 고도성장기와 달리 낮은 상태였다. 이를 배경으로 1980년대 전반에는 엔저(고달러) 효과도 더해져 수출주도형 축적체제가 형성되었다. 이 수출주도형 성장은 낮은 실질임금과 결부된 것이었기 때문에 개인소비는 신장되지 않았지만, 그 대신 다른 국가들에 비해 상대적으로 높은 경제성장(평균 4%)을 실현한 결과 고용이 유지되었다. 이렇게 일본경제는 이윤주도형 축적체제(고도성장기)로부터 수출주도형 축적체제(1970년대 이후)로 전환되었다고 한다. 또 이러한 축적체제는 기업주의적 조절의 재편·강화에 의해 초래되었다는 것이다.[19] 기업주의적 조절의 핵심을 이루는 것은, 임노동관계에 관련해 말하면, 대기업·남성·정규직 노동자에서의 '무제한적 의무의 수용-고용보증의 제공'이라는 노사타협이다. 이 타협은 고도성장기 이래 일본형 노사타협의 기본을 이루었던 것이지만, 오일쇼크 후의 위기의식 속에서 강화되어 이 시대에 확립되었다. 이를 통해 일본의 수출 대기업은 노동조합에 의한 규제와 저항에 부딪치지 않고 ME기술혁신을 신속하게 도입해서 노동편성을 혁신하고 사내교육 및 능력주의적 관리를 통해 노동자로부터 고밀도·고숙련의 다기능적 노동을 추출할 수 있었다. 이렇게 핵심노동자층에서 노동의 내적(기능적) 신축성이 제고되었다. 다른 한편에서는 1970년대로부터 파트타임 등 불안정고용이 증대하였다. 그 중심은 중년 이상의 여성인데, 이들에게 할당된 것은 테일러주의적 단순노동이었으며, 이렇게 외적(수량적) 신축성을 짊어지는 노동자층이 형성되었다. 기업 규모와 관련해 보면, 중소기업일수록 여성노동의 고용 비율은 높고,

또 기업 규모별 임금 격차는 1970년대 이래 확대되었다. 이와 같은 내적 및 외적 신축성의 접합구조하에서 격차와 차별을 포함하는 기업주의적 조절이야말로 수출주도형 축적체제와 도요타주의의 일본을 끌어왔다는 것이다.

---

19) 여기서 야마다는 축적체제와 조정양식이라는 레귤라시옹 이론의 핵심 개념을 상황에 따라 자의적으로 변용해 가며 사용한다. 앞에서 전후의 발전양식(포드주의 발전양식)은 내포적 축적체제와 독점적 조정양식으로 설명하였고, 내포적 축적체제는 대량생산-대량소비 체제라 하였다(오해를 피하기 위해 부연한다면, 레귤라시옹 이론에서 말하는 독점적 조정양식은 국가독점자본주의론에서 말하는 독점적 조절이나 국가독점적 조절과는 다른 의미를 갖는 개념이다. 후자가 자본주의의 단계변화와 관련된 개념으로서 재생산과정의 독점적 또는 국가독점적 변용을 총체적으로 표현하는 것인 반면, 전자는 단지 노사관계나 노동시장이 노동자들의 개별적 경쟁이 아니라 노동조합의 결성과 집단적인 단체교섭을 통해 조정되는 구조를 표현할 뿐이다. 마찬가지로 레귤라시옹 이론에서 말하는 경쟁적 조정양식도 국가독점자본주의론에서 말하는 19세기 자본주의의 경쟁적 조절과는 달리, 노동자들의 개별적 경쟁에 의해 특징지어지는 노사관계와 노동시장 구조를 표현하는 개념일 뿐이다. 따라서 국가독점자본주의론이 19세기 말/20세기 초를 독점자본주의가 확립되는 시기로 규정하는 반면, 레귤라시옹 이론은 1945년을 경쟁적 조정양식과 독점적 조정양식이 교대하는 시점으로 파악하는 것도 이상하게 생각할 필요가 없다). 이제 포드주의 발전양식의 위기에 대응하여 출현하는 새로운 발전양식은 네오포드주의, 볼보주의, 도요타주의로 유형화된다. 물론 발전양식의 국가별 차이를 포착하기 위해서는 야마다도 주장하는 바처럼 유형화가 필요하다(北原勇·伊藤誠·山田銳夫, 『現代資本主義をどう視るか』, 220~221쪽). 그러나 새로운 발전양식의 내용은 앞서의 개념 정의와의 관련하에서 그 변화가 서술되어야 한다. 야마다는 전후 일본 자본주의의 축적체제가 이윤주도형 축적체제로부터 수출주도형 축적체제로 전환되었다고 주장하는데, 이윤주도형 축적체제든 수출주도형 축적체제든 이는 앞서 자신이 설명한 포드주의의 축적체제(대량생산-대량소비 체제)라는 개념과 어떤 연관성도 갖고 있지 않다. 또한 이윤주도형 축적체제와 수출주도형 축적체제는 근본적으로 상호 어떤 변화나 연관을 상정하는 개념이 아니어서 전환을 논할 수 있는 것도 아니다. 이윤주도형 축적체제라면 비(非)이윤주도형 축적체제라든가 수출주도형 축적체제라면 내수주도형 축적체제라든가 해야 전환을 말할 수 있는 게 아닐까? 이는 설령 포드주의 발전양식이라는 틀을 일본 자본주의의 특수한 현실 분석에 적용하는 것에서의 어려움(야마다 도시오, 『20세기 자본주의』, 171쪽 이하)을 감안한다 하더라도 이론적 결함이 아닐 수 없다. 네오포드주의나 볼보주의 발전양식에 대해서도 동일한 지적을 할 수 있다. 양자 모두 축적체제와 조정양식의 변화는 포드주의 축적체제 및 조정양식과의 관련하에서 엄밀하게 서술되어 있지 않다. 네오포드주의 조정양식이 독점적 조정양식이 아니라는 것인지, 그러면 경쟁적 조정양식이라는 것인지 명확하지 않고, 또 이런 변화를 반영한 축적체제는 무엇이라 규정해야 하는지도 서술되어 있지 않다. 볼보주의도 포드주의적 노동 없는 포드주의적 분배라면 포드주의 발전양식과의 관련하에서 그 조정양식과 축적체제는 무엇이라 명명해야 하는가?

## 4. 야마다 도시오에 대한 기타하라 이사무의 코멘트[20]

### 1) 역사관에 대해

자본주의는 하나의 역사적 사회경제체제이며, 역사상 다른 체제들과 마찬가지로 생성·발전·성숙한 위에서 다음 체제로 교체된다. 기타하라는 야마다가 이러한 역사유물론의 파악방식에 반대하여 자본주의 역사를 붕괴로 향하는 단계적 고차화로 파악하지 않고, 자본주의의 틀 내에서의 '발전양식' 또는 '레짐'의 흥성과 쇠퇴 그리고 새로운 발전양식과의 교체로 파악한다고 말한다. 발전양식은 교체되어도 자본주의로서는 영원하다는 것이 야마다의 역사관이라는 것이다. 물론 야마다도 자본주의의 '최종적 위기'를 언급하지만, 그것은 단지 그럴 수 있다는 것에 지나지 않고, 자본주의 발전의 역사 그 자체가 최종적 위기를 만들어 낸다고 파악하는 것은 아니다.

### 2) 맑스와 맑스주의 경제학의 왜곡에 대해

기타하라에 따르면, 야마다는 맑스의 경제이론으로부터도 멀리 벗어나 있다. 이 점에서 그의 태도는 레귤라시옹 학파 중에서도 두드러진 경우다. 이 학파의 창시자인 아글리에타의 최초의 저작 및 파리 학파의 중심인 부아예의 저작과 비교해 보아도 그러하다. 이들이 여하튼 잉여가치론 등 맑스의 이론을 이용해서 신고전파 정통이론과 대결하는 자세를 강하게 나타내는 것과 달리 야마다는 이런 자세를 버리고 오로지 맑스주의

---

20) 北原勇·伊藤誠·山田銳夫, 『現代資本主義をどう視るか』, 120쪽 이하.

학파에 대한 비판에 강조점을 놓고 있다. 더구나 맑스주의 학파에 대한 그의 비판은 부정확한 이해에 기반해 있고 도저히 납득할 수 없다고 한다. 예컨대 야마다는 맑스주의자들이 자본주의의 모순으로부터 직접 붕괴를 논한다고 비판하는데, 그런 맑스주의자가 어디에 있느냐며 기타하라는 반문한다. 자본주의의 기본모순을 기초로 해서 순환적 경제위기 즉 주기적 공황을 이론적으로 해명해 온 공황론 연구자의 모두가 그러한 위기론(=붕괴론)을 물리쳐 왔다는 것은 상식에 속한다는 것이다. 또한 체제적 위기를 전제로 한 국가독점자본주의론이라 해도 '모순=붕괴'가 아닌 이유를 논한 것이었다. 한편 기타하라는 『자본』에 관한 야마다의 견해도 문제가 많다고 한다. 야마다는 『자본』을 자본주의의 일반이론으로 간주하는 견해에 반대하면서, 일반이론은 있어도 좋을지 모르지만 오늘날 그것을 『자본』만에 의거해서 구축할 수는 없다고 한다는 것이다.[21] 그러나 일반이론은 있어도 좋고 없어도 무방한 그런 것이 아니다. 일반이론 없이, 또는 현상분석과 일반이론 구축 노력과의 끊임없는 교류 없이 정확한 현상분석(현상의 이론적·역사적 분석)은 가능하지 않다. 야마다는 오늘날 『자본』만에 의거해서 일반이론을 구축해서는 안 된다고 하지만, 그것은 맑스주의 학파에 대한 주문이고, 정작 그 자신에게서는 축적체제론이나 발전양식론에 의한 현상분석으로부터 일반이론을 구축하려는 노력의 흔적을 읽을 수 없다. 또한 야마다는 『자본』은 무엇보다도 (레귤라시옹 이론에 따르면 외연적 축적체제이자 경쟁적 조정양식인) 19세기 자본주의를 분석한 저작이므로, 어디까지나 19세기의 현상분석으로서 파악해

---

21) 山田銳夫, 『20世紀 資本主義: レギュラシオンで讀む』, 130쪽.

야 한다고 말한다.[22] 이는 이론과 현상분석의 성격 차이에 대한 몰이해를 노정하는 것뿐만이 아니다. 『자본』이 외연적 축적체제(즉 절대적 잉여가치 확대의 체제)를 분석한 것이라는 말이 『자본』의 내용과 얼마나 어울리지 않는가 놀라울 뿐이다. 『자본』을 기본적으로 자본주의 일반이론으로 간주하는 맑스주의 학파에 대해 그는 19세기와 자유경쟁을 특권화하는 것이라 비판하지만, 이는 전혀 타당하지 않다. 왜냐하면 현대의 새로운 현상들을 하향법적 분석의 대상으로 하면서 일반이론의 완성도를 일층 향상시키려는 노력이 계속되고 있기 때문이다. 그러나 예컨대 현대적 현상인 독점가격 및 인플레에 관한 이론은 일반이론에서의 가치론/가격론과는 차원과 성격이 다른 것이며, 이 차이를 무시해서 양자를 단지 혼재·병렬시켜 포괄하더라도 그것은 일반이론이 되지는 않는다. 이렇게 기타하라는 먼저 경쟁의 전면적 지배를 전제로 해서 자본주의 기본법칙을 파악하는 방법의 의미를 새삼 강조한다.[23]

## 3) 독점, 국가개입인가 아니면 임노동관계의 변화인가?

야마다는 자본주의의 변화와 시기 구분을 임노동관계에 근거해서 보아야 한다면서 경쟁형태 및 국가형태의 변화에 의거해 단계 변화를 논한다는 독점자본주의론과 국가독점자본주의론을 반복해서 비판한다. 그리고 임노동관계를 중심에 놓은 레귤라시옹 학파의 축적체제론 및 발전양식론을 대비시킨다. 그러나 기타하라는 자신(그만이 아니라)의 독점자본주의론 및 국가독점자본주의론은 오히려 임노동관계를 중심에 놓은 논

---

22) 山田銳夫, 『20世紀 資本主義: レギュラシオンで讀む』, 130~131쪽.

의라고 한다. 독점화 및 국가개입에 의해 기본적인 계급대립의 관계 즉 임노동관계가 어떻게 수정되는가가 중심적인 문제라는 것이다. 레귤라시옹 학파에서 독자적인 이론적 기여라고 말하는 포드주의적 노사타협의 제도화도 독점자본주의론과 국가독점자본주의론의 틀 내에서 비로소 설명된다고 한다. 이것은 우선 독점적 거대자본으로의 자본과 노동의 집적 및 집중이라는 구조변화가 있어서 비로소 가능했던 것이며(독점자본주의론의 관점), 더욱이 뉴딜 정책 속에서, 또 2차대전에의 협력 속에서 노동조합의 현저한 세력 확대를 전제로만 말할 수 있고(국가독점자본주

---

23) 야마다는 무언가가 일반이론이라면 그것은 예컨대 19세기의 자유경쟁과 20세기의 독점적 경쟁을 모두 특수한 형태로서 포괄하는 구성이어야 한다는 생각이다. 말하자면 일반이론 속에 이 두 형태가 모두 포함되어야 한다는 것이다. 그러나 기타하라는, 적어도 맑스에 관한 한, 두 형태를 모두 포함하는 일반이론이란 구성할 수 없다고 한다. 여기에는 약간의 보충설명이 필요하다. 맑스의 방법론에서는 경쟁, 그것도 자유경쟁을 통해 자본의 내적 본성이 외적 필연성으로서 실현된다고 하기 때문에 자유경쟁은 자본에 가장 적합한 형태가 된다. 따라서 『자본』에서 자유경쟁을 상정하고 있는 것은 분석대상이 19세기 자유경쟁 자본주의이기 때문이 아니라 자본의 운동법칙을 가장 완전한 형태로 서술하기 위한 방법적 요구에 따르기 위함이다. 『자본』은 이렇게 19세기 자본주의를 분석한 것이 아니고, 자본의 내적 구조와 운동법칙을 이념적 평균에서 서술한 것이며, 이로부터 자본주의 일반이론으로서 『자본』의 성격이 규정된다. 이러한 이론구성에서는 자유경쟁의 부분적 지양으로서 독점과 독점적 경쟁은 일반이론 내에 포함될 수 없다. 『자본』에서는 자본주의 축적의 역사적 경향으로서, 즉 자본축적의 총체적 귀결로서 독점화를 지시할 뿐이다. 독점에 대한 분석은 독점에 의해 자본의 일반적 법칙들이 어떻게 변용·수정되는가를 다루는 특수한 이론 즉 독점자본주의론의 대상이 된다. 이 독점자본주의론이 20세기 독점자본주의의 역사를 분석하는 이론적 토대가 된다. 그럼에도 『자본』이 자본주의의 일반이론인 것은 다음 두 가지 이유 때문이다. 하나는 독점자본주의론은 『자본』과 별개로 구성되는 또 하나의 일반이론이 아니라 『자본』의 토대 위에서 『자본』의 운동법칙의 수정의 문제로서 구성되기 때문이며, 다른 하나는 이 수정에도 불구하고 20세기 독점자본주의도 자본주의인 한, 가치법칙이라든가 잉여가치법칙 등 『자본』의 기본법칙이 여전히 관철되기 때문이다. 자유경쟁 자본주의와 독점자본주의에서 이 법칙들은 다만 관철의 형태가 달라질 뿐이다. 가치법칙은 자유경쟁 자본주의에서는 생산가격법칙으로 관철되고, 독점자본주의에서는 독점가격법칙으로 수정되어 관철된다. 또한 잉여가치법칙은 전자에서는 평균이윤법칙으로 관철되고, 후자에서는 독점이윤법칙으로 수정되어 관철된다. 이 때문에 현대자본주의 분석은 결코 『자본』으로 환원될 수 없고, 『자본』에 의거해서만은 수행할 수 없지만, 여전히 『자본』에 그 이론적 토대를 두지 않을 수 없다.

의론의 관점), 나아가 냉전구조에 의해 규정되어 진전되었다는 측면(냉전 하의 국가독점자본주의)을 고려해야 한다.

### 4) 지속적 성장기의 파악 방식

레귤라시옹 학파는 전후의 지속적 성장기를 '영광의 30년' 또는 '황금의 30년'이라고 표현한다. 기타하라는 대체 그것이 어느 시기를 가리키는지 를 묻는다. 많은 사람들이 생각하듯이 1973년을 그 종식으로 파악한다 면, 그 시기는 2차대전 중인 1943년부터 1973년까지다. 또는 1968년을 위기의 해라고 한다면, 1938~1968년이 된다. 어떻게 하든 2차대전 중과 그 전후 10년의 부흥기까지 포함한 30년을 일관해서 포드주의가 성공적 으로 전개된 시기라고 간주할 수 없다는 것이다. 이 시기, 특히 1960년대 후반 베트남에서의 대살육과 지구 환경의 급속한 파괴, 그리고 완전고용 과 사회보장하에서 노동자들이 상실한 국제적·계급적 연대의식 등을 고 려할 때, 황금의 30년은 말할 수 없다. 이는 레귤라시옹 이론이 자본주의 적 발전에 대한 비판적 관점을 결여했기 때문이다. 이 시기 지속적 성장 에 미친 냉전의 역할(군사화와 베트남전쟁 등)에 대해 언급한 조절이론 문 헌은 거의 찾아볼 수 없는 것이다.

### 5) 포드주의론·포드주의 축적체제·포드주의 발전양식·애프터포드주의에 대해

포드주의라는 개념은 그람시에서 유래되었다고 말해지지만, 그것은 그 람시에 대한 오독·오용이라고 기타하라는 말한다. 그람시는 오늘날 레귤 라시옹 학파가 사용하는 그러한 의미나 문맥으로 이 용어를 사용한 것은 전혀 아니었다. 포드주의라는 용어는 포드가 채용한 '1일 5달러 임금'의 본질, 즉 포드 공장에서 상습화되고 있던, 폭력배를 통한 노동자 탄압, 루스벨트(Franklin Roosevelt)에 대한 포드의 철저한 혐오, 그리고 포드사에 대한 정부의 단체교섭 강제의 경위 등을 볼 때, 레귤라시옹 학파가 말하는 2차대전 후의 노사타협의 상징으로서 부적절하다는 것이다. 하물며 전후 국가정책도 포함한 총체적인 정치경제적 존재방식에 포드라는 특정한 자본가 개인의 이름을 붙인다는 비난도 피할 수 없다. 야마다는 포드주의를 '테일러주의 수용과 인덱스임금 사이'의 타협 위에서 확립한 '황금회로'라고 파악하여 이 시기 생산성 상승을 오로지 테일러주의의 확대·강화로 이해한다. 그러나 그것은 현대의 산업과 노동 그리고 생산성 상승에서 테일러주의의 역할을 과대평가하는 것이다. 기타하라는 테일러주의적 노동편성과 포드적 반(半)자동화에 의한 노동강화는 결코 진정한 의미에서 노동생산성 상승이 아니었으며, 이 시기 노동생산성 상승은 오히려 기계의 발명과 도입 그리고 개량(즉 자동화)을 중심으로 한 생산력 발전에 크게 기인한 것이라 한다. 또한 이 황금회로에서 중추적 역할을 수행하는 것으로서 강조하는 생산성인덱스임금이란 것이 실제로 어떤 것인지, 그 실례 및 보급 정도도 일체 제시되고 있지 않다고 지적한다. 한편 〈그림 4〉의 황금회로에서는 테일러주의에 의한 생산성 상승이 있다는 것으로부터 회로가 출발하기 때문에, 신기술을 체화한 기계에 대한 설비투자의 역할이 현저하게 과소평가되고, 그 대신 소비의 역할이 과대평가된다고 한다. 그 그림에서 투자가 출발점인 기술혁신과 완전히 단절되어 있는 것에 주목해야 할 것이다. 또 투자와 소비의 관계에서는 소비 증가가 투자 증가를 초래한다는 화살표가 그어져 있을 뿐이고, 투자가 고용 증대와 소득 증대를 통해 소비 증가를 촉진하는 관계는 일체 무시되어 있다는 것이다. 아울러 신제품 창출적 기술혁신과 신산업 성립의 역할은 이 시기 경제성장을 고찰할 때 놓쳐서는 안 될 관점인데, 실현

문제에 있어서도 그렇고 소비양식의 변화를 포착할 때에도 중요한 이 문제에 대한 관점이 야마다에게는 빠져 있다. 마지막으로, 기타하라는 애프터포드주의를 볼보주의로 볼 것인가 도요타주의로 볼 것인가 하는 식으로 문제설정하는 데서 나타나는 시대착오를 지적한다. 현재 세계는 정보혁명을 축으로 하는 생산과 소비에서의 대변혁이다. 일시 유행하던 도요타주의 찬미론은 타당하지 않다는 것이다.


## 5. 보론: 레귤라시옹 학파의 축적체제론, 위기론, 그리고 맑스의 재생산론[24]

야마다는 맑스주의의 위기론과 국가독점자본주의론의 위기론을 주기적 공황과 구조적 위기 그리고 최종적 위기에 걸쳐 강도 높게 비판하지만, 정작 본인은 자신의 위기론을 결여하고 있다.[25] 그에게는 주기적 공황론도, 구조적 위기론도, 또 자본주의 체제의 최종적 위기론도 존재하지 않는다. 자본주의의 여러 차원의 위기에 대한 자신의 이론적 기반 없이 맑스주의와 국가독점자본주의론의 위기론에 대해 격렬히 비판하는 것은 사실 부당한 것이 아닐 수 없다. 위기론의 결여라는 이론적 결함은 물론 야마다만의 문제가 아니라 레귤라시옹 학파 전체의 맹점이다. 레귤라시옹 학파에서 위기는 언급되고 있지만, 그러나 위기론은 제시되고 있지

---

24) 이하 增田壽男, 「レギュラシオン理論とSSA理論の'蓄積体制'·'危機'論」; 廣田精孝, 「レギュラシオン学派の'蓄積体制'論とマルクスの再生産論」 참조. 이 논문들은 資本論体系 第9卷으로 간행된 富塚良三·吉原泰助 編, 『恐慌·産業循環』(下), 有斐閣, 1998에 실려 있다. 참고삼아 말하면, 資本論体系 第10卷 『現代資本主義』는 기타하라 등이 편집했다(北原勇·鶴田満彦·本間要一朗 編, 『現代資本主義』, 有斐閣, 2001). 이로부터 문헌상으로 위 논문들이 논쟁의 연장선상에 있음을 엿볼 수 있다.

25) 야마다 도시오, 『20세기 자본주의』, 145쪽 이하.

않다. 축적체제의 위기는 이론적으로 설명되지 않고, 제도적 조건들과 역사적 상황에 의해 설명될 뿐이다. 그럼에도 이 학파의 위기론은 종종 맑스의 이론에 기반한 것처럼 받아들여지곤 한다. 따라서 이와 같은 레귤라시옹 학파의 축적체제론과 위기론에 대해서는 보다 비판적인 검토가 요구된다. 마쓰다 도시오(增田壽男)와 히로타 기요타카(廣田精孝)는 레귤라시옹 학파의 축적체제론과 위기론을 검토하면서 바로 이런 문제에 초점을 맞추고 있다. 이들은 레귤라시옹 학파의 축적체제론과 위기론이 이론적 근거를 갖고 있지 못하다는 것, 그럼에도 그 축적체제론과 위기론의 용어 사용에서 무언가 맑스주의 이론과 관련된 것으로서 흔히 오해되고 있다는 것, 맑스의 축적론 및 위기론이 레귤라시옹 학파의 축적론 및 위기론과 어떻게 상이한가를 비판적으로 고찰한다.

## 1) 레귤라시옹 학파의 축적체제론과 위기론[26]

마쓰다는 먼저 레귤라시옹 학파의 축적체제론과 위기론을 다음처럼 정리한다. 레귤라시옹 이론은 성장과 위기를 역사적·공간적(국가별 차이)으로 분석하고자 하는 것이다. 그러나 이를 위해 맑스의 생산양식 개념은 너무도 일반적이어서 레귤라시옹 학파는 중간적인 독자적 개념으로서 축적체제·구조적(제도적) 형태들·조정양식 등 새로운 개념을 제시한다. 레귤라시옹 학파는 이들 개념으로써 위기를 새롭게 정의한다. 이들의 위기 파악의 특징은, ①위기를 순환성 위기(소위기)와 구조적 위기(대위기)로 명확히 구분하여 논한다는 것, ②구조적 위기에 의해 자본주의 시

---

26) 增田壽男,「レギュラシオン理論とSSA理論の'蓄積体制'·'危機'論」.

기 구분을 행함으로써 역사적 분석과 이론적 분석을 통합하려 한다는 것이다. 예컨대 아글리에타는 "(소)위기는 전체적으로 재생산표식을 규정하는 거시경제적 비율의 틀 내에서 변동하는 형태로 나타난다"[27]고 하고, "대위기는 현행 조정형태를 불가피하게 변화시키는 과정이다. 그러나 그것은 결코 외생적 요소로서 느닷없이 오는 것은 아니며, …… 대위기를 이론적으로 연구하는 것은 비가역적인 변용국면을 확인하고 그 필연적 연관조건을 명확히 하는 것이다. 이 연관은 새로운 제도의 발견 및 사회화의 진전과 관계가 있을 수 있다"[28]고 한다. 또한 부아예는 "순환성 위기의 반복이 자본주의 경제 동학의 항상적인 성격을 이룬다고 해도, 이들 위기가 취하는 구체적 형태는 기본적으로 사회적 관계와 경제구조의 상태에 의존하며, 위기는 이들 관계 및 구조의 모순적 성격을 반영한다"[29]라고 순환성 위기를 위치짓고, 구조적 위기에 대해서는 "시스템은 단순한 시장조정에 의해서는 해결될 수 없는 모순에 부딪힌다. 이때 문제는 착취의 영속성과 축적의 규칙성을 보증할 수 있는 새로운 사회적 형태의 (주로 정치적 과정을 통한) 구축이다. 순환성 위기에 대해 이러한 사건을 대위기로 표현할 수 있을 것이다"[30]라고 한다. 그리고 다음 세 개의 지표로 대위기의 성격을 규정한다. ① 과거의 조절의 연명에 의해 이른바 자동적으로 이윤을 회복할 수 없는 것, 따라서 내생적 요인에 의해 축적을 재개할 수 없는 것이 위기의 예외적·비반복적 성격의 지표이다.

---

27) ミシェル・アグリエッタ, 『資本主義のレギュラシオン理論: 政治経済学の革新』, 若森章孝
　　外 訳, 大村書店, 1989, 12쪽.
28) 같은 책, 13쪽.
29) R. ボワイエ, 『レギュラシオン: 成長と危機の経済学』, 清水耕一 編訳, ミネルヴァ書房,
　　1992, 26쪽.
30) 같은 책, 27쪽.

②조절이 행해지는 기초로서의 생산조직, 일정한 유형의 임노동관계 및 금융조직을 위기에 빠뜨리는 것. ③ 모든 구조적 위기는 동시에 자본주의 관계의 파기 가능성과, 이 관계의 단순한 형태변화 가능성을 제공한다. 정치투쟁의 상대적인 강도와 빈도가 이 지표가 된다.

이와 같은 레귤라시옹 이론에 대해 마쓰다는 세 가지 문제를 제기한다. 첫번째는 레귤라시옹 이론이 가장 강조하는 '자본=임노동관계'의 위치에 관한 것이다. 이 이론은 '자본=임노동관계'의 변화로써 자본주의 역사의 단계 구분을 한다는 기본적인 문제설정을 하고 있지만, 구조적 형태들 중에서의 '자본=임노동관계'의 위치, 특히 경쟁형태와의 관련이 명확하지 않다는 것이다. 레귤라시옹 이론의 임노동관계는, 부아예의 정리에 의하면, 생산수단의 유형, 사회적·기술적 분업의 형태, 기업에 대한 임노동자의 이직 및 정착 형태, 직접·간접 임금소득의 결정요인, 임금생활양식이며, 이는 노동과정, 노동시장, 노동력 재생산과정 모두를 포함하는 개념이다. 그 결과 임노동관계의 개념은 애매할 수밖에 없다는 것이다. 시기 구분에 있어서도 테일러 시스템 및 포드주의를 노동과정의 문제로서 다루는 것인지, 그렇지 않으면 대량생산·대량소비로서의 소비양식으로서 다루는 것인가가 명확하지 않다. 더욱이 이 임노동관계와 다른 구조적 형태들의 관계도 명확하지 않다. 레귤라시옹 이론은 특히 자유경쟁단계로부터 독점단계로의 이행이라는 종래의 단계분석을 비판하고 있지만, 자본 상호 간의 관계와 임노동관계를 어떻게 위치짓는가에 대한 분석이 없고, 시기구분에서도 설득력 있는 분석이 되지 못한다. 자본주의 발전단계라는 시기구분에 있어 자본 상호 간의 관계로서 경쟁자본주의·독점자본주의·국가독점자본주의라는 구분은 필요불가결한 것이다. 이 시기구분과, '노동과정-노동시장-노동자의 소비양식'이라는 임노동관계의 변화에 의한 시기구분이 반드시 일치한다고는 할 수 없고, 이것을 어느 한편의 시기구분으로 통일시키려는 것은 무리일 것이다.

두번째 문제는 위기 파악에 대한 것이다. 레귤라시옹 이론에서 순환성 위기(소위기)와 구조적 위기(대위기)를 구별한 것은 중요한 문제지만, 그 내용이 거의 분석되지 않고 문제제기에 머물고 있다는 것이다. 레귤라시옹 이론이 중시하는 것은 장기적·구조적 위기이지만, 그것은 "시스템이 단순한 시장조정에 의해서는 해결할 수 없는 모순들"[31], "과거의 조절의 연명에 의해 이른바 자동적으로 이윤을 회복할 수 없는, 따라서 내생적 요인에 의해 축적을 재개할 수 없는"[32] 예외적·비반복적 성격이라고 한다. 그러나 그것이 구체적으로 어떠한 것인가는 분명하지 않다. 리피에츠는 1930년대의 대위기를 내포적 축적의 최초의 위기로서, 또는 '경쟁적 조정'의 최후의 위기로서도 분석할 수 있다고 서술하지만, 그 내용은 1차대전 후의 테일러주의 혁명과 포드주의에 의한 생산성 상승이 노동자 소비의 변혁 부재로 인해 최종수요의 증대를 유발하지 않고 1930년대에 가공할 과잉생산위기가 되었다는 것이다. 여기서는 과잉생산위기가 구조적 위기로서 취해질 수 있다. 아글리에타의 외연적 기조의 축적체제의 위기도 I부문의 불균등 발전이 판로 부족 때문에 공장폐쇄, 생산력 시스템의 방기, 사회적 규모에서의 생산수단의 물적인 파괴를 유발한 것이라 한다. 그러나 내포적 기조의 축적체제에서는 생산력의 질적 변용이 축적 사이클의 특정 국면이 아니라 영속적인 과정이 되었다고 한다. 여기서는 과잉생산위기가 아니라 수익성 위기가 문제가 된다는 것이

---

31) ボワイエ, 『レギュラシオン : 成長と危機の経済学』, 27쪽.
32) 같은 책, 28쪽.

다. 이처럼 구조적 위기 파악이 명확하지 않은 것은, 레귤라시옹 학파에서는 구조적 위기가 (축적체제를 구성하는) 구조적 형태들 간의 전체적 조절을 구성하는 부분적 조절 상호 간의 모순에 의해 발생하는 것으로서 파악되기 때문에, 개개의 자립적인 구조적 형태들을 구성하는 사회적 형태들 간의 대립으로서의 구조적 위기는 다양한 역사적·사회적 상황에 의해 다양한 형태를 취하고 단일한 상황에 의해 해명할 수 없다고 하는 방법에 기인한다.

세번째 문제는 순환성 위기와 장기·구조적 위기의 관련에 관한 것이다. 레귤라시옹 이론이 구조적 형태라는 장기·구조적 요인의 변화에 의해 양자를 구별하려는 것은 올바른 관점이지만, 산업순환의 분석이 거의 행해지지 않기 때문에, 양자의 관계가 단순히 단기와 장기라는 관점으로 한정되어 버린다. 산업순환에는 순환 사이클이 반복된다는 측면과, 산업순환을 통해 구조를 변화시킨다는 측면이 있고, 후자의 측면은 조절의 구조적 형태를 변화시킨다는 점에서 극히 중요한 문제다. 이에 대한 분석이 결여되어 있기 때문에, 이 이론의 위기분석이 내재적 분석으로서는 불충분하다고 할 수밖에 없다.


## 2) 레귤라시옹 학파의 축적체제론과 맑스의 재생산론[33]

레귤라시옹 학파는 "레귤라시옹 이론은 맑스주의에 기초해서 케인스주의 경제학을 심화·발전시키려 했다"[34]든가, "이 이론은 맑스주의와 포스트케인스주의 사이에 위치한다"[35]고 서술하고, 맑스와 케인스의 경제

---

33) 廣田精孝,「レギュラシオン学派の'蓄積体制'論とマルクスの再生産論」.
34) アグリエッタ,『資本主義のレギュラシオン理論: 政治経済学の革新』, XII쪽.

학을 접합하려 했다는 것에서 자신들의 이론적 특징을 찾고 있다. 그것은 무엇보다 "이 [지불능력 있는 수요 즉 유효수요라는] 문제가 맑스와 케인스를 연관시킨다"[36]고 생각하기 때문이다. 분명 레귤라시옹 학파는 한편에서 맑스 경제학 고유의 개념을 사용하면서, 전후 30년간의 '황금시대'를 성공시킨 포드주의 축적체제를 주도한 것은 소비지출의 증대이고 그 토대는 실질임금소득의 증대라고 주장함으로써, 현대자본주의 성장구조의 분석에 유효수요의 문제를 도입하고 있다. 그러나 문제는 이러한 시도를 레귤라시옹 이론의 소개자들이 서술하는 것처럼 기존의 맑스 경제학의 경직성에 칼을 대어 현대자본주의 인식을 혁신하고 맑스 경제학의 현대적 재생을 도모하는 것이라 파악해도 좋은가, 그렇지 않으면 현재의 맑스 경제학에 대한 근본적인 오해 또는 왜곡 위에 성립한 것이라 파악해야 하는가라는 것이다. 이와 같은 문제의식하에서 히로타는 레귤라시옹 학파의 '축적체제'론과 맑스의 재생산(표식)론의 대비를 통해 레귤라시옹 학파가 말하는 호순환과정의 메커니즘과, 맑스주의 공황론에서 설명하는 I부문의 자립적 발전으로서 전개하는 과잉축적의 동태적 메커니즘이 어떻게 상이한가, 다시 말해 두 이론은 호황과정을 어떻게 상이하게 파악하는가라는 문제를 검토한다.

먼저 축적체제와 재생산표식에 대해 보도록 한다. 히로타에 따르면, 자본주의 경제의 성장과 위기를 통일적으로 해명하는 이론을 구축한다는 레귤라시옹 학파의 파리 학파는 명확한 정의도 제시하지 않고, '축적

---

35) B. コリア, 「レギュラシオン理論」, 平田清明 外 編訳, 『現代市民社會の旋回』, 昭和堂, 1987, 121쪽.
36) アグリエッタ, 『資本主義のレギュラシオン理論: 政治経済学の革新』, 327쪽.

체제'(아글리에타에서는 '성장체제')라는 역사적 성격을 갖는 개념을 사용해서 자본주의 역사를 두 단계로 구분해 버린다. '외연적 축적체제'의 단계와 '내포적 축적체제'의 단계가 그것이다. 전자에는 공황이 격발하던 시기의 자본주의로서 1920년대까지의 자본주의가 모두 포함되며, 그것과 대비되는 모습으로 2차대전 후의 자본주의가 후자로서 포착되고, 1930년대의 자본주의는 전자로부터 후자로의 과도기로서 위치지어진다. 핵심적인 문제는 '영광의 30년'이라는 전후 자본주의의 고도성장을 분석하는 것이다. 레귤라시옹 학파에서는 "자본축적의 진행이 광범하게 또 상당 정도 일관된 모습으로 보증되는 그러한 규칙성의 총체"[37]로서의 '축적체제'의 핵심에 I부문과 II부문의 재생산표식 관련이 위치지어진다. 리피에츠는 이러한 '축적체제'와 재생산표식의 이론적 관련에 대해 "축적체제를 요약하는 것이 재생산표식의 틀이다"[38]라고 쓰고 있고, 코리아 (Benjamin Coriat)는 "축적체제는 맑스적 의미에서 I부문과 II부문이 결합되는 방식에 의해 특징지어진다"[39]고 서술한다. 공황이 격발하던 '외연적 축적체제'는 II부문이 그다지 발전하지 않고 I부문이 일방적으로 발전하는 체제라 하고, 지속적인 고도성장을 가져온 '내포적 축적체제'는 I부문과 II부문이 병행해서 발전하는 체제라 하며, 이러한 축적체제의 상위함은 기본적으로 I부문과 II부문 사이에 성립하는 관계가 다르기 때문에 야기된 것이라 파악한다. 아글리에타는 다음처럼 말한다. "생산력 변

---

37) ロベール·ボワイエ,『レギュラシオン理論: 危機に挑む経済学』, 山田鋭夫 外 訳, 藤原書店, 1990, 76쪽.
38) A. リピエッツ,『奇跡と幻影: 世界的 危機とNICS』, 若森章孝, 井上泰夫 訳, 新評論, 1987, 50쪽.
39) コリア,「レギュラシオン理論」, 134쪽.

용의 추진력은 I부문으로부터 생긴다. 따라서 I부문의 자립적 축적에 의한 양 부문 사이의 불균등 발전으로의 경향이 존재한다."[40] "자본제적 축적은 필연적으로 파란만장한 것이다. 축적은 I부문의 불균등 발전을 그 추진력으로 하고 있다. 그러나 이 불균등 발전은 축적에 대한 장애가 된다. 항상 잠재적으로 존재하는 이 장애는 자본제적 생산이 임노동자계급의 존재조건을 크게 변화시키는 경우에만 제거될 수 있다. 이러한 사회적 변용에 의해서만 상품생산은 양 부문의 조화로운 발전(이는 규칙적인 축적 템포의 필요조건이다)을 경향적으로 실현하는 확장템포를 유지할 수 있다."[41] 요컨대 규칙적인 축적템포의 필요조건인 양 부문의 조화로운 발전이 조금이라도 착란된다면, I부문의 불균등 발전이 야기되고, 이는 축적에 대한 장애로서 나타난다. 하지만 임노동자계급의 존재조건이 크게 변해서 '실질임금소득의 증가→소비지출의 확대→II부문의 확대'라는 회로를 통해 그것에 주도되는 모습으로 I부문과 II부문의 동시적·병행적 발전이 보장되면, 축적의 장애는 제거되고 판로와 실현 문제는 현저하게 완화되어 항상적인 성장이 가능하게 된다. 이러한 '임금 주도'·'소비 주도'·'II부문 주도'의 내포적 축적체제의 성장회로가 형성되는 과정을 레귤라시옹 학파는 새로운 임노동관계의 형성이라든가, 자본에 의한 노동의 '형식적 포섭'으로부터 '실질적 포섭'으로의 전화라든가, 생산성 상승률에 비례한 실질임금 상승에 의한 '상대적 잉여가치의 생산'의 현실화라든가 하는 식으로 맑스 경제학 고유의 용어를 사용하면서 설명한다. 그러나 레귤라시옹 학파에서는 이 용어들이 맑스 경제학의 본래의

---

40) アグリエッタ, 『資本主義のレギュラシオン理論: 政治経済学の革新』, 80쪽.
41) 같은 책, 84쪽.

의미와 전혀 다른 의미로 사용됨에도 불구하고 맑스를 거론하며 같은 용어를 사용한다는 이유 때문에, 그 '축적체제'론을 현대자본주의 분석을 위해 맑스 경제학의 현대화를 도모한 것으로 오해해서 수용하는 자가 적지 않다. 이렇게 사회적 생산에서의 I부문과 II부문의 재생산관련의 존재방식 문제를 그 근간에 두고, I부문과 II부문의 균등 발전은 규칙적인 축적템포의 필요조건이며 I부문의 불균등 발전은 축적에 대한 장애가 된다고 파악하는 레귤라시옹 학파의 '축적체제'론은, 얼핏 맑스의 재생산(표식)론에 기초해서 파악한 균형축적궤도의 고찰 방식과 공통된 것처럼 보여서 맑스주의 이론으로서 수용될지 모른다. 그러나 양자는 실은 완전히 다른 것이다. 그래서 히로타는 레귤라시옹 학파의 '축적체제'론의 문제점을 명확히 하기 위해 맑스의 재생산표식론에 입각한 축적분석과의 본질적 상이점과 관련하여 몇 가지 점을 지적해 놓는다.

우선 첫째로, 균형적 축적의 진행 경로에서 생산과 소비의 연계를 표현하는 부문 간 구성이 전체 생산물의 실현을 제약하는 기본조건의 하나로서 임의의 비율을 취할 수 없다는 것은, 이런 균형축적궤도로부터 현실의 축적이 조금이라도 괴리하면 바로 불균형이 현재화해서 실현곤란의 문제가 표면화되고 축적의 진행이 저해되는 것을 의미하지는 않는다는 것이다. 균형축적궤도와 균형축적률이라는 개념은 '생산과 소비의 모순'이 전체 생산물의 실현을 어떻게 제약하는가를 명확히 해서, 무엇으로써 I부문의 '자립적 발전'과 '과잉'축적을 말할 수 있는가를 명확히 하기 위한 이론적 기준이 되는 것이다. 그러나 이러한 균형축적궤도의 개념을 현실의 축적과정의 동태에 그대로 직접 대응시켜 현실을 분석하는 기준으로 한다면, 그것은 오류를 범하는 것이다. 'I부문의 자립적 발전'의 과정과 현실의 축적과정에서 축적의 진행이 저해되는 과정이 일대

일 대응 관계에 있다고 하거나 또는 균형축적궤도를 따라가는 축적과정과 현실의 축적과정에서 왕성한 축적이 진행되는 과정이 일대일 대응 관계에 있다고 잘못 파악한다면, 현실의 산업순환 과정에서 공황과 불황과정은 생산과 소비의 모순이 누적해 가는 과정이고 호황과정은 생산과 소비가 조화롭게 발전하는 과정이라는 식으로 파악하는 오류에 빠져 버린다. 균형축적궤도와 균형축적률이라는 개념은 이런 식으로 파악하기 위한 기준이 아니라 오히려 호황과정이 '모순의 누적 과정'에 다름 아니라는 이유를 파악하기 위한 이론적 기준으로서 그 의의를 갖는 것이다. 레귤라시옹 학파의 축적체제론은 공황이 격심하게 발발하던 1920년대까지의 자본주의를 Ⅰ부문이 불균등 발전하는 외연적 축적체제에 대응시키고, 전후 황금의 30년의 고도성장기 자본주의를 Ⅰ부문과 Ⅱ부문이 균등 발전 하는 내포적 축적체제에 대응시키기 때문에, 바로 이와 같은 오류를 범한다고 할 수 있다. 그 때문에 레귤라시옹 학파의 축적체제론에 의한 분석은 설령 그 핵심에 재생산표식 관련이 위치지어진다 해도 맑스주의 이론의 균형축적궤도에 의한 재생산 분석과는 다를 뿐만이 아니라 서로 상용될 수 없는 관계에 있는 것이다.

둘째로, 이상에서 분명해지는 것이지만, 레귤라시옹 학파의 축적체제론에서는 부문연관의 존재방식이 중시된다 해도 'Ⅰ부문의 자립적 발전'과 'Ⅰ부문의 불균등 발전' 간의 개념적 구별이 전혀 이루어지고 있지 않다는 것이다. 양자는 모두 Ⅱ부문에 대비한 Ⅰ부문의 보다 급속한 확장으로서 나타나지만, 각각이 의미하는 바는 완전히 다르고, 개념적으로는 명확하게 구별해야 한다. Ⅰ부문의 자립적 발전은, 생산력이 불변인 경우에는 생산과 소비의 연관의 표시로서 부문 간 구성은 원칙적으로 불변임에도 불구하고 균형축적률을 넘는 축적에 의해 부문 간 비율이 고도화된 것이며, 그것은 과잉축적으로서 불균형적 축적의 진전을 표현하는 것이다. 이에 반해 I부문의 불균등 발전은 생산력의 발전에 따른 자본구성 고도화에 대응하는 부문구성 고도화를 의미하는 것이고, 그 자체는 어디까지나 균형적 축적의 진전을 표현하는 것이다. 따라서 생산력이 발전해가는 과정에서 부문 간 비율의 고도화를 문제로 하는 경우에는 그것이 불균형 축적으로서의 I부문의 자립적 발전인지 아니면 균형적 축적으로서의 I부문의 불균등 발전인지를 구별하는 것이 중요하다.[42]

---

42) 자본축적 과정에서 II부문(소비재 부문)에 대비한 I부문(생산재 부문)의 불균등 발전과 자립적 발전 간의 개념적 차이는 주기적 과잉생산공황론의 구성에서 핵심적인 요소이며, 이에 대한 오해와 혼란이 세대를 넘어서 반복되는 맑스주의 공황 논쟁 즉 이윤율 저하설과 실현 공황론 간의 논쟁의 직접적인 원인을 제공한다. 그래서 약간 부연해서 설명할 필요가 있다. 자본축적 과정에서 생산력의 발전은 사회적 총자본의 유기적 구성의 고도화로 표현되고, 이는 자본주의의 이념적 평균을 상정하면, 재생산표식에서 II부문에 대비한 I부문의 불균등 발전으로 표현된다. 이 불균등 발전은 재생산표식에서 I부문과 II부문 간의 교환관계(균형 관계)가 파괴된다는 것을 의미하지 않고 오히려 두 부문 간의 균형관계가 유지되는 위에서 I부문이 II부문에 비해 불균등하게 높은 성장을 이룬다는 것을 의미한다. 즉 불균등 발전은 균형축적궤도를 따른다는 것이다. 레닌은 맑스의 재생산표식에 근거해서 그것이 어떻게 가능한가를 표식적으로 보여 주었는데, 그것이 다름 아닌 레닌의 '불균등 발전 표식'이다. 그런데 이 표식은 자본주의의 이념적 평균의 수준에서 작성된 것이고, 따라서 그것은 자본주의의 현실적 축적의 경로, 무엇보다 산업순환의 과정이 실제로 이와 같은 균형적 관계(생산과 소비의 균형관계)를 유지하면서 진행된다는 것을 말하는 것은 결코 아니다. 오히려 경쟁에 의해 강제되는 현실의 축적과정에서는 생산력 발전에 의해 규정되는 양 부문 간의 비례적 균형관계를 넘어 II부문에 대비한 I부문의 과도한 축적과 성장이 불가피하게 전개되는데, 이렇게 양 부문의 균형축적궤도를 이탈해서 I부문이 과도하게 성장하는 불균형적 발전을 I부문의 자립적 발전이라고 지칭한다. 이는 불균등 발전과 달리 생산과 소비의 균형관계가 파괴되어 과잉축적이 누적되는 과정이며, 이러한 모순의 누적 과정은 I부문의 과도한 투자가 생산물 공급 없이 수요를 확장하는 국면 동안 사회적 초과수요의 존재에 의해 은폐된다. 실제로는 과잉축적이 누적되어가지만 외관상으로는 초과수요의 존재로 인해 경제가 확장하는 모순적인 과정, 이것이 다름 아닌 호황국면의 기본 내용이자 그 주요 특징이며, 이러한 잠재된 모순(과잉축적과 과잉생산)은 I부문의 과도한 투자의 결과가 생산물 공급으로 시장에 출현되는 시점에 현실로서 폭발한다. 그것이 다름 아닌 자본주의 공황인 것이다. 따라서 공황은 호황과정에서 누적되는 불균형과 모순의 직접적 결과로서 발생하며, 공황과 이어지는 불황국면에서의 자본주의의 진행도 호황국면에서와 마찬가지로, 정확하게 말하면 그 반대의 방향에서 균형축적궤도를 이탈한 것이다. 이렇게 산업순환을 통한 현실의 축적

레귤라시옹 학파의 경우에는 포드주의의 확립 이전은 "절대적 잉여가치[의 생산]이 지배적"[43]이라는 기묘한 파악에 대응해서 내포적 축적체제에서는 상대적 잉여가치의 생산이 지배적이라고 하여 생산력 발전이 진전해 가는 것으로 파악한다. 하지만 그들이 말하는 상대적 잉여가치의 생산이란 생산력의 발전을 통한 노동착취도의 증대를 의미하는 것이 아니라 생산방법의 개선을 통해 자본가와 노동자로 분할될 파이의 생산이 증대하는 의미로 파악되고, "잉여가치율의 상승 프로세스를 통해 실질임금의 상승이 일어났다"[44]는 식으로 생산성 상승에 비례한 실질임금 상승을 상대적 잉여가치 생산의 현실화라 하는 것이다. 생산력 발전이 전진해 가는 내포적 축적체제하의 축적을 논하는 이상, 생산과 소비의 내적 연계를 유지하면서 균형적 축적이 진행해 가는 과정을 단순

과정은 결코 균형축적궤도를 따라 균형적으로 발전하지 않는다. 그러나 공황과 불황국면에서의 자본의 폭력적인 파괴와 감가는 호황과정에서 형성·누적된 과잉자본에 대한 청산과정이며, 이를 통해 자본주의는 이윤율의 회복과, 그 위에서 I부문과 II부문 간의 새로운 균형관계를 만들어간다. 그러면 새로운 호황으로 이어지는 새로운 순환이 다시 시작된다. 즉 자본주의의 발전을 현실의 산업순환을 넘어 장기적 경향이라는 이념적 평균에서 파악하면, 자본주의는 I부문과 II부문 간의 균형을 유지하는 위에서(즉 균형축적궤도 위에서) I부문이 II부문에 비해 불균등하게 성장한다는 불균등 발전을 상정할 수 있다.
이렇게 불균등 발전이라는 개념은 자본주의의 이념적 평균(에서의 균형)에 대응하는 것이고, 자립적 발전의 개념은 현실경쟁과 산업순환 차원(에서의 불균형)에 대응하는 것이라 할 수 있다. 이 두 개념의 근저에 있는 방법론적 의미를 올바로 이해하지 못하면, 불균등 발전을 근거로 해서 직접 현실의 조화로운 발전을 논하는 투간-바라노프스키나 오토 바우어(Otto Bauer) 등의 오류에 빠지거나, 또는 부문 간 불균형과 실현의 곤란은 공황의 원인이 아니라고 하는 이윤율 저하설의 오류에 빠지고 만다. 또한 자립적 발전을 근거로 해서 재생산표식의 불균형을 논하고 확대재생산을 위해서는 제3자의 수요를 필요로 한다는 로자 룩셈부르크나 스위지 같은 과소소비설의 오류에 빠질 수도 있다. 레귤라시옹 학파가 자립적 발전과 불균등 발전을 구별하지 못하고 이른바 생산과 소비의 균등 발전으로써 전후 자본주의의 황금의 30년을 주장하는 것도 동일한 종류의 오류라 할 것이다.
43) アグリエッタ, 『資本主義のレギュラシオン理論: 政治経済学の革新』, 149쪽.
44) 같은 책, 110쪽.

히 I부문과 II부문의 동시적·병행적 발전과정으로서 묘사하는 것은 잘못이다. 생산력발전을 동반하는 것이라면 균형적 축적과정이라도 I부문이 불균등하게 발전하지 않을 수 없기 때문이다. 레귤라시옹 학파가 단순한 도식하에서 I부문의 자립적 발전과 I부문의 불균등 발전 개념을 구별할 수 없었던 것은, 재생산에서의 부문 간 관련의 입체적 구조를 파악하지 못하고, 생산수단의 보전수요 및 신투자수요가 갖는 의의를 무시 또는 경시해 버리고, 임금소득에 의한 소비재수요의 크기야말로 재생산의 동태를 결정하는 요인이라고 잘못 파악한 데 기인한다. 재생산의 입체적 구조를 파악하는 것 없이 소비재수요야말로 재생산의 동태를 결정하는 것이라 생각하는 점에서 레귤라시옹 학파는 과소소비설과 공통의 기반에 서 있는 것이다. 레귤라시옹 학파는 황금의 30년간, 특히 1960년대의 미국 자본주의를 원리적 기준으로 한 모델을 묘사함으로써 마치 과소소비설 논자와는 대립적인 위치에 있는 것처럼 생각하기 쉽지만, 이론적으로는 공통의 기반에 서 있기 때문에, 과소소비설에 입각한 정체론의 오류를 바로 뒤집어 놓은 논의를 전개한다고 할 수 있다.

나아가 히로타는 노동력의 상품화가 진전해서 노동자가 자본주의적 상품을 소비하는 것과 실질임금 상승에 의한 소비지출 증대가 확대재생산의 진전을 보증하고 가능케 하기 위한 전제조건으로서 위치지어진다는 레귤라시옹 학파의 논리구성도 문제로서 지적한다. 이와 달리 맑스의 재생산표식 분석에서는 노동력의 상품화가 이미 이루어져 있고, 노동자는 자본주의적 상품을 시장에서 구입함으로써만 생활수단을 획득할 수 있고 또 그러지 않을 수 없다는 관계가 이미 이론적 전제로서 성립되어 있다. 자본(=임노동)관계는 노동력 상품의 존재를 불가결한 전제조건으로 하기 때문에 그것은 당연하다. 그럼에도 불구하고 레귤라시옹 학파는 노동자의 자율성이 남아 있어 임금은 최저 수준이고 노동자의 생활과정(소비)에 자본주의적 상품은 그만큼 들어오지 않는 상태(그들은 이것을 자본에 의한 노동의 '형식적 포섭'이라고 부른다)에 대응하는 것이 외연적 축적체제이며, 노동자의 전통적인 생활양식이 해체되어 자본주의적 상품을 소비하게 되는 노동자의 생활 상태(그들은 이것을 자본에 의한 노동의 '실질적 포섭'이라고 부른다)에 대응하는 것이 내포적 축적체제라 해서, 노동력 상품화의 진전도를 자본주의의 역사적 단계구분의 기초로 하고 있다. 요컨대 "자본주의 생산이 사회생활 전체에 침투해서 모든 사회관계가 상품관계가 되는" 것이, 축적이 "가속도적으로 또 규칙적으로 진행하기" 위한 조건이라는 것이다.[45] 여기에는 자본주의의 역사적 단계 구분이라 해도 자본주의적 생산양식이 그 맹아적 형태로부터 발전해서 하나의 사회구성체 중에서 지배적이 되는 변화과정과, 이미 지배적인 것이 된 자본주의적 생산양식 자체의 운동이 만들어 내는 형태변화의 과정이라는 상호 구별해야 할 것이 구별되지 않고 명백하게 동일시되고 있다. 전자는 자본에 의한 생산과정의 포섭이 형식적·국지적인 것으로부터 실질적·전 사회적인 것으로 확장되어가는 변화과정임에 반해, 후자는 자본의 지배가 사회의 전면을 장악한 것을 전제로 한 위에서 그 축적구조의 형태변화과정인데도, 양자를 혼동하고 동일시하는 오류에 빠져 있다.

　　레귤라시옹 학파가 노동력 상품화의 진전과 실질임금 상승에 의한 소비재 시장의 확대를 확대재생산이 가속도적으로 진행하기 위한 전제조건으로 파악하는 것은 앞서 본 바와 같이 소비재 수요야말로 재생

---

45) アグリエッタ, 『資本主義のレギュラシオン理論: 政治経済学の革新』, 103쪽.

산의 동태를 결정한다는 파악 방식과 기반을 같이 하는 것이다. 자본주의적 확대재생산의 진행 도상에서는 '투자확대→임금소득 증대에 의한 소비재시장 확대→투자확대→임금소득 증대에 의한 소비재시장 확대→……'처럼 결과가 또 원인이 되어 반복하는 인과적 연쇄 메커니즘이 작동하는데, 레귤라시옹 학파는 이 연쇄의 출발점을 소비재 시장의 확대에 놓는다. 레귤라시옹 학파가 임노동관계를 중시한다고 어떻게 주장해도 그것은 결코 맑스 경제학에서 말하는 본래적 의미에서의 자본(=임노동)관계가 아니라, 전후의 경제성장을 오로지 노동자의 소비지출 확대에 의해 설명하려는 극히 일면적인 논의일 뿐이다. 이것이 레귤라시옹 학파가 내포적 축적체제를 '임금 주도형 성장', '소비 주도형 성장', 'II부문 주도형 축적체제'라고 하는 이유다. 이에 대해 맑스의 경우는 어디까지나 자본축적(투자확대)이야말로 고용량과 임금 수준을 결정하는 독립변수이며, 앞에서 본 인과적 연쇄의 출발점에 투자 확대가 있어서 인과적 연쇄의 파악 방식이 반대로 되어 있다. 분명 투자 확대에 기인하지 않는 노동자의 실질 가처분소득의 증대(예컨대 정부의 감세정책에 의한 조세부담의 경감이나 저금리정책에 의한 금리부담의 경감 등의 결과로서)가 소비지출을 증대시키고, 이것이 투자를 지탱하는 경우도 있겠지만, 자본주의라는 것이 기본적으로 자본가의 이윤요구 결정이 우선적으로 채택되고 노동자 측은 그것에 종속되는 사회인 이상, 자본주의적 재생산과정의 기본적 관계는 자본가의 이윤요구를 충족시키기 위한 투자활동에 의해 노동자의 고용과 소비수요의 크기도 결정되는 그런 관계에 있는 것이다. 임금소득 증대에 의한 소비지출 증대는 레귤라시옹 학파처럼 자본축적 동태의 전제조건이 아니라 오히려 사회적 총자본의 운동(투자활동)의 결과로서 초래된 것으로 파악해야 한다. 본래 개인 소비는 경기 확대와 경제성장의 원인이라기보다 결과인데도, 경기와 성장의 주도력을 소비에 기대하는 것은 말 앞에 마차를 묶어 달리게 하는 것과 다름없다.

이처럼 히로타는 자본축적과 재생산표식에 대한 레귤라시옹 학파와 맑스 경제학의 이론적 차이를 분명히 한다. 그리고 나서 그는 호황 과정의 핵심적인 문제, 즉 호황 과정이 그 외관과는 달리 왜 과잉축적이 누적되는 과정인가 하는 '호순환의 메커니즘' 문제 혹은 '과잉축적의 동태적 메커니즘' 문제를 해명하려 한다. 앞에서 말한 바처럼, 균형축적궤도의 개념은, 지속적이고 왕성한 축적의 확대 과정이 실제로 균형적 축적의 경로를 걷는 과정이 아니라 오히려 이러한 호황과정이 실은 '모순의 누적 과정'에 다름 아니라는 이유를 파악하기 위한 이론적 기준이다. 즉 활발한 신투자 확대와 시장 확대가 상호 자극적으로, 상호 촉진적으로 전개되어 마치 생산과 소비가 동시적·병행적으로 확대해 가는 호순환이 진전하는 것처럼 보이는 과정이, 실은 '생산과 소비의 모순'의 누적 과정이며 과잉투자의 누증에 의한 실현 문제의 잠재적 격화 과정에 다름 아니라는 것이다. 호순환과정이 동시에 과잉축적과정이라는 이 역설적인 메커니즘을 해명함으로써 히로타는 레귤라시옹 학파의 '축적체제'론에 의한 자본주의 성장과 위기의 파악방식도 명백히 그 오류를 드러낼 것으로 기대한다.

레귤라시옹 학파는 자본주의 생산에 내재하는 '생산과 소비의 모순'을 인정하는 것은 과소소비설과 같은 것이라 파악하고, 과소소비설에 의한 정체론에서는 전후 황금의 30년을 해명하지 못한다고 이해한다. 그 때문에 고도성장의 전개 과정은 하등 '생산과 소비의 모순'의 누적 과정이 아니라 '생산기준과 소비기준'이 동시적으로 발전해 대량생산과 대량소비가 호순환을 이루었던 과정이라고 파악한다. 그 필연적인 논리적 귀결로 1970년대 이래 "현재의 위기의 원인은 대량소비 중심의 내포적 축적하에서 이 시스템이 수익성 저하에 부딪히는 경향을 갖고 있기 때문이며, 이미 총수요의 부족에 부딪히는 것은 아니다"[46]라고 해 '총수요 부족'을 부정하고, 1970년대 이래 세계의 동시불황에서 자본주의가 세계적 규모로 심각한 실현 문제에 직면했다는 현실을 무시해 버린다는 것이다.

문제는 생산과 소비의 모순의 누적 과정은 곧 과소소비가 심화해서 정체경향이 강화되는 과정이라고 파악하는 것에 있다. 히로타는 모순의 누적 과정을 재생산에서의 부문 간 연관의 입체적 구조에 입각해서 동태적 과정으로 파악해야 한다고 말한다. 축적 즉 투자활동은 결코 처음부터 제한되어 있는 소비에 의해 한계지어지는 것이 아니라, 오히려 축적을 확대해 감으로써 역으로 소비의 한계 자체가 끌어올려지고 확대되는 것이다. 레귤라시옹 학파가 상정하는 바처럼 소비의 확대가 투자 확대의 전제인 것은 아니다. 자본주의 사회의 재생산규모를 결정하는 것은 바로 자본 그 자체, 투자활동 그 자체이며, 그 크기 여하에 의해 생산적 소비와 개인적 소비의 크기도 결정된다. 보다 커다란 이윤의 획득을 목적으로 투자활동을 하는 자본은 균형축적궤도로부터 상방으로 괴리해 가는 과잉축적을 전개하지 않을 수 없지만, 이러한 I부문의 자립적 발전에 주도되는 과잉축적과정은, 고정자본투자의 특수성이 있는 데다 거대한 고정설비투자가 장기의 건설 기간을 필요로 하기 때문에(즉 이 기간 동안 공급 없는 수요의 확대가 이루어지기 때문에), 바로 수급의 불균형으로서 현재화해 실현곤란의 문제로 표면화되는 것 없이 I부문 내의 상호 유발을

---

46) R. ボワイエ, 『レギュラシオン理論: 危機に挑む経済学』, 山田鋭夫 外 訳, 藤原書店, 1990, 136쪽.

통해 불균형을 잠재적인 형태로 누적시키면서 호황이 진전할 수 있는 메커니즘을 내포하는 것이다. 이 불균형으로서의 현재화를 앞으로 계속 밀어내서 호황과정을 지속해 가는 유력한 요인으로서 특히 중시해야 할 것은, 이 과잉투자의 전개 자체가 그에 따른 '계속적인 고용 증대→실질임금소득 증대→소비수요 증대'라는 프로세스를 통해 사회적 시장 규모를 확대하고, 그런 한에서 I부문의 자립적 발전의 '자립성'(불균형의 모순) 자체를 뒤로부터 해소해 감으로써 과잉투자와 재생산 규모의 확장을 가능하게 하고 유발한다는 메커니즘이다. 그러나 얼핏 보면 I부문의 자립적 발전의 자립성을 해소해 가는 것처럼 보이는 이 과정은, 실은 선행하는 과잉투자의 과잉생산으로서의 현재화를, 다시금 후속하는 보다 커다란 과잉투자를 통한 수요 증대에 의해 은폐해 가는 과정에 다름 아니다. 생산의 확대와 소비의 확대가 호순환인 것처럼 보이는 과정에서 생기는 임금소득과 소비지출의 증대는 실은 과잉축적에 수반되는 결과적인 현상에 지나지 않는다. 생산과 소비의 모순이 잠재적으로 누적해 가는 과정과, 추가투자에 의한 이윤증가가 제로 또는 마이너스가 되는 축적의 한계(즉 유효수요 증대의 자본주의적 한계)로서 '자본의 절대적 과잉생산'의 국면으로 접근해 가는 과정을 상호 표리 관계에 있는 것으로서 동태적 연관에서 파악하는 것이, 과잉축적의 동태과정의 모순적인 동학을 해명할 때의 요점을 이룬다. 이처럼 I부문의 자립적 발전이 부문 내의 상호유발을 통해 자기누적적으로 전개해 가는 과정이란 후속하는 보다 커다란 과잉투자가 선행하는 과잉투자의 과잉생산으로서의 현재화를 은폐할 수 있는 한에서 모순의 (해소가 아닌) 누적을 잠재적 형태에서 가능하게 하는 과정이며, 이 때문에 불균형이 해소되지 않고 잠재적으로 격화되는 과정이다.

요컨대, 히로타에 따르면 이 왕성한 축적이 지속적으로 전개하는 과정은 레귤라시옹 학파가 고찰하는 바와 같이 단순한 생산기준과 소비기준의 동시적·병행적 발전이 실현되는 호순환과정도 아니고, 또 과소소비가 심화되어 정체경향이 강화되는 과정도 아닌 것이다. 임금 주도, 소비 주도로 호순환이 전개되는 것이 아니라 이 과정에서 임금소득 증대에 의한 소비지출 증대는 그것에 선행하는 과잉투자의 결과에 지나지 않는다. 얼핏 보면 마치 생산 확대와 소비 확대의 상호 촉진적인 호순환이 지속하는 것처럼 보이는 과정이 동시에 I부문의 자립적 발전이 추진되는 과정이라는, 이 메커니즘의 모순적 구조를 파악하는 것이 중요하다. 이것이 이해된다면, 전후 고도성장 과정을 대량생산과 대량소비의 호순환과정이었다는 것으로부터 I부문의 자립적 발전을 부정하고 I부문과 II부문의 병행적 발전이 이루어진 과정이라고 파악하는 것이 얼마나 피상적인가가 명확해질 것이다. 실제로 1955년부터 1973년 제1차 석유위기까지의 19년간에 세계사적으로도 유례없는 GNP 연평균 10%의 고도성장을 수행한 일본에서도 실은 GNP 성장률을 상회하는 대규모 설비투자 확대에 의해 주도되는 I부문의 자립적 발전이 진전되었던 것이며, 이로써 과잉축적을 드러낸 후에는 수출에서 판로를 구하지 않을 수 없게 되었다. 그러나 이것은, 다시 말하지만, 그러한 고도성장의 진전에 수반되는 고용 증대와 임금소득 증대에 의한 노동자의 소비지출 증대가 고도성장과정을 지속시키는 유력한 요인의 하나였다는 것을 바로 부정하는 것도 아니다. 다만 그 인과관계가 문제라는 것이다.

레귤라시옹 학파는 내포적 축적체제를 포드주의적 축적체제라 부르고 포드사가 고임금 정책을 취한 것으로부터 자동차 등 내구소비재 산업에서는 생산성 상승에 비례한 실질임금 상승이라는 생산성인덱스임금제 메커니즘이 내장된 것처럼 파악하지만, 1914년의 고임금 정책은 일관작업에 수반되는 노동강화 및 단순노동에 대한 혐오감 때문에 이직률이 높아져 노무관리비가 격증한 것에 대한 대응책으로서, 양질의 직공 및 노동자의 확보와 기업 내 정착화 및 노동의욕 고무를 도모하기 위해 채용한 것이며, 당시 포드사의 이례적으로 높았던 초과이윤이 그것을 가능하게 한 것에 지나지 않았다. 더욱이 전후 내구소비재에 대한 대량소비를 지탱한 임금소득 수준의 지속적 상승도 관리통화제도에 기반한 재정 및 금융확장 정책(경제성장 정책)의 전개를 전제로 해서 비로소 실현할 수 있었다는 점도 잊지 말아야 한다. 어떻게 하든 레귤라시옹 학파가 상정하는 바와 같은 모델, 즉 임금소득 증대에 의한 소비지출 증대를 전제로 해서 이것에 주도되어 생산기준과 소비기준이 동시적으로 발전하는 호순환이 생긴다는 모델은 이론적으로 지지될 수 없을 뿐 아니라 현실적인 타당성도 결여한 것이라고 말하지 않을 수 없다.

# 제2부

# 현대자본주의의 위기와 국가독점자본주의론

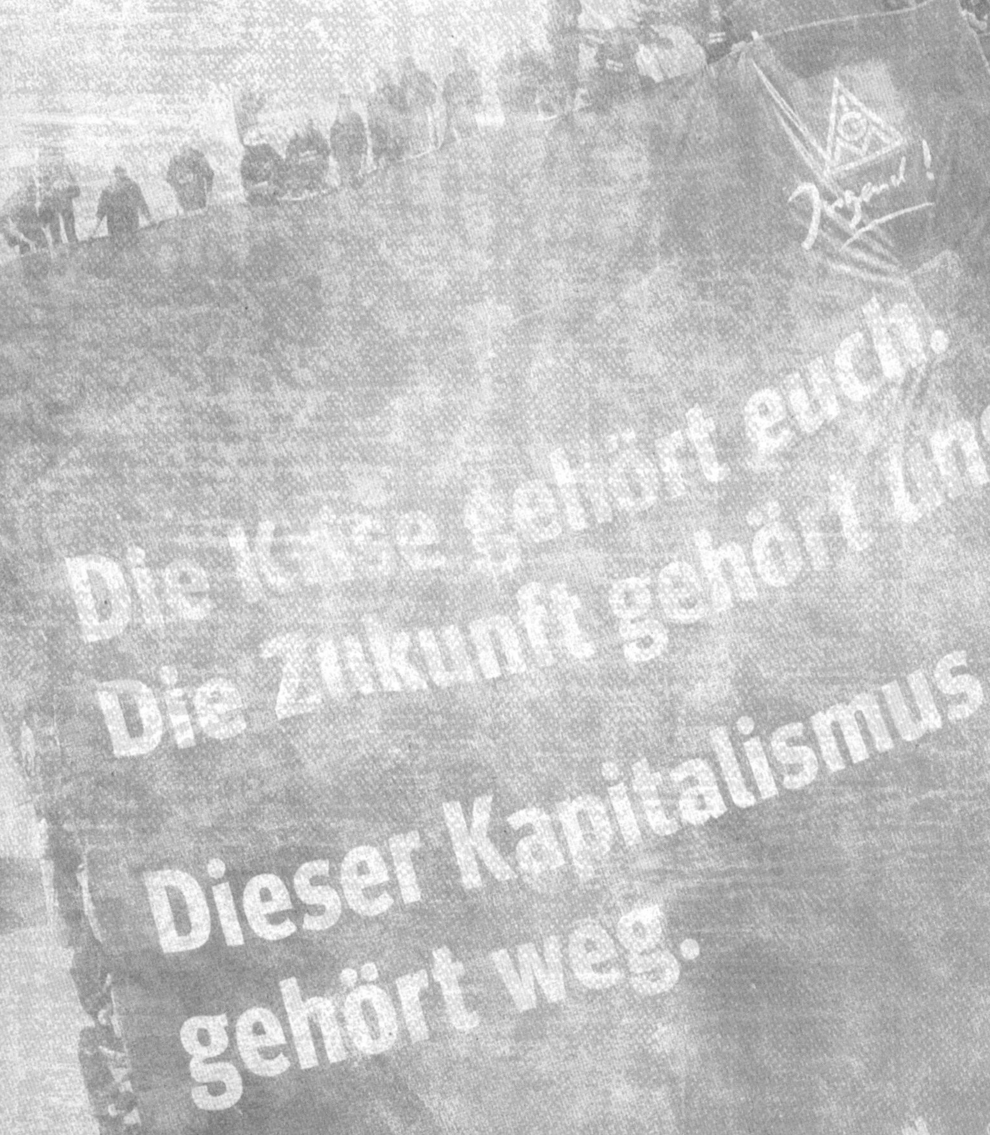

# 6장 현대자본주의의 위기와 사회화 프로그램[*]

김성구

## 1. 문제제기

사회화라는 주제[1]는 맑스주의 좌파의 핵심적 주제였고, 그 때문에 현실 사회주의의 붕괴와 함께 이제 그에 대한 토론은 현실정치의 무대로부터 사라진 것처럼 보인다. 뿐만 아니라 1980~1990년대 신자유주의 세계화의 급속한 전개 속에서 지구화에 맞서 사회화를 실현시킬 수 있는 정치경제적 공간은 더욱 제한된 상태다. 현실적인 조건을 보더라도, 또 좌파의 주체적인 역량을 보더라도 상당 기간 동안 사회화를 다시 현실의 정

---

[*] 김성구, 「현대자본주의의 위기와 사회화 프로그램의 이행론적 함의」, 『마르크스주의 연구』 제2권, 제1호, 2005를 약간 수정·보완하고 제목도 바꾸었다.

1) 맑스주의 문헌에서 사회화란 자본주의적 사적 소유와 시장적 조절 그리고 자본가적 통제를 공동의 소유와 계획적 조절 그리고 노동자 통제로 전환하는 것을 의미하는 포괄적인 개념이다. 독일어로는 'Vergesellschaftung'이고 'Sozialisierung'은 동의어다. 영어로는 'socialization'이다. 영어와 달리 독일어의 'Sozialisation'은 흔히 개인의 성장과정의 본질적 측면으로서 사회적 규범과 가치를 개인이 내화하는 것을 가리킨다. 'Vergesellschaftung'의 원래의 개념과 개념 사용방식의 변화 그리고 관련 쟁점 등에 대해서는, Heinz Jung, "Vergesellschaftung", *Europäische Enzyklopädie zu Philosophie und Wissenschaften*, Hamburg: Felix Meiner Verlag, 1990 참조.

치적 쟁점으로 가져오기는 어려울 것이다. 그럼에도 현대자본주의가 사회화라는 쟁점을 피해 갈 수 있는 것은 아니다. 사회화의 쟁점은 자본주의 발전이 가져온 위기 속에서 제출된 것이고, 특히 현대자본주의의 구조위기와 신자유주의의 위기가 사회화를 현재적인 쟁점으로 만들기 때문이다. 현대자본주의의 위기 속에서 사회화가 쟁점으로 제출될 수밖에 없음에도 불구하고 이를 정치적 쟁점으로 가져가기 위한 현실적·주체적 조건이 와해된 상황, 이것이야말로 신자유주의가 지배하는 현대자본주의하에서 탈위기의 전망 없이 위기가 심화되는 근본적인 이유이다.

　　현대자본주의의 위기는 단순히 주기적인 공황으로서 파악할 수 없는 구조적·장기적 성격의 위기이며 자본주의의 구조적인 재편을 요구하는 위기이다.[2] 구조위기는 근본적으로 자본주의하 생산력의 일층의 발전이 자본관계와 충돌하는 것으로부터 비롯되는 바, 맑스주의 정치경제학의 용어로 표현하면 이윤율의 경향적 저하법칙의 관철에서 비롯되는 자본주의의 체제적 위기이다. 따라서 이 위기는 생산력의 발전에 조응하는 자본관계의 새로운 전화, 즉 사회화를 요구하기 때문에 위기극복은 자본주의 내에서 사회화의 진전과 결합하지 않을 수 없다. 이 새로운 사회화 형태의 발전이야말로 자본주의 구조 재편의 핵심을 이룬다. 독점자본주의와 국가독점자본주의로의 자본주의의 단계적 발전은 다름 아닌 자본주의의 이러한 비가역적 구조재편을 표현하는 것이다.

---

2) 좌파이론 내에서 현대자본주의의 위기를 구조적 위기로 이해하는 것은 이제 일반화되어 있다. 구조위기, 조절위기, 대위기, 장기불황 등으로 불리우는 이 위기에 대한 이론작업은 국가독점자본주의론, 네오맑스주의, 조절이론, 장기파동론 등 다양한 이론경향으로부터 수행되었다. 『먼슬리 리뷰』(*Monthly Review*)도 근년 구조위기 테제를 확인하였다. Monthly Review Editors, "The New Face of Capitalism: Slow Growth, Excess Capital, and a Mountain of Debt", *Monthly Review*, vol.53, no.11, Apr. 2002.

자본주의 역사상 제3차 구조위기라 할 장기불황을 배경으로 1970~1980년대 사회화 토론이 활성화되고 국제 사민주의가 급진화되었던 역사는 바로 이런 사정에 기인한다. 케인스주의의 파산에 직면하여 케인스주의로부터 신자유주의로 전환되는 역사에는 '사민주의의 급진화'와 '사회화 프로그램의 대안'이라는 대항의 역사가 대치하였다. 파산한 케인스주의에 대한 신자유주의와 사회화, 이 두 개의 근본적 대안의 투쟁 속에서 신자유주의로의 역사적 전환이 이루어졌던 것이다. 1980년대 중반 이래 국제 사민주의의 사회화 실험은 소진되었고, 사민주의는 '제3의 길'이라는 노선하에 신자유주의로 경도되면서 일층 우향화되었으며, 그후 20년의 신자유주의 지배는 사회화 프로그램의 현실적 토대를 와해시켰다. 그러나 신자유주의의 지배하 지속되는 현대자본주의의 위기 자체가 바로 사회화 대안에 대한 새로운 검토를 요구하게 한다. 당면한 위기정세에서 지금까지의 자본주의적 사회화를 역전시키고 이를 신자유주의 정책과 결합하려는 기만에 대항해서, 자본주의적 사회화가 보다 진보적인 내용을 갖도록 경제정책의 방향을 전환시키려는 작업이 필요하며, 그런 논쟁 속에서만 비로소 자본주의를 넘어가는 사회화 요구의 새로운 전망이 열릴 것이다. 그 때문에 사회화에 대한 올바른 이해와 그 역사적 토론을 돌아보는 것은 오늘날 신자유주의 경제정책의 이데올로기를 비판하고 좌파적 전망하에서 탈위기의 대안을 모색하는 데 필수불가결하다.


## 2. 자본주의하에서의 사회화와 구조위기[3]

자본주의는 생산수단의 사적 소유(와 그에 따른 소유와 노동의 분리)와 시장조절에 입각한 사적 상품생산체제임에도 불구하고 이 체제는 이미 사회적 생산의 한 형태이다. 왜냐하면 개별 생산자는 사회적 분업과 상품교환에 매개되어 사회적 생산 전체의 일부로서, 그리고 그 개별 노동은 사회전체 노동의 일부로서 존재하기 때문이다. 그러나 그것은 상품교환에 의해 '사후적으로만' 실현된다는 점에서 '간접적인' 사회화의 형태이다. 자본주의 생산의 발전과 함께, 즉 사회적 분업과 생산력의 발전과 함께 사회화의 이 형태는 일층 진전하지만, 간접적인 사회화의 성격은 근본적으로 지양되지 않는다. 그런데 자본주의 생산의 근본적으로 간접적인 이 사회화 형태는 '계획적'이고 '직접적'인 사회화의 형태를 포괄하고 있고, 자본주의의 발전과 함께 이 직접적인 사회화 형태 또한 자본주의 틀 내에서 성장한다. 이 글에서 주목하는 사회화의 형태는 바로 이 형태의 사회화다. 이런 형태의 사회화는 본질적으로 미래사회의 계획적 생산에 조응하는 형태라는 점에서 자본주의적 사적 생산에 낯선 형태이지만, 자본주의 생산은 이 형태를 불가분의 요소로서 포괄할 뿐 아니라 이 형태의 성장을 자신의 일층의 발전을 위한 불가결의 요소로 전제하게 된다. 물론 자본주의하에서 사회화의 규정적 형태는 간접적인 사회화 형태며, 직접적 사회화 형태는 간접적 사회화 형태와 자본관계에 종속되어 기본적으로 제한적이며 적대적인 성격을 갖는다. 맑스주의의 고전적 이론가들에 따르면, 자본주의하에서 발전하는 이 직접적인 사회화 형태들이란 다름 아니라 공장 수준에서의 계획적인 분업과, 나아가 독점과 주식회사 그리고 국가독점의 성장을 가리킨다.[4]

---

3) 이 절의 주요 내용은 Jörg Huffschmid, "Staatseigentum und demokratischer Staat: Zu den Perspektiven einer fortschrittlichen Vergellschaftungskonzeption", Hg. Heiner Heseler & Rudolf Hickel, *Wirtschaftsdemokratie gegen Wirtschaftskrise*, 1986[김성구 편저, 『사회화와 공공부문의 정치경제학』, 문화과학사, 2003에 수록] 참조.

그러면 간접적 사회화가 규정적인 이 사적 생산체제 내에서 어떻게 직접적 사회화의 경향이 발전하는가? 자본주의의 주기적 공황과 구조적 위기에 대한 그 함의를 올바로 이해하기 위해서는 이에 대한 이론적 설명이 필요하다. 물론 독점과 국가독점에 관한 광범위한 이론 논쟁이 여기서의 주제는 아니다. 여기서는 다만 사회화의 경향과 자본주의의 위기, 그리고 자본주의적 사회화의 형태로서 독점과 국가독점의 형성·발전에 관한 간략하지만 체계적인 개관을 주고자 할 뿐이다.

후프슈미트에 따르면, 자본주의하에서 발전하는 사회화는 객관적 사회화(objektive Vergesellschaftung)라 불려지는데, 객관적 사회화는 '사후적'·'간접적' 사회화의 형태가 지배적이지만, 그 내에서 '계획적'·'직접적' 사회화의 형태도 발전한다. 먼저 생산력의 발전에 따른 공장 내에서의 계획적인 분업의 발전이 그것이다. 또 그와 함께 사회적 분업의 고도화와 시장의 무정부적 조절 간의 위험 증대에 따라 무정부성과 공황을 회피하고자 하는 콘체른이 성장하게 된다(이는 생산의 사회화를 넘어 재생산의 사회화를 의미한다). 나아가서는 생산력의 일층의 발전에 따른 재생산의 계획적인 통제의 필요성과 사적 콘체른 수준의 제한된 사회화 간의 간격으로부터 국가독점의 형태가 발전될 것이 요구된다. 그런데 이러한 계획적·직접적 사회화의 형태는 간접적 사회화의 형태에서 발전하는

---

4) 이와 관련해서는 『자본』 제1권의 자본주의 생산과정에 대한 분석과 자본축적의 역사적 경향, 제3권의 주식자본에 대한 이행론적 함의, 그리고 독점 및 국가개입에 관한 동일한 맥락의 맑스의 언급과 엥겔스의 첨언(Karl Marx, *Das Kapital*, Bd.3, *MEW*, Bd.25), 『공상에서 과학으로의 사회주의의 발전』에서의 엥겔스의 정식화(Friedrich Engels, *Die Entwicklung des Sozialismus von der Utopie zur Wissenschaft*, *MEW*, Bd.19), 레닌의 『임박한 파국, 그것에 어떻게 대응할 것인가』(Vladimir Il'ich Lenin, *Die drohende Katastrophe und wie man sie bekämpfen soll*, *LW*, Bd.25, Berlin: Dietz-Verlag, 1970) 등을 참조.

자본주의의 주기적 위기와 그 심화(구조적 위기)에 대응하여 성장하지만, 국가독점조차도 그것은 근본적으로 자본관계에 규정되어 있기 때문에, 어디까지나 이 위기를 자본주의적 방식으로 일정하게 해결한다는 자본주의적 사회화의 성격을 넘어서지 못한다. 따라서 자본관계로부터 발전하는 위기를 근본적으로 지양할 수도 없다. 한편 객관적 사회화에 대응하여 노동자계급의 주체적 사회화(subjektive Vergesellschaftung)도 성장한다. 주체적 사회화는 공장과 개별기업 수준에서의 노동조합의 결성으로부터 산업부문과 전국 수준의 노동조합연맹으로, 그리고 나아가서는 노동자당의 건설로 발전하며, 노동자계급으로 하여금 사회화의 자본주의적 성격을 지양하도록 생산수단의 사회화 요구를 제출하기에 이르게 한다. 즉 노동자계급은 자본주의적 사회화의 소유 토대를 폐절시키고, 이를 생산과 분배 그리고 소비에 대한 공동의 민주적 계획과 조절에 의해 대체하고자 한다. 주체적 사회화는 이렇게 잠재적으로 혁명적이다. 이로써 자본가계급의 자본주의적 사회화와 노동자계급의 혁명적 사회화가 대치하기에 이른다.

자본주의하에서 사회화가 객관적으로 진전되고 이 객관적 사회화를 토대로 하여 노동자계급의 혁명적 사회화 요구가 제출되는 과정은 자본주의의 구조적 위기와 노자 간 계급투쟁에 의해 매개된다. 즉 자본주의 생산의 일정한 단계에서 생산력의 일층의 진보가 더 이상 협소한 생산관계와 조응하지 못하게 되면, 그것은 이윤율의 경향적 저하로 표현되며, 이윤율의 경향적 저하는 자본주의의 구조적 위기로 표출된다. 이 구조적 위기는 점점 더 고도화하는 생산력의 사회화에 사적 자본관계가 조응하지 못하는 것의 표현이므로, 자본주의는 사적 자본의 본질적 특징을 일정하게 지양하는 사회화 형태를 통해서만 이 구조위기를 극복할 수 있다.[5] 물론 이 사회화는 자본주의 틀 내에서의 사회화일 뿐이며, 근본적으로 자본관계 및 이윤관계에 의해 규정되고, 그러한 한에서 제한된 사회화이다. 따라서 이런 형태의 사회화는 자본주의 발전의 위기적 경향을 근본적으로 지양할 수 없고, 따라서 그 발전의 일정한 단계에서 다시 구조위기를 가져오며, 새로운 자본주의적 사회화 형태를 발전시킨다. 지금까지 자본주의 역사에서 이러한 구조위기는 세 번 있었다. 1873~1895년 시기의 대불황이 그 첫번째였고, 1930년대의 대공황이 두번째였으며, 1970년대 이래로 세번째 구조위기가 진행되었다. 앞서 말한 바처럼 독점과 콘체른(과 그 전제로서 주식회사)은 제1차 구조위기하에서 발전된 사회화 형태였고, 국가독점은 제2차 구조위기가 가져온 사회화 형태였다.

국가독점의 형태가 일반적으로 발전된 현대자본주의에서 자본주의는 더 이상 사적 형태만으로는 존립하기도 어렵고 작동할 수도 없다. 이 사회화 형태가 자본주의를 위기로부터 구원하는 데 복무한 것이었고 그 때문에 노동자계급의 혁명적 요구와 대립하는 것이었다 해도, 국가독점의 형태로 현존하는 자본주의적 사회화는 이제 노자 간 계급투쟁의 주요 대상이 되었고, 노동자계급은 이를 둘러싼 논쟁을 회피할 수가 없다. 즉 자본주의 확대재생산의 주요 부분이 국가독점에 의해 매개되는 이상, 국가독점은 노동자계급의 재생산과 계급투쟁에 있어 주요 대상이자 무대로 전화되었으며, 노동자계급이 국가독점이라는 자본주의적 사회화를

---

5) 후프슈미트는 앞서 언급한 글에서는 사회화의 역사적 경향을 명시적으로 구조위기와 연관시키지 않고, 또 자본주의 구조위기를 이윤율의 경향적 저하법칙의 관철과 연관해서 설명하지도 않는다. 국가독점자본주의론자인 그는 구조위기와 관련된 다른 글들에서 오히려 좌파 케인스주의를 따라 생산과 소비 간의 장기적인 불균형 경향을 구조위기의 원인으로 파악하는데, 이는 국가독점자본주의론과 이에 입각해 국가독점자본주의의 조절위기를 주장하던 논자들에서 종종 보이는 이론적 오해라 할 수 있다.

둘러싼 논쟁을 건너뛰고 혁명적 사회화로 나아가는 길은 더 이상 가능하지 않은 것으로 보인다. 뿐만 아니라 국가독점이 궁극적으로는 자본관계와 독점자본의 이해에 의해 규정된다 해도, 국가독점의 구체적 형태와 내용은 계급투쟁과 계급관계의 구체적 양상에 의해 영향받기 때문에, 국가독점이 노동자계급에게 보다 복무하는 방향으로 기능하도록 그 내용을 개혁하는 것은 일정한 범위 내에서 가능하다. 이 때문에 국가부문의 확장과 이에 대한 민주적 통제를 통해 민주적 구조개혁을 강제하는 것은 좌파의 경제정책 구상에 중요한 과제이며, 특히 위기의 시기에는 사회화를 둘러싼 논쟁이 치열해지므로 더더욱 그러하다. 이것이야말로 구조위기와 좌파의 경제정책에 대해 사회화 문제가 지니는 간과할 수 없는 함의라 할 것이다. 나아가 혁명적 사회화는 자본주의적 사회화의 내용을 진보적 방향으로 개혁하는 과제를 극단으로 추구하는 것으로 나타날 것이고, 여기에는 독점자본의 사회화라는 근본적 단절이 불가피하다.[6]

## 3. 제3차 구조위기로서 케인스주의적 국가독점자본주의의 위기

현대자본주의의 위기는 대체로 1960년대 말/1970년대 초 이래 현재에 이르는 시기의 위기를 의미한다.[7] 이 위기는 단순하게 주기적·순환적 공

---

6) 맑스주의 노동자운동의 정통의 역사에서 전개된 사회화 요구와 그 지위에 관한 논의에 대해서는 「사회화와 구조개혁 그리고 이행의 쟁점에 대하여」, 김성구 편저, 『사회화와 이행의 경제전략』, 이후, 2000 참조.

7) 정확하게 말하면, 현대자본주의의 위기를 일괄해서 제3차 구조위기로 표현할 수는 없다. 제3차 구조위기는 케인스주의적 국가독점자본주의의 위기로서 표출되었고, 대체로 1960년대 말/1970년대 초부터 1980년대 말/1990년대 초에 이르는 시기의 위기를 가리킨다. 이 구조위기를 배경으로 자본주의는 탈위기의 대안으로서 신자유주의적 전환을 시도하였고, 대체

황으로 이해할 수 없는, 구조적 성격의 위기다. 물론 이 시기 동안에도 자본주의 세계경제는 1974/1975년 공황, 1980/1982년 공황, 1991/1993년 공황 그리고 2001/2003년 공황 등 4개의 주기적 공황을 겪었다. 또 구조위기란 이 주기적 공황들과 별개로 존재하는 어떤 위기도 아니다. 그럼에도 이 시기의 위기를 특별히 구조적 위기로 규정하는 근거는, 주기적 공황들의 양상이 초순환적 성격의 특징들을 보여 준다는 데에 있다. 즉, 자본주의 세계경제는 1970년대 이래 전후의 고도성장의 동학을 상실하고 불안정하게 되었는바, 이는 저성장과 대량실업의 구조화, 재정위기와 인플레, IMF의 고정환율제의 붕괴, 자본주의 중심국가들 간의 경쟁 심화, 자본자유화와 금융세계화, 외채위기와 외환위기의 파상적 전개 등에서 표현되었다.[8] 전후 브레턴우즈 체제의 위기와 해체를 의미하는 이 성장동학의 상실과 불안정화의 근저에는 이윤율의 경향적 저하와 과잉자본의 구조화가 놓여 있었고, 또 독점자본주의와 국가독점자본주의의 고유한 모순과 위기 메커니즘이 작동하였다. 따라서 10년 주기의 순환적 공황으로는 구조화된 과잉자본을 결코 청산할 수 없었고 구조위기를 극복

---

로 1980년대 말/1990년대 초에는 그 전환이 완료되어 신자유주의적 국가독점자본주의가 확립되었다. 신자유주의가 확립되는 이 시기는 후에 보는 바와 같이 신자유주의에 대립하는 사민당 좌파의 사회화 프로그램이 최종적으로 실패하고, 신자유주의에 대한 좌파의 정치적 대항력이 거의 소진되는 시기와 일치한다. 따라서 1990년대 이후 현재에 이르는 시기의 위기는 제3차 구조위기의 연장선에서가 아니라 신자유주의적 국가독점자본주의의 구조적 위기로서 파악해야 한다. 신자유주의적 국가독점자본주의 체제는 이전의 구조위기에서 등장한 체제들과 달리 새로운 장기번영을 가져오지 못하고, 구조적으로 불안정한 위기의 체제이다. 이 때문에 신자유주의적 국가독점자본주의의 구조위기란 이전 체제들의 구조위기와 달리 이 체제 자체의 성립과 함께 시작된, 이 체제 자체의 구조화된 위기를 말한다.

8) 자본주의 중심국가들의 성장률 추세 및 거시경제지표의 변화에 대해서는 Jörg Huffschmid, *Politische Ökonomie der Finanzmärkte*, Hamburg: VSA Verlag, 2002; Robert Brenner, *The Boom and the Bubble: The US in the World Economy*, London: Verso, 2002[정성진 옮김, 『붐 앤 버블』, 아침이슬, 2002] 등을 참조.

하기 어려웠다. 이렇게 구조위기는 전후 자본주의의 새로운 구조재편과
축적동학을 요구하는, 근본적 성격의 위기였다.[9]

---

9) 구조위기와 관련된 맑스주의 논쟁에 대해서는 다음을 참조. Ulrich Dolata u.a., *Große Krisen des Kapitalismus: Lange Wellen der Konjunktur?*, Frankfurt am Main: IMSF, 1985; PROKLA u.a., *Kontroversen zur Krisentheorie*, Hamburg: VSA-Verlag, 1986; Hg.Jürgen Hoffmann, *Überproduktion, Unterkonsumtion, Depression*, Hamburg: VSA-Verlag, 1983; Arbeitsgruppe Alternative Wirtschaftspolitik, *Memorandum 1984*, Köln: Pahl-Rugenstein, 1984; Dieter Klein, *Chancen für einen friedensfähigen Kapitalismus*, Berlin: Dietz-Verlag, 1988; Brenner, *The Boom and the Bubble*. 국가독점자본주의의 조절위기론은 구조위기의 근본적 원인으로서 이윤율의 경향적 저하법칙의 지위를 올바로 파악하지 못하고, 독점과 국가독점이 가져온 재생산의 특수한 정체나 생산과 소비의 초순환적 불균형으로 인한 초순환적 과잉축적으로 구조위기를 설명한 반면, 네오맑스주의는 이윤율의 경향적 저하법칙으로 구조위기를 설명하지만, 독점과 국가독점을 부정하여 이것들의 작용에 의해 변화된 현대 구조위기의 특수성을 규명하지 못하고, 이윤율의 경향적 저하법칙을 기계적인 장기파동론과 결합시켰다. 대안경제정책 연구그룹(Arbeitsgruppe Alternative Wirtschaftspolitik, 일명 '메모란둠 그룹')도 독점지배에 의한 현대자본주의의 변용과 생산–소비 간의 장기적 불균형을 결합해서 구조위기를 설명하였으며, 브레너는 이윤율 저하로 구조위기를 설명하면서도 이윤율 저하를 이윤율의 경향적 저하법칙으로 파악하지 않고, 국제경쟁의 격화에 따른 생산설비의 과잉 즉 과잉생산의 문제로 이해하였다. 한편 조절이론은 위기론을 명시적으로 전개하지 않으면서도 이윤율 저하와 생산–소비의 불균형이라는 두 개의 요소를 절충해서 장기위기론을 구성하였다. Michel Aglietta, *A Theory of Capitalist Regulation*, London: Verso, 1979; Robert Boyer, *La Théorie de la régulation: Une analyse critique*, Paris: La Découverte, 1986[정신동 옮김, 『조절이론』, 학민사, 1991]. 브레너는 조절이론에 대한 비판에서 생산과 소비의 불균형으로 제2차 구조위기를 설명하는 것은 맑스 이론의 오독이라며 구조위기의 원인으로서 이윤율 저하법칙을 견지하였는데, 2002년의 저서에서는 수익성 저하와 이윤율 저하를 말하면서도 실제로는 제3차 구조위기를 과잉생산의 문제로 파악하였다. 로버트 브레너·마크 글릭, 「조절접근: 이론과 역사」, 『사회경제평론』 5, 1992. 이렇게 구조위기를 둘러싼 논쟁에서도 주기적 공황의 원인에 관한 두 개의 이론(이토 마코토[伊藤誠]의 표현을 빌리면 상품과잉공황론과 자본과잉공황론) 간의 논쟁이 반복되었다. 이토 마코토, 『가치와 공황』, 김수행 옮김, 비봉, 1988. 그러나 구조적 위기가 주기적 공황과 상이한 차원의 위기라는 점을 생각하면, 이런 이론적 착종은 심각한 문제가 아닐 수 없다. 여기서는 이 문제에 들어갈 여유가 없고, 다만 주기적 공황은 과잉생산의 위기이고 구조위기는 이윤율의 경향적 저하에서 비롯되는 위기라는 것, 그리고 이러한 이해방식은 자본주의 경제의 현실적·순환적 운동과 이념적·평균적 운동의 관계에 대한 맑스의 분석방법에 근거한다는 것만 지적하도록 한다. 주기적 공황과 구조위기의 관계에 대한 문제를 포함하여 맑스의 공황론의 관련 쟁점과 논쟁의 현 상황에 관해서는 A.Müller, "Marxistische Konjunkturforschung: einige methodische Überlegungen", *Z. Zeitschrift Marxistische Erneuerung*, Nr.49, Mär. 2002와 김성구, 「마르크스의 공황론 방법과 주기적 과잉생산공황론」, 『마르크스주의 연구』 제10호, 2008을 참조.

그에 따라 맑스주의 정치경제학에서는 1974/1975년 공황을 통해 활성화되었던 주기적 공황논쟁이 1980년대에는 구조위기를 해명하려는 논쟁으로 전환되었고, 나아가 자본주의 전체 역사에서의 이 구조위기의 위상과 의의에 대한 토론이 전개되었다. 이 토론으로부터 현대자본주의의 위기가 1930년대의 대공황에 비견되는 또 하나의 구조위기라는 점이 확인되었고, 이 위기를 포함하여 자본주의 역사에서 세 번의 구조위기가 존재하였다는 점도 대체로 수용되었다.

현대자본주의의 위기는 2차대전 종전 후 성립한 브레턴우즈 체제의 자본주의 —— 케인스주의 형태로 성립한 국가독점자본주의 —— 가 발전의 한계를 노정한 것으로서 그 성격을 규명하기 위해서는 케인스주의적 국가독점자본주의의 성립과 발전 그리고 위기에 대한 분석이 필요하다. 나아가 케인스주의적 국가독점자본주의는 1930년대~1940년대의 제2차 구조위기를 매개로 하여 성립했기 때문에 이 위기의 성격을 규명하는 것도 필요하다.

케인스주의적 국가독점자본주의의 성립과 관련하여 1930년대의 대공황이 의미한 바는 한 가지 점에서 분명하였다. 그것은 자유주의 시장경제의 파산이었는데, 이는 신고전학파 교조가 그리던 경제학의 세계가 현실자본주의의 세계와는 전혀 다른 세계임을 드러내 보였다. 시장경제의 자유로운 힘들이 최적균형과 완전고용 그리고 최대후생을 가져다 준다는 신고전파 명제는 현실자본주의의 대량실업과 기업도산 그리고 신용붕괴에 직면하여 파산했던 것이다. 대공황 직전까지 기승을 부렸던 국제 투기자본의 운동 또한 자유시장경제에 대한 신뢰를 꺾어 놓았다. 20세기 자본주의는 19세기 자본주의와 달리 더 이상 시장경제의 힘들에만 의존해서는 작동할 수 없게 되었고, 오히려 시장경제의 힘들에 대한 일정한 규제와 제한을 통해서만 존립할 수 있게 되었다. 그것은 자본주의 생산력이 일층 진보하고 사회화된 단계에서 사적 (독점)자본만으로는 더이상 그 생산력을 조절하는 것이 불가능하게 되었음을 표현한다.

이렇게 케인스주의적 국가독점자본주의는 1930년대 이윤율의 위기와, 그에 따른 이른바 자유시장경제(실제는 사적 독점자본주의)의 파산의 결과였다. 뿐만 아니라 그것은 자동적으로 제도화된 것이 아니라 대공황과 파시즘의 등장, 또 한 번의 세계대전 그리고 사회주의 체제의 성립을 배경으로 하여 진행된 노자 간 계급투쟁의 결과로서만 제도화될 수 있었다. 무엇보다 소련 사회주의의 결정적 기여에 입각한 반파시즘 연합국의 승리, 국제적 혁명과 사회주의 진영의 성립, 그리고 반파시즘 투쟁을 통해 강력한 세력으로 등장한 노동자계급의 투쟁만이 자본주의의 위기에 대처하는 국가개입에 개혁적인 성격을 강제할 수 있었다. 케인스주의적 뉴딜하에서 자본의 무제한적 이윤추구는 제한되었고, 금융자본에 대한 통제와 노동자계급의 권리가 제도화되었다. 반면 자유시장경제의 파산과 파국적인 전쟁을 통해 약화된 자본가계급은 체제의 유지와 안정을 위해 노동자계급에게 일정한 양보가 불가피하였다. 물론 그 양보는 혁명적 노동자계급의 배제와 고립이라는 보상을 통해서만 이루어졌다. 이로써 완전고용과 소득분배의 개선 그리고 사회보장을 위한 노동자계급과 독점자본가계급 간의 생산성 동맹이라는 케인스주의적 국가독점자본주의가 성립하였던 것이다.

그러나 케인스주의적 개입주의 형태가 가능했고 또 작동할 수 있었던 궁극적 토대는 전쟁기간을 통해 과잉자본을 청산하고 잉여가치율을 제고하는 등 이윤율 조건을 다시 개선한 데 있었음에 주목해야 한다. 전자 및 핵 동력의 새로운 기술혁신과 포드주의 생산방식 또한 상대적 잉여가치 생산의 개선에, 그리고 그럼으로써 이윤율 개선에 기여하였다. 케인스주의적 국가독점자본주의가 작동할 수 있었던 국내적·국제적 모든 조건은 이 이윤율 조건을 전제로 하였다. 노자 간 계급타협과 사회보장 입법이 가능했던 것도, 그 하에서 독점자본의 축적이 가능했던 것도, 또 미국 헤게모니에 입각한 IMF제도와 고정환율제도가 유지될 수 있었던 것도 궁극적으로는 이윤율 조건의 개선과 그에 입각한 고도성장 때문이었다. 물론 역으로 이윤율 조건이 개선되었다고 해서 자동적으로 자본주의가 안정화될 수 있는 것은 아니다. 현대자본주의가 이미 국가개입주의를 불가결한 존립조건의 하나로 포괄하고 있는 이상, 상응하는 사회화된 조절체계를 창출하는 것은 자본주의가 안정적으로 성장하기 위한 절대조건이 아닐 수 없다. 따라서 케인스주의적 자본주의가 성립하고 작동할 수 있었던 것은 평균이윤율 조건의 개선과 이에 상응한 사회화된 조절체계의 창출 덕분이었으며, 다시 말해 평균이윤율 조건의 개선과 케인스주의라는 형태의 사회화된 조절체계의 결합에 있었다.[10]

이렇게 이해하면, 1970년대 케인스주의적 국가독점자본주의의 위기와 케인스주의의 파산에 대한 이론적 설명도 분명해진다. 1970년대 이르러 케인스주의적 국가독점자본주의가 발전의 한계를 노정하고 불안정하게 된 근본적인 원인은 20여 년간의 고도성장의 결과 이윤율의 경향

---

10) 케인스주의적 자본주의와 브레턴우즈 체제의 성립 및 작동방식, 그리고 위기적 전개에 대해서는 Huffschmid, *Politische Ökonomie der Finanzmärkte*, Ch.3; Institut für International Politik und Wirtschaft, *Währungsprobleme des heutigen Kapitalismus*, Berlin: Dietz-Verlag, 1982; Eric Hobsbawm, *Age of Extremes: The Short Twentieth Century, 1914~1991*, London: Michael Joseph, 1994[이용우 옮김, 『극단의 시대: 20세기 역사』상·하, 까치, 1997]; 박승호, 『좌파 현대자본주의론의 비판적 재구성』, 서울대학교 경제학 박사학위 논문, 2004, 제4장 참조.

적 저하법칙이 다시 관철된 데 있다(물론 케인스주의적 국가독점자본주의의 위기는 그뿐만이 아니라 독점자본주의의 정체경향의 작동과 국가독점적 조절 메커니즘의 모순에서도 비롯된 복합적 성격의 위기였다. 단적으로 인플레이션과 스태그네이션의 결합은 이런 중층적인 위기관련하에서만 파악할 수 있다). 이윤율 조건의 악화는 일정한 이윤율 수준 위에서만 작동할 수 있었던 케인스주의적 조절체계를 위기에 빠뜨렸던 것이다. 따라서 그에 입각한 계급타협도 적대적 투쟁으로 전환하였다. 이는 다시 말해 케인스주의적 국가독점자본주의하에서 일층 진보한 사회적 생산력이 케인스주의라는 형태로 정착된 제한적인 사회화와 더 이상 조응될 수 없었다는 것, 생산력의 사회화가 진전되는 것에 조응해서 생산관계의 일층의 사회화가 요구되었다는 것을 나타낸다.[11] 케인스주의적 조절이란 독점자본의 이윤논리를 사회적으로 일정하게 제한하고 통제하는 것이기는 했지만, 기본적으로는 독점이윤의 지배에 규정된 것이었다. 그 때문에 그것은 독점자본의 처분권에 대한 일정한 제약을 가하기는 하였지만, 독점자본의 소유권을 침해한 것은 아니었다. 따라서 독점자본에 대한 케인스주의

---

11) 이와 관련하여 두 가지 점을 명확히 하도록 한다. 우선 이윤율 저하의 단순한 역사적 반복을 여기서 말하는 것이 아니다. 수식으로 보면, 평균이윤율은 $p=ne/(q+1)$로 표시할 수 있다(단, $p$: 평균이윤율, $e$: 잉여가치율, $q$: 자본의 유기적 구성, $n$: 자본의 연간 회전도). 따라서 이윤율의 운동은 크게 보아 3개의 변수에 의존하므로, 이윤율의 경향적 저하가 관철한다면, 그것은 이 3개 변수의 변화의 순효과로 이해할 수 있다. 그러나 자본주의 구조위기의 분석은 이 3개 변수의 수량적 변화를 역사적 맥락에서 분석하는 것이고, 그러한 한에서 각각의 구조위기는 동일하게 이윤율 저하의 법칙으로 설명한다 하더라도 특수한 분석을 요하게 된다. 특히 그것은 구조위기를 통한 자본주의의 비가역적 변화들(독점과 국가독점)을 포괄하는 것이므로 더더욱 그러하다. 둘째는, 이윤율 저하법칙은 생산력 발전을 표현하는 자본의 유기적 구성의 고도화를 잉여가치율이나 자본회전도의 증가로 상쇄하는 데는 한계가 있어 이윤율이 저하한다는 것을 표현하는바, 자본관계와 이윤관계가 지배하지 않으면 생산력 발전이 문제가 될 것이 없다는 점이다. 따라서 이윤율 저하는 자본주의하에서의 생산력 발전의 모순을 표현하고 있고, 이를 지양하기 위한 사회화로의 길을 지시하고 있다.

적 통제와 제한은 근본적으로 제한적인 성격을 가질 수밖에 없었다. 케인스주의하에서 이윤논리의 관철과 초과이윤을 둘러싼 경쟁, 그에 따른 생산력의 일층의 진보와 이윤율 저하의 위기하에서 이러한 제한적으로 사회화된 조절체계는 파산에 직면하게 된 것이다. 이른바 스태그플레이션과 달러위기(달러의 금 태환 폐기)는 케인스주의적 국가독점자본주의의 파산을 공식화하는 상징이었다.

## 4. 부르주아적 탈위기 대안: 케인스주의 대 신자유주의

이윤율 저하와 구조위기하에서 이를 자본주의적 방식으로 극복하기 위해서는 무엇보다도 평균이윤율의 회복이 요구되었다. 그러나 문제는 평균이윤율의 회복만이 아니라 그 위에서 자본주의의 작동을 사회적으로 조절할 수 있는 새로운 조절체계의 확립이었다. 그리고 이 조절체계는 케인스주의적 개입주의보다는 보다 더 사회화된 형태여야 했다. 이는 현대자본주의의 구조위기가 생산력의 일층의 사회화에 대비하여 케인스주의 형태의 제한된 사회화가 직면한 한계에서 비롯된 것이기 때문이다. 케인스주의보다 더 진보적인 개입주의는 불가피하게 평균이윤율의 회복이 아니라 그 악화를 가져올 것이므로, 이는 자본주의적 위기 극복 방안과 대립되는 것이다. 이 좌파적 개입주의는 평균이윤율의 개선을 통해서 위기를 극복하는 것이 아니라 자본축적의 이윤종속성을 탈각시킴으로써 위기를 극복하고자 한다. 그에 반해 평균이윤율의 회복이라는 자본주의적 방식의 위기 극복을 위해서는 케인스주의를 해체하는 시장주의 원리의 복원이 필요하다. 그것이 다름 아닌 신자유주의였다. 그런데 이러한 반(反)개입주의는 현대자본주의하에서는 불가능하며, 오히려 위기를 심화시키지 않을 수 없다. 신자유주의는 시대착오적인 자유시장경제의 최적균형 명제에 입각하여 케인스주의를 비판하였고, 오히려 기왕에 진전된 사회화 형태들의 해체와 자유주의적 방식에 의한 이윤율의 회복과 위기 극복을 선전하였다. 그러나 신자유주의가 이윤율의 회복을 일정하게 달성하고서도 오히려 위기의 극복이 아니라 위기의 심화를 가져왔던 것은 근본적으로 이런 모순 때문이었다.

주지하다시피 역사적으로 파산한 케인스주의는 힉스(John Richard Hicks), 새뮤얼슨(Paul Samuelson) 등 신고전파 종합에 입각한 우파(정통파)의 케인스주의였다. 케인스주의 우파는 케인스의 불완전고용의 세계와 신고전파의 완전고용의 세계를 종합시킨다는 시도 하에 케인스의 일반이론을 불완전고용이 존재하는 경우의 특수한 이론으로 끌어내렸으며, 국가의 공공수요 창출 정책으로 완전고용은 달성될 수 있고, 완전고용이 달성된 세계에서는 시장에서의 수요와 공급의 작용(가격기구의 작동)으로 최적균형을 이룰 수 있다고 주장하였다.[12] 따라서 케인스주의 우파의 경제정책은 유효수요 확장과 소득 재분배 그리고 사회보장정책에 한정되었고, 독점자본의 지배를 근본적으로 규제하기 위한 개입을 제한하였으며, 시장기구의 작동을 기본적으로 신뢰하였다. 신고전파 종합의 케인스주의는 전후 자본주의의 장기번영을 배경으로 이론적 설득력을 높여 갈 수 있었지만, 이윤율의 장기적 저하와 새로운 구조위기 그리고 스태그플레이션 앞에서 파산할 수밖에 없었다. 인플레를 잡기 위한

---

12) Corrado Benassi & Alessandra Chirco & Caterina Colombo, *The New Keynesian Economics*, Oxford: Blackwell, 1994, p.10 이하; Fernando J. Cardim de Carvalho, *Mr Keynes and the Post Keynesians: Principles of Macroeconomics for a Monetary Production Economy*, Aldershot: Edward Elgar, 1992, Ch.1 참조.

긴축정책은 기업도산과 실업증대 등 위기를 심화시켰고, 실업을 줄이기 위한 확장정책은 인플레를 악화시키는 딜레마 상황에 빠졌던 것이다.[13]

　　케인스주의에 대한 신자유주의의 비판은 여러 측면에 걸쳐 있었고, 그 경제학 또한 다양하게 구성되어 있었지만,[14] 완전경쟁과 가격기구의 신축적 작용하에서 자본주의 경제는 언제나 완전고용의 최적균형을 달성한다는 명제[15]가 그 비판의 궁극적 토대였다. 이 명제는, 불완전경쟁의 조건과 가격의 경직성이라는 현대자본주의의 변화된 특징을 이론적으

---

13) 반면 케인스주의 좌파는 현대자본주의의 위기에 직면하여 케인스 이론의 장기침체 명제와 그 정책론적 결론에 입각해 오히려 케인스를 변호하였다. 즉 고도로 발전한 자본주의는 장기침체 경향을 갖는다는 것, 이를 극복하기 위해서는 누진세 외에 투자의 사회화를 위해 이윤원리를 일정하게 지양하는 사회화된 기업, 말하자면 반관반민(半官半民) 기업의 창출이 필요하다는 것이 그것이다. 우파 케인스주의는 장기침체 명제를 부정함으로써 신고전파 종합을 이룩할 수 있었는데, 좌파 케인스주의는 케인스주의 우파의 경제이론이 오류였다는 것을 케인스 자신에 근거해서 논증하였다. 즉 주기적 과잉생산공황을 국가의 유효수요정책에 따라 어떻게 주기적으로 극복한다 하더라도, 그렇게 고도로 성장하는 자본주의는 유효수요의 장기적 제한(한계소비성향의 감소에 따른 소비수요의 감소와 자본의 한계효율의 저하에 따른 투자수요의 감소)에 부딪칠 수밖에 없기 때문에 장기침체에 빠진다는 것이다. 현대자본주의의 구조위기는 바로 이런 상황을 증명한다는 것이다. 이에 따르면 현대 구조위기에 직면하여 파산한 것은 우파 케인스주의고 케인스 이론 자체는 아니며, 현대 구조위기 속에서 오히려 케인스의 장기침체론은 올바름이 입증된 셈이다. 이런 점에서 좌파 케인스주의는 현대 구조위기의 성격에 대해 맑스주의 좌파와 상당 정도로 견해의 접근을 보이고 있다. 케인스주의 좌파의 주장과 문헌은 Rudolf Hickel, "Die theoretischen Grundlagen des Memorandums", *Alternative Wirtschaftspolitik*, Argument-Sonderband AS 35, Berlin: Argument-Verlag, 1979; Harald Mattfeldt, *Keynes: Kommentierte Werkauswahl*, Hamburg: VSA-Verlag, 1985를 참조. 그런데 케인스 자신은 장기침체 명제로부터 이런 진보적인 정책 결론을 끌어내고서는 곧 이 결론을 상대화시키는 언급을 하고 있어 우파 케인스주의로의 길도 열어놓았다. John Maynard Keynes, *The General Theory of Employment, Interest and Money*, London: Macmillan, 1973, Ch.24. 이런 점에서 케인스 이론이 신고전파의 개념 비판으로까지 나가지 못해 근본적인 한계가 있다는 아글리에타의 비판은 올바르다. Aglietta, *A Theory of Capitalist Regulation*, p.11.
14) 신자유주의 경제정책은 프리드먼(Milton Friedman)의 통화주의, 균형예산주의, 공급 측면의 경제학, 신고전파, 새고전파, 하이에크(Friedrich August Hayek) 등의 자유주의 경제학, 그리고 오이켄(Walter Eucken)과 사회적 시장경제론의 신자유주의에 이르기까지 다양한 경제학을 원천으로 하였고, 따라서 그 경제학은 단일하게 체계화된 것은 아니었다.

로 포착하고 이로부터 불완전고용의 불가피성을 논증하였던 케인스주의와 본질적으로 대립되는 것이다. 이러한 관점에서 신자유주의는, 국가의 경제개입이 시장경제의 교란 요인으로 작용할 뿐이며, 궁극적으로 또는 단기적으로도 국가개입이 실물경제에 영향을 미칠 수 없다고 비판하고, 경제로부터 국가개입의 축출을 주장하였다. 이렇게 긴축정책과 자유화·민영화·유연화는 그 정책론적 귀결이었다.

프리드먼의 통화주의와 공급측면의 경제학으로부터 루카스(Robert Lucas) 등의 새고전파(New Classical)에 이르는 케인스주의 비판은 대체로 다음과 같이 정리할 수 있다.[16] 첫째, 이미 언급한 바처럼, 불완전경쟁과 가격경직성의 조건하에서 자본주의 경제가 유효수요의 부족으로 내적 불균형에 빠진다는 케인스주의 명제에 대해 신자유주의는 신축적인 시장청산을 통한 자본주의의 최적균형 달성을 기본적으로 전제하였다. 둘째, 따라서 자본주의 경제 활성화의 핵심적 과제는 유효수요의 창출이 아니라 자원의 공급과 저축 그리고 생산성의 증대 등 공급조건의 개선에 있다. 셋째, 이를 위해서는 증세와 재정확장에 입각한 정부규제 대신

---

15) 이는 신자유주의 이론 세계가 아직도 19세기 자유경쟁자본주의를 상정하는 것이라는 점에서 시대착오일 뿐 아니라, 설령 19세기 자유경쟁자본주의를 상정한다 하더라도 그 자본주의 세계는 신자유주의 이론 세계가 그리는 것과는 크게 다르다. 그 시기 자본주의에서도 자유경쟁과 신축적인 가격기구가 시장청산과 완전고용을 보장하기는커녕 언제나 10년 주기로 경제위기가 발발했으며, 또 신자유주의가 전제하는, 완전정보를 가지고 최적화된 행동을 하는 전지전능한 인간은 현실 어디에서도 존재하지 않았다.

16) 소련 세계경제·국제관계연구소, 『부르조아 경제학 비판』, 민족민주운동연구소 경제분과 옮김, 장백, 1989; Hg. Alfred Bönisch, *Demokratische Alternativen in Wirtschafts-theorie und Wirtschaftspolitik*, Köln: Pahl-Rugenstein, 1987; Graham K. Shaw, *Keynesian Economics: The Permanent Revolution*, Aldershot/Hampshire: Edward Elgar, 1988[김동연 외 옮김, 『뉴케인스 경제정책』, 동인, 1999]; Benassi et al., *The New Keynesian Economics* 등 참조.

에 감세와 재정균형하에서 탈규제와 민영화를 추진해야 한다. 넷째, 적자
재정을 통한 확장정책으로써 실업률을 감소시킨다는 케인스주의 정책
은 기껏해야 단기적으로 효과를 가질 뿐이고, 장기적으로는 자연실업률
을 감소시킬 수 없으므로(적응적 기대하 장기에서 필립스 곡선의 파산 또는
자연실업률 수준에서 수직적인 장기 필립스 곡선의 존재) 재정정책은 무용
하며, 인플레 억제를 목적으로 하는 통화주의적 화폐관리로 정책중심을
전환해야 한다. 다섯째, 완전한 정보와 합리적 기대 가설의 전제하에서는
정부 정책의 효과를 기대할 수 없고, 정부의 수요관리정책은 경제의 실
질변수를 변화시킬 수 없다.

신자유주의로부터 케인스주의 정통파에 대한 이러한 공격에 대한
케인스주의의 대응은 새케인시안(New Keynesian)으로 나타났다.[17] 새
케인시안은 비판의 표적이 되었던 케인스주의 거시경제이론의 미시경
제적 토대를 강화하면서도, 불완전경쟁과 가격경직성 조건을 견지하거
나 또는 이 조건 자체를 미시경제적 최적화 행동의 결과로서 파악함으로
써, 새롭게 신자유주의의 완전경쟁과 시장청산 가정들을 비판하고, 독점
과 제도화된 노사관계가 지배하는 현대자본주의의 변화된 조건하에서
케인스의 결론들을 변호하고자 하였다. 그러나 새케인시안 경제학은 결
국 새고전파의 미시경제적 접근을 수용하는 것이었고, 새고전파에 대한
이론적 항복을 의미하는 것이었으며, 이는 말하자면 신판 신고전파 종합
과 같은 결과를 가져왔다.

케인스주의에 대한 신자유주의 경제학의 복잡다단한 이론적·정책

---

17) Shaw, *Keynesian Economics: The Permanent Revolution*; Benassi et al., *The New Keynesian Economics* 참조.

적 논쟁에도 불구하고 그 정치적 핵심목표는 간단했다. 인플레를 잡는다는 명분하에 실업을 양산하고 그럼으로써 노동자계급에 타격을 가하는 것, 케인스주의적 국가독점자본주의에서 이룩했던 사회적 조절체계를 해체하고 자본주의의 조절을 다시 전적으로 시장의 경쟁과 규율 그리고 이윤원리에 위임하는 것, 바로 이것이었다. 그로써 신자유주의적 전환은 평균이윤율의 조건을 개선하는 데는 분명 기여하였지만, 사회화된 조절체계를 급진적으로 해체함으로써 구조위기를 더욱 심화시키고, 자본주의 세계경제를 더욱 불안정하게 만들었다. 1930년대의 대공황과 케인스주의적 국가독점자본주의의 성립이 근본적으로 자유시장경제의 파산을 배경으로 했다는 점을 상기한다면, 케인스주의를 해체하고 자유시장경제의 복귀를 시도한 신자유주의 정책이 위기를 심화시킨 것은 당연한 귀결이었다. 같은 이유로 신자유주의는 결코 케인스주의적 국가개입주의로 표현되는 사회화된 조절체계를 모두 해체시키고, 20세기 이전의 자유주의 경제와 '야경국가'로 돌아갈 수도 없었다. 현대자본주의하에서 그것은 불가능한 프로젝트였던 것이다. 이러한 모순으로 인해 신자유주의적 전환은 케인스주의적 국가독점자본주의를 대체했지만 국가개입주의 자체를 대체할 수는 없었고, 다만 국가개입주의의 한 변종을 다른 변종으로 변화시켰을 뿐이다. 즉, 케인스주의적 국가독점자본주의는 신자유주의적 국가독점자본주의로 변화하였고, '케인스주의 복지국가'로부터 '신자유주의 규율국가'로 개입주의 국가의 형태가 변화하였다. 신자유주의 규율국가는 국가개입을 이윤원리 및 시장규율의 강화와 결합시킨 모순적인 국가였다. 그로써 신자유주의 규율국가하에서 사회복지의 해체, 감세, 민영화, 자유화, 개방화 등 탈조절과 탈사회화는 일정하게 또는 급진적으로 진전되었지만, 다른 한편 기업보조금, 경제의 군사화, 국제경쟁 등에서 국가의 개입은 더욱 강화되었다. 요컨대 그것은 국가개입을 폐지한 것이 아니라 국가개입의 내용과 성격 그리고 수단을 변화시켰다.

## 5. 좌파의 탈위기 대안으로서 사회화 프로그램

케인스주의와 신자유주의 간 논쟁의 다른 한편에서는 이 논쟁을 넘어 일층의 사회화를 통해 이윤율 저하의 모순을 지양하고 경제위기를 극복한다는 좌파의 사회화 전략이 제출되었다. 유럽의 사민당과 노동당 좌파(및 공산당)를 중심으로 기획된 사회화 프로그램은, 당시 국제 사민주의 내에서 사회화 강령이 이미 또는 사실상 사문화되었던 것을 생각하면, 획기적인 것이 아닐 수 없었다. 국제 사민주의의 이와 같은 급진화는 이 구조위기가 현대자본주의의 일층의 사회화를 통하지 않고서는 극복하기 어렵다는 위기의 역사적 성격을 반영하는 것이다. 이 시기 국제 사민주의 내에서 사회화 프로그램이 제출된 주요한 역사를 간략하게 정리한다면, 먼저 1973년 영국 노동당은 주요 산업과 기업을 국민기업위원회(National Enterprise Board, NEB)로 포괄하는 정책을 핵심으로 하는 '대안경제전략'(Alternative Economic Strategy, AES)을 당의 공식적 정책강령으로 채택하였다.[18] NEB는 영국의 100대 기업 중 25개 기업을 국유화하고 75개 기업에 대해서는 계획협정을 맺어 가격과 임금, 투자와 고용, 기술 개발, 노사관계 등 경제정책 전반에 걸쳐 국가의 계획적 통제를 수행할 수 있게 하는 것이었는데, 노동당은 비록 희석되기는 하였지만 이 정책강령을 담은 선거강령으로써 1974년 선거에서 승리하였다.

프랑스 사회당과 공산당은 1972년 '공동정부 강령'(Programme commun de gouvernement)에 합의하였는바, 이는 대통령선거와 국회

선거에서 좌파가 승리할 경우 시행될 대안적인 경제사회정책의 방향을 보여 주었다.[19] 사회당과 공산당의 공동정부 구상은 1981년 대통령 선거에서 사회당 미테랑 대통령의 집권과 사회당-공산당 공동정부의 출범으로 현실화되었다. 프랑스에서 좌파의 집권은 이 시기 급진화하는 사민주의 정치의 정점을 이루는 것이었다. 1981년 사회당과 공산당의 '공동정부 정책강령에 관한 공동선언'은 최저빈곤층의 소득 증가, 주(週) 노동시간 단축, 공공부문의 확장, 새로운 경제성장을 준비하기 위한 2개년 정리 계획의 작성 등을 담고 있었다.[20] 이에 따라 1981년 대대적인 국유화법안이 통과되었고,[21] 1982년 프랑스는 국유화 조처로 서유럽에서 오스트

---

18) AES와 관련 논쟁에 대해서는 장석준,『최근의 사회화 정책 논의와 한국 사회에서의 그 적실성』, 연세대학교 사회학 석사 논문, 2002; London CSE Group, "Crisis, the Labour Movement and the Alternative Economic Strategy", *Capital and Class*, no.8, Summer, 1979(김성구 편저,『사회화와 이행의 경제전략』에 수록); Francis Cripps, "The British Crisis: Can the Left Win?", *New Left Review*, no.128, July-Aug. 1981; David Coates, "Labourism and the Transition to Socialism", *New Left Review*, no.129, Sept.- Oct.1981 참조. 런던 CSE 그룹은 AES의 핵심 내용을 다음처럼 요약한다. ①NEB를 강화시키는 과정과 함께, 은행과 보험회사 그리고 다수의 거대 제조업체들을 포함하는 공공부문을 실질적으로 확장시킨다. ②공공부문 및 민간부문에 성장과 투자 프로그램의 기초를 제공하는 경제계획을 발전시키고, 이를 계획협정(planning agreement)과 비협조적 기업에 대한 제재 조치를 통해 강화시킨다. ③생활 수준의 즉각적인 개선 및 공공부문 긴축의 중단. 이는 투자를 증대시키고 실업을 줄일 것이다. ④군비 지출의 대폭 삭감. ⑤엄격한 물가 통제. ⑥무역수지 균형을 위한 수입통제의 부과 및 외채상환을 위한 해외자산의 매각. ⑦계획화 과정과 산업민주주의의 발전의 모든 단계에 노동조합과 다른 민중조직들이 참여함으로써 경제생활을 전반적으로 민주화한다. London CSE Group, "Crisis, the Labour Movement and the Alternative Economic Strategy", p.69.
19) 경제정책과 관련하여 이 강령은 ①노동자계급의 생활 개선을 위해 우선적으로 수행해야 할 조처들(노동 및 생활조건 개선, 실업문제 해결, 노동조합의 공동결정, 구매력 증가, 사회보장, 주택건설, 교육, 문화, 가족, 여성문제 등), ②경제의 민주화(주요 산업과 은행 및 금융기관 전체의 국유화), ③국가기관과 사회제도의 민주화 그리고 민주적 권리와 자유의 보장 및 확대를 담고 있었다. Bönisch, *Demokratische Alternativen in Wirtschaftstheorie und Wirtschaftspolitik*, S.248.
20) ibid., S.255.

리아 다음으로 커다란 공공부문을 갖게 되었으며, 공기업과의 계획협약을 통해 계획적인 경제정책 및 산업정책을 수행할 토대를 확보하였다.

한편 1976년 스웨덴 노동조합총연맹(Landsorganisationen, LO)은 마이드너(Rudolf Meidner)의 '임금노동자기금'안을 공식화하였는데, 이는 영국과 프랑스의 국유화(및 계획화) 방안과 달리 기금을 통한 사회화 방안이었다. 이에 따르면 매년 대기업의 과세 전 이윤의 20%를 신규발행주식의 형태로 갹출받아 산업별 또는 지역별 노동조합조직이 집단적으로 소유·관리하고, 이를 통해 스웨덴 노동조합은 대기업의 지배주주로 성장할 것을 기대하였다. 이 방안으로 스웨덴 노동조합은 대기업의 초과이윤을 해당기업에 재투자하여 경제성장을 촉진하며, 노동자의 집단적 주식 소유를 통해 해당기업을 통제하고 노동자들의 경영참가를 달성한다는 것이다. 스웨덴 사민당은 노동조합의 이 좌파적 사회화 방안에 대해 비판적이었지만, 기금을 통한 사회화 방안은 왜곡된 형태지만 LO와 사민당의 공동안으로 자리 잡게 되었다.[22]

국제사민당의 보수적인 흐름을 대변하던 독일 사민당에서는 이 시기 당 내에서 분출하는 좌파적 경향과 국가개입주의적 경향을 억압하고자 하였지만, 당 밖에서는 1975년에 공산당의 이론가들과 협력하는 '대안경제정책 연구그룹'(Arbeitsgruppe Alternative Wirtschaftspolitik)이 결성되었다. 이 그룹은 케인스주의적인 유효수요정책의 한계를 사회

---

21) 이 법안에는 5개의 거대 산업콘체른, 36개 은행과 두 개의 거대 금융회사, 2개의 최대 철강 콘체른, 두 개의 군수 콘체른의 국유화가 포함되었다. 그밖에 3개의 부분적으로 외국소유 하에 있는 콘체른의 국유화도 1982년에 뒤따랐다. Bönisch, *Demokratische Alternativen in Wirtschaftstheorie und Wirtschaftspolitik*, SS. 260~261.

22) 장석준, 『최근의 사회화 정책 논의와 한국 사회에서의 그 적실성』, 7쪽 이하; 신정완, 『임노동 자기금 논쟁과 스웨덴 사회민주주의』, 여강, 2000, 3장 참조.

화 프로그램과 결합하여 극복하고자 했는데, 이론적으로는 좌파 케인스주의와 국가독점자본주의론의 결합에 토대를 두었고, 매년『메모란둠』(*Memorandum*)을 발표하여 신자유주의적 전환에 대항하는 대안경제정책을 발전시켜 왔다. 그 때문에 이 그룹은 메모란둠 그룹으로 불린다. 메모란둠 그룹은 경기순환적인 단기 대책으로서 유효수요 확대, 완전고용정책, 주 35시간 노동제를, 중장기 대책으로서 한편으로는 수출산업의 내수산업으로의 전화, 군수산업의 평화산업으로의 전화, 사회급부의 확대, 환경정책을, 다른 한편으로는 공동결정권의 확대, 기간산업의 사회화(국유화), 국가의 민주적 통제 등 이윤동기에 대신하는 필요동기의 강제, 민주적인 국가통제를 제시하였다.[23] 또한 1985년에는 독일 최대의 노동조합인 금속산업노조가 철강산업의 구조적 위기에 대응하여 철강산업의 사회화를 공식적으로 결정함으로써 독일에서도 사회화 프로그램은 현실적인 쟁점으로 전화하였고, 메모란둠의 경제정책은 현실 노동운동에 의해 뒷받침되기에 이르렀다.[24]

  이렇게 국제사민당 내에서 사실상 사문화되었던 사회화 강령은 현

---


23) Jörg Huffschmid, "Möglichkeiten systemimmanenter Krisenüberwindung?", *Alternative Wirtschaftspolitik*, Argument-Sonderband AS 35, 1979, S.93. 메모란둠 그룹의 이론과 정책에 대해서는 또한 Hickel, "Die theoretischen Grundlagen des Memorandums"; Heiner Heseler & Rudolf Hickel, "Wirtschaftskrise, Wirtschafts-demokratie und Vergesellschaftung", Hg.Heseler & Hickel, *Wirtschaftsdemokratie gegen Wirtschaftskrise*, Hamburg: VSA-Verlag, 1986[김성구 편저, 『사회화와 공공부문의 정치경제학』에 수록]; Bönisch, *Demokratische Alternativen in Wirtschaftstheorie und Wirtschaftspolitik*, Ch.3 참조.
24) 이에 대해서는 Rudolf Judith & Jürgen Peters, "Vergesellschaftung der Stahlindustrie: Ein Kernelement des 'Stahlpolitischen Programms der IG Metall'", Hg.Heseler & Hickel, *Wirtschaftsdemokratie gegen Wirtschaftskrise*, 1986; Arbeitsgruppe Alternative Wirtschaftspolitik, *Memorandum 1983*, Köln: Pahl-Rugenstein, 1983, S.192 이하 참조.

대자본주의의 위기 속에서 현실의 요구로서 정치 무대에 다시 등장하였다. 그러나 이들 국가에서 사회화 대안은 결국 좌절 또는 실패하고 말았다.[25] 먼저 영국 노동당의 NEB는 1974년의 선거공약에서 이미 25개 대기업의 국유화 조처가 삭제되었고, 우여곡절 속에 통과된 1975년의 '산업법'에서는 계획협약이 아니라 상업적 논리에 입각한 운영과 자본가들의 지배로 인해 사회화를 담당하는 기관으로서의 성격을 상실하였다. 프랑스 사회당과 공산당의 국유화 조처도 프랑스 산업과 금융을 계획적으로 통제하고 노동자들의 자주관리를 실행하기보다는 점차 상업적 목표에 복무하였고, 프랑스 자본주의를 합리화하고 대외경쟁력을 유지하는 데 기여하였다. 그 때문에 이미 1984년에 공산당은 공동정부로부터 철수하였다. 스웨덴의 임금노동자기금안도 원래의 마이드너안으로부터 1978년과 1981년 두 개의 LO-사민당 공동안을 거치면서 훼손되었을 뿐 아니라, 1983년 사민당 정부의 입법안에서는 기금 재원의 적립과 기간도 제한되었고, 한 기업에 대한 한 기금의 주식소유 한도도 최고 8%로 한정되었으며, 5개의 기금 운영의 주체도 정부임명 이사로 결정되었다. 따라서 노동자들의 주식소유에 근거해서 대기업을 통제한다는 원래의 사회화 방안은 좌절되고 말았고, 이 기금들은 1984년부터 1990년까지 운영된 후 1991년 부르주아 연립정부에 의해 해체되기에 이르렀다.

---

25) 신정완, 『임노동자기금 논쟁과 스웨덴 사회민주주의』; 장석준, 『최근의 사회화 정책 논의와 한국 사회에서의 그 적실성』; 김수행·안삼환·정병기·홍태영, 『제3의 길과 신자유주의』, 서울대학교 출판부, 2003; London CSE Group, "Crisis, the Labour Movement and the Alternative Economic Strategy"; Bönisch, *Demokratische Alternativen in Wirtschaftstheorie und Wirtschaftspolitik*; W. Rand Smith, "Nationalizations for What? Capitalist Power and Public Enterprise in Mitterrand's France", *Politics & Society* 18, no.1, Mar. 1990[김성구 편저, 『사회화와 공공부문의 정치경제학』에 수록] 등 참조.

이 좌절과 실패를 어떻게 평가해야 하는가? 사회화 대안의 정치경제학적 의의를 밝히고 현대의 지속되는 경제위기하에서 대안정책을 모색함에 있어, 이 좌절과 실패를 평가하는 문제는 중요하다.[26] 사민당 내좌파의 영향력이 취약했던 독일의 경우를 차치하면, 당과 노동조합의 공식적인 강령으로까지 승인되었던 사회화 프로그램이 이렇게 좌절하게 되는 데에는, 먼저 당내 좌우파의 논쟁과 그 논쟁에서 우파가 승리해온 역사를 들 수 있다. 물론 당내 좌우파의 논쟁은 당내 논쟁만이 아니라 당밖의 자본가 단체, 국가관료, 보수적 언론의 압박과, 심지어 경제위기하에서 보수화되는 일반 노동자들의 이데올로기를 반영하는 것이었다.

둘째로는, 당내 좌우파의 논쟁과 정치적·사회적 이데올로기 논쟁은 그 자체만이 아니라 자본주의의 위기와, 위기하에서 진행되는 자본주의의 신자유주의적 전환 그리고 국민적 자본주의간의 격화되는 국제경쟁에 의해 매개되고 규정되었다. 원래 사회화 프로그램의 제출은 자본주의의 현대적 위기를 반(反)자본주의적 방식으로 극복한다는 의도를 가진 것인데, 위기하에서 거세지는 자본의 논리를 수용하고 그에 적응하게 되

---

26) 예컨대 AES에 대해서는 London CSE Group, "Crisis, the Labour Movement and the Alternative Economic Strategy"처럼 개혁투쟁과 사회주의로의 전화를 매개해주는 이행적 성격의 강령으로 파악하는 논자들이 있었는가 하면, John Holloway & Sol Picciotto, "Capital, Crisis and the State", *Capital & Class*, no.2; Summer, 1977처럼 개량주의의 흐름으로 폄하하는 논자들도 있었다. 따라서 그 좌절에 대해서도 평가가 다를 수밖에 없다. Coates, "Labourism and the Transition to Socialism"는 맑스주의의 원칙적 입장에서 평가하면서도 AES에 대한 노동당 좌파의 환상과 양보, 의회정치에의 몰두, 이윤율을 회복하려는 자본진영의 강력한 반발 등을 좌절의 요인으로 지적하고, 사회주의를 추진하기 위한 '공간'을 자본주의 내에서 구축하는 전략의 딜레마를 언급하였다. 또 Cripps, "The British Crisis: Can the Left Win?"에 따르면, AES는 좌파로부터도 우파로부터도, 국제화된 위기하에서 국민적 수준의 전략은 적절한 것이 아니고 국제자본의 압력과 국내외의 정치적 반대에 직면할 것이라는 동일한 비판을 받았는데, AES가 자본주의의 폐지냐 아니면 전략의 실패냐 하는 양자택일에 묶여 있는 것은 아니라는 것이다.

면, 사회화 프로그램은 이미 위기 극복의 프로그램이 아니라 위기를 심화시키는 프로그램이 되고, 결국 프로그램의 우향화를 요구하게 된다.[27]

셋째, 사회화 프로그램은 이렇게 사민당 정부하에서 원래의 취지대로 현실에 적용되지 못했다. 따라서 제대로 실행되지도 않은 사회화 프로그램에 대해 이 프로그램이 반자본주의적 방식으로 위기를 극복하는 데 실패하였다는 식으로 그 좌절을 평가하는 것은 잘못된 일이다. 물론 역사적 맥락으로부터 사회화 프로그램만을 떼어내서 그 정책적 순결성을 주장하는 것도 올바른 태도는 아니다. 문제는 경제위기하에서 사회화 프로그램을 실행하는 데 있어 자본의 논리가 강제하는 경쟁법칙과, 특히 신자유주의와 국제화가 열어놓은 국제경쟁의 격화를 고려하여 어떻게 이 프로그램을 실천할 수 있는가를 모색하는 것이다. 넷째, 사회화 프로그램

---

27) 경제위기의 역사에서 실로 국제 사민당은 사회화 프로그램을 실행하기보다는 오히려 보수적인 경제정책(예컨대 세계대공황 시기에서도 긴축정책이나 환 평가 유지정책 등)을 집행하곤 했는데, 현대의 구조위기하에서도 신자유주의적 전환을 가져온 것은 보수당 정부가 아니라 이미 사민당 정부하에서였다. 1976년 영국 노동당이 경제위기하에서 파운드화 가치하락을 막기 위해 IMF로부터 구제금융을 받고 IMF의 임금억제와 긴축정책을 수용한 것이라든가, 대처에게 1979년 권력을 넘겨주기 전에 이미 노동조합과 사회협약을 맺어 임금 가이드라인을 유지하고 있었다는 것은 노동당 지배하에서 '신자유주의적' 정책이 도입된 것을 말해 준다. 김수행 외, 『제3의 길과 신자유주의』, 1편 1장. 또 프랑스 사회당이 소유와 권력구조를 민주화하는 방향으로 국유화 정책을 실행해서 민주적 구조개혁의 길로 나가는 대신 프랑스 자본주의의 국제경쟁력을 강화하는 방향으로 활용함으로써, 국유화는 위기에 대한 반자본주의 전략의 성격을 잃었고 1982년 이래 오히려 위기의 심화를 가져왔으며, 경제불황과 실업증대는 역으로 사회당의 신자유주의화를 강화하였다. 1983년 모로아(Pierre Mauroy) 총리가 발표한 '10개항 프로그램'은 인플레 억제를 위한 공공부문 적자 감소와 강제저축을 통한 소비 감소(및 수입억제와 프랑화 방어) 두 가지로 요약될 수 있는데, 이는 다름 아닌 신자유주의 정책이었다. Bönisch, *Demokratische Alternativen in Wirtschaftstheorie und Wirtschaftspolitik*, S.254 이하. 스웨덴의 임금노동자기금안이 LO와 사민당의 공동안으로 가면서 이 기금안이 경제침체를 극복하기 위한 자본형성의 방안임을 부각했던 것도 같은 맥락의 왜곡이었다. 임금기금안의 반자본주의적 성격에 대한 비판을 완화시키고자 경제침체를 극복하기 위한 자본주의적 방안이라고 각색할수록 임금기금안에서 반자본주의적 성격을 탈각시켜야 했다. 신정완, 『임노동자기금 논쟁과 스웨덴 사회민주주의』, 415쪽 이하.

은 이렇게 위기의 자본주의를 합리화하고 구원하는 수단으로 활용될 수도 있고, 또는 반대로 노동자계급이 민주적 구조개혁을 통해 위기의 자본주의를 사회주의적으로 전화시켜 나가는 단초적 수단이 될 수도 있다. 이 때문에 좌파 내에서 사회화 대안을 둘러싸고 개량주의 논쟁이 일어나는 것인데, 1970~1980년대의 역사적 경험으로부터 사회화 대안을 개량주의의 길로 결론짓는 것은 오류이다. 사회화 프로그램의 성격을 규정하는 것은 형식적인 프로그램이 아니라 실제적 내용이며, 누가 누구를 위해 어떤 목표하에서 어떻게 사회화 프로그램을 실행하는가가 문제이다. 그리고 이를 결정하는 것은 계급적·정치적 힘관계이다. 다섯째, 그러므로 사회화 프로그램은 단순한 프로그램 구상이 아니라 자본주의의 개혁과 전화를 위한 정치투쟁이며, 정치투쟁을 통해서만 현실적으로 실행될 수 있다. 따라서 현실의 경제위기 속에서 불가피하게 토론될 수밖에 없는 사회화 쟁점에 대한 대중들의 인식이 제고되고, 그 속에서 노동운동과 대중운동이 정치적으로 고양되는 과정에서만 사회화 프로그램은 현실적 프로그램으로 자리 잡게 될 것이다.


## 6. 맺음말

자본주의가 구조위기에 직면하여 점점 더 사회화의 요소를 도입함으로써만 이 위기를 극복해 왔다는 것은 구조위기의 역사로부터 확인할 수 있다. 현대의 구조위기에 있어서도 이 위기는 케인스주의를 넘어서는 사회화의 일층의 도입을 요구하는 것이고, 그 때문에 1970~1980년대 탈위기의 해법을 둘러싸고 국제 사민당 내에서 사회화 대안이 제출되었던 것이다. 그러나 사민당의 사회화 프로그램은 현실에서 왜곡되어 관철될 수 없었고, 그럼으로써 신자유주의적 전환의 길을 열어 주었지만, 신자유주의 정책은 오히려 위기를 심화시키고 세계화시켰다. 이것 또한 현대 구조위기의 성격에 비추어 예정된 결과였다. 따라서 현대자본주의의 지속되는 위기 속에서 사회화 프로그램의 정치경제학적 의의를 재평가하고 좌파의 대안을 모색하는 것은 여전히 중요한 과제가 아닐 수 없다. 물론 지구화와 금융화로 표현되는, 신자유주의가 야기한 자본주의 세계의 현실은 1970~1980년대의 조건과 비교하여 너무도 변화하였기 때문에, 사회화 프로그램의 검토는 새로운 차원에서 수행해야 할지 모른다. 지구화 시대에 전략적으로 사회화를 도입하는 것이 더욱 어려운 과제가 된 것은 분명하지만, 그럼에도 분명한 또 하나의 사실은 사회화 프로그램을 거부하고서는 구조위기를 극복할 전망을 갖기도 어렵다는 것이다. 또 사회화를 부정하는 위기극복 전략은 어떻게 사회주의의 수사를 동원한다 하더라도 자본주의적 위기극복 전략이며, 이런 점에서 이른바 '제3의 길'도 자본주의적 전략일 수밖에 없다. 따라서 문제는 근본적인 성격이며, 신자유주의의 현실적 지배와, 가까운 장래에 사회화 프로그램의 전망 부재에도 불구하고, 사회화의 토론은 계속될 수밖에 없을 것이다.[28]

---

28) 영국, 프랑스, 독일의 사민주의 정당들이 경제위기 속에서 이른바 제3의 길로 나아가는 과정에 대한 자세한 분석과 평가는 김수행 외, 『제3의 길과 신자유주의』를 참조. 또 지구화 시대 사회화 프로그램의 검토는 별도의 글을 요하지만, 일단은 Gregory Albo, "A World Market of Opportunities? Capitalist Obstacles and Left Economic Policy", ed. Leo Panitch, *Ruthless Criticism of all that Exists: Socialist Register 1997*, New York: Monthly Review, 1997[김성구 편저, 『사회화와 공공부문의 정치경제학』에 수록을 참조. 앨보는 이 글에서 우위형성 전략과 개방경제를 지향하는 현대 사민주의의 세 가지 대안(진보적 경쟁력 전략, 긴축분담 전략 그리고 국제 케인스주의)을 긴 지면에서 검토하면서 이 대안들은 자본주의로부터 비롯되는 장애물과 메커니즘을 설명할 수 없어 실패할 수밖에 없다고 주장하고, 지구화 시대 사회화 프로그램의 현대화를 상당히 구체적으로 시도한다.

# 7장 국가독점적 조절의 위기[*]

울리히 돌라타[**]

## 1. 머리말

1974/1975년의 순환적 과잉생산공황과 그에 뒤따른 연도에서의 불안정한 경기전개의 결과, 모든 자본주의 공업국가에서 부분적으로는 오랜 기간 누적된 국민경제적 불비례가 터져 나왔고 위기과정이 전개되었는데, 이는 자본의 재생산에 대한 질적으로 새로운 문제들을 나타낸다.[1] 무엇보다 이제 거의 10년간 지속되는 축적과정의 정체와 교란이, (1950년대

---


* Ulrich Dolata, "Staatsmonopolistische Regulierung in der Krise", Ulrich Dolata u.a., *Große Krisen des Kapitalismus: Lange Wellen der Konjunktur?*, Frankfurt am Main: IMSF, 1985.

** 오랜 기간 독일 브레멘(Bremen)대학교 경제학부와 사회학부에서 강의, 현재 독일 슈투트가르트(Stuttgart)대학교 교수.

1) 이하는 Hg. Institut für Internationale Politik und Wirtschaft(IPW), *Krisenprozesse in der kapitalistischen Weltwirtschaft*, Berlin: Dietz-Verlag, 1981; Hg. IPW, *Rolle und Besonderheiten der zyklischen Krise der kapitalistischen Weltwirtschaft 1980/83*, Berlin: Dietz-Verlag, 1984; Autorenkollektiv, "Jahresbericht 1984: Zur Wirtschaftslage imperialistischer Länder", *IPW-Berichte*, Berlin: DDR, Aug. 1984; Hans-Joachim Höhme, *Probleme des Gegenwärtigen kapitalistischen Krisenzyklus*, Berlin: DDR, 1982 참조.

와 1960년대를 특징지은 것 같은) 위기적이긴 하나 상대적으로 별다른 갈등을 일으키지 않은 구조적 적응 메커니즘을 계기(繼起)적으로 무력화시켰다. 1974/1975년과 1980/1983년 두 번의 심각한 세계경제공황조차도 가치증식의 조건을 근본적으로 개선시킬 수 없었고, 현재의 구조적 불비례를 제거해서 안정적인 상승의 토대를 창출할 수 없었다. 점차 국제적 양상을 띠는 스태그네이션, 과잉축적 그리고 구조위기는 오히려 경제적 불안정의 단계를 나타낸다. 이 단계에서는 초순환적 위기요인의 무게가 명백하게 증대하였고, 자본감가 및 자본파괴 과정을 통해 재생산과정의 교란된 비례성을 청산하는 순환적 공황의 고전적 기능이 봉쇄되었다. 많은 것들이 다음과 같은 것을 함축하고 있다. 즉 생산관계와 생산구조가 과학기술적 진보에 기인한 생산력 발전의 완전히 새로운 가능성에 적응하는 위기적 과정(그것이 진행됨에 따라 경제법칙들의 총체적 작용 메커니즘이 방해를 받는다)에 들어와 있다는 것이다.

　　자본주의 공업국가와 개발도상국 간의 국제분업체계에서의 긴장, 무역수지 및 국제수지에서의 커다란 불균형, 보호무역주의 경향의 괄목할 만한 증대, 또는 국제통화 및 채무 문제 등은 명백하게 국민적 경제정책의 발전된 수단으로도, 또 국제적 수준의 기존의 조절수단으로도 제압할 수 없는 세계적 차원의 모순의 분출을 뚜렷하게 한다. 국민국가적 경제조절과 국민국가 간 경제조절은 분명 국민경제들의 밀접한 세계경제적 결합과 콘체른의 초국적 활동에 의해 제기되는 요구에 뒤처져 있다. 국민국가적 경제조절이 아직도˙ 주로 국민적 틀에 한정되어 있는 반면, 거대 콘체른은 오래전부터 국제적으로 활동해 왔으며, 부분적으로 모든 국가의 재생산연관에 영향을 미칠 수 있고, 종종 개별 국가의 경제정책적 조처를 피할 수 있다.

그렇게 자본주의 경제체제의 불안정성이 지난 10년간 감지할 수 있을 정도로 증대하였다는 것은 분명하다. 그러나 이 위기과정의 성격, 작용범위 그리고 정치경제학적 의의에 대해서는 아직 논의된 게 별로 없다. 이 문제를 둘러싼 토론에서[2] 지난 수년간 독일민주공화국[구동독]의 정치경제학자들은 국가독점적 조절체계 전체의 기능 메커니즘이 심각한 위기에 빠졌다는 견해를 대표하였다. 독일연방공화국[구서독]에서는 아직 별로 수용되지 않은 이 국가독점적 조절의 위기 테제[3]를 이하에서 검토해 보도록 한다.

## 2. 경제법칙들의 작용방식으로서 조절

맑스주의 정치경제학에서 **경제조절**이라는 개념은 아주 일반적으로 말하면 경제적 재생산 과정에서 특정한 가치적·질료적 비례관계를 지속적으로 형성하는 것, 사회적 분업에 입각한 모든 생산양식의 노동배분에서 객관적으로 요구되는 관계를 항상적으로 관철하는 것으로 이해된다.[4] "사회적

---

2) 이에 대해서는 특히 Dieter Klein, "Wirkungsmechanismus der Ökonomischen Gesetze und Tendenzen Imperialistischer Anpassung in der Gegenwart", *Große Krisen des Kapitalismus: Lange Wellen der Konjunktur?* 참조.

3) 이 토론에 대한 개관으로서는 Angelina Sörgel, "Regulierung und Regulierungskrise der Kapitalistischen Wirtschaft im Kontext der Marxschen Politischen Ökonomie", Hg. IMSF, *"...einen großen Hebel der Geschichte". Zum 100. Todestag von Karl Marx: Aktualität und Wirkung seines Werks*, Jahrbuch des IMSF, Sonderband I/1982, S.110 이하; Heinz Jung, "Zur Entwicklung der Theorie des staatsmonopolistischen Kapitalismus in der neueren Literatur der UdSSR und DDR", Hg. IMSF, *Marxistische Studien*, Jahrbuch des IMSF 4, 1981, S.319 이하 참조.

4) Autorenkollektiv, *Politische Ökonomie des Kapitalismus*, Lehrbuch, Berlin: DDR, 1980, S.569 참조.

생산과정의 질적인 편제와 양적인 비례성"[5]을 관철하는 방식과 경제조절의 근본특징은 개개 생산관계의 성격에 의해 각인되며, 따라서 이는 특정 생산양식의 중요한 구성부분으로서 근본적으로 생산양식에 의해 결정된다. 그러나 이것이 복잡한 비례성 연관, 생산관계 그리고 경제조절의 특수한 방식 및 양식이 개개의 지배적인 생산양식 내에서 일층 전개됨을 의미하지 않는 것은 결코 아니다.

**자본주의 경제조절**은 사회주의 이전의 다른 모든 생산양식에서의 조절처럼 원칙적으로 자연발생적 성격을 띠고, 무엇보다 순환적 경제공황을 통해 폭력적으로 표출되는 불비례의 일시적인 해소라는 형태 속에서 관철된다. 자본주의 조절의 가장 일반적인 토대는 가치법칙이며, 이것이 "사회의 처분가능한 전체 노동시간 중 얼마만큼을 개개의 특별한 상품 종류의 생산에 지출할 수 있는가를 결정한다."[6] 따라서 경제조절은 부르주아 경제학에서 통상적으로 그러한 것처럼 경제정책과 그 수단으로 축약되지 않고, **경제법칙들의 객관적 작용과 그에 의해 설정된 강제 내에서 실행되는 경제주체들의 행동의 모순적 통일로서 파악된다.**[7] 경제법칙들의 관철

---

5) Karl Marx, *Das Kapital*, Bd.1, *MEW*, Bd.23, Berlin: DDR, 1962, S.386[『자본론』I(상), 492쪽; 『자본』I-1, 500쪽].

6) ibid., S.377[『자본론』I(상), 481쪽; 『자본』I-1, 489쪽]. 이 법칙은, 생산에 지출된 사적 생산자의 노동시간이 생산된 상품을 시장에서 완전하고 적합하게 실현하기 위한 상방한계(이 한계 너머로는 상품에 체화된 개별가치로 그 상품을 완전하게 실현하는 것은 더 이상 가능하지 않다)로서 바로 이 상품의 사회적 필요노동시간을 지향해야만 한다는 것을 통해 그 조절기능을 획득한다. 사적 생산자들은 몰락의 형벌하에서 그 사적 노동을 사회의 총노동의 틀 내에서 수행하도록 강제된다. "왜냐하면 그 생산물의 끊임없이 변동하는 우연한 교환관계 속에서 그 생산에 사회적으로 필요한 노동시간이 규제의 자연법칙으로서 폭력적으로 관철하기 때문이다." ibid., S.89[『자본론』I(상), 96쪽; 『자본』I-1, 138쪽].

7) Dieter Klein, "Die Marxsche Auffassung zum Regulierungsmechanismus im Kapitalismus", *IPW-Berichte*, Mär. 1983, S.23 참조.

메커니즘으로서 경제조절은 본질적으로 세 가지 **중심기능**을 수행해야 한다. 첫째로, 경제조절은 사회적 총노동을 질적·양적으로 적합하게 배분함으로써 **확대재생산**을 보증해야 한다. 둘째로, 경제조절은 **생산력 발전의** 일반적 조건을 확보해야 한다. 마지막으로 경제조절은, 우선 노동과 생산수단 그리고 노동력의 개별 생산부문으로의 자발적 배분을 통해 이루어지는 실제적인 생산관계 및 교환관계와 객관적으로 요구되는 사회 전체의 비례성 조건 간의 균형을 가져와야 한다.[8]

그때그때마다의 구체적인 자본주의 조절기구는, 산업순환에서 나타나는 불비례가 순환적인 자본의 감가과정을 통해 상대적으로 힘들지 않게 다시 제거될 수 있는 한, 자신의 기능을 만족스럽게 수행한다. 그러나 이는 역으로, 순환적 공황의 청산기능이 상당한 정도로 약화되거나 완전히 파괴되는 것 또는 공황국면이 심각하게 연장되거나 호황이 단기간 동안 약하게 지속되는 것처럼 공황순환이 변형되는 것은, 기존 조절기구의 교란에 대한 중요한 지표일 수 있다는 것도 의미한다.[9] 구조적 위기현상과 초순환적 위기현상의 명백한 증대나 첨예화도 마찬가지로 이러한 방향을 가리킨다.

그러나 이것으로써 조절위기의 상태가 충분하게 특징지어진 것은 결코 아니다. 이상 언급한 지표들은 우선은 다만 기존 조절 메커니즘의 교란 또는 위기현상을 말할 수 있게 해줄 뿐이다. 조절기구의 질적 변화

---

8) Reinhold Kowalski, *Krise und Neue Tendenzen in der Gegenwärtigen Staats-monopolistischen Regulierung*, Berlin: DDR, 1982, Thesen S.2 참조.

9) 유사한 논의는 Kowalski, *Krise und Neue Tendenzen in der Gegenwärtigen Staats-monopolistischen Regulierung*, S.25; Höhme, *Probleme des gegenwärtigen kapitalistischen Krisenzyklus*, S.26 참조.

가 필연적으로 일어나지 않고서도, 수 개의 순환을 거쳐 그리고 구조위기를 동반하면서 비례성 조건의 불가피한 변화나 새로운 축적 동학의 토대가 형성될 수 있기 때문이다. 즉 전개된 조절기구 전체가 문제가 되지않고 부분영역에서 조절기구가 새로운 조건에 적응하거나,[10] 또는 국가독점자본주의와 관련해서 "이 조절체계에서는 필연적으로 항상 몇 개의 순환을 거쳐, 독점적 실천이나 국가적 경제정책의 다양한 방법의 도움으로 당장은 덮을 수 있는 그런 불비례의 증대"가 일어나기 때문이다.[11]

이와는 반대로 순환적 공황의 기능상실과 구조적 및 초순환적 위기 현상의 분출이 **재생산 구조 및 가치증식 구조 전체의 초순환적 위기**(그 가장 눈에 띄는 특징은 높은 수준의 지속적인 과잉축적이며, 그 해결은 오직 재생산과정의 커다란 부분을 포괄하는, 가치적·질료적·구조적 비례성에 대한 질적인 재구조화의 토대와 이에 상응하는 생산 및 교환관계의 변화 위에서만 생각할 수 있다)로 확대된다면, 내 생각으로는 그때 비로소 **자본주의 조절 위기**를 말할 수 있다. 이것은 생산력의 발전 수준과 생산의 사회적 성격에서의 질적인 도약이 어떤 재생산 구조, 즉 확대재생산을 더 이상 보증할 수 없고 생산력 발전의 가능성을 명백하게 방해하는 재생산 구조에 부딪치는 그런 상황이다. 이 모순들의 일시적 완화 과정에서 새로운 조건에 적합한 조절 메커니즘이 생겨나는데, 조절 메커니즘의 변화된 운동은 경제법칙들의 수정된 작용의 토대 위에서 이루어진다.

---

10) 예컨대 Horst Heininger, "K. Marx und die Labilität des kapitalistischen Wirtschafts-systems", *IPW-Berichte*, Mär. 1983, S.19 이하 참조.

11) Jörg Goldberg, "Konsequenzen Krisentheoretischer Überlegungen für die Beurteilung der Künftigen Kapitalistischen Wirtschaftsentwicklung", Hg. IPW, *Rolle und Besonderheiten der Zyklischen Krise der Kapitalistischen Weltwirtschaft 1980/83*, Berlin: DDR, 1984, S.48.

따라서 조절위기는 자본주의의 경제적 변혁 상황을 나타내며, 이는 심각한 위기과정을 통해 이루어지고, 또한 정치적 불안정의 명백한 증대를 동반한다. 지금까지 두 개의 그러한 위기가 문헌상에서 증명되었고, 세번째 조절위기의 존재에 대해서는 아직 논쟁이 이루어지고 있다.

**제1차 조절위기**는 1873/1875년의 주기적 공황과 함께 시작하였다.[12] 생산력의 역동적인 발전과 생산의 사회화의 진전으로 세기 전환기(19~20세기)에 이르는 시기까지 독점자본주의의 규정적 생산관계로서 독점이 관철되었고, 이는 경제적 법칙들의 관철방식과 조절 메커니즘에서 심대한 수정을 야기하였다.[13] 독점 이전의 자본주의[자유경쟁자본주의]에서는 국민경제적 비례성이 본질적으로 가장 이윤성 있는 투자부문을 둘러싼 자본들의 경쟁전을 통해 이루어졌다. 자본의 이동을 통해 이루어지는 이러한 항상적인 균등화 운동의 결과 일반적 이윤율 또는 평균이윤율이 형성되었는데, 이는 '동일한 크기의 자본에는 동일한 크기의 이윤'이라는 원칙을 유효하게 하였다.[14] 이에 반해 독점자본은 그 거대함과 그에 따른 중요한 재생산 및 가치증식 연관의 지배에 근거하여, 자

---


12) Hans Mottek & Alfred Schröter & Walter Becker, *Wirtschaftsgeschichte Deutschlands*, Bd.3, Berlin: Deutscher Verlag der Wissenschaften, 1977, S.175 이하; Jan Priewe, "Die Drei Großen Krisen des Deutschen Kapitalismus: Ein Wirtschaftsgeschichtlicher und Theoretischer Vergleich", *Große Krisen des Kapitalismus: Lange Wellen der Konjunktur?* 참조.

13) Jörg Huffschmid, "Bedeutung und Begründung des Monopolbegriffs in der Marxistischen Politischen Ökonomie", *Theorie des Monopols*, Argument-Sonderband 6, Berlin: Argument-Verlag, 1975, S.44 이하; Wilhelm M. Breuer, *Zur Politischen Ökonomie des Monopols: Einführung in die Probleme der Monopoltheorie*, Köln: Kiepenheuer & Witsch, 1975, S.64 이하 참조.

14) Karl Marx, *Das Kapital*, Bd.3, *MEW*, Bd.25, Berlin: DDR, 1964, S.164 이하[『자본론』III(상), 183쪽; 『자본』III-1, 197쪽 이하] 참조.

유경쟁의 규칙에 따를 때 원래 자신에게 귀속될 이윤보다 더 높은 이윤을 관철할 수 있다. 독점자본은 통상 자신의 생산물에 대해 이 상품의 생산가격보다 높은 시장가격을 책정하고 고수할 수 있으며, 그렇게 독점가격을 통해 비독점적 공급자를 희생시켜 독점이윤을 달성한다.[15] "선대한 자본의 크기에 따른 잉여가치의 재분배 대신에 총재생산과정에서의 독점의 지위에 따른 재분배, (재생산조건의 전체 연관을 지배하는 것으로서) 규모와 권력에 의한 재분배가 들어선다."[16]

그러나 재생산과정의 부분영역들에 대한 독점자본의 권력 때문에 동시에 조절 메커니즘이 상당 정도 변형된다. 무엇보다 필수적인 균등화운동을 봉쇄하거나, 만기가 된 자본의 감가과정을 일시적으로 억제할 수 있는 가능성을 통해 그러하다. 독점자본의 권력은 (위기적인) 적응운동으로의 자발적인 경향을 저지하고, 중기적으로 경제 전체와 부문의 불비례를 심화시킨다. 그러한 발전은 필연적으로 독점자본의 재생산조건 및 가치증식조건에 역으로 작용할 것이다. 그렇게 1929/1932년 세계경제공황의 진행 속에서 **제2차 조절위기**가 오는데, 이 위기는 국가를 통해 재생산과정의 모든 측면에 영향을 미침으로써 독점이윤에 의한 사적·독점적 조절을 보완하는 것, 즉 국가독점자본주의의 형성을 가져온다.[17] 국

---

15) H6 Riedel, "Zur Bedeutung des Finanzkapitals für die Erklärung einer Besonderen Qualität der Wertmodifikation", Hg. Prorektor für Gesellschaftswissenschaften der Humboldt-Universität zu Berlin, *Monopolprofit und Wertmodifikation heute*, Berichte 22, 1982, S.26 이하 참조.

16) Huffschmid, "Bedeutung und Begründung des Monopolbegriffs in der marxistischen politischen Ökonomie", S.54. 이에 대해서는 또한 Gerd Maurischat, "Zum Verhältnis von Produktionspreis, Monopolprofit und Monopolpreis im Imperialismus", Hg. Prorektor für Gesellschaftswissenschaften der Humboldt-Universität zu Berlin, *Monopolprofit und Wertmodifikation heute*, S.44 이하 참조.

가는 이제 지속적으로, 또 심도 있게 독점자본의 가치증식조건에 개입한다. 국가는 광범위한 경제적·정치적 활동을 통해 독점적 비용가격의 형성에도, 또 생산되고 재분배된 독점이윤의 크기에도 영향을 미친다. 사회적 총자본의 부분으로서 국가자본은 [사적 (독점)자본에 대해] 상대적으로 감가된 자본으로서 기능하며, 그렇게 직접적으로 독점자본의 가치증식조건을 지탱해 준다.[18] 그럼에도 불구하고 사적·독점적 조절은 국가독점자본주의에서도 경제조절의 규정적인 수준이다. "왜냐하면 경제과정의 조절에 대해 영향을 미칠 가능성은 일차적으로 생산수단의 소유와 그 처분권으로부터 나오며, 대부분의 생산수단은 사적 독점의 소유이기 때문이다."[19] 그에 따라 조절은 독점과 국가의 공동의 조절작용에 의해 수정된 형태이긴 하지만 계속 독점이윤과 독점가격을 통해 일어난다.[20]

재생산과정에 대한 국가독점적 조절의 심도 깊은 개입도 최근의 발전에서 보는 바처럼, 필수적인 국민경제적 비례성을 위기적이고 무절제한 방식으로 관철하는 것을 약화시킬 수도 없고, 또 전혀 지양할 수도 없다. 오히려 그 반대다. "독점적으로 지배되는 경제부문에서 위기적인 방식의 자본파괴가 국가독점적 조절 조처와 재분배과정으로 제한됨으로써 공황의 청산작용은 그 반대물로 전도된다. 즉 기존의 불비례가 핵심

---

17) Heinz Jung & Josef Schleifstein, *Die Theorie des Staatsmonopolistischen Kapitalismus und ihre Kritiker in der Bundesrepublik Deutschland*, Frankfurt am Main: Verlag Marxistische Blätter, 1979, S.219 이하 참조.
18) Höhme, *Probleme des Gegenwärtigen kapitalistischen Krisenzyklus*, S.31 이하 참조.
19) Gretchen Binus, "Monopole in der Staatsmonopolistischen Regulierung", *IPW-Berichte*, Sept. 1981, S.12.
20) Autorenkollektiv, *Politische Ökonomie des Kapitalismus*, S.559 이하; Klein, "Die Marxsche Auffassung zum Regulierungsmechanismus im Kapitalismus", S.26 이하 참조.

에서 유지되고 확대된다."[21] 따라서 지난 10년간 드러난 위기과정은 그 것이 제3차 조절위기, 국가독점적 조절위기의 표현인지, 아니면 그 결과로 단지 기존 조절의 부분영역들의 위기적 적응만 일어나는 것인지에 관한 토 론을 위한 충분한 계기를 제공한다.


## 3. 국가독점적 조절이 효과를 상실하게 된 원인

이 문제를 규명할 수 있기 위해서는 1970년대 중반 이래 **국가독점적 조절 의 명백한 효과상실의 원인**을 한번 살펴보아야 한다. 이 주제를 다룬 독일 민주공화국의 문헌을 보면, 이와 관련하여 산업부문 간 그리고 세계시장 에서의 비례성의 새로운 질서 뒤에 놓여 있는 두 개의 추동력이 지적되 고 있는데, 여기서 이를 간략하게 평가해 보아야 한다. 즉 국제적 독점화 과정의 동역학에 관한 문제와 과학기술 진보의 급속한 발전에 관한 문제 가 바로 그것이다.

일반적으로 대표되는 테제에 따르면, **국제적인 독점화** 과정은 지난 10 년간 가치증식조건의 악화와 과학기술혁명의 결과 질적으로 새로운 특 징을 띠게 되었는데, 이는 앞에서 확인된 바와 같은 기존 조절형태의 효 과상실에 분명 기여하였다.[22] "생산의 사회화의 오늘날 단계에서 문제는

---


21) Jörg Goldberg, "Die Überakkumulation von Kapital als Regulierungsproblem", Jürgen Hoffmann u.a., *Überproduktion, Unterkonsumtion, Depression: Analysen und Kontroversen zur Krisentheorie*, Hamburg: VSA-Verlag, 1983, S.175 이하.

22) Autorenkollektiv, *Staatsmonopolistische Regulierung in der kapitalistischen Weltwirtschaft*, Berlin: DDR, 1984, S.21 이하; Autorenkollektiv, *Strukturwandel und Strukurkrisen im gegenwärtigen Kapitalismus*, Berlin: DDR, 1983, S.24 이하; Hg. IPW, *Internationale Monopole*, Berlin: Dietz-Verlag, 1978 참조.

독점적으로 지배되는 국제적인 구조연관의 강제적·비약적 형성에 관한 것, 이러한 조건하에서 일어나는 생산과 유통 그리고 분배의 총괄에 관한 것이다."[23]

실제로 독점자본은 다국적 콘체른의 형태로 국민적 경제를 최종적으로 파열시키며, 종종 세계자본주의라는 차원에서만 활동할 수 있다. 오늘날 국제독점체가 행사할 수 있는 경제적·정치적 권력은, 이들로 하여금 경쟁전에서 기술적 우위를 비교적 지속적으로 관철하거나 잠재적인 경쟁자에 대해 그 지위를 고착할 수 있게 하는 것만이 아니다. 더 나아가 그 권력은 국제독점체에게 바로 이 '보호되는' 시장에서 생산을 재개함으로써 보호주의 장벽을 회피할 수 있는 가능성을 열어 준다. 더욱이 국제독점체는 통상 비용과 조세가 유리한 입지에서 생산할 수 있고, 그 생산설비를 여러 국가에 배분함으로써 국민적 경기하강이 가치증식조건에 미치는 부정적인 작용을 부분적으로 피할 수 있다. 마지막으로 국제독점체는 콘체른 내부적인 이전(移轉)가격을 통해 외환규정을 우회하고, 조세요구를 회피하고, 자본비용을 절감하며, 콘체른 내부에서 이윤을 재분배할 수 있다.

생산력의 국제적 배분은 일차적으로 다국적 콘체른의 지구적 이윤 전략에 의해 규정된다. 그러므로 개별 국가나 또는 전체 국가그룹의 재생산연관에 대한 그 활동의 영향은 심대하다. 국가적 심급의 통제에서 거의 완전하게 벗어난 이 독점체의 거대한 자본운동이나 금융거래는, 통상 자본주의 세계경제의 전체연관에서, 그리고 무엇보다 자본주의 소규

---

23) Rudi Gündel, "Krisenprozesse in der kapitalistischen Weltwirtschaft", *IPW-Berichte*, Dez. 1980, S.21.

모 공업국가와 개발도상국에서, 사회전체적 생산구조와 국제적 생산구조, 대외무역이나 통화관계 등의 불비례적 발전경향을 뒷받침한다. "국내경제는, 그로부터 독점자본이 발전했고 그러한 한 그 자신이 잘 기능하기 위해서도 환경으로부터 독점적 재생산과정의 하나의 요소로 변화하였다. 국내경제의 독자적인 작동능력은 독점자본에 비해 점점 덜 중요해지고 있다."[24] 독점자본은 개별 국민경제에서뿐만 아니라 국제적 경제관계 전체에서 불안정화 요소가 되고 있다. 기존의 국가 간 조절 심급처럼 국민국가도 통상 불안정화에 맞설 수 있는 어떤 수단도 갖고 있지 않다는 사실로부터 이 불안정화의 영향은 더욱 증대한다.[25]

독일민주공화국의 문헌에서 조절 메커니즘을 방해하는 두번째 문제는 **과학기술혁명** 및 그에 의해 촉발된 기술혁신 과정과 함께 나타난다. 특히 극소전자(ME) 영역에서의 발전이 자본주의 재생산 과정의 심대한 변화를 가져왔다고 한다.[26]

물론 이 핵심기술에 의해 나타나는 노동시간과 재료 및 에너지 절약의 가능성, 그리고 명백하게 저하하는 제조비용에도 불구하고 극소전자 부품(mikroelektronischer Bauelemente)의 성과능력이 급속하게 증가하는

---


24) Jörg Goldberg & Jörg Huffschmid, "Konservative Wende unter Sozialdemokratischer Führung", *Marxistische Blätter*, Frankfurt am Main: Neue Impulse Verlag, Mai 1982, S.58.

25) Heinz-Jürgen Axt, "Nationalstaat und internationalisierung des Kapitals", Hg. IMSF, *Der Staat im staatsmonopolistischen Kapitalismus der Bundesrepublik: Staatsdiskussion und Staatstheorie*, Frankfurt am Main: IMSF, 1981, S.380 이하 참조.

26) Emil Rechtziegler & Artur Zeh, "Mikroelektronik: ökonomische Bedeutung und Kapitalistische Anwendung", *IPW-Berichte*, Jun. 1980, S.10 이하; Emil Rechtziegler, "Mikroelektronik, internationaler Konkurrenzkampf und ökonomische Expansion", *IPW-Berichte*, Nov. 1980, S.9 이하 참조.

것, 그것의 보편적인 적용 가능성 및 일층의 생산 자동화에 대한 그것의 명백한 영향력은 결정적으로 사회적 노동의 생산성과 효율성의 증대를 가속화하는 데 기여하고, 부분적으로 생산력 발전의 완전히 새로운 가능성을 열어 준다. 이것들은 심대한 국민경제적 구조변화를 야기하고, 사회적 분업의 일층의 분기와 세분화에 기여한다.

가격-성과의 변화된 관계, 극소전자 부품에 의한 기계적 부품, 전기기계적 부품, 전래적인 전자적 부품의 대체 그리고 영속적인 구조변화에서 표현되는 경제 전체적 비례성 조건의 변위(새로운 기술의 발전과 적용의 과정에서 나타난다)는 일차적으로 국제적인 독점적 경쟁전을 통해 관철된다. 심각한 구조위기와 실업자 수의 부분적으로 비약적인 증대는 이 관철과정의 특징적인 현상형태다. 나아가 과학기술혁명의 과정에서 부분적으로 급속히 증대하는 노동수단의 효율성도 산업순환의 조건과 진행 형태에 영향을 미친다. "공황이 생산과 시장 간의 질료적 불비례를 제거하는 반면, 노동수단의 효율성 증가는 오히려 생산능력을 거대화하는 경향이 있고, 따라서 그것이 소비력에 적응하는 것을 방해한다."[27] 그럼으로써 공황 시에 어쨌든 평균 이하의 가동률과 결합된 문제들이 필연적으로 첨예화될 것이다. 즉 노동수단의 효율성 증대는 경향적으로 가동률을 하방으로 더 압박하고, 그럼으로써 투입자본의 수익률을 악화시키며, 또한 공황을 통해 가치상의 불비례를 청산하는 것에 반대로 작용한다.

사회화 과정의 하나의 새로운 특질로서 국제 콘체른의 존재와 운동

---

27) Jörg Goldberg, "Die Reproduktionsbedingungen des fixen Kapitals als Grundlage von Stagnationstendenzen", Hg. IMSF, *Marxistische Studien*, Jahrbuch des IMSF 2, 1979, S.40.

이 이미 오늘날 그러한 것처럼, 과학기술혁명의 개념에 총괄되는 생산력 발전의 질적으로 새로운 단계가 완전하게 전개되면 반드시 기존의 조절기구에 과도한 요구를 한다는 것은 분명하다. 지난 10년간 국제독점체가 실제로 관철되고 자리 잡게 된 반면, 과학기술혁명은 그 주목할 만한 동학에도 불구하고 아직도 상당 정도 발전가능성의 초기 단계에 서 있다. 무엇보다 물질적 생산의 영역에서 예컨대 디지털 방식으로 통제되는 작업기계나 산업 로봇의 형태로 신기술을 투입하는 것은 이제 막 시작되었다. "프로그램으로 통제되는 전자방식의 노동수단 및 생산수단을 오늘날 일차적으로 직접적 정보처리 영역에서 발견할 수 있는 것[이 현실이다]. 그 이유는 순수한 정보처리체계로서 투입할 때보다 생산과정의 통제를 위해 전자기계를 적용하는 것이 더 어렵다는 점에서 찾을 수 있다."[28] 이러한 배경에서 보면, 내 생각으로는 과학기술의 진보에 의해 규정된 생산력체계의 변화와 조절 메커니즘에 대한 그 반작용은 지금까지 과도하게 평가되지 않았나 하는 의문이 든다. 만약 그러하다면, 이는 당연히 조절위기를 둘러싼 논쟁에 영향을 미칠 것이다. 국가독점적 조절의 위기도 이제 비로소 그 가능한 첨예화의 출발점에 서 있고, 또 1980년대가 경과하면서 생산력 발전이 가속화되는 과정(이는 독점화 과정에 반작용을 일으킬 것이다) 속에서 분명하게 첨예화될 것이라는 테제는 잘못된 것으로 보이지 않는다.

---

28) Andre Leisewitz, "Neue Technologien und Arbeiterklasse: Zur Entwicklung des Produktivkraftsystems in der Bundesrepublik", Hg. IMSF, *Marxistische Studien*, Jahrbuch des IMSF 6, 1983, S.97 이하.

## 4. 국가독점적 조절체계에서의 적응 경향

과학기술혁명의 과정에서 깊이나 범위가 실로 산업혁명에 의해 야기된 변혁과 비교될 수 있는 생산력발전의 새로운 단계 —— "기업설립 범람시대에 성장한 전체 공장 구조를 상당 정도 파괴할"[29] ——가 형성된다면, 이는 불가피하게 자본주의 경제의 가치구조에서도, 소재적 및 구조적 비율에서도, 또 생산관계에서도 심대한 변화를 초래할 것이다. 즉 오늘날 이미 보는 바처럼 더 이상 순환적 과정을 통해 조절될 수 없고 초순환적인 심각한 불비례(무엇보다도 장기간 지속되는 구조위기에서 표현되는)를 야기할 그런 변화 말이다. 과학기술혁명이 완전히 관철되면, 즉 현대자본주의의 전체 재생산 및 가치증식 토대가 과학기술혁명에 의해 포괄된 시점부터, 기존의 모든 조절심급은 과도한 요구를 받게 되고, 국가독점적 조절의 전체 체계는 과학기술혁명에 의해 설정된 조건에 적응하는 위기적인 과정으로 가져가질 것이다. 내 생각으로는 우리는 지금 제3차 자본주의 조절위기(그 토대는 이미 지난 10년간에 걸쳐 세워졌다)의 출발점에 서 있다.

조절체계가 과도한 요구를 받고 있다는 것은, 오늘날 이미 볼 수 있는 바와 같이 과학기술적 진보의 사회적 결과가 극복되지 못한다는 것 외에도, 무엇보다 기술혁신 과정의 방향과 템포, 그리고 그와 함께 이루어지는 국제적 수준에서의 사회적 노동의 새로운 배분이 거의 아무런 국제적 조정도 받지 않고, 상당 정도 국제적으로 활동하는 독점체의 가치증식 강제에 의해 규정된다는 점에서 표현된다. 사적·독점적 조절의 이

---

29) "Fabrik der Zukunft, Die Revolution greift", *Wirtschaftswoche*, Nr.42, 1984, S.56.

러한 주권은 특히 "오늘날 금융자본의 주요 조직형태로서 국제독점체가
그 자체에서 국민적 및 국제적 틀에서의 생산 및 유통영역을 포괄하는
생산 및 경제부문의 체계를 결합하고 있다"[30]는 사실에 기인한다. 국제
독점체는 지난 수년간 생산기술적 및 노동조직적 문제와 자본 관련 문제
를 포함하는, 비교적 독자적인 조절체계를 발전시켜 왔고, 이를 통해 국
가독점적 조절 메커니즘 전체 틀에서의 그 비중이 더욱 증대하였다.

그에 반해 제국주의 국가는 명백히 독점적 조절 뒤에 머물러 있다.
물론 국민국가적 및 국가 간 조절을 새로운 조건에 적응시키는 최초의
경향들은 인식할 수 있다.[31]

첫째, 모든 자본주의 국가는 자국 독점체의 국제경쟁력을 개선시킬
목적으로 기술혁신 과정의 국가적 자극과 조정을 통해서 생산구조를 새
로운 요구에 적응시키는 데 기여하려고 노력하였다.

둘째, 제국주의 국가의 노력은 국제분업의 변화를 목표로 하는데, 이
는 무엇보다 에너지집약적·원료집약적·임금집약적 부문을 점차 이전시
키고, 하이테크 부문과 연구집약적 부문으로의 분명한 집중을 포함한다.

마지막으로 셋째, 매우 모순적이고 소심한, 국제적인 조절 메커니즘
의 확립 경향을 볼 수 있는데, 이는 지금까지 우선 양국 간 및 다국적 협
의기관의 건설에서 구체화되었다.

그러나 모든 적응 노력에도 불구하고, 오늘날도 아직은 "원치 않은

---

30) Binus, "Monopole in der staatsmonopolistischen Regulierung", S.15.
31) Katja Nehls, "Krise und Anpassungstendenzen der staatsmonopolistischen
Regulierung", *IPW-Berichte*, Sept. 1980, S.30; L. Maier, "Aktuelle Probleme des
staatsmonopolistischen Kapitalismus", *IPW-Berichte*, Jul. 1980, S.4 이하; Dieter Klein,
"Krise der staatsmonopolistischen Regulierung und Tendenzen imperialistischer
Anpassung", *IPW-Berichte*, Mai 1983, S.10 이하 참조.

발전이 이미 나타났거나 또는 더 이상 피할 수 없게 된 때에야 작성되고 실현되는, 국가의 임기응변식의 조정되지 않은 결정과 결의"[32]가 지배적이다. 이는 국가 간 수준에 가장 잘 들어맞는 말이다. "그 때문에 독점적으로 행해지는 세계시장의 자발성을 통제 또는 심지어 규제하는 것은 국내경제적 틀에서보다 더욱 전망이 없다."[33] 생산력발전의 새로운 단계는, 오늘날 국제 콘체른에서의 생산 및 재생산의 조직과 자본주의 세계경제 수준에서의 그 무정부적 관철 간의 대립으로서 효력을 나타내고 있는 자본주의 기본모순의 전개의 새로운 수준에 봉착한다.[34] 그로부터 귀결되는 모순의 완화는 아직도 기껏해야 국가적 조절수준과 무엇보다 국가 간 조절수준을 통해서만 생각할 수 있는 것으로 보인다.


## 5. 조절체계의 새로운 질적 변화?

국가독점적 조절체계의 위기 현상에 대한 성격규정을 둘러싼 논쟁에서 코발스키(Reinhold Kowalski)는 남아 있는 조절 운용공간에 가장 협소한 한계

---

32) Gerd Maurischat, "Aktuelle Tendenzen der staatsmonopolistischen Regulierung", Hg. Sektion Wirtschaftswissenschaften der Humboldt-Universität zu Berlin, *Aktuelle Tendenzen der staatsmonopolistischen Regulierung*, Berichte, Nov. 1981, S.39.

33) Heinz Jung, "Die privatmonopolistische Entwicklungsvariante des staatsmonopolistischen Kapitalismus der BRD: Voraussetzungen, Inhalt, Perspektiven. Entwicklungstendenzen 1973~1978", Hg. IMSF, *Marxistische Studien*, Jahrbuch des IMSF 1, 1978, S.45.

34) "사회적 생산과 자본주의적 영유 사이의 모순은 개별 공장에서의 생산의 조직과 전체 사회에서의 생산의 무정부성 간의 대립으로서 재생산된다." Friedrich Engels, *Herrn Eugen Dührings Umwälzung der Wissenschaft(Anti-Dühring)*, MEW, Bd.20, 1962, S.255[최인호 외 옮김,「오이겐 뒤링 씨의 과학 변혁("반-뒤링")」,『칼 맑스·프리드리히 엥겔스 저작선집』5권, 박종철출판사, 1997, 302쪽].

를 설정한다. 그는 과학기술혁명과 자원 문제 그리고 국제분업의 발전과 함께 터져 나온 불비례와 모순을, 그것의 (부분적이거나 일시적인) 해결을 위해서도 "생산과정의 사회화의 질적으로 새로운 단계와 이에 상응하는 국가독점적 조절 메커니즘 전체의 변화"[35]가 요구될 정도로 심대하다고 생각한다. 그 때문에 그는 이 위기를, 그 해소과정에서 생산관계와 조절 메커니즘이 생산력발전의 질적 도약에 필연적으로 적응해야만 하는, 국가독점적 조절 전체의 격렬한 위기라고 말한다.

이 논쟁에서 하이닝어는 가장 명백한 반대 입장을 대변한다. 하이닝어는 조절위기를 국가독점적 적응과정의 배타적인 추동력으로 규정하는 코발스키를 모순적이라고 생각한다. 왜냐하면 그가 "이런 방식으로 단지 조절의 새로운 질, 그 전체 메커니즘의 새로운 질만을 적응으로 간주하게 할 그런 내용을 위기 개념에 부여하기"[36] 때문이다. 이런 컨셉으로는 전체 조절체계의 질적인 변환하에서 이루어지는 모든 적응과정을 충분하게 파악할 수 없을 것이다. 하이닝어는 현재의 위기현상에서 포괄적인 조절위기의 개별 측면을 보는 게 아니라, 오히려 "문제는 지금까지의 조절 메커니즘 내에서의 위기과정에 관한 것, 조절수단에서의 위기 또는 지금까지의 조절형태의 무력화에 관한 것"[37]이라는 테제를 대변하기 때문에, 이를 문제화하는 것이다.

하이닝어는 이 테제를 본질적으로 두 개의 주장으로 뒷받침한다. 첫

---

35) Reinhold Kowalski, *Widersprüche der Kapitalakkumulation und Regulierungskrise*, Berlin: DDR, 1983, S.70; "Krisenzyklus und Regulierungskrise", Hg. IPW, *Rolle und Besonderheiten der zyklischen Krise der kapitalistischen Weltwirtschaft 1980/83*, Berlin: DDR, 1984, S.52 참조.
36) Heininger, "K. Marx und die Labilität des kapitalistischen Wirtschaftssystems", S.20.
37) ibid., S.20.

째, 그는 코발스키가 "조절 및 그 메커니즘의 개별 측면과 관련된 적응과 정에 대해서는 암시만을"[38] 한다며 그에 반대한다. 하이닝어는 자신의 관점을 뒷받침하기 위해, 지금까지 기존의 조절체계 전체를 전복하는 적응적 반응에 대한 어떤 구체적인 징후도 존재하지 않았다는 반박할 수 없는 사실을 논쟁으로 가져온다. 그러나 내 생각으로는 그렇게 함으로써 그는 잘못된 측면에서 문제에 관여하고 있다. 왜냐하면 그러한 상황에서 조절기구의 적응은 당장은 생산력발전과 사회화 과정의 요구에 명백히 뒤처져 있다는 것이 모든 조절위기의 본질에 속하기 때문이다.[39] 하이닝어가 적응과정은 "확실히 부분적으로, 전체 조절체계의 부분에서, 자본주의 생산관계의 개별 측면에서 진행될"[40] 수 있다는 점을 강조한다면, 그것은 하이닝어가 옳다. 그러나 내 생각으로는 포괄적인 적응운동이 현재 결여되어 있다는 것으로부터 조절위기가 존재할 수 없다고 결론지을 수는 없다. 왜냐하면 그러면 모든 조절위기를 특징짓는 요구와 적응 사이의 간격에 대한 필수적인 고려를 하지 못하기 때문이다.

하이닝어의 **두번째** 주장은, 국가독점적 조절의 현재의 체계가 그 모든 위기현상에도 불구하고 적응과정을 위해 아직 열어 놓고 있는 운동공간과 관련되어 있다. 그는 기존 체계의 틀 내에서 조절의 효율화에 설정된 한계를 코발스키보다 본질적으로 더 넓게 설정하고, 터져나온 불비례를 아직도 기존의 조절 틀 내에서 완화할 수 있는 길을 사적·독점적, 국민국가적 그리고 국제적인 적응적 반응에서 찾고 있다. 실제로 확인할

---

38) ibid., S.20.
39) Dieter Klein, "Imperialismus und staatsmonopolistischer Kapitalismus", *Konsequent*, Sonderband 5, 1981, S.91 참조.
40) Heininger, "K. Marx und die Labilität des kapitalistischen Wirtschaftssystems", S.20.

수 있는 모든 적응적 반응은 지금까지 기존 조절 메커니즘의 결정적인 동인들을 완성하고 재생산하는 결과만을 가져오고 있다. 독점 및 국가독점자본주의의 형성처럼 첫 두 번의 조절위기를 극복하는 데서 특징적이었던 것과 같은, 유사하게 심대한 변화의 증거는 여전히 결여되어 있다.

그럼에도 불구하고 나는 조절의 어떤 새로운 근본적 질을 현재 내다볼 수 없다는 이유로 제3차 조절위기 개시 테제에 반대하여 기존 조절체계에서의 효율화 가능성(나도 그 가능성을 보지만)을 설정하는 것은 성급한 것이라고 생각한다. 그에 반해 우리는 조절기구의 위기 현상에 대한 원인으로부터 출발했고, 처음 두 번의 조절위기에서 특징적이었던 것과 유사하게 조절 메커니즘을 심각하게 침해하고 그 작동능력을 파괴하는 시나리오를 전개하였다. 둘째, 우리는 관찰되는 모든 적응운동은 기껏해야 위기 현상을 제한된 부분영역에서 완화시킬 수 있을 뿐, 이 잘못된 상황으로부터 벗어날 실천적인 길을 약속하지는 못한다는 점을 보았다. 마지막으로 셋째, 우리는 가능한 모든 예측에 따르면 조절위기는 아직도 첨예화될 것임을 강조하였다[강조는 옮긴이].

조절의 새로운 근본적 질이라는 방향으로 인식할 만한 적응과정이 존재하는가 아닌가 하는 문제에 크게 주목하고, 그에 근거해 위기 현상의 의의를 평가한다면, 그것은 내 생각으로는 앞서 말한 모든 이유 때문에 조절 메커니즘의 현재의 문제를 올바로 평가하지 못하고, 드러난 모순의 심각성을 과소평가하기 쉽다. 이와 관련하여 회메(Hans-Joachim Höhme)는 "조절위기로부터 다음 조절위기로 가면서 조절 메커니즘의 질적인 변화 정도가 감소하는 것은 …… 생산력발전에 대한 자본주의 생산관계와 외적 확장 조건의 적응력이 역사적으로 떨어지는 것"[41]을 반영한다고 지적한다. 또 클라인(Dieter Klien)은 "과학기술혁명과 여타 사정이 이 변화의 유효 범위에 대해 제기하는 요구가 포괄적인 성격을 지니기는 하지만, 처음 두 번의 격렬한 조절위기 시의 상대적으로 심대한 변화와 비교할 때, 독점자본의 이해에 어느 정도 부응하는 어떤 커다란 변화의 가능성도 더 이상 열려 있지 않은"[42] 것은 아니냐는 매우 적절한 질문을 제기한다. 그는 다음처럼 답한다. "많은 정황상 이 질문에 대한 답은 긍정적인데, 그러나 그것은 국가독점적 조절 메커니즘의 새로운 특질의 유효성을 부분적으로 증대시키는 것을 결코 배제하지 않는다."[43]

클라인은 여기서 두 개의 중요한 사고를 정리하고 있다. **첫째**, 그는 처음 두 번의 위기과정에서 관찰될 수 있었던 것 같은 광범한 해결책과 적응과정을 지금까지 인식할 수 없었다는 것이 현재의 국가독점적 조절위기의 중요한 특성으로 보인다는 점을 강조한다. 바로 여기에 현재의 조절위기의 특별한 첨예함이 놓여 있다고 덧붙일 수 있을 것이다. **둘째**, 그러나 그는 또한 우리가 현재의 상태를 국가독점적 조절위기라고 특징 짓는다 하더라도, 앞서 서술한 적응적 반응의 형태로라도 조절의 특정한 부분영역을 효율화하는 데 기여할 수 있는 행동의 운동공간이 아직도 기존의 조절체계에 존재한다는 점을 지적한다. 따라서 기존 조절의 부분영역을 완성하고 효율화하는 것과 국가독점적 조절체계의 위기가 심화되는 것은 결코 상호 배제하는 것이 아니라, 오늘날 그 전망을 아직 파악할 수 없는 위기적인 적응과정의 두 개의 측면이다.

---

41) Höhme, *Probleme des gegenwärtigen kapitalistischen Krisenzyklus*, S.100.
42) Klein, "Krise der staatsmonopolistischen Regulierung und Tendenzen imperialistischer Anpassung", S.12.
43) ibid., S.12.

# 8장 '지구화한 금융시장'의 지배[*]

외르크 후프슈미트[**]

오늘날 금융시장을 말한다면, 이는 지구화(Gloalisierung)의 절정을 다루는 것이다. 지구화는 1980년대 초 이래 세계의 압도적인 발전현상으로서 일반대중의 의식 속으로 치고 들어왔고, 다음과 같은 명백한 발전 속에서 증명되었다. 즉 상품과 서비스의 국제교역은 세계생산보다 더 빠르게 성장했고, 해외의 직접투자는 대외무역보다 더 강력하게 증가했으며, 초국적 콘체른은 점차 국제적 네트워크 속에서 생산한다. 그러나 국제금융시장에서의 거래는 정말 폭발적이었고, 현기증을 일으킬 수준에 도달했다. 상상할 수 없는 크기의 화폐량과 상상할 수 없는 정도의 속도, 이것이 금융시장의 원재료다. 우리 모두가 1995년 외환시장에서 하루 동안 거래된 규모가 1조 3,000억 달러였음을 알고 있다. 또 뉴욕에서 도쿄로 옮겨졌다 한 시간 내에 다시 뉴욕으로 오는, 그리고 이 왕복여행에서 1,000만

---

[*] Jörg Huffschmid, "'Dominanz globalisierter Finanzmärkte': Politische Kapitulation statt ökonomisches Gesetz", *Z. Zeitschrift Marxistische Erneuerung*, Nr.31, September 1997.

[**] 독일 브레멘(Bremen)대학교 경제학부 교수 역임, '대안경제정책 연구그룹'(일명 메모란둠 그룹[Memorandum-Gruppe])과 '대안경제정책을 위한 유럽경제학자 연구그룹'(일명 유로메모란둠 그룹[EuroMemorandum-Gruppe])의 대표적 이론가, 『맑스주의 갱신의 잡지』(*Z. Zeitschrift Marxistische Erneuerung*)에서 활동, 독일공산당 중앙위원 역임. 2009년 타계.

달러의 이윤을 벌어들이는 100억 달러의 힘을 알고 있다. 이 금융시장의 권력에 대항해서는 풀 한 포기도 자랄 수 없는 것처럼 보인다. 금융시장에 대항하려 하는 자는, 자본유출과 그에 따른 통화와 성장 그리고 복지의 파멸적인 결과를 통해 번개처럼 빠르게 처벌받게 된다.

대외무역과 직접투자 그리고 국제생산과 관련해 지구화에 관한 토론은 그 사이에 한결 냉정을 되찾았다.[1] 그 토론에서 지난 20년간 경제의 국제화 정도가 증가했다는 것이 부정되지는 않았지만, 그 의의와 새로운 사건으로서의 성격은 상대화되었다. 국제무역에서의 커다란 추동력은 1980년대 이후 비로소 일어난 것이 아니라 이미 1960년대와 1970년대에 일어났으며, 따라서 지구화의 새로운 특질로 간주할 수 없다. 해외직접투자는 1980년대 중반 이래 특히 역동적으로 전개되었지만, 그러나 1990년대 전반 세계평균으로 보면, 전 세계 투자의 단지 4.2%, 선진자본주의 국가들 전체투자의 5.5%를 차지했을 따름이다.[2] 국제무역과 마찬가지로 국제직접투자도 지구적이지 않다. 즉, 한편으로는 국제무역도 국제투자도 주로 선진 OECD국가들 사이에서 발생했으며, 인류의 최대 부분, 즉 제3세계의 인간들은 이로부터 멀리 배제되었다. 다른 한편으로는 1990년대에 OECD 내에서 (세 개의) 지역중심, 이른바 삼극이 강화되어

---

1) 예컨대 독일과 관련해서는 다음을 참조하라. Hans-Hagen Härtel & Rolf Jungnickel u.a., *Grenzüberschreitende Produktion und Strukturwandel: Globalisierung des deutschen Wirtschaft*, Baden-Baden: Nomos, 1996; DIW-Wochenbericht, "Globalisierung: Falle oder Wohlstandsquelle?", *DIW-Wochenbericht* Nr.23, 1997, SS.413~419; Ulrich Dolata, "Das Phantom der Globalisierung", *Blätter für deutsche und internationale Politik*, Jan.1997, Berlin: Blätter Verlagsgesellschaft, 1997, SS.100~104.
2) 이에 대해서는 United Nations Conference on Trade and Development(UNCTAD), *World Investment Report 1996: Investment, Trade and International Policy Arrangements*, New York, 1996, p.249를 참조하라.

형성되고 있는데, 지역 내 결합은 지역 간 결합보다 훨씬 빠르게 성장하고 있다. 저임금 국가로의 생산의 이전은 개별 경우에 일어나고 있지만, 그것은 오히려 주변현상이다.[3] "결국 동유럽의 개방에도 불구하고, 지난 몇 년간 지구화의 추동력이 있었을 것이라고 통틀어 말할 수는 없다."[4] 금융시장에 대해서도 냉철한 시각이 필요하다. 금융시장의 급속한 발전현상을 부정하는 것은 아니다. 그러나 냉철한 시각이 있다면, ① 원래 어떤 시장 또는 부분시장이 여기서 문제인가, ② 그러한 급속한 발전의 경제적, 특히 정치적 배경은 무엇인가, ③ 오늘날 어떤 문제들이 이전과 유사하게 또는 이전과 다르게 제기되는가, ④ 간결하게 말해 정치적 행동의 전망은 어디에 놓여 있는가 하는 문제를 정확하게 분석해야 한다.


## 1. 금융시장의 부문들과 그 전개

금융시장은 도식적으로 보면 네 개의 상이한 부분시장으로 나눌 수 있다. 그것들은 각각 상이한 경제적 기능을 하고, 상이한 진행방식이 존재하는데, 물론 상호 간에 역작용 또는 상호작용도 주고받는다.

첫째, **금융조달시장** 또는 **1차 시장**은 전통적인 방식을 통해 기업투자나 국가지출(그리고 때때로 소비재 구매)의 **금융조달**에 기여한다. 가계에 의해 소비에 지출되지 않거나 기업에 의해 투자나 경상운영에 지출되

---

3) Härtel & Jungnickel, *Grenzüberschreitende Produktion und Strukturwandel: Globalisierung des deutschen Wirtschaft*, S.244 참조. 또한 International Monetary Fund(IMF), *World Economic Outlook*, May 1997, p.58 참조. "기업들이 상당한 정도로 국내노동자들을 외국노동자들로 대체한 것처럼 보이지는 않는다."
4) DIW-Wochenbericht, "Globalisierung: Falle oder Wohlstandsquelle?", *DIW-Wochenbericht*, Nr.23, S.414.

지 않는 화폐소득, 즉 국민경제의 저축은 금융시장의 기관들을 통해 (다른) 기업이나 국가에 넘겨지고, 거기서 사적 투자나 공적 투자에 지출되어 그 경제의 전체적 수요를 유지한다. 경제성장을 진작하기 위해서는 나아가 신용창출에 의해 창출되는 **추가적** 화폐수요가 필요하다. 금융시장을 통한 이와 같은 투자 및 국가지출의 금융조달은 세 개의 주요 경로(그리고 이 경로들을 교차시키고 결합하며 또 수많은 금융혁신으로 만들어 가는 더 많은 길)를 따라 일어난다. 즉 은행신용의 제공, 기업지분(주식)의 발행 그리고 채권의 발행이 그 경로이다. 기업으로서는 처음 두 가지 방식이 일반적이며, 정부 채무는 통상 채권을 통해서 발생한다. 이때 물론 잘못된 계산과 사기영업이 있을 수 있는데, 그것은 파산과 은행도산 그리고 채권자의 손실로 끝나게 된다. (화폐를 필요로 하는) 부족부문과 (과잉화폐를 가지고 있는) 과잉부문의 매개는, 저축이 완전하게 흡수되는 성장경제에서는 문제가 되지 않는다. 그것이 진정으로 문제가 되는 것은, 과잉부문이 기업의 수요보다도 더 많은 금융수단을 지속적으로 제공하는 반면에 국가는 이 과잉화폐를 차입해서 지출할 수 없을 때이다.

실물경제와 관련되는 이 외부금융의 규모는, 일정한 시점에서 회수되지 않은 은행신용의 가치 및 채권과 주식의 발행가치에 표현되어 있다. 이 가치는 1982~1992년 동안 세계적으로 15조 달러에서 43조 8,000억 달러로 거의 세 배가 되었다.[5] 이는 큰 성장이지만, 동일한 기간에 세 배 이상으로 성장한 직접투자만큼은 아니다. 금융조달의 규모는 1982년 OECD국가들의 GDP(8조 8,000억 달러)의 거의 두 배 수준이었는데,

---

5) Yilmaz Akyüz, "Taming International Finance", Hg. Jonathan Michie & John Grieve Smith, *Managing the Global Economy*, New York: Oxford University Press, 1995, p.61.

1992년에는 그것(17조 3,000억 달러)의 족히 두 배 반에 이르렀다.[6] 1982
년과 1992년 사이 금융시장의 구조는 은행부문에 불리하게 이동했다. 즉
세계의 금융조달에서 은행이 차지하는 비율은 59.2%에서 44.9%로 줄었
고, 그에 따라 자본시장의 비율은 40.8%에서 55.1%로 증가했는데, 그 중
주식은 18.2%에서 25.6%로, 채권은 22.6%에서 29.7%로 증가했다. 흥미
로운 것은, 이 10년 동안 신규 금융의 국제화 정도가 증대하지 않고 약간
하락했다는 점이다. 1982년 국제화 정도가 19.5%(여기서 17.8%는 국제적
인 은행신용에 의한 것이었다)였다면, 1992년 그 수치는 18.1%(14%는 은
행신용)로 떨어졌고, 반면 국제적인 채권공모가 차지하는 비율은 여전히
상대적으로 낮은 수준이지만 1.7%로서 3.9%로 두 배가 되었다.[7]

예나 지금이나 채권형태의 채무는 압도적으로 공적 기구에 의해 차
입되고 있다. 1995년 말 26조 9,000억 달러의 세계 채권잔고 중 약 61%
는 공적 기관에 의해 공모된 것이었고, 국가에 따라 이는 94%에 이르렀
다. 1995년의 신규 공모채권에 대해서도 국내비율은 92.3%에 달했다.[8]

둘째, 기존의 **금융수단**——기존의 주식과 채권 그리고 매우 사소한 규
모지만 기존의 **신용**——이 거래되는 **2차 시장**이 있다(물론 기존의 신용은
이 목적을 위해 먼저 거래가능한 증서로 전환되어야 한다. 즉 '문서적으로 보
증'되어야 한다). 2차 시장의 크기와 발전에 대해서는 거래소 매출액이 시
사해 준다. 물론 거래소 매출액은 실제적 규모를 하회한다. 왜냐하면 유
가증권거래 대부분은 거래소 매개 없이 직접적으로, 즉 점두거래(over

---

6) OECE, *OECD Quarterly National Accounts*, No.3, 1996, p.12 참조.
7) Akyüz, "Taming International Finance", p.61 참조.
8) *Bank für Internationalen Zahlungsausgleich(BIZ)*, Jg.66, 1996, S.166 참조.

the counter, OTC)로 일어나기 때문이다. 1992년에 거래소의 일일 주식 거래 금액은 약 300억 달러, 채권의 경우 약 2,000억 달러에 달했다. 연 250일의 거래일을 상정하면, 연간 거래금액은 주식 7조 5,000억 달러, 채권 50조 달러이다. 1980~1992년 거래금액의 연평균 성장률은 주식과 채권 각각 10%로, 수출과 생산의 그것보다 훨씬 높았다.[9] 현안의 토론과 관련해 흥미로운 것은, 유가증권의 회전도가 이 10년간 증가한 것이 아니라 감소했다는 점이다. 즉 1982년 세계평균에서 보면, 매 주식은 11개월마다 거래되었는데, 10년 후에는 단지 17개월마다 거래되었다. 채권의 경우 회전도는 훨씬 높지만, 마찬가지로 감소했다. 매 채권은 1982년에는 평균 두 달마다 소유자를 바꾸었고, 10년 후에는 세 달마다 바꾸었다.

주식거래는 전통적인 방식으로 자본의 집적과 집중을 촉진하며, 전반적으로 보다 쉽게 기업부문의 구조재편을 촉진한다. 즉 기업은 거래소에서 또는 패키지 거래로 경쟁자의 주식을 매입하고 새로운 기업을 자신에 편제시키며, 다른 기업은 팔아치움으로써 기업구조를 건전하게 한다. 모든 그런 과정이 통상 새로 얻거나 또는 팔아치운 기업부분의 '경영합리화'와 결합되어 있다는 것도 그런 거래가 의도한 동반현상에 속한다. 제2차 세계대전 이후 거대한 집적운동들은 본질적으로 거래소를 통해 전개되었고, 그러한 사정은, 이제까지 구매자로부터 판매자로의 직접적인 패키지 거래나 주거래은행을 통해 매개하는 전통이 지배적이었던 독일에서도 점점 더 그러해지고 있다.

더 나아가 2차 시장의 존재는 1차 시장의 화폐제공자 측에 유연화를

---

9) *The Economist*, 1995.10.7, p.6 참조.

가져온다. 즉 2차 시장으로 인해 기업과 국가에 장기적으로 묶여 있던 금융수단이 채권자가 언제든 유동화할 수 있는 수단(이 수단은 그때그때 변화하는 분위기와 기대에 따라 이리저리로 옮겨질 수 있다)으로 전환된다. 이것은 금융조달관계의 불안정성과 투기를 촉진한다. 거래소의 위기와 금융시장의 붕괴 때 우선은 오직 금융투자자만이 손실을 입는다. 채무자[주식과 채권의 발행자]에게는 금융시장에서의 주식과 채권의 시가변동이 당장은 어떤 직접적인 의미를 갖지 못한다. 왜냐하면 주식과 채권을 성공적으로 발행함으로써 금융조달은 일단 완료되었고, 발행된 금융수단에 상응하는 가치는 투자나 공적 지출에 사용하도록 확보되어 있기 때문이다. 물론 시가 하락의 간접적인 결과는 지속적으로 영향을 미친다. 자본시장을 통해 새로운 금융수단을 차입할 가능성은 떨어지고, 그에 따라서 금융조달의 비용은 비싸진다. 그 때문에 기업과 정부는 점점 더 자신의 증권이 투자자에게 매력적이도록 노력한다. 기업은 '주주가치'를 돌보며, 국가는 '슬림화'를 통해 공공채권의 매력을 제고해야 한다.

유가증권시장의 확대와 다양화 속에서 언제든지 유동적인 화폐와 다를 바 없는 단기증권(화폐시장증권)의 거래도 엄청나게 증대하였다. 화폐시장은 몇 년 전까지만 해도 일반에게는 접근불가였고, 단지 은행 상호 간 및 중앙은행과의 단기신용거래에만 복무하였다. 이를 통해 국민적·국제적 금융시장의 규모와 불안정성이 증대되었다.

마지막으로, 유가증권거래의 성장으로 이에 특화한 기업의 의의와 영향력 또한 커졌다는 점을 지적해야 한다. 전통적인 신용은행은 '투자영업'부서를 확대하였고, 투자기금의 자산은 현저하게 증가하였다. 그 기금 매니저의 처분에 부문 전체의 운명이 달려 있는 것이다.

셋째, **외환시장**에서는 여러 국가의 통화가 거래된다. 다른 국가의 통화로 표현되는 국민화폐의 가격을 통해 실물경제적인 교역관계가 규정적으로 영향을 받는다. 개개의 국민통화가 더 이상 금과 연결되지 않게 된 이래로 외환거래는 국제경제관계에서 중요한 역할을 행하고 있다. 정치적으로 보장된 환율체제(브레턴우즈 체제)가 폐지되고 변동환율체제로 대체된 1970년대 이래, 이 부문에서는 한편으로 불안정성과 위험성이 높아졌고, 다른 한편으로 투기가 횡행하고 있다. 외환거래는 국제적 교역 및 투자를 위한 금융조달이라는 원래 기능으로부터 멀리 벗어났다. 1977년 세계 전체 수출의 규모는 외환거래금액의 28.5%였는데, 1995년에는 겨우 1.6% 정도였다.[10] 1979년과 1995년 사이에 외환거래금액이 30조 달러에서 300조 달러로 10배가 되었다는 사실도 일차적으로는 국제투기의 증대에 기인한다고 해야 한다.

넷째, **파생금융상품** 시장에서는 앞에서 언급한 금융수단들의 미래의 전개(예를 들면 채권의 가격 또는 화폐시장증권의 이자 또는 통화의 환율)에 관계된, 따라서 이 금융수단들로부터 파생된 금융상품이 거래된다. 그러한 거래는 다음 세 가지 이유에서 일어날 수 있다.

① 토대가 되는 영업을 보증하기 위하여. 예컨대 일정한 시간이 지난 후에야 비로소 만기가 되는 수출영업대금을 환율변동으로부터 보증하기 위하여(헤징).

② 시간과 장소를 달리하는 화폐투자 사이에 존재하는 수익의 차를 위하여(재정거래).

---

10) Hg. Mahbub ul Haq & Inge Kaul & Isabelle Grunenberg, *The Tobin Tax: Coping with Financial Volatility*, New York: Oxford University Press, 1996, p.292 참조.

③(시가나 이자 또는 환율의) 예상되는 변동으로부터 이익을 얻기 위하
여(투기).


시가변동을 보증하는 영업은 이미 오래전에 존재하였다. 그러나
파생금융상품의 엄청난 성장은 1980년대 말에야 비로소 시작되었다.
1990~1994년간 거래소에서 거래된 미회수 파생금융상품의 금액은 2조
3,000억 달러에서 9조 9,000억 달러로 4배 이상 증가하였다. 그러나 파생
금융상품의 압도적인 부분은 거래소를 통하지 않고 자유롭게 거래된다.
여기서 그 규모는 6년 동안 3조 5,000억 달러에서 24조 3,000억 달러로 7
배 성장하였다. 1995년 세계 파생금융상품거래 연간 매출액은 334조 달
러로서 외환거래 금액보다 더 높았다.[11] 파생금융상품은 대개 단기증권
이다. 이는 그 회전도로 알 수 있다. 1996년 파생금융상품 거래는 연말 잔
고의 32.5배나 많았다. 따라서 매 증권은 평균해서 대략 8일마다 회전한
셈이었다(250 노동일/32.5 회전 = 7.7 일).


## 2. 경제적 압력 앞에서 정치적으로 물러나다:
### 국제금융시장의 의의가 증대하는 원인


오늘날 금융시장의 역할 증대에 대해, 한편에서는 1970년대 이래 선진자
본주의의 경제적 축적문제가, 다른 한편에서는 이 문제에 경제정책이 대
응한 특정한 방식이 결정적이었다.

---

11) *BIZ*, Jg.66, S.148 참조.

실물적 축적 및 생산의 발전이 저해되고 있는 것은 일차적으로 경제 전체적으로 수요가 불충분한 결과인데, 수요부족은 다시, 무엇보다 임금으로부터 공급되는 대중의 구매력과 조세에 의해 조달되는 국가지출이 이윤으로 확장되는 생산설비에 뒤처지기 때문에 야기된다. 그것은 판매전망이 나빠 기업으로 하여금 확대투자를 하지 못하게 하는 반면, 경쟁 때문에 감행하는 합리화 투자는 일자리를 없애고, 그렇게 해서 소비수요를 일층 감소시킨다. 이에 대해 여기서는 더 이상 들어가지 않겠다.[12]

이 전형적인 가치증식의 위기 문제에 대해 자본주의적 기업은 두 가지 방식으로 대응한다.

첫째, 자본주의적 기업은 스스로 강제하여 국제화를 추진한다. 즉 국내에서 이윤성 있게 판매할 수 없는 재화와 서비스의 수출과, 국내에서 가치증식될 수 없는 자본의 수출이 그것이다. 세계시장으로의 이 팽창은 본질적으로 OECD국가들 내에서 일어나며, 국제경쟁과 상호 공격적인 시장침투를 첨예화한다. 이에 대한 정치적 대응은 기업의 임금삭감, 사회보장 해체, 조세감면 등을 통해 국제경쟁력을 촉진하는 방향으로 경제정책과 전체 사회를 지향시키는 것이다.

둘째, 기업은 획득한 이윤을 국내든 국외든 생산설비에 재투자하지 않고, 보다 신속하고 보다 높은 이득을 기대하면서 금융투자로서 국내나 해외에 투자한다. 금융시장에는, 한편에서 보다 낮은 소득 또는 보다 낮은 사회급여(실업자 지원 등) 때문에 저축을 줄이는 가계부문으로부터 보다 적은 화폐수단이 흘러들어 오지만, 다른 한편에서는 이윤으로 실현되

---

12) 이에 대해서는 Klaus-Peter Kisker, "Strukturelle Überakkumulation und Krise der Erwerbsarbeit", *Z. Zeitschrift Marxistische Erneuerung*, Nr.31, Sept. 1997 참조.

었지만 판매전망이 나빠 재투자되지 않고 그 대신 비생산부문에서 이윤성 있는 투자를 찾고 있던 화폐가 밀려들어 온다.

이로써 경제적 기능의 배분에서 주요한 변화가 일어난다. 기업은, 전통적으로 저축이 발생하는 과잉부문인 가계로부터 은행기구를 통해 국민경제의 저축을 끌어내서 이를 실물투자와 그에 따른 생산으로 전화시키는, 화폐부족 부문으로서의 전통적인 역할을 점점 더 적게 수행하게 된다. 그렇기 때문에 기업은, 화폐자본을 생산자본으로 전화시켜 생산에 투입하지 않고, 오히려 화폐자본의 이자수익을 찾는 화폐과잉부문, 곧 저축자가 된다. 저축과 투자의 구별을 지양하고 모든 종류의 화폐가치증식이 투자로 보이는 것은, 금융투자로의 그 성향의 일층의 발전과 이론적 반영의 결과이다. 저축할 수 있는 고소득의 전통적 가계 또한 어느새 투자자, 즉 화폐자산의 (높은 수익을 기대하는) 투자자가 된다. 금융혁신의 증대는 이처럼 성장 및 생산의 약화 그리고 실업 증대와 결합되어 있다.

1970년대 이래 선진자본주의 사회에 전형적인 과잉저축의 상황은 (교란 없는 성장의 시기에 신용의 공여 또는 유가증권의 최초발행 관리와 유가증권 거래를 통해 거대해진) 금융기관을 특히 어려움에 빠뜨리고 있다. 여기에는 전통적인 신용은행, (이미 투자정책을 운용해 온 자본모집 장소로서) 보험회사, 유가증권거래소 그리고 투자기금이 열거된다. 현대자본주의에서 금융시장은 구매자시장이다. 이 시장에서 금융기관은 높은 수익성을 약속함으로써 투자자(투자자의 화폐가 바로 금융기관의 고유한 영업을 위한 토대이다)를 찾으려 시도한다. 국가가 낮은 실질성장과 높은 실업 때문에 점점 더 많은 채무를 차입하도록 강제된다는 것은 이 금융기관들에게는 아주 행복한 상황이다. 조세수입으로부터 이윤성이 확보되는 국영기업을 사유화하는 것도 기관투자가가 점점 더 좋아하는 활동영역이

다. 마지막으로 유럽에서의 사회보장의 민영화를 위한 제일보도 국민적
금융기관과 국제금융기관의 팽창전략과 관련해서 보아야 한다. 연금기
금의 편성과 관리는 금융기관에 일층의 영업전망을 열어 놓는다.

경제의 근본문제로서 축적문제의 심화, 자본의 편으로부터 이에 대
한 주요한 대응으로서 국제화와 금융투자의 증대, 국제경쟁의 첨예화, 금
융부문 비중의 증가, 이 모든 것이 현재의 상황을 표현하는 시나리오다.
이것은 물론 자본의 논리로부터 필연적으로 일어나는 상황은 아니다. 이
런 상황은 오히려, 그것이 대자본의 이해에 가장 부합하고 정치적으로
관철될 수 있었기 때문에 등장하였다.[13]

그러나 정치적으로 관철될 수 있기 위해서는, 2차대전 후에 20세기
초의 혁명적 광풍의 먼 반향 속에서 세계경제공황의 파국과 파시즘의 경
험 그리고 사회주의에 대한 체제경쟁을 고려하여 자본주의 세계에 도입
되었던 정치적 조절(이 조절은 고삐 풀린 경쟁과 경제전쟁을 저지하고, 안전
한 대외경제적 준거조건을 통해 일차적으로 완전고용이라는 국내경제적 목
표 지향의 경제발전을 가능하게 한다는 것을 그 목표로 선언하였었다)이 폐
지되어야만 했다. 이 조절에서 우리의 문제와 관련된 중요한 요소는, 고
정환율과 그 유지 메커니즘을 마련해 놓은 국제협력의 제도화 및 자본유
출과 자본과다로부터 개개 국가를 보호할 자본이동 통제의 전반적 수용
에 있다. 1944년 브레턴우즈에서 정립된 이 체제(이는 반[反]자본주의적
돌진도, 이윤지향으로부터의 전환도 의미하지 않는다)는 여러 가지 실천적

---

13) 이하에 대해서는 Eric Helleiner, *States and the Reemergence of Global Finance: From
Bretton Woods to the 1990s*, Ithaca/New York: Cornell University Press, 1994, Teil 2
참조.

이고 원칙적인 어려움에도 불구하고 1970년대 초까지 기능하였고, 1950년대와 1960년대 거의 모든 국가에서 번영에 유리한 국제적 준거조건을 제공하였다.

1960년대 말 경제적 축적조건이 크게 변화했을 때, 경제정책은 다음과 같은 근본적인 대안 앞에 서게 되었다.

①체제의 제어와 개혁이라는, 1945년에 들어선 길을 더욱 나아가서 국민적으로는 소비수요와 공공수요의 강화, 투자유도 그리고 대중의 소비력을 진작시키는 조세개혁 등을 통해, 국제적으로는 국제분업과 협력의 강화, 발전정책 등을 통해 정치적 조절을 강화할 것인가? 그러나 노동조합도 사민당도 이를 감당할 수 있는 상태가 아니었다.

②아니면, 자본의 압력에 굴복해서 개혁전망을 떨어내 버리고, 보다 자본의 이해를 따르는 발전모델을 허용할 것인가? 주지하다시피 각국 정부는 두번째 대안을 선택하였고, 사회운동은 그것을 저지하지 못했다. 그럼으로써 자본주의 발전의 새로운 '패러다임'을 위한 길이 열렸고, 그 이래 이 패러다임은 한발 한발 관철되었으며, 오늘날 경제정책적·사회적 토론과 실천을 지배하고 있다.

그와 관련해서 다음과 같이 금융시장에 대한 정치변동의 (부분적으로는 시간적으로 겹쳐지는) 세 단계와 영역을 확인할 수 있다.

①우선 고정환율제도(이 제도는 자신의 수단을 투입하여 고정환율을 지켜야 할 의무도 포함하고 있었다)가 포기되었고, 변동환율제도로 대체되었다. 무역수지와 무역 외 수지의 균형을 지향하는 정책은 세계

시장 지분을 위한 투쟁으로 교체되었다. 이때 환율 또한 경쟁변수가 되어버렸다. 국제적인 통화경쟁이 시작되어 격렬한 진폭·동요·불안정을 가져왔다. 이와 결합된 대외무역의 위험은 환율안정을 통해 방지되어야만 했다. 이것이 바로 환율안정 영업의 형태로 파생금융상품이 탄생하는 순간이었는데, 물론 파생금융상품은 매우 빠르게 이 틀을 넘어 성장하였고, 거대한 투기물결을 움직이게 하였다. 사적인 환율안정은 생산비용을 비싸게 하였으며, 환율자유화와 결합되었던 밝은 예측과는 전혀 반대로 이자율의 하락 대신 상승을 초래하였다. 1956~1973년 시기에 1.7% 수준이었던 G7국가의 장기실질금리는 1981~1993년 시기에 5.1%로 세 배 증가하였다.[14]

②사적 경제에 대한 통화안정의 압력으로 기업과 국가, 그리고 서비스기업으로서는 특별히 금융기관도 금융 포트폴리오의 구조재편을 통해 집중적인 통화관리를 하게 되었다. 그것은 이번에는, 국내경제적 성장과 고용의 우선순위를 위협하지 않도록 2차대전 후에 크게 제한되어 엄격한 국가통제하에 놓여 있던, 국경을 넘나드는 자본이동에 대한 자유화를 요구하였다. 보다 커다란 국제적 운동성과 통합을 위해 이 제한을 폐지해야 한다는 압력이 증대하였다. 그에 따라 다음과 같은 전개가 이어졌다.[15] 1973년에는 독일, 캐나다 그리고 스위스가 국제자본이동에 대한 모든 제한을 철폐하였고, 1974년에 미국, 1979년 영국, 그리고 1980년 일본이 이를 뒤따랐다. 그

---

14) OECD, *OECD Quarterly National Accounts*, John Eatwell, *International Capital Liberalisation: An Evaluation: A Report to UNDP*(SSA no.90-049), New York, 1996, p.15에서 재인용.
15) ibid., p.1 참조.

10년 후에 비로소 이탈리아와 프랑스가 자본이동의 제한을 철폐하였으며, 1990년 7월 1일 이래 그에 상응하는 유럽공동체(European Community, EC, 현 EU)의 지침(이 지침은 몇몇 예외조항을 갖고 있었으나 예외조항들은 그동안에 종료되었다)이 발효되었다. 그렇게 해서 단기자본운동(이 운동은 순환운동이기 때문에 자본을 유도하는 기능을 하지 않는다)에도 문이 열렸다.

③ 그러나 세계의 모든 화폐 및 자본시장에 자유롭게 접근하면, 이제는 모든 세계의 자본을 위해 비교가능한 조건 또한 요구된다. 그러나 화폐시장은 1930년대 이래 상대적으로 엄격하게 조절되었다. 이는 한편으로는 화폐체계의 원활한 기능이 그저 시장에만 맡겨 둘 수 없는 '공공재'로서 간주되었기 때문이다.[16] 그리고 다른 한편으로는 세계 대공황의 경험이 거의 모든 국가에서 정치적 조절을 가져왔는데, 이 조절은 대공황의 반복을 배제해야 하지만, 상이한 역사적 전통에 상응하여 매우 상이한 결과(분리은행제도[Trennbankensystem], 지역은행원칙[Regionalprinzip], 일반은행원칙[Universalprinzip], 은행감독 등)로 나타났기 때문이다. 이 상이성이 국제자본이동에 대한 방해물로 간주되었다. 그러나 그것들은 하나의 공통의 수준으로 통일되지 못했다. 그 대신 국제금융시장에서도 일층의 탈조절이 일어났다.

변동환율로의 이행, 자본이동의 자유화 그리고 국민금융시장의 탈조절은, 새로운 국민적·국제적 행동조건하에서, 또 당연하게도 이해관계

---

16) 유럽 금융체계의 형성과 조절에 대해서는 Charles Poor Kindleberger, *A Financial History of Western Europe*, London/Boston/Sydney: Allen & Unwin, 1984 참조.

와 이해관계 그룹의 압력하에서 일어났지만, 그러나 경제적으로 불가피
하지는 않았던 정치적 조처였던 것이다. 이것들은 보다 진보적인 정치세
력과 노동조합 측에서의 대안구상이 존재하지 않았고, 또 정치적 압력을
통해 그것을 관철할 의지도 없었기 때문에 관철되었다. 그래서 이 정치
적인 궤도설정을 다른 것으로 정정할 가능성은, 물론 그것이 쉽지 않다
하더라도, 반박될 수 없다.[17]

## 3. 지구적 금융시장의 지배?

금융흐름의 규모, 속도, 국경을 넘나드는 성격 및 그에 대한 정치적 통제
와 조절의 해체는 위험한 결과를 가져온다. 그 결과는 다음 세 개의 그룹
으로 나눌 수 있다.

　　첫째, 금융시장에 종속되어 있다는 것은 기업과 국가에게 커다란 문
제, 부분적으로는 생존을 위협하는 문제를 가져올 수 있다. 은행신용의
회수는 통상 기업의 퇴출을 의미하고, 신용이나 채권 형태의 자본 철수
는 개개 국가를 커다란 경제적 난국으로 몰아가며 깊은 추락의 시작을
나타낼지 모른다. 이런 결과 자체나, 이런 결과를 가져오는 발전이 새로
운 것이 아니다. 그것은 1994년 말 멕시코위기를 특징짓고, 그와 마찬가
지로 1931년 독일의 대공황을 특징짓는다. 즉 정치적 불안정(독일에서 파
시즘의 총선 승리, 멕시코의 사파티스타 봉기와 정치적 목적의 살인)은 갑작

---

17) Eric Helleiner, "Post-Globalization: Is the Financial Liberalization likely to be
　　Reversed", eds. Robert Boyer & Daniel Drache, *States against Markets: The Limits
　　of Globalization*, London/New York/Routledge, 1996, pp.193~210 참조.

스러운 자본유출을 촉발시켰고, 이를 통해 심각한 경제공황이 인도되었다. 자세히 보면 양자는 많은 점에서 유사하다.

①1930년까지 외국, 특히 미국으로부터 독일로 205억 마르크가 이전되었다.[18] 그 중 절반은 단기증권으로 구성되었는데, 이것이 장기금융에 투입되었다. 1930년대 초 베를린의 거대은행들의 모든 예금 중 거의 절반은 외국으로부터 온 것이었고 단기간에 철수되었다. 그 때문에 라이히스방크[당시 독일 중앙은행]는 몇 주 안에 준비통화의 절반을 잃었으며, 7월 15일 마르크화의 태환성을 폐지하였다. 평가절하 경주가 시작되어 참담한 결과를 동반했다.

②1989~1994년간(신자유주의로의 정책전환의 시기) 989억 달러의 외국자본이 멕시코로 흘러들어 왔다.[19] 그것의 거의 전부는 중장기적으로 확정된 직접투자가 아니라 단기투자자본이었다. 유입자본의 거의 3/4(72.5%)은 이른바 포트폴리오 투자로 구성되었고, 그것은 다시 1/3의 주식과 2/3의 채권으로 구성되었다. 그 목적은 사적 생산을 통한 이윤획득이 아니라 국채에 대한 신속한 수익획득에 있었다. 멕시코에서 정치적 동요에 기인한 유가증권의 철수, 그리고 미국에서의 이자등귀가 미국의 국내투자를 상대적으로 매력적이게 하였다는 사실로부터, 멕시코는 두 달 사이(1994년 12월~1995년 1월)

---

18) Dietmar Petzina, *Die deutsche Wirtschaft in der Zwischenkriegszeit*, Wiesbaden: Steiner, 1977, SS.97~99 및 Charles Poor Kindleberger, *Die Weltwirtschaftskrise 1929-1939*, München: Deutscher Taschenbuch Verlag, 1984, ch.6 참조.
19) Julio CéSar Godoy Alvarado, *Wirtschaftspolitik in Mexiko: Der globale Finanzmarkt und das Scheitern des Neoliberalismus*, Bremen, 1996, S.44 이하, S.54 이하 참조.

에 외환보유고의 77%를 잃게 되었다. 페소화는 단 10일만에 족히 1/3만큼 평가절하되었고, 1995년 말까지 위기 이전 가치의 절반 이하에 머물렀다. 멕시코 경제의 높은 수입의존도 때문에, 이는 생산의 현격한 붕괴와 보다 현저한 실업증대를 가져왔다.

두 경우의 주요한 차이는 금융흐름에 의해 야기된 공황을 정치적으로 조절할 수 있는가라는 문제와 관련된다. 독일(과 그때 선행한 미국의) 은행공황이 세계경제공황으로 확산된 반면, 멕시코위기의 유사한 확대는 미국 대통령의 지도하 신속한 정치적 관리를 통해 저지될 수 있었다. 결과는 멕시코 상태의 현격한 악화였지만, 미국 투자가에게는 전혀 손실이 없었다. 1930년대와 달리 1990년대에는 개별적인 위기로부터 비롯되는 금융시장에 대한 극단적인 위험을 전반적으로 제한할 수 있는 능력이 존재한다. 이것은 1987년의 커다란 금융위기 때에도 확인됐다. 그때 각국 정부와 IMF 그리고 국제결제은행(BIZ)을 통해 며칠 내로 국제금융체제를 위한 안전망이 형성되었던 것이다. 물론 그 능력은 견고한 제도적 토대 위에 근거한 것도 아니고, 국제금융관계의 조정 구상에 근거한 것은 더더욱 아니다. 그것은 약자의 희생하에 작동하는 특별한 관리이지만, 강자가 소용돌이에 함께 휩쓸려 가는 것은 저지한다.

최근의 전개에서 사태를 불안정하게 하는 것은, 금융시장의 지구화가 오늘날 이전과는 완전히 다른 강도를 띠게 되었고[20] 금융운동이 완전

---

20) 금융개방의 정도는 20세기 초의 그것보다 아직도 더 적다. 이에 대해서는 R. Zevin, "Are World Financial Markets More Open? If so, Why and With What Effects?", Hg.Tariq Banurei & Juliet Schor, *Financial Openness*, New York: Oxford University Press, 1992, p.51 이하 참조.

히 다른 속도로 전도되고 있다는 점이 아니다.[21] 결정적인 차이는 1920 년대와 1980~1990년대 사이가 아니라 1950~1970년대와, 1920년대 및 1980~1990년대간에 있다. 즉 현재의 문제는, 우리가 1920년대 말/1930 년대 초처럼 국제금융시장이 통제되지 않는 상황에 접근하고 있다는 점이다. 사태는 1950~1960년대의 진보를 해체하고 20세기 첫 1/3 시기의 상황으로 되돌아가는 방향으로 전개되고 있다.

20세기의 첫 33년 동안(그리고 당연하게 그후 12년 동안은 정말로) 국제적으로 협력하는 경제질서가 존재하지 않았다. 평가절하 경주, 경쟁 또는 고립주의가 행동양식이었고, 전쟁은 최후수단이었다. 1920년대의 세계시장경쟁과 그후 전쟁의 경험으로부터, 거침없고 고삐 풀린 경쟁은 치명적인 결과를 가져오며 어떤 상황에서도 이는 저지되어야 한다는 교훈이 끌어내졌고, 그 위에서 1940년대 중반 헤게모니적으로 구조화된 국제협력체계가 세워졌다. 이 체제의 주요 요소는 안정적인 국제통화질서와 국제자본이동의 제한이었다. 이 체제를 청산함으로써 비로소 1930년에 존재했던 것 같은 국제금융시장이 다시 형성되었다.

금융시장의 자유화와 탈조절로부터 비롯되는 **두번째** 위험은, 개별 국민국가의 경제정책적 개입가능성이 뚜렷하게 제한되었다는 것, 이른바 이자의 자율성이 상실되었다는 것이다. 이 위험은, 제2차 세계대전 전에는 경제과정의 안정화를 위한 발전된 경제정책이 없었다는 단순한 이유 때문에 존재하지 않았다. 조절되지 않는 금융시장은 경제정책적인 조정을 통해 국민경제의 고용과 소득을 안정화하려는 시도를 위협한다. 그

---

21) 이와 관련하여 결정적인 도약은 대륙간 통신을 몇 분 내에 가능하게 한 전신기의 도입이었지 통신시간을 초단위로 더 단축한 성과가 아니었다.

위협은 필연적으로 치명적인 것은 아니다. 경제정책이 공공부문과 유도적인 조세정책의 투입, 환경·노동보호를 위한 행정규칙, 노동시간 단축과 기술정책 등을 포함하는 폭넓은 경제정책적 조처들에 근거한다면, 그 위협은 제압될 수 있다. 그러나 경제정책이 화폐가치의 안정성이라는 목표의 추구와 화폐정책이라는 수단의 사용으로 좁혀진다면, 통제되지 않는 금융시장은 문제가 된다. 즉 그때는, 어느 나라가 이웃 나라들의 경제정책 경향과 다르게 나아가면, 국제적인 이자연관 때문에 국민적 경제정책의 주권이 위태로워지고, 극도의 위험에 노출되게 된다. 왜냐하면 국민적 경제정책이 이자정책적 수단을 투입하는 한, 예컨대 이자를 내려 금융투자를 덜 매력적이게 만들고 투자를 위한 금융비용을 절감시키면, 기업은 금융투자를 실질투자로 전환시키는 대신에, 보다 높은 이자로 보다 높은 수익을 얻을 수 있는 외국으로 자신의 화폐자산을 옮길 수 있기 때문이다. 이 자본유출을 막기 위해 해당국 정부는 통화를 평가절하하거나 (이 경우 수입에 대해 부정적인 결과를 낳는다) 아니면 이자를 다시 매력적인 수준으로 높여야 한다. 그러나 그것은 성장의 목을 조이게 된다. 단기자본을 포함하면 이러한 제한성은 더욱 좁아진다. 단기자본(예컨대 3개월 만기)의 이자 차이는 재정거래를 촉발해서 그 나라가 자신의 길을 갈 수 없게 만든다.

물론 이 테제가 단지 단초적으로만 관찰되는 현실을 이미 등장해 있는 것처럼 너무도 빨리 주장하는 것은 아닌가라는, 그래서 현실에 존재하는 정책가능성을 서둘러 부정하는 것은 아닌가라는 의문이 제기될 수 있다. 실제로 자본주의 국가들 간에서 관찰된 이자 수준은 결코 단일하지 않다.[22] 그것은, 장기투자 이자율을 비교할 때 요구되는 물가상승과 그 예상을 고려한다 하더라도 그러하다. 그러한 이자 차이는 분명히 부분적으로는 환율의 불안정 또는 환율변화에 대한 예상에 의해 규정된다. 또한 그것은, 동어반복이기는 하지만, 개개 국가의 상이한 평판의 표현으로 정의된다. 그렇지만 조그만 이자 차이도 투자자로 하여금 외국증권의 방향으로 포트폴리오를 바꾸게 한다는 주장은 외국보다 국내로의 자본투자가 더 선호된다는 것에 대한 다양한 근거들을 기각하는 것이기 때문에 수용하기 어렵다. 이런 주장은 어떤 경우에도 증명될 수 없다. 이에 대해서는 명쾌한 논거도 있다. 화폐시장 및 자본시장에서의 활동도 물질적인 하부구조를 필요로 하며, 그에 따라 비용을 야기한다. 따라서 이자 차이의 크기가 커지면 금융자산 구성의 변동가능성이 증대한다 할지라도, 조그만 이자 변화가 그에 상응하는 금융자산 구성의 변동을 가져온다는 것은 그럴듯하지 않다. 그와 반대로 국제자본이동이 거래세(와 수수료)에 의해 대가가 비싸진다면, 추측하건대 그 가능성은 명백히 줄어들 것이다. 특이하게도 이자 하락을 매개로 하는 확장정책일 때만 국제적인 이자연관이 작동한다. 그러나 인플레와 싸우기 위해 긴축정책으로 이자를 올릴 때에는, 어떤 문제도 없는 것처럼 보인다. 자본유입, 즉 인플레를 추동함으로써 인플레 억제라는 정책목표에 대항할지 모르는 자본유입은 문제시되지 않는다. 왜냐하면 자본유입은 공개시장 업무의 틀 내에서의 중앙은행의 제한적인 조처를 통해서 불모화될 수 있기 때문이다. 그와 대칭적으로 중앙은행이 모든 자본유출을 추가적인 화폐창출을 통해 중립화시킬 수 있다고 논박될 수 있다. 그러나 이것은 강력한 자본그룹의 이해에 부합되지 않는다. 여기서도 최종적으로 문제는 경제논리와 법

---

22) DIW-Wochenbericht, "Globalisierte Finanzmärkte: machtlose Geldpolitik?", *DIW-Wochenbericht*, Nov. 1995, SS.237~241 참조.

칙성 또는 이성이 아니라 이해관계와 힘관계이다. 마지막으로 국제적인 이자연관은, 미국과 영국이 아직도 상당한 정도로 케인스주의에 의해 영향받는 세계에 대해서 긴축적인 통화주의 정책을 관철하려는 것을 저지하지 못했다. 그러기는커녕 국제적으로 강해진 통화주의 경향에 대항해 확장정책을 추진하려던 1980년대 초 프랑스의 시도도 관철될 수 없었다. 따라서 관건은 경향으로부터의 일탈이 아니라 경향에 영향을 미칠 수 있는 정치적 힘이다.

금융시장에 의해 규정되는, 재생산과 고용에 대한 교란의 **세번째** 원천은 **외환투기**의 엄청난 규모와 속도에 있다. 이런 규모의 외환투기는 마찬가지로 1920년대 말에는 존재하지 않았다. 왜냐하면 당시에는 항상 부분적으로나마 여전히 쌍무적인 금본위제가 우세하였기 때문이다. 1930년대에는 거의 모든 자본주의 세계에서 외환운동이 금지되고 제한되거나 또는 엄격하게 통제되었다. 이러한 제한은 브레턴우즈 체제에서도 유지되었다. 그와 반대로 오늘날 자본주의 공업국가들에서는 외환거래에 어떤 제한도 존재하지 않는다. 거대한 금융자산의 순전히 투기적인 통화거래가 무역과 장기투자를 위한 금융과 다르게 취급되지 않는다. 물론 투기적인 공격은 그 국제적인 기능 및 가치와 관련하여 개개 국가의 통화를 찌그러뜨려서 대외무역과 직접투자 그리고 포트폴리오 투자에 크게 영향을 미치며, 해당 국가는 이에 대해 자신을 방어할 수 없다. 그때 환율이 생산력과 물가의 관계, 이른바 펀더멘탈에 조응하느냐 아니냐는 사소한 문제이다. 평가절하는 보다 높은 가격경쟁력 때문에 한 국가의 수출지위를 개선할 수 있지만, 동시에 수입가격을 비싸지게 한다. 두 효과의 차감 잔고는 구체적인 대외경제적 결합관계에 달려있다. 보다 덜 발전된 국가에서 이 잔고는 보통 마이너스이다. 나아가 평가절하는 투자통화 또는 가치보존 수단으로서의 통화 지위를 약화시킨다. 이는 다시 한 국가의 국제신용도에 부정적인 영향을 끼치고, 하방 악순환을 일으킬 지도 모른다. 여기에 명백히 개입의 필요가 존재한다.

## 4. 중간결과: 금융시장의 정치적 통제가 필요하다

금융시장을 보다 정확하게 보면 틀림없이 그것의 발전과 현재의 구조, 그리고 그 지배의 뛰어난 정치적 성격을 알게 된다. 그것은 가차없는 자본주의 경제법칙의 필연적인 산물이 아니라 1970년대와 1980년대 자본이해의 압력하에서 시도된 정치적 궤도설정(이는 30여 년 전에 결정된 궤도를 청산하는 것이었다)의 결과였다. 자본주의 국내시장이 교란되지 않도록 보증하려는 하나의 세계경제적 개혁 프로젝트를 이렇게 폐기하도록 한 촉발요인은 물론 이 발전모델이 경제적으로 소진되었다는 것이었지만, 그러나 국민적·국제적 개혁 프로젝트를 일관적으로 더욱 발전시키려는 노동자운동의 대안구상이 결핍되었고, 그 정치적 준비도 결여되어 있었다는 점이 결정적이었다. 그 누구도 어떤 특정한 발전모델이 소진되었다면 반드시 우파의 발전모델이 들어서야 한다고 말하지 않는다. 다만 현실에서 그런 일이 일어났고, 힘관계는 자본에 유리하게 변화하였으며, 대부분의 인류에게 물질적 토대는 악화되었다. 금융시장의 자유화와 (아직 완료되지 않은) 탈조절은 이러한 발전의 표현이자 이 발전의 추동력이다. 그러나 그와 함께 행동의 필요성도 또한 높아진다. 이에 대한 여러 구상들도 제출되어 있다. 그것은 은행감독의 개선과 거래세 도입을 통한 화폐 및 자본흐름의 비용 부과로부터, 행정적인 자본이동 통제수단의 재도입을 거쳐, 지구적인 통화정책적 협력체제 ──이는 주요 세계통화의 환율을 안정시키고, 그럼으로써 지역적 협력과 통화동맹을 위한 견고한 토대를 표현한다——의 확립에 이르는, 다양한 스펙트럼에 걸쳐 있다. 그러한 개혁전망들은 금융시장의 주요행위자들의 이해와 충돌하며, 신자유주의의 도그마와 충돌한다. 그러나 그것들은 경제적으로 이성적이며, 사회적으로 유익하고, 정치적으로 실행가능하다. 물론 이를 위해서는 정치적 압력이 필요하다. 1945년 이후 그런 압력이 이미 한 번 있었다. 단지 전쟁의 결과로만 개혁이 올 수 있다는 표상은 수용될 수도 없고, 명확한 것도 아니다.

# 9장 자본축적의 장기적 발전경향과 금융시장의 위기[*]

슈테판 크뤼거[**]

최근 짧은 간격으로 새로운 나쁜 소식이 세계 금융부문을 뒤흔들었다. 부실대출에 대해 가치정정을 해야만 했고, 그로써 신용평판을 상실한 은행들이 차례로 불안정한 상태에 빠지게 되었다. 은행의 재금융의 어려움은 초기에는 여전히 중앙은행 대출을 통해 상쇄되었지만, 예금자들이 그 예금을 해소하기 시작하자, 돌연 지불능력을 잃게 되었다. 거대하게 구상된 국가의 자본지원과 보증을 통해, 그리고 은행 간 화폐시장을 위한 중앙은행의 안정화 조처를 통해 금융시장 및 국제은행제도의 완전한 붕괴는 적어도 당장은 피한 것으로 보인다. 그럼에도 불구하고 지금 벌써 위험경보를 해제하는 것은 태만보다 더한 것이다.

　우리는 지금 동시대의 압도적인 다수의 사람들(경제학적 소양을 갖고 있든 아니든)이 얼마 전까지도 오래전에 극복되어 역사적이고 진귀한 일이라고 판단했던 과정, 즉 신용제도의 화폐제도로의 돌변이라는 과정

---


* Stephan Krüger, "Finanzmarktkrise: Der Umschlag des Kredit- in das Monetarsystem. Einordnung in langfristige Entwicklungstendenzen der Kapitalakkumulation", *Supplement der Zeitschrift Sozialismus*, Dezember 2008.

** 저널 『사회주의』(*Sozialismus*)에서 활동.

의 증인이 되고 있다. 우리가 국제금융제도의 '핵용융'(Kernschmelze)이 시작하는 한가운데 있었고, 지금도 그러하다는 것은 이론의 여지가 없다. 다만 어떤 조처와 수단을 가지고 이것에 대처하고 억제할 수 있는가가 아직 논쟁의 대상일 수 있다. 신용제도가 화폐제도로 완전하게 돌변하는 '대재난'(Super-GAU)을 통일된 국제적 노력을 통해 이번에 저지하는 데 성공한다 하더라도, 실제로 어떤 것도 이전 같지는 않을 것이다.

　　오늘날의 위기에서 단지 신자유주의의 최종적 위기, 그 하위의 경 제정책 패러다임인 통화주의의 최종적 위기, 그리고 금융시장 자본주의 (Finanzmarktkapitalismus, FMK)의 기형적인 파생물의 최종적 위기만을 인식한다면, 이는 너무 안목이 낮은 것이다. 세계경제라는 건물을 뒤흔드 는 금융시장 위기의 뿌리는 훨씬 더 깊은 곳에 있다. 즉 금융시장 위기는 자본의 구조적 과잉축적(이것 때문에 이미 1970년대 중반 이래 자본주의 중 심국들에서 전후의 번영이 교체되었다)에 근거하고 있는 자본주의의 체제 위기로서 파악되어야 한다. 이런 배경에서 보면, '혼합경제질서'가 주주 및 금융투자가를 경제적 핵심인물로 하는 금융시장에 의해 조정되는 자 본축적으로 전화된 것은, 자본주의에 내재적인 방식으로 이러한 자본의 과잉축적을 해결하려는 시도(이는 장엄하게 실패하였다)로서 이해되어야 한다. 따라서 금융시장의 새로운 조절을 통해 이 금융시장 자본주의의 최악의 기형적인 파생물을 잘라내는 것도 결코 이 체제위기의 해결과 정 돈된 축적조건의 회복은 아닌 것이다. 수량과 가격이 팽창된 금융자산을 통제된 과정을 통해 감가시키고 재조정하는 것이 성공할 때에만, 그리고 자본주의 중심국 국민경제의 재생산 영역에서 분배와 재분배, 그리고 생 산조절의 특정한 경제변수에서 성공적으로 새로운 비율과 구조를 형성 할 때에만 이런 것들을 얻을 수 있을 것이다.

'세계를 설명하는 것', 즉 역사발전의 교차점을 분석적으로 진단하고, 관념적으로 이 위기의 극복을 사전에 사고하며, 정치적 실천을 진척시키는 것은 객관적으로 좌파의 몫이다. 이 관념적이고 실천적인 과제를 극복하기 위한 첫번째 조건은, 자본주의 축적의 발전법칙과 경제정책적 패러다임 속에 금융위기를 위치짓는 일이다.


## 1. 자본의 구조적 과잉축적과 화폐자본축적의 자립화

1974/1975년의 세계경제공황과 함께 전후 번영이 종료했다는 진단은 그 시대 많은 비판적 경제학자가 공유하였다. 결국 다음과 같은 징후들이 분명해졌다. ①자본주의의 주요 중심국가들에서 실물적 축적(reproduktive Akkumulation)[1]의 불균등한 전개가 강화되는 것, ②국민적 금융시장 및 당시 설립된 제노 금융시장(Xenofinanzmärkte)[2]과 오프쇼어 금융중심지에서 화폐자본축적의 자립화가 시작되는 것, ③상품시장에서의 구조적인 가격등귀가 증가하는 것 ——이는 전쟁의 감행(베트남 전쟁), 전후 시기에 오늘날까지 알려지지 않았던 공공신용의 확대, 그리고 주요 원자재의 비약적인 가격등귀에 의해 규정되었다.

　　이 모든 요소들은 고정환율 통화제도를 긴장시켰고, 1971년 브레턴

---

1) 실물적 자본 또는 실물적 자본축적이라는 용어[정확하게 번역하면 '재생산적 자본' 또는 '재생산적 자본축적'이라 해야겠지만, 우리말로는 이런 용어가 낯설어서 통상적인 용어를 사용했다]로 우리는 사용가치만이 아니라 무엇보다 또한 가치 및 가격 범주에 의해 규정되는, 통상적인 '실물경제' 범주를 보다 엄밀하게 표현한다. 맑스주의적으로 말하면, 실물적 자본은 물질적 생산과 자본주의적 서비스 부문, 그리고 그 재생산 및 축적과정에서의 생산적이고 산업적인 자본과 상업적 자본을 지칭한다. 그것은 이자 낳는 자본형태에 대립된다.
2) 발행국가 이외의 국가들에서 거래되고 유통되는 통화 또는 유가증권시장. —옮긴이

우즈 체제의 토대인 미국 달러의 (고정된) 금 태환을 파열시켰다. 우리는 1974/1975년 세계경제공황에 의해 인도된 시기, 즉 저성장과 대량실업의 개시 그리고 복지국가의 재정적 부식의 시기를 일찍이, 주요 공업중심국에서 경제 전체적으로 가속화되는 실물적 자본축적을 과잉축적 상태로 교체하는 것이라 진단하였다. 이 상태는 화폐자본과 그 투자형태의 더욱 가속적인 성장에서 표현된다.

한편의 실물적 자본축적과 다른 한편의 (그 모든 형태의) 화폐자본축적 간의 불비례적인 발전은, 자본주의 생산양식의 경제적 운동법칙으로부터 일반적 발전경향으로서 도출될 수 있다. 개개의 발전시기 내에서 가치창출과 실물적 자본축적의 성장동학은 경향적으로 줄어드는 반면에(기능자본의 기술적 구성과 유기적 구성의 고도화는 자본투자가 절대적으로 증가하는 경우에도 생산적 고용의 더욱더 적은 증대를 가져오며, 따라서 가치생산물 증가율의 초순환적인 하락을 가져온다), 화폐자본 형성의 동학은, 실물적 축적이 여전히 가속적인 형태로 행해지는 상황 속에서도 급속하게 증대한다.[3] 투자의 외부금융 증대와 함께, 신용을 통한 실물적 축적의 가속화는 이자에 의한 총이윤의 부담증대를 공물로서 요구한다. 절대적으로는 증가하지만 그러나 증가율은 체감하는 전체 경제의 이윤량에도 불구하고, 타인자본 공여자의 이자요구가 증대됨에 따라 이자율의 장기적인 상승이 일어난다. 그런데 실물적 자본축적이 장기적으로 가속화되어 진행되는 조건하에서도, 이자율의 장기적인 발전은 아직도 대개 평균이윤율의 운동에 의해 지배된다. 화폐자본 공급의 상대적인 부족과

---

3) Stephan Krüger, *Allgemeine Theorie der Kapitalakkumulation: Langfristige Entwicklung und konjunktureller Zykus*, Hamburg: VSA-Verlag, 1986 참조.

지불수단의 대출에 대한 급속한 수요증대가 동시에 일어나는 순환적 공황국면을 차치하면, 평균이윤율의 수준이 이 이자율 가까이로 낮아지지 않는 한, 자본이자의 장기적인 초순환적 발전은 하등 축적을 위협하는 요소가 아니다.

장기적으로 실물적 자본축적을 넘어가는 화폐자본축적은, 우선 무엇보다 화폐자본의 투자형태 즉 가공자본의 축적과 관련된다.[4] 유가증권의 발행이 당장은 자본시장을 매개로 한 외부금융일 뿐이지만(주식의 경우에는 자기자본 형성과 증대이고, 채권과 대출의 경우에는 신용차입이다), 자본주의 생산양식의 진보와 성숙에 따라 유통하는 유가증권의 양이 증대하고, 그에 따라 경상가치창출로부터 이자 또는 배당에 대한 요구도 증대한다. 2차 유가증권시장에서 유통되는 이 소유권, 즉 가공자본의 수요와 공급은 장기적으로 유가증권 발행시장[1차 시장]의 상태를 지배하기 시작하며, 그럼으로써 토대의 재생산관계에 대해 이미 자립화하는 이자의 운동에 고유한 역작용을 하게 된다.

가속적인 실물적 자본축적이 종료하고 과잉축적 상태로 이행함에 따라, 이전에는 단지 은폐되어 있던 실물적 자본형태와 화폐자본형태의 운동 간의 불비례관계가 새롭게 자극을 받고 대립으로 돌변한다.

---

4) 실물적 경제부문과, 이자 낳는 자본이라는 경제적 상부구조 사이의 관계에 대해서는 한편에서 화폐와 화폐자본 그리고 다른 한편에서 그 투자형태 사이의 구별이 구조에 대해 규정적이다. "국채 및 주식 그리고 여타 유가증권은 대부자본 즉 이자를 낳도록 규정된 자본을 위한 투자영역이다. 그것들은 자본을 대부하는 형태들이다. 그러나 그것들 자체는 (그것들에 투자되는) 대부자본이 아니다." Karl Marx, *Das Kapital*, Bd.3, *MEW*, Bd.25, S.495[『자본론』III(하), 591쪽; 『자본』III-2, 654쪽]. 통계적으로 파악되는 '화폐자산'은 화폐자본 또는 대부자본의 투자형태에서 몇 배로 부풀려진다. 화폐자산의 가격이 생산적 노동의 대상화라는 의미에서의 가치등가물이 아니라, 이 자산대상을 소유함으로써 얻는 현재 및 미래의 모든 수익을 할인한 가치로서 수익가치를 나타내는 한, 그 가격은 가공적이다.

① 낮은 수준의 이윤율이 이윤의 절대량에 의해 상쇄되지 않는(맑스가 '자본의 과다'로 지칭하고, 꼭 그런 건 아니지만 주로 신규 분할자본으로 구성되는 재생산과정에서 유래하는) 기업의 화폐자본은, 고유한 영업에 투자되지 않고 이자 낳는 투자를 찾아 금융시장으로 몰려간다. 거기에 사적 가계의 저축으로부터 형성되어 은행제도에 집적되는 화폐까지 더해진다.

② 실물적으로, 또 자본주의적으로 사용하기에는 과잉축적인 이 화폐자본은 더욱더 비투자적이고 소비적인 신용형태로 흡수된다.

－ 산업적 기업들 간의 상업신용이 어렵게 되면 될수록, 곳곳에서 교란되는 개별 자본의 회전과정은 더 이상 단기적·순환적으로만이 아니라 구조적·장기적으로도 운영자금 신용을 통해 안정되어야 한다.

－ 나아가 첫번째 국면에서는 자본축적 및 가치창출의 둔화에 대응하여, 공공재정에서의 근소한 수입증가와 강력한 지출요구 사이의 갭을 금융조달하기 위해, 그리고 개별국가마다 정도는 상이하더라도 공공지출 프로그램을 통해 수요를 안정시키기 위해, 자연스럽게 공공신용이 (더욱) 확대된다.

－ 번영기의 결과로 중산층과 임금노동자의 상당 부분에서도 사적 가계의 자산형성이 이루어짐으로써, 주택소유를 위한 부동산대출이든, 자동차나 가전설비의 구매신용이든, 또는 신용카드를 통한 경상지출의 조달이든, 사적 소비신용이 사적 최종소비수요의 안정에서 중요한 역할을 차지하게 되어, 당장 전체 경제의 재생산이 소비부족 때문에 제한되는 것을 저지한다.

③ 마지막으로 예비적 목적의 화폐로서, 그리고 이자에 반응하는 투기적 목적의 화폐로서 쌓여 가는 경제 전체의 화폐자본 규모가 증대하

며, 이는 자산을 소유한 사적 가계, 자산관리자/기관투자가, 은행 그리고 산업적 기업의 유동성 선호가 구조적으로 증가했음을 나타낸다. 이 투기목적의 화폐가 가공자본에 투자되어 전화되면서, 주식의 시세변동과 수명이 긴 자산(부동산)의 수익가치가 점점 더 토대가치로부터 자립화한다. 투기에 의해 유발되는 이자율에의 역작용이 새로운 질을 획득한다.

따라서 자본의 구조적 과잉축적은 실물적 축적의 둔화와 화폐자본(및 그 투자형태들)의 축적의 가속화, 즉 그 자체 서로 연관되어 있고 주기적 공황을 차치하면 그 전까지는 아직도 다소간 같이 운동하던, 자본의 두 개의 존재형태의 자립화를 의미한다. 이 자립화는 실물적 축적과 가치형성의 약화에서 기인한다. 자립화의 동학은 가공자본의 운동으로부터 획득되는데, 이 운동은 경향적으로 토대의 규정요인과의 연관을 벗어나게 되며, 이자율에 대한 역작용과 연간 가치창출에 대한 그것의 가치증식 요구 때문에, 실물적 축적의 약화를 공고하게 하고 강화시킨다.

## 2. 구조적 과잉축적에 대한 경제정책적 대응

실물적 축적과 화폐자본축적 간의 모순적 관련을 강조함으로써, 우리는 이제 1970년대 중반 이래 자본주의적 축적의 진행을 정리할 수 있게 해줄 배경과 방법적 연관의 틀을 제시했다. 독일연방공화국[구서독]에서의 이윤율과 장기이자율 간의 운동을 보면, 전후 시기의 마지막 번영순환이 종료한 1974/1975년 이래 과잉축적의 두 개의 상이한 국면이 관찰된다.[5]

① 첫 두 번의 과잉축적순환(1976~1982년 순환 및 1983~1993년 순환)
의 국면. 이 국면에서는 잉여가치 생산의 위기가 발발하여 이윤율
의 수준이 압박을 받은 반면(예외적으로 독일민주공화국[구동독]은
1990/1991년 합병효과로 호경기를 맞았다), 이자율은 1970년대 전반
기의 고수준에 머물렀다. 이 두 번의 과잉축적순환은 독일에서만이
아니라 세계시장의 대부분의 중심국에서도 전반적으로 불안정한
자본축적 국면을 나타낸다. 이 순환들은 상이한 국가들에서 다양한
급진성을 갖고 도입된 경제정책의 패러다임 변화에 기본적 테두리
를 부여하였다.

② 위 국면에 이어지는 1992/1993년 이래의 국면. 이 국면에서 평균이
윤율이 안정되고, 자본이자의 견고함이 깨지고, 이자율 하락이 공고
화됨으로써 이윤율과 이자율 사이에 중간 공간이 열렸는데, 이는 실
물적 투자를 위해 최대로 확장된 공간을 창출했다. 이 국면은 동시
에 다음과 같은 경제정책, 즉 기능자본의 대표자(경영자)에 대한 자
산소유자(주주)의 주권 위에 세워지고, 미국과 여타 국가들에서 '자
산에 입각한, 부에 의해 추동되는 축적'(이 축적의 진행 중에 이른바
1990년대의 고용기적과 2007년 이래의 국제금융위기가 일어났다)을
조장하는 정책[6]에 의해 특징지어졌다.


1974/1975년 세계경제공황은 자본주의 국가들의 정부들이 대비

---

5) 독일자본의 이윤율 및 잉여가치율 추산에 대해서는 Stephan Krüger, *Konjunkturzyklus und Überakkumulation: Wert, Wertgesetz und Wertrechnung für die Bundesrepublik Deutschland*, Hamburg: VSA-Verlag, 2007 참조.

할 틈도 주지 않고 그들을 강타했다. 이에 대한 자연스러운 대응은 전통적으로, 대개 공적 지출과 사적 가계를 위한 보상적 급여를 통해 경제 전체의 수요를 안정시키기 위해, 케인스주의적인 경제정책적 수단을 적용하는 것이었다. 공적 지출과 보상적 급여는 경기하강 및 둔화 국면을 넘어 공공신용을 새로운 최고수준으로 끌어올렸다. 이러한 케인스주의적 재정정책의 근본적 문제는, 구조적으로 변화된 자본축적에 경기순환 지향적인 소비수요 진작으로 대응하였다는 점에 있었다. 따라서 이 정책은 시장에 내재적인 새로운 투자순환을 일으키기 위한 가교가 될 수 없었다. 왜냐하면 장기적으로 악화된 가치증식조건하에서는 경제 전체의 규모에서 경기순환적으로 가속적인 축적이 더 이상 가능하지 않았기 때문이다. 이렇게 생산의 정체와 공공적인 수요진작이 함께 작용하여 상품시장의 물가상승률을 올렸고, 이는 아직도 깨지지 않은 노동조합의 투쟁력을 배경으로 하여 가격상승-임금인상-가격상승의 악순환을 가져왔다. 이러한 '스태그플레이션'은 점차 앞선 번영시기에 축적된 [금융]자산 및 대개 명목적으로 고정된 그 수익에 대해 더욱더 커다란 부담과 위험이 되었다. 구조적으로 증대된 이자수준도 화폐의 구매력 감가에 대한 충분한 보상을 제공하지 못했다. 반대로 그것은 소유권의 시세가치를 압박하였다. 그래서 상품시장에서의 지속적인 물가상승은 화폐자본 및 그 투자형태인 가공자본의 축적조건과 더욱더 날카롭게 대립하였다.

---

6) Joachim Bischoff, *Der Kapitalismus des 21. Jahrhunderts: Systemkrise oder Rückkehr zur Prosperität?*, Hamburg: VSA-Verlag, 1999; *Mythen der New Economy: Zur Politischen Ökonomie der Wissensgesellschaft*, Hamburg: VSA-Verlag, 2001; *Zukunft des Finanzmarkt-Kapitalismus: Strukturen, Widersprüche, Alternativen*, Hamburg: VSA-Verlag, 2006; *Globale Finanzkrise: Über Vermögensblasen, Realökonomie und die 'neue Fesselung' des Kapitals*, Hamburg: VSA-Verlag, 2008 참조.

스태그플레이션과 화폐자본축적 간의 모순이 실제로 명백해지기 전에 이미, 실물적 축적에 대한 케인스주의적 지지정책과 축적된 [금융] 자산의 가치증식 극대화 간의 대립은 경제학자들 사이에서 '케인스주의자'와 '통화주의자' 간의 패러다임 논쟁으로 전개되었다.[7] 이 논쟁에서 통화주의자가 승리하였는데, 이는 통화주의자가 미래의 경제정세를 보다 잘 예상하였고, 케인스주의자는 '잡종 케인스주의'에 머물러 있었기 때문이다. 인플레이션과의 투쟁과 물가상승률의 통제는 모든 것을 포괄하는 경제정책의 토대적 명제가 되었으며, 대부분의 자본주의 중심국에서 정권을 획득한 보수주의 세력의 신조가 되었다.

주지하다시피 별로 성공하지 못한 무능력한 '잡종 케인스주의' 정책, 그에 따른 사민주의 정부 경제정책에 대한 불신, 통화주의적 경제정책의 허구적인 우월함과 실질적 우월함, 기업에서의 비용규율 같은 부르주아적·자본주의적 덕목의 '재발견', 공공재정의 긴축, 그리고 국민화폐의 안정적인 구매력의 보증 등으로 인해 경제정책의 전반적인 패러다임 교체가 일어났다. 그것은 '대처주의/레이거노믹스', 공급측면의 정책 등 다양한 이름하에 자리 잡았다.

그 핵심은 다음과 같다.

① 임금비용의 고정비용으로서의 성격을 경향적으로 가변화시킬 목적으로 노동시장을 서서히 탈조절함으로써 생산의 공급측면을 '정리'한다. 그 수단은 이전과 다름없이, 해고보호규정의 완화 및 지양, 점

---

7) Fritz Fiehler, *Die Gesellschaft der Vermögensbesitzer: Über Geld, Chicago und Milton Friedman*, Hamburg: VSA-Verlag, 2000 참조.

점 더 많은 부문에서 임시고용제도의 확립, 보수 및 노동시간에 대한 부문 최소조건을 규정한 지역단체협약(Flächentarifvertrag)의 파괴, 지역수준에서 파견노동 및 기간제노동의 허용, 낮은 수준의 경과적 임금률(Einstiegstarife), 그리고 주변적 고용관계의 촉진이다. 대량실업을 배경으로 하여 오랜 기간에 걸쳐 관철된 이러한 탈조절의 결과로, 전후 번영시기에 달성했던 노동력의 '탈상품화'는 되돌려졌다('노동력의 재상품화').

② 지출삭감 —— 이는 기업과 이른바 성과달성자에 대한 조세감면에 의해 점차 더욱 큰 규모로 동반되며 첨예화된다 —— 을 통해 공공재정을 건전하게 한다. 이것 또한 이른바 과도한 국가활동을 자본축적에 대한 부담으로 간주하고, 현재로선 서브옵티멀(suboptimal)한 그 결과를 광포한 사유화 조처를 위한 수단으로 삼는 이데올로기적 교의를 따랐다. 사회복지국가로부터의 이러한 전환의 결과, 노동력의 재상품화에 의해 이미 불균등해진 소득분배가 공적 소득재분배의 감축 및 역전을 통해 더욱 첨예화되었다. 그러나 목표설정의 선언과 달리 공공신용의 수준은 높은 채로 유지되었고, 국가활동의 결과와 더욱더 선명하게 대조되었다.

③ 중앙은행의 정책에는 물가수준의 엄격한 안정을 지향하는 화폐량의 조절과 이자정책의 의무가 부과된다. 화폐정책의 이와 같은 지향과 결합해서, 1980/1982년의 주기적 공황(미국에서 '더블 딥'[double-dip]의 형태를 취했고, 그에 따라 첨예하게 각인되었던 공황)은 상품시장에서의 지속적인 물가상승을 꺾어 놓았다. 그럼으로써 이자율 수준도 낮은 값으로 돌려놓아졌다.

국제경제관계에서는 자본주의 중심국들의 과잉 화폐자본('자본의 과다') 및 석유생산국들의 오일달러에 의해 공급되는 제노 금융시장의 일층의 완성이 구조적 과잉축적의 첫번째 국면에 속한다. 그 주요한 흡수 경로는 신흥공업국에 대한 신용공여였는데, 이것으로 개발사업의 자금이 조달되어야 했다. 세계시장에서 자본의 구조적 과잉축적의 조건하에 사적 자본주의적으로 조달하는 개발 프로젝트의 실패는 폴란드·아르헨티나·멕시코의 외채위기에서 극명하게 드러났다.

동시에 이 시기에 미국이라는 새로운 채무자가 국제금융시장의 무대에 등장한다. 미국은 공공재정과 경상수지의 쌍둥이 적자로 이후 시기의 발전을 결정적으로 규정할 것이다. 한편에서 이 이중적자는 심화되는 경제적 격차와 군비강화의 표현이고, 다른 한편에서는 특히 일본의 경쟁자들에 대한 주요 산업부문의 경쟁력 상실의 표현이다. 미국 산업의 부분적인 경제적 약화는 미 달러 환율의 고공행진을 통해 덮어졌는데, 이는 여타 국가의 이자율에 대비한 미국 이자율의 우위 외에는 주로 정치적 기대에 의해 조건지어진 것이다. 이자율 및 환율 차이로부터 미국 채권과 주식의 수익 증대가 기대되는 한, 미국은 매년 증대하는 경상수지 적자를 별다른 문제없이 사적 자본의 수입(收入)을 통해 메울 수 있었다. 그러나 이미 1980년대 전반기에 금융시장의 이후 시기의 문제의 토대가 일반적으로 갖춰졌을 뿐 아니라 특수하게 형성되었다.

지속되는 과잉축적 상황을 쉽게 산업의 몰락과 등치시킨다면, 그건 잘못일 것이다. 전후 20년간의 가속적인 자본축적의 종말이 포드주의 대량생산의 생산성 원천이 고갈된 것과 함께 일어났다면, 다른 한편에서는 정보기술(IT)과 함께 새로운 기술적 토대가 마련되었다. 이는 원칙적으로 사회적 생산과정의 새로운 작업방식으로써 전체 경제의 새로운 합리화 패러다임을 만들었고, 지금도 그러하다. 사회적 생산과정의 개별기업들에서의 가치창출 단계들을 새롭게 총괄함으로써 사회적 분업을 혁신하는 것, 독립기업들을 개발과 생산 그리고 분배를 위해 밀집배치(Cluster)로 결합하는 것, 기업들의 개별적 활동들을 시장과정을 통해 조절하는 것, 벤치마크에 의해 지지되는 이전가격(Verrechnungspreis), 그리고 마지막으로 개별 자본의 맞물린 세 개 순환과정의 체계적인 합리화, 이 모든 것이 전자기술을 통한 정보처리의 혁신에 의해 기술적으로 가능하게 되었으며, 이는 생산력의 측면으로부터 포드주의 시대의 전통적인 경직된 대량생산의 한계를 극복할 수 있을 것이고, 또 자본축적을 위한 새로운 잠재력을 사용할 수 있게 할 것이다.[8] 그럼에도 불구하고 경제적 수익은 극히 낮은 수준에 머물러 있고, 이러한 기술적 가능성을 사회적 가치창출을 위해 별로 유용하게 사용하지 못하고 있다. 새로운 생산력에 조응하는 작업방식을 사회적·정치적으로 관철하지 못하고 있으며, 가속적인 실물적 축적을 다시 확보하는 것은 화폐자본축적의 봉쇄와 자산소유자의 이해에 부딪혀 좌절되고 있다.

새로운 사회적 작업방식과 가속적인 자본축적으로의 이행이 저지되는 것은, 독일에서의 일반적 잉여가치율과 그 규정요인들의 전개를 통해 적절하게 볼 수 있다. 지난 두 번의 산업순환(1983~1993년 순환과 1994~2003년 순환)에서 잉여가치율은 다시 1960년대 초반 및 후반의 수준, 즉 번영으로 각인된 국면의 수준에 도달했지만, 그러나 이런 증가의

---

8) Stephan Krüger, "Anforderungen an gewerkschaftliche Betriebspolitik: Einordnung in aktuelle Entwicklungstendenzen der Kapitalakkumulation", *Sozialismus*, Jg.34, Ht.1, 2007 참조.

주요 추동력은 생산성 증가가 아니라, 초과수당 해체, 특별지불금 삭감, 그리고 임금증대 없는 노동시간 연장(보수율 인하)을 통한 임금압박이었다. 잉여가치율의 증대는 실로 자본의 평균이윤율의 부담을 덜어 내고, 전후 일곱번째 산업순환에서의 최저점에 비해 약간 높은 수준에서 평균이윤율을 안정시켰지만, 그러나 이렇게 절대적 잉여가치 생산의 방법에 의존하는 것은 새로운 작업방식으로의 이행과, 다시 한 번 지속적으로 가속적인 실물적 자본축적을 촉발하기에는 충분치 않았다. 오히려 그 반대로 이런 방식의 가치증식 증대는 결국 그 이행을 불가능하게 하였다.

　　이렇게 절대적 잉여가치 생산의 방법으로 되돌아가는 것의 배후에는 화폐자본축적의 지배력 증대와 함께 형성되는 구조변화, 즉 전후에 복지국가적으로 수정된 자본주의가 금융시장의 지배와 자산소유자(주주)에 의해 각인되는 금융시장 자본주의(여기서는 생산적인 가치창출 행위가 자산소유자의 추상적인 가치증식 계산에 종속된다)로 구조변화되는 것이 자리 잡고 있다. 이윤극대화 체제로의 경제활동의 무조건적 포섭(이는 가치증식의 항상 새로운 양적 요구에서 표현된다), 소유권과 경상적 생산 및 가치창출에 대한 그 요구의 절대적 지배, 그리고 기능하는 자본가나 경영자를 자본소유자나 투자자의 단순한 과제이행 조력자로 끌어내리는 것을 통해 지금까지의 다소 '제어된' 자본주의에 대비한 명백한 차이가 나타난다. 금융시장 자본주의에서 그 실물적 토대에 대한 화폐자본축적 및 금융시장의 자립화는 다음처럼 일관되게 완성된다.

① 기업의 의사결정은 상이한 '자산'의 수익을 최적화하는 포트폴리오로서 이해된다. 자본의 가치증식은 타락하여 복리공식의 적용이 되어 버린다. 여기서는 주지하다시피 가치를 창출하는 생산적 노동과

의 모든 관련이 지워져 버리고, '자기증식하는 가치'라는 자본의 물신성이 가장 분명한 형태로 나타난다.

② 상이한 자산의 수익 최적화는 단기를 지향하고, 지속성의 문제는 부차적으로 고려될 뿐이다. 상이한 기업영역 간의 시너지 효과에 대해서도 마찬가지다.

③ 금융시장관계의 실제적인 또는 추정상의 투명성은 모든 행위자 간에 벤치마크를 촉진한다. 그 자체 임의로 모든 사용방식에 전환될 수 있는 화폐자본의 최대한의 가치증식이 그 척도가 된다.

④ 이러한 조건하에서 자본축적은 더욱더 이른바 외적 성장을 통해, 따라서 자본의 반발 및 집중과정, 즉 공장 일부 및 기업 일부의 매입과 매각을 통해 이루어진다. 이것은 투자은행과 금융투자가(사모펀드와 투자펀드)에게 새로운 영업영역과 이윤가능성을 열어준다.

⑤ 이 과정의 금융조달은 더욱더 채권과 주식의 발행을 통해 이루어진다. 이로써 발행능력이 있는 기업과 그렇지 않은 기업 간의 차이는 경쟁에서 중요한 요인이 되는데, 이는 전통적인 (주거래)은행의 신용에 의해 보상될 수 없다.


'투자자'의 수익요구에 의한 경제조절로 인해, 비용최적화에 기초한 자원사용(이는 단기적 결과로 측정된다)의 절대적 우위가 그 달성수단이 무엇인가에 상관없이 기업 관리에 강제된다. 그로써 노동시장의 변화된 정세에 의해 (총)이윤에 유리하고 임금에 불리한 방식으로 분배관계를 변화시키는 것이 기업행동의 의식적인 동인이 된다. 1970년대 후반의 케인스주의적 위기타개책에 대한 반동인 보수적인 긴축정책에 의해 이미 시작된, 이른바 시장국가(Market-State)로의 복지국가의 개조는, 부과

방식이었던 사회기금의 자본적립방식 사회보장제도로의 경향적 교체를 포함하는, 사회적 재조직을 통한 분배관계의 변화를 완성한다. 국가의 비중, 즉 국가적으로 매개되는 재분배를 더욱 축소하고, 공공재정의 건전화를 추구하며, '성과수행자'에 대한 조세적 유인을 제공하는 경제정책은, 말할 것도 없이 시장사회와 시장국가의 자기정체성에 속한다. 시장국가의 분배 효과를 보면 어느 정도 생산적 노동에 대한 이차적인 착취가 논증되는데, 이는 노동자계급의 핵심부문을 위한 국가의 이전(移轉)지출을 통해 재분배 잔고가 점점 더 마이너스가 되는 것에서 표현된다. 이 경우 화폐정책은 물가수준 안정을 일반적 목표로 하는 통화주의적 신조에 사로잡혀 있다.

이러한 경제정책적·사회정책적인 총체적 패러다임과 함께 금융시장 자본주의는 자본의 구조적 과잉축적에 대한 자본주의의 내재적 응답이라고 평가할 수 있다. 그에 따라 전후 복지국가의 '자본주의 체제에 이질적인 사회화 형태'를 시장적합적이고 자본주의적인 조직형태와 조절로 전화시킴으로써, 보다 적은 자본주의가 아니라 보다 많은 자본주의가, 전후 번영시기 동안의 계급타협과 질서정책적 자의성에 의해 '그 관계' 넘어 오래 생존했던 한 사회의 위기를 극복한다고 한다.

그럼에도 불구하고 자본의 구조적 과잉축적에 대한 이러한 자본주의적인 내재적인 응답도 경제적 대중관계의 활성화를 포기할 수 없다. 이윤 및 자산소득에 유리한 방식으로 생산적 노동의 연간 가치생산물의 분배를 대대적으로 변화시키는 데는, 주로 대중의 소득에 의해 지탱되는 그리고 실현관계와 경제 전체의 성장에 결정적인 최종소비수요를 심각하게 제한하기 때문에 디플레적인, 수축적 악순환 과정의 위험이 불가피할 것이다.

그와 함께 가공자본, 즉 경상적인 가치창출에 대해 이자를 요구하는 축적된 소유권의 전체 상부구조도 심대한 감가과정에 노출될 것이다. 총이윤의 발생에 대해, 적어도 단기적으로는 부정적이고 우려스러운 결과를 갖는 또 한 번의 비례적인 임금상승에 입각하는 것이 아니라, 사적 소비신용을 통한 사적 소비의 부차적 자극에 입각한 소비수요 자극만이 금융시장 자본주의의 이 분배 딜레마에 대한 시정책을 만들 수 있을 것이다. 다음과 같은 이유로 그러한 방편은 이 체제와 양립할 수 있다. 즉, 이는 ①자본주의 생산과정에서의 소득의 발생을 침해하지 않고, ②자산소유자의 이해를 침해하지 않을 뿐 아니라 소유권의 시세 등귀로 그 이해를 특히 유망하게 하며, ③신용공여의 증대를 통해 은행부문에 새로운 영업의 가능성을 열어 놓고, ④나아가 자산소유자 사회라는 신자유주의의 복음과 이데올로기적으로 완전하게 일치하거나 실천하게 한다.

미국에서 확실하게 실천된 이 전략의 조건은 이자율을 낮게 유지하는 것이다. 이는 이윤의 증대, 일층의 증대에 대한 기대 그리고 화폐의 안정적인 구매력과 결합하여, 유가증권의 시세를 항상 새로운 고공행진으로 몰아가며, 그럼으로써 은행에 신용공여의 증대에 대한 안전을 제고해 준다. 1990년대 주식시세 붐을 배경으로 시연되었던 것이, 2002/2003년 경기순환적 국면교대 후, 사적 주택의 구입과 이를 저당으로 한 소비목적의 신용차입에서의 인위적 붐 때문에 다시 한 번 반복되었다. 이 과정은 1차 소득(임금·연금)의 압박에도 불구하고 주식 붐과 주택가격 상승에 참여하려는 광범한 인구 부분에 투기 욕망을 자극하였다.

독일은 비교적 온건한 형태로 이 '자산에 입각하고 부에 의해 추동되는 축적'을 경험하였다. 이는 한편으로는 주식소유자가 영미권 국가들보다 덜 분산되어 있었고, 다른 한편으로는 구동독과 그 부동산의 병합으로 (개발지역의 상각에 의해 가열된) 1990년대 부동산투기 파동이 공급을 증대시키고 가격을 하락시켜 이미 충분하게 많은 희생자를 보았으며, 마지막으로 부과방식의 사회보장제도의 개혁이 아직 제한될 수 있었기 때문이다. 그러한 한에서 금융시장에 의해 추동되는 이 축적체제의 위기의 중심은 명료하게 미국, 즉 단초적으로만 복지국가가 존재하고, 노동시장은 탈조절되어 있으며, 인구의 광범한 부분이 주식소유에 참여하고, 사적 가계의 저축률이 거의 제로인 미국이었고, 지금도 그러하다.

## 3. 금융시장 위기의 표현형태들

이상으로부터 자본의 구조적 과잉축적에 대한 이러한 금융시장 자본주의의 자본주의에 내재적인 응답은 다름 아닌 실물적 가치창출로부터 자립화한 금융부문이라는 악마를, 악마 왕 즉 금융산업의 방법을 통한 체계적인 가공에 의한 이 자립화의 일층의 추동으로 내모는 것을 표현한다는 점이 자명하게 된다. 따라서 붕괴가 일어났다는 것이 놀라운 게 아니라, 두 번이나 신용이란 나사를 조여서 복지와 번영의 외관을 만들 수 있었다는 점이 주목할 만하다. 금융산업의 방법 및 수단을 체계적으로 가공한 결과로 표출된 위기는 국제금융시장을 통해 급속하게 일반화되었고, 처음에는 전혀 심각하게 위기를 맞지 않았던 국민적 은행제도도 함께 위기에 빠뜨렸다.

　　금융산업의 새로운 수단에 의해 규정된 화폐자본축적의 일층의 자립화는 시세변동의 헤징업무를 그 출발점으로 갖는다. 헤징업무는 우선 1970년대 전반 고정환율제도의 붕괴 후 변동환율하에서 실물적 및 금융적 대외경제거래를 안전하게 하는 것과 관련되어 있다. 그후 시세변동

위험으로부터 가공자본을 보호하는 것도 일층 체계적으로 은행과 보험회사의 새로운 영업부문으로 확립된다. 그러한 환율스왑, 선물 그리고 헤징업무는 파생금융상품이라는 개념하에 총괄될 수 있다. 그 주장하는 바는, 한편에서 펀드형성('bundles')을 통해 위험을 섞고, 다른 한편에서 위험 프리미엄과 위험할인을 통해 시장평가를 함으로써, 말하자면 객관적인 계산가능성을 만들어 내며, 그래서 시세 및 가격변동에 대해 시장참여자에게 상대적인 안전을 제공한다는 것이다.

동시에 파생상품 거래에서 자본투자와 수익 사이의 레버리지 효과(Leverage-Effekt)가 투자동인을 일깨운다. 이렇게 위험보호와 미래의 베팅이 서로 손을 잡고 나아간다. 금융산업에 의해 개발되고 마련된 이 수단은 화폐자본 투자 거래를 몇 배나 증가시키고, 그럼으로써 화폐자본 축적은 이제 금융 상부구조 자체의 관계로부터 일층의 자극을 얻는다.

다른 한편, 대출의 문서적 보증[증권화, Verbriefung]이 일반화된 것이 여기에 덧붙여지는데, 이를 통해 대출채권이 양도가능하게 된다. 즉 거래대상이 되는 것이다. 그 자체로는 자본주의 신용제도에 처음부터 존재한 이 경향——이는 역사적·기원적으로 상업채권의 환어음으로의 문서적 보증, 거래소에서 대체가능한 유가증권[채권·주식]의 형성, 그리고 2차 시장의 예금증서(Certificate of Deposits)에서 나타난다——은 문서적으로 보증된 대출채권을 패키지로, 즉 펀드(이는 다시 문서적으로 보증되어 거래가능하게 된다)로 총괄함으로써 새로운 재료를 획득한다. 중앙은행의 통제와 금융감독하에 있는 국민적 은행들에게 대출채권의 문서적 보증과 목적회사(Zweckgesellschaft)로의 투자의 주요한 자극은, 탈조절되어 통제할 수 없는 영업을 보다 낮은 이자와 보다 커다란 이윤으로 제공할 수 있는 오프쇼어 금융중심지와의 경쟁에서 나온다. 문서적으로 보증된 대출채권의 매각으로 국민적 은행들은 보다 확대된 재금융의 가능성을 얻게 되고, 그럼으로써 중앙은행에 의해 부과된 재금융 조건을 넘어 신용공여에서 보다 커다란 운동공간을 갖게 된다. 이른바 자기영업을 통한 투기에의 참여가 여기에 덧붙여지게 되며, 이는 때때로 '고유'업무인 신용공여의 규모를 넘어선다. 동시에 문서로 보증되어 펀드로 묶인 대출채권으로 인해 불투명성은 극도로 높아진다. 게임이 진행되는 한, 즉 대출채권 손실이 펀드가격 하락을 넘어서지 않는 한, '탈조절된 재금융과 새로운 신용공여 가능성'이라는 회전목마는 계속 돌아간다. 사적 신용평가기관은 이에 대한 평가를 통하여 금융시장의 '가격'에, 그리고 역작용을 통해 은행과 보험회사 주식의 일상적인 평가에 커다란 영향력을 획득한다.

그 결과 시간의 경과에 따라 이미 자연발생적으로 증가하는 가공자본의 규모를 넘어, 헤징업무와 대출채권의 문서보증에 의해 이자권리를 갖는 소유권의 엄청난 2차 및 3차 상부구조가 만들어진다. 그 거래는 이자율과 유가증권 시세에 대해 토대의 실물적 자료와 완전히 단절된 새로운 영향을 가져오고, 국민적 중앙은행과 그 화폐정책이 점점 더 잠재적으로 변덕스럽고 불안정한 시장상황에 직면하게 한다. 그럼으로써 중앙은행은 점점 더 시장상황을 조절하는 심급이라기보다는 시장상황에 의해 떠밀려 가는 기관이 된다.

금융산업에 의해 개발된 이 수단들을 통해, 원래 이른바 서브프라임 부문의 미국 부동산시장에서 비롯된 위기가 어떻게 그렇게 급속히 거의 모든 금융시장 부문으로 일반화되어 국제적 차원을 획득하고, 그 관계자들에게 그렇게도 불투명했던가가 상당 정도 설명된다. 포트폴리오의 가치저하로 지불능력이 손상되고 지불불능 위험에 처한 은행과 대출채권의 부실에 따른 은행제도의 완전한 붕괴는, 우회적으로 시작된 정부(공공재정)와 중앙은행의 보장으로 당장은 저지되었다. 지금까지 신규화폐와 보증형태로 사용가능한 금액으로는 날로 커져 가는 신용폭탄('불량대출 및 유가증권')을 제거하는 데 충분하지 않다는 가능성 외에도, 국민적 화폐제도에 대한 위기의 역작용이 더욱 예측 불가능한 것으로 남는다.

중앙은행을 통해 신규 유동성이 화폐시장에 제공됨과 동시에 중앙은행권의 유통조건이 변화되었다. 중앙은행, 특히 연방준비제도가 상업은행에 대한 재금융 조건을 극단적으로 완화함으로써(더 이상 단기 공공증권만이 아니라 장기 사적 대출채권, 심지어 회수불가능한 사적 대출채권도 중앙은행권 공여의 담보로서 수용되었다), 한편에서는 은행 간 화폐시장의 고갈 시 은행에 유동성을 확보해 준다는 목표는 보증되었지만, 신용화폐 유통법칙과 그것에 의한 상품 및 화폐유통 조건으로의 중앙은행권 유통의 자동적 적응이 부분적으로 정지되는 대가를 치렀다.[9] 달리 말하면, 장래 잠재적 인플레이션으로서 상품시장의 가격등귀로 표현될 수 있는 화폐과잉의 통화적 조건이 창출되었다. 위기에 빠진 은행에 대한 국가지원도 같은 방향으로 작용한다. 이는 공공차입 급증을 의미하고, 직접적이든 아니면 만기된 공공차입을 장래 새로운 차입으로 상환하든, 바로 그러한 화폐과잉을 가져올 것이다. 이번에는 경제위기 시에 화폐과잉을 창출함으로써 다시 한 번 '스태그플레이션'이 가능성의 영역에 들어와 있다.

---

9) 맑스주의 정치경제학 비판에 입각한, 화폐와 통화간의 현대적 관계에 대한 보다 상세한 서술에 대해서는 Stephan Krüger, *Konjunkturzyklus und Überakkumulation: Wert, Wertgesetz und Wertrechnung für die Bundesrepublik Deutschland*; "Geld und Geldware: Der Außen- und der Binnenwert des Geldes", *Berliner Verein zur Förderung der MEGA-Edition e.V.*, Wissenschaftliche Mitteilungen, Ht.7, 2008 참조.

## 4. 위기극복을 위한 입각점과 포괄적인 전망

국민적 은행제도의 붕괴를 피하는 것과 마찬가지로, 국민적 화폐제도의 불신과 세계시장의 붕괴를 막는 것은 일반적 이해관계가 걸린 문제다. 따라서 세계시장 연관의 파괴를 수반하는, 신용제도의 화폐제도로의 완전한 급변을 저지하는 것은 긴급한 문제다. 그러나 동시에 금융 및 통화관계의 단기적 안정을 신용 및 통화영역과 가치를 창출하는 실물적 부문에서의 광범위한 변화와 맞물리게 하는 것, 즉 시장 및 네트워크 지향적인 합리화의 새로운 작업방식과 실물적 자본축적의 지속적인 가속화를 관철하고, 또 자본주의적 생산관계의 지배를 점차적으로 극복하기 위한 제도적 조건을 안착시키는 방향으로 새롭게 치고 나갈 기회로 이 위기를 이용하는 것이 중요하다.

　　IMF와 G7(브라질·러시아·인도·중국의 BRIC 그룹과 저개발국의 대표들로 확대되어야 한다)의 정부 및 중앙은행 편에서의 협력과 보증을 통해서 통화의 대외가치를 안정시키는 것이 단기적으로 시급하다. 국민정부와 중앙은행이 은행 및 여타 금융기관에 대해 이제까지 성공적으로 수행한 위기관리에 의해 실행되었던 것, 즉 유동성 공급과 보증을 통해 '시장의 신뢰'를 유지하는 것이, 위에서 언급한 '선수'들이 참여하는 국제적 수준에서 반복되어야 한다. 위기에 빠진 은행을 안정화시킬 때처럼, 용의주도한 통화가치 안정에서도 경상수지의 구조적 적자 및 흑자상태의 해체와 관련하여 참여국가에 대한 강제적인 부과조처가 관철되어야 한다. 토대의 실물적 요인에 의해 유발되지 않은 세계적인 화폐자본축적을 차별하기 위한 조처는 자명한 것이다. 통화가치의 주도면밀한 보장은 국제적인 통화관계를 재조직하는 방향으로 연장되어야 한다. 64년 전에 전개된 케인스의 아이디어[10]가 여전히 이에 대한 지침이 된다. 그 아이디어는 세계중앙은행(국제청산동맹)으로의 IMF의 일층의 발전, 목표환율대(Zielzonen)의 합의를 통한 환율 변동폭의 재설정(원칙적으로 언제라도 평가절하와 절상, 즉 목표환율대와 변동폭의 새로운 설정이 가능하다), 현재의 특별인출권의 일층의 발전을 통한 국제유동성의 창출, 그리고 국민적 및 초국적 '자족성'을 강화하는 방향으로의 국제경제거래에 대한 영향력 발휘 등에 의해, 세계시장의 데미우르고스 역할을 부분적으로 사회화하는 것에 입각해 있다. 자본주의 중심국에 관계되는 이런 조처는 저개발국가 및 지역에 대한 새로운 질의 개발정책에 의해 보완되어야 한다.

화폐자본축적이 국민적으로도 국제적으로도 효과적으로 제한되어야 하고, 다시 실물적 자본축적과 가치창출에 대한 '서비스 기능'으로 되돌려져야 한다는 것은, 좌파 경제학계 밖에서도 원칙적으로 더 이상 논쟁의 대상이 아니다. 그러나 단지 금융산업의 기술적인 면만 제한하고, 비판의 목표를 다만 '금융상품의 투명화'에만 두는 것으로는 결코 충분하지 않다. 경제의 생산적 토대로부터 (모든 형태의) 화폐자본축적이 자립화하는 것과, 궁극적으로 그 분리가 일반적으로 자본주의의 체제적 특징이고 문제라는 것(이는 금융시장 자본주의로의 전화를 통해서 다만 극단적으로 증폭되었다)이 옳다면, 국민적 및 국제적 금융시장에서의 압도적인 거래는 '쓸모없는 과잉'이며, 이는 금지·조절·통제·(징벌)세를 통해 억제되어야 한다. 그 수단들은 주지하다시피 자본거래 통제(인가의무가

---

10) John Maynard Keynes, "Proposals for an International Clearing Union", ed. Herbert G. Grubel, *World Monetary Reform, Plans and Issues*, California: Stanford University Press, 1963 참조.

있는 영업)로부터 조세의 도입 내지 인상(실물적으로 유발되지 않은 외환 거래에 대한 토빈세 도입, 주식매도세의 인상 등)에 이른다. 금융상품의 금지가 가능해지고, 거래가 거부될 수 있고, 금융시장 행위자의 등록과 통제가 확대되도록 금융시장에 대한 감독이 확립되어야 하고, 오프쇼어 금융중심은 고사되어야 하며, 국민적 및 국제적 감독기관의 권한은 확대되어야 한다. 금융시장 행위자의 등록 및 통제와 관련해서는 특히 신용평가기관이 문제가 된다. 이 기관은 순전히 사적 경제의 기관이면서도 스스로 부여한 권능을 갖고서 지금은 스스로 개발한 상품에 대해서까지 자신의 추천을 확대하였다. 이 문제에 대해서는 우선 시장거래의 상당한 부분이 전혀 생겨나지 않도록 하는 것이 목표다.

현재의 금융위기를 통한 감가과정 후에 남게 될 '금융자산'은 장기적으로 더욱 통제되어 가치저하가 이루어져야 한다. 이는 특히 유통성이 제한될 수 있고 그럼으로써 시세변동이 제한되는 펀드(Zertifikats-Bundles)와 파생상품에 관계된다. 이러한 발전의 종착점은 주식거래소와 자본시장의 기능을 축소하여 자원의 배분이라는 기본기능으로 한정하는 것이다. 이런 관련에서 보면, 단기적이고 불안정하며 투기적인 시세변동을 하는 주식을 향유증서 ——2차 시장에서의 가격을 고정하고 자기자본의 권리(의결권, 이익취득권 그리고 옵션의 권리)를 문서적으로 보증하는—— 로 전환하는 것은 예나 지금이나 현재적인 사회주의적 요구다. 수량적으로도 가격적으로도 가공자본을 분리해서 경상적 가치창출에 대한 자본소유권의 요구를 제한하고, 중장기적으로 감축하는 것이 목표가 되어야 한다.

중앙은행의 정책은 (상품시장에서의) 화폐의 국민경제적 구매력의 보증과 대외적 통화가치를 위한 목표환율대의 실현이라는 목표 외에, 국가의 경기정책과 구조정책을 적극적으로 지지하도록 의무화해야 한다. 새로운 제도적 조건하에서 목표의 상충은 단지 단기적으로, 경기순환적으로만 나타날 수 있고, 상황적으로 해결될 수 있다.

그러나 대안적인 화폐 및 금융정책 그리고 통화정책의 이 모든 조처가 경제의 실물부문의 재조직과 맞물리지 않고, 또 새로운 작업방식을 관철하고 장기적으로 가속적인 자본축적을 주도하기 위한 방향설정이 적극적으로 행해지지 않는다면, 그것은 위기의 증상에 대한 치료에 머물 것이다. 여기서 첫번째로 언급해야 할 것은 경제 전체적인 분배관계의 교정이다. 이를 통해 지난 기간 자본의 구조적 과잉축적의 경제적 취약함도, 사회적 부정의도 극복되어야 한다. 분배관계의 교정은 주요 수입인 임금과 이윤 간의 일차적 분배에도, 또 복지국가적 기관을 통해 공적으로 매개되는 재분배에도 관계된다. 전자는 유연적 대량생산과 시장매개적 기업 네트워크 작업방식의 요구와도, 또 노동력의 새로운 탈상품화와도 양립될 수 있는, 그런 '산업관계'의 재조절과 결합되어야 한다. 신자유주의적으로 혼합된 '시장국가'로부터 새로운 형태의 복지국가——특히 가계와 관련된 서비스영역에서의 공동경제부문과 결합한——로의 전화는, '포드주의' 복지국가의 합리적 요소들의 재활성화와 동시대의 새로운 조절을 통해 보완되어야 한다. 포드주의 복지국가의 합리적 요소들은 예나 지금이나 사회보장의 부과방식 체계, 하부구조와 생계보장에서 '일반적 이해관계를 갖는 과제'의 공적인 준비와 통제, 그리고 시장규정적인 소득분배의 사회적 교정을 의무화하는 조세 및 공과금 정책이다. 새롭게 주도되는 가속적인 실물적 자본축적이 전체 경제적 및 지역적 구조정책의 효과적인 조절체제에 편제되어야 한다.

# 10장 현재의 위기의 분석과 평가에 대하여[*]
## — 국가독점적 발전의 관점

그레첸 비누스[**]

## 1. 현재의 위기의 평가

금융위기는 현재의 위기의 명백한 촉발요인이지만, 그러나 금융위기는 세계 경제질서 전체의 심각한 위기로 확대되었고, 광범위한 결과와 함께 자본주의 체제의 발전 전체에 심대한 작용을 나타내고 있다. 따라서 이 위기는 체제위기라고 말할 수 있다.

맑스와 엥겔스는 사회적 재생산과정의 진행에서 적대적 모순들의 전개로부터 자본주의의 위기(공황)를 "현재의 모순들의 일시적이고 폭력적인 해결(파괴된 균형을 즉각 회복하는)로서" 설명하였다. 현재의 위

---

[*] Gretchen Binus, "Zur Analyse der gegenwärtigen Krise und ihrer Bewertung unter dem Aspekt ihrer staatsmonopolistischen Entwicklung". 이 글은 2009년 2월 7일 독일 부퍼탈(Wuppertal)에 있는 맑스-엥겔스-재단(Marx-Engels-Stiftung)의 연차 회원총회에서 발표한 발제문이다. 이 글은 '맑스-엥겔스-재단' 홈페이지(http://marx-engels-stiftung.de)에서 읽을 수 있다.

[**] 구동독 할레-비텐베르크(Halle-Wittenberg)대학교 교수 역임, 구동독의 독일경제연구소(Deutsches Institut für Wirtschaftsforschung, DWI)와 국제정치경제연구소(Institut für Internationale Politik und Wirtschaft, IPW)에서 활동, 현재 좌파당(Die Linke) 소속.

기는 지난 수십 년간 자본주의가 그 축적조건과 관련하여 크게 변화하였다는 것과 관련되어 있다. 그 주요한 **기본 특징들**로서 다음 사항들을 말할 수 있다.

①하이테크 자본주의로의 발전과 새로운 자본투자 분야, 그리고 임노동의 성격과 구조의 변화에 대한 그것의 영향, ②자본주의의 국제화 또는 세계화(와 그에 상응하는 조절양식)의 이례적인 성장, ③금융시장의 형성과 그 역할, ④'수용(Enteignug)을 통한 절약'으로서 축적, 또는 공공재의 사유화를 통한 일층의 독점화, ⑤에너지, 기후 그리고 환경이라는 지구적 문제의 심화를 해결함에 있어 단기적인 이윤논리를 지향하는 정책의 무능력, ⑥자본주의의 제국주의적 특성의 새로운 부각, ⑦신자유주의 이데올로기와 정치를 통한 '국가성격'의 변화.

이러한 발전은 소유 및 지배구조에서의 독점 강화라는 토대 위에서, 그리고 무엇보다 세계의 힘관계의 변화된 조건하에서 이루어졌다. 그것은 또한 현재의 위기에도 영향을 미친다. 따라서 금융 및 경제위기의 지구적 성격, 순환적 위기과정과 구조적 위기과정의 결합, 화폐자본의 과잉축적과 대규모 감가, 기업도산과 대량해고, 지구적 에너지·기후·환경문제, 그리고 아시아와 유럽의 새로운 중심국가들 및 저개발국가들의 위기로의 포괄은 현재 상황의 특징들이다.

지금 여론에서는 무엇보다 '국가성격'의 변화, 즉 위기과정을 극복하기 위한 국가개입주의가 명백해지고 있다. 즉, 체제의 존립이 문제이기 때문에, 국가가 자신의 모든 경제적·정치적 역능을 동원해 직접 개입한다. 그래서 정치와 경제의 관계, 또는 정확하게 말하면 국가와 독점의 관계를 보다 엄밀하게 파악하는 것이 불가피해 보인다.

## 2. 국가독점자본주의론에 입각한 위기의 원인 파악

내 생각으로는 심각한 세계경제적 변혁상황을 평가하기 위해서, 그리고
자본주의의 위기적 본질을 분석하기 위해서 국가독점자본주의론에 입
각할 수 있다. 이 이론적 컨셉은 **맑스주의적 자본주의 이론의 일층의 발전**을
표현하며, 무엇보다 독점자본주의적 소유관계의 전개와 그 정치적 귀결
을 시야에 두고 있다. 1970년대에 국가독점자본주의론은 맑스주의 좌파
전체에서 자본주의 분석의 구성요소였다. 국가독점자본주의론은 자본
주의의 역사적 경향에 대한 맑스와 엥겔스의 서술에 의거하였다. 즉, 자
본의 가치증식의 내적 모순들은, 사회질서를 극복하지 않은 채 '**사회자본**'
의 형태로 **생산력의 사회적 성격**의 증대에 조응하도록(이는 주식회사의 형
성과 신용제도의 기능에서 볼 수 있다), 자본주의를 더욱 강력하게 강제한
다. 사회자본의 그러한 형태들은 경제의 독점화의 진전, 즉 "전체 사안의
핵심"(레닌)으로서 경제적 독점과 함께 (항상 구체적·역사적 조건의 변화
에 대한 적응으로서, 그리고 새로운 사회적 도전의 압력하에서) 일층 발전하
거나 또는 새롭게 발생한다. 사람들은 단지 금융자본 또는 초국적 독점
또는 국제독점의 형성을 생각할 수 있다. 독점은 더욱 강력하게 "국가의
개입"(맑스)을 요구한다.

　　생산력의 일층의 발전 및 사회적 분업의 급속한 진전과 함께 '사적' 독점화
라는 척도만으로는 자본의 가치증식을 보장하는 데 더 이상 충분하지 않게 된다
는 점, 이것이 국가독점자본주의론의 핵심을 이룬다. 심지어 독점의 강화, 즉
자본주의적 소유와 자원에 대한 더욱 강력한 권한의 집중조차도 국가 없
이는 충분하지 않다. 그 결과 국가개입주의가 항상적인 현상으로서 발전
한다. 왜냐하면 국가권력이 다양한 조처를 통해 경제적으로 작용함에 따

라 무엇보다 독점에 유리한 재분배의 척도도 확대되기 때문이다. 여기서 경쟁 메커니즘은 파괴되고, 다른 수준에서 다시 회복된다.

국가가 더욱 포괄적으로 경제문제에 관여하게 된다는 점은 자본주의 발전의 독점적 단계 전체에서 하나의 특징적인 특수성이다. 자본의 국제화 또는 세계화도 국가독점적 메커니즘 없이는 생각할 수 없다. 따라서 '국가의 귀환'이라고 말할 수 없다. 왜냐하면 경제와 기술의 진보 및 경제의 국제화와 관련해서 독점적 관계들이 각인됨에 따라 [신자유주의 하에서도] 국가개입의 범위와 강도가 증대했기 때문이다. 경제와 국가의 밀접한 관계는 독점적 팽창을 위한 생존의 필연성이다.

자본주의는 그렇게 경제와 정치의 관계의 표현으로서 독점과 국가의 관계('유착')에 의해 특징지어지며, 그로써 '국가독점자본주의'라고 불린다. 이는 사회경제적 관계와 정치적 관계의 총체에 관련되는 것이다.

그러나 국가와 독점의 관계는 극히 모순적이다. 한편에서는 대자본의 다양한 로비가 상호경쟁 속에서 작용하고, 다른 한편에서는 사회적 발전의 그때그때의 구체적·역사적 조건에 종속되어 국가개입이 형성된다. 국가는 이 밀접한 관계구조 속에서 결코 콘체른 이해의 단순한 집행자로서 기능하지 않는다. 국가는 자신의 행동에서 상대적으로 자립적이고, 예나 지금이나 이윤에 반하는 사회전체적 과제를 고려해야 하며, 지배적 권력지형의 유지를 위해 사회과정과 사회갈등[의 조정]을 보장해야 한다.


## 3. 국가독점적 조절의 역할과 그 변종들

이번 금융위기는 국가독점적 조절의 결과다. 왜냐하면 경제적 역능으로서 국가의 관여는 또한 그에 조응하는 (재생산의 모든 국면에 관계되는, 따라서 금융영역에도 관계되는) 경제 메커니즘을 확립하기 때문이다.

국가의 항상적인 경제개입은 자본주의 발전의 모든 국면에서 자본주의를 특징짓는 것이지만, 그러나 형태와 비중, 질 그리고 개입가능성에서는 크게 상이하다. 보조금, 조세, 국가발주로부터 경제 및 기업구조에의 직접적 개입에 이르는 국가 경제정책의 전체 수단이 국가조절의 조처라는 병기고에 들어간다. 그러나 동시에 경제적 국가활동에서 상이한 변종들(이는 경제와 국가의 관계에 영향을 미친다)이 존재한다. 이 변종들은 경제정책과 사회정책 형성에서의 중점설정과 그에 대한 이데올로기적 근거제시에 직접 관계된다. 즉, 국가개입은 다양한 방향 및 내용과 결합되어 있다. 신자유주의와 케인스주의를 둘러싼 오늘날의 토론은 이를 반영하는 것이다. 두 개의 변종은 원칙적으로 동일한 사회경제적 토대에 입각해 있다. 두 개의 변종에서 문제는 경제위기 또는 자본의 불충분한 축적조건에 직면하여 자본주의 경제를 안정화시키는 것이다. 그러나 이 변종들은 국가의 경제적·사회정책적 개입의 중점을 어디에 설정하는가에 의해 서로 구별된다. 1940년대와 1950년대, 그리고 1970년대 이래 특별히 강화되어 대부분의 국가를 지배하고 있는 신자유주의 변종은 계급대결적인 또는 급진적인 자본의 가치증식 모델이라고 부를 수 있다.[1] 장기적 경제정책의 컨셉과 함께 이 변종

---

1) 신자유주의에 대한 미국 문헌에 익숙한 사람들에게는 이와 같은 시대규정이 이상하게 들릴지도 모르겠다. 그러나 학설사적으로 신자유주의는 1930~1940년대 독일에서 오이켄에 의해 제출되었고, 이 사상에 입각한 '사회적 시장경제'가 전후 독일 보수당들의 경제정책의 근간을 이루었다. 말하자면 대공황에 의한 자유주의의 파산 후 부르주아 경제학의 대응은 신자유주의와 케인스주의로 나타났는데, 영미권에서는 (그리고 유럽대륙에서도) 케인스주의가, 독일권에서는 신자유주의가 지배적 사조였다. 1960년대 중반 이래 현대자본주의의 위기가 현재화되면서 독일에서는 사민당 집권과 함께 신자유주의로부터 케인스주의로의 패러다임 전환이 있었고, 1970년대 중반과 1980년대 초의 두 번의 세계공황과 함께 케인스주의가 파산하면서 신자유주의가 다시 헤게모니를 장악하게 되었다. 이 시기 독일에서 새로 등장한 신

은 핵심범주로서 '자유경쟁'을 갖는 '시장경제적 경제질서'와 자본의 가치 증식을 위한 '외적 조건'을 설정하는 '강한 국가'(경제 위에 존재하는)를 지향한다. 여기에는 공적 소유와 노령연금제도의 사유화, 탈조절, 국가적 투자와 조절의 폐기, 사회보장제도의 해체 등 자본의 확장을 촉진하는 모든 조처들이 들어간다. 이에 반해 1929~1932년의 대공황 이후 시기에 등장하여 미국에서는 '뉴딜'로, 독일·이탈리아와 여타 공업국가에서는 오히려 전후 시기 이래 1970년대까지 경제정책컨셉으로 유효했던 케인스주의 변종은 경제를 부양하기 위한 반(反)순환적이고 수요지향적인 경제정책에 중점을 놓는다. 이 변종은 (국가채무를 비롯하여) 국가에 의해 재원이 조달되는 투자와 일련의 고용 및 사회정책적 조처들을 포함한다. 그러나 이 변종은 신자유주의 교리하에서도 군사부문과 군수경제부문에서 존재하고 있다.

　　이 조절변종이 민주세력과 좌파에게 오히려 경제와 사회에서의 대안적 관념을 가져올 가능성을 제공하기 때문에, 오늘날 많은 좌파 논자들은 경제정책의 새로운 지향의 기회를 케인스주의 변종과 그 거시경제적 조절에서 보고 있다. 많은 사람들이 이 변종을 찬미하고, 종종 '스칸디나비아 또는 스웨덴 모델'도 참조한다. 이 모델은 1929년의 세계공황 후에 강력한 노동조합과 사회민주주의를 갖는 정치적 세력지형에서 생겨났고, 노동과 자본 그리고 국가 사이의 사회적 타협에 입각한 국민적 국가독점자본주의

---

자유주의는 전후 고도성장기의 그것과 달리 보다 시장 및 경쟁지향적이었고, 따라서 공격적이고 계급대립적이었다. 반면 1970년대 말 이래 영미권에서 등장한 신자유주의는 엄밀하게 말하면 독일에서와 같은 신자유주의라기보다는 오히려 자유주의의 부활이었다. 이 때문에 영미판 신자유주의(즉 자유주의)는 독일 신자유주의보다도 더 극단적으로 시장지향적이었고 계급대립적이었다. ―옮긴이

경제·사회정책의 특수한 형태다. 그것은 강력한 반(反)자본주의 정치세력이 존재할 때는 적어도 사회정의와 고용안정을 보다 더 지향하는 변종이 관철될 수 있다는 것을 경험으로 확인시켜 준다. 그러나 자본의 권력과 정치적 영향을 근거짓는 사회경제적 기본구조가 근본적으로 변화되지 않으면 이 변종은 성립하지 않는데, 이런 상황이 현재 이들 국가에서 보이고 있다. 1970년대 말 이래 사람들은 '복지국가' 종말의 전환점을 말하고 있다. 예컨대 군산복합체에서도 볼 수 있는 그런 사적·독점적 조절의 또 다른 변종에 대해서도 지적해야 한다.

## 4. 금융 및 경제위기

현재의 위기는 경제·사회정책의 신자유주의적 배치에 입각하여 엄격하게 이윤지향적으로 경제와 사회를 조절한 결과이다. 조세정책, 시장의 자유화, 그리고 탈조절의 다양한 조처들과 거대하게 구상된 사유화 공세로 대자본의 가치증식은 크게 개선되었지만, 그러나 그와 동시에 거대한 투기거품을 위한 전제조건도 창출되었다.

국가와 국가기관들은 무엇보다 지난 10년간 국민적 차원과 국제적 차원에서 수많은 법률과 여타 조처로써 이윤성 있는 새로운 투자부문으로 콘체른이 확장하는 것을 촉진하였다. 국가적으로 촉진되는 자본축적의 다른 측면을 보면, 지난 수년간 모든 자본주의 공업국가에서 사회보장 해체가 입법적으로 추진되었다. 광범위한 '개혁'의 결과로 임금과 이윤 사이의 일차적 분배는 대자본에 유리하게 변화하였고, 이는 강력한 콘체른의 막대한 이윤 증대에서 확인할 수 있다. 그 결과 이에 따른 유효수요의 제한으로 콘체른의 증대된 이윤에 대해 실물경제에서는 이윤성 있는 어떤 전망도 제공되지 못했고, 과잉이윤은 자유화되어 수익성 있는 금융시장의 투자영역으로 흘러갔다. 뮌헨의 사회생태경제연구소(Institut für sozial-ökologische Wirtschaftsforschung, ISW)는 이렇게 쓰고 있다. "모든 자본주의 공업국가에서 일어난 아래로부터 위로의 항상적인 재분배가 세계적 금융 및 경제위기의 결정적인 원인이다. 이것은 한편에서 수요 감소로, 다른 한편에서는 추가적인 투기자금으로 이어진다."

두 가지 발전이 이것과 결합되어 있다. 첫째, 실물경제와 금융경제 사이의 격차 증대 또는 '실물경제로부터 금융시장의 연관 해체'. 둘째, 자본주의의 기생성의 증대.

먼저 첫번째 문제를 살펴보자. 사실 실물경제와 금융경제 사이의 격차 증대는 한편으로 급속한 과학기술의 진보와 국제분업의 추동이라는 조건하에서 자본주의적 생산의 발전에서의 **객관적** 과정과 관련되어 있다. 그렇게 **금융서비스부문**은 국민경제의 모든 다른 부문에 비해 상당 정도 보다 높은 성장을 이루게 된다. 이 부문은 **자본의 동원 및 금융흐름의 매개와 조절**이라는 기능과 함께 경제부문 간의 결합과 콘체른의 확장 그리고 국가의 경제개입을 **조정**하는 손잡이가 되었다. 이런 발전의 담지자는 거대 독점은행과 국립은행(유럽 중앙은행, 분데스방크[독일 중앙은행])이다.

그러나 동시에 여기에는 또한 생산력의 발전에 대한 자본주의적 처리방식, 즉 **집중화되고 독점화된** 소유로서 금융자본이 어떻게 더 실현될 수 있는가라는 점이 표현되어 있다. 따라서 실물경제에 대한 금융부문의 상대적 자립성은 독점자본주의의 발전에서 하나의 특성이다. 그것은 생산력의 질풍 같은 진보에 따라 자본소유와 자본기능의 분리가 엄청나게 일층 발전한 결과이다. 오직 금융자본주의적 연관 해체와 새로운 형태에서의 소유의 집적을 통해, 자본은 국민적으로 또 국제적으로 결합하기 위해 요구되는 크기와 가동성 그리고 탄력성을 달성하고, 집중화되고 독점화된 소유로서 더 실현될 수 있다. 따라서 이것은 한편으로는 자본주의적 소유의 발전 문제다.

　　이러한 발전에서 새로운 것, 즉 자본주의의 기생적 발전이 새로운 차원과 질을 띠게 되었다는 점은 두번째 문제와 밀접하게 결합되어 있다. 레닌은 소수 국가들에서의 화폐자본의 거대한 축적으로부터 "이자생활자 국가" 또는 고리대 국가, 기생적이고 부패한 자본주의 국가라는 특징을 끌어냈는데, 이는 "독점적 고이윤을 통한 경제적 가능성"으로부터 귀결되는 발전이다. 오늘날 금융시장의 팽창은 1970년대 이래의 특수한 '축적 체제'로부터 나온 것이다. 위기의 본래 원인인 아래로부터 위로의 항상적인 재분배가 이러한 발전을 가속화했다. 이는 자본시장의 자유화와 함께 과잉의 고이윤이 자유화되고 수익성 있는 금융시장의 투자영역으로 흘러들어 가는 것을 촉진하였고, 초과수익을 약속하는 더욱 새로운 '혁신적인' 금융상품의 창조적 창출에 불을 붙였다. 은행, 펀드, 보험회사, 국제 콘체른의 금융기관이 천문학적 크기의 수익을 좇았다. 경제가 기능하는 주요조건인 금융시장은 투명하지 않은 영업과 제약 없는 신용공여와 함께 통제되지 않은 자본권력의 회전반(Drehscheibe)이 되었으며, 미증유의 기생성의 원천이 되었다. 이는 실물경제의 콘체른도 함께 포함한다.

## 5. 위기의 결과들

위기의 결과는 지금까지 아직 완전히 내다볼 수 없다. 위기의 범위와 무게에 대한 다양한 견해가 존재한다. 어떤 사람들은 이 위기가 과소평가되고 있다고 하고, 또 다른 사람들은 위기가 과대평가되고 공포만 부추

긴다고 한다. 위기는 천천히 보다 더 잘 감지될 수 있을 것이며, 금융위기가 다양한 부문으로 잇달아 확산됨으로써 오랜 기간 작용할 것이라는 점, 이것이 사실이다. 다음 몇 가지 특징들이 그에 대한 이유다.

자본의 측면에서는 ①대규모 자본감가와 자본파괴 그리고 이윤붕괴, ②금융상품의 감가, 펀드 폐쇄, 지불불능, ③주문감소, 구매계약의 해지, 생산중단, 기업파산, ④합병, 새로운 독점적 권력구조의 형성, 은행 영업모델의 변화, ⑤새로운 경쟁전, 외국투자자의 보다 강력한 진입과 같은 특징들이 보인다.

노동의 측면에서는 ①대량의 단기노동, ②일자리 폐지와 수천 명씩의 대량해고(바스프[BASF] 1,800명, 마이크로소프트 5,000명, 필립스 6,000명, 캐터필러[Caterpillar] 20,000명, 자동차부품 공급업체 4,000명, 베엠베[BMW]의 경우 주요고객을 위한 생산의 감소에 의해 2,000명 등), ③합리화 추동, 임금압박 강화와 같은 특징들이 보인다.

사회전체적으로는 다음과 같은 결과를 볼 수 있다. ①국가자금의 착복(은행지원금은 주주에게 흘러들어 간다. 미국에서 이는 지불된 지원자금의 약 절반 정도를 차지한다), ②은행구원 패키지와 경기진작 프로그램에 기인한 위기 후의 조세 증가, ③장기간 지속되는 불황국면, 약한 성장률, 그리고 경제회복의 긴 국면, 축적과 투자의 어려운 조건, ④현재의 디플레이션 후의 인플레이션.


## 6. 부르주아지의 위기해결책

자본주의 체제의 질적으로 새로운 상황은 지배적인 대자본과 그 정치적 이해대변자들에 대해, 조절 메커니즘을 다른 방향으로 선회해야 할 커다란 도전을 나타낸다. 많은 부르주아 논자들과 또 좌파 논자들도 신자유주의 또는 탈조절은 끝났다고 주장한다. 도처에서 금융시장을 보다 강력하게 조절하고 케인스주의로 돌아갈 것을 요구하고 있다. 다양한 경기부양 프로그램을 갖고 활동하는 정치 엘리트의 엄청난 조급함에도 불구하고 적절한 메커니즘에 따라 새롭게 방향 잡힌 전략은 아직 볼 수 없다. 그러나 지배 엘리트들의 공시와 결의된 조처들은 이미, 자본의 가치증식의 급진화된 모델로서 지금까지의 신자유주의적 변종이 금융자본주의 체제의 안정화를 위해 수정된 형태로 계속될 것임을 보이고 있다. 그에 대한 몇 가지 근거가 있다.

첫째, 이는 독점과 국가의 관계에 관한 것이다. 여기서 문제는 그 관계의 보다 효과적인 형상에 관한 것이다. 대자본은 정치적 위기관리가 어떠해야 할지 그 방향과 조처를 규정하는데, 이는 경기부양 조처의 형성에서, 또 은행과 산업의 이해대변자들이 이에 미치는 영향에서 증명될 수 있다. 개별 국가마다 그것은 조금씩 다를 수 있다. 그러나 일차적으로 금융시장과 대공업의 대변자들을 통한 금융자본주의적 축적의 일층의 보장과 그 권력의 보장이 전면에 있다는 점, 그리고 '구원 패키지'와 함께 아래로부터 위로의 재분배가 계속될 것이라는 점은 분명하다. 게다가 새로운 국가개입은 정치적 수단의 강화를 동반하거나 (은행구원제도[2]의 '조정위원회'[Lenkungsausschuß]가 분데스방크에 설치되었는데, 분데스방크는 정부의 재정정책적 결정에 신속하게 접근할 방도를 갖고 있었다), 또는 독점의 새로운 로비기관('비즈니스 20'—포럼

---

2) 금융시장 안정화 특별펀드(SoFFin)에 의해 조직된 은행지원체계.—옮긴이

(B20)[‘Business 20’—Forum(B20)])이 만들어진다. 여기에 대자본의 행동을 은폐하기 위해, 오랫동안 제기된 투명성 요구를 저지하려는 정치적 노력이 덧붙여진다(독일연방 금융서비스감독청[Bundesanstalt für Finanzdienstleistungsaufsicht, BaFin]과 관련해서 ‘정보자유법’ [Informationsfreiheitsgesetz]을 제한하려는 제호퍼[Horst Seehofer, 독일 바이에른 주지사]의 제안).

둘째, **국유화의 역할**을 어떻게 다루어야 하는가라는 문제다. 은행의 국유화 또는 부분국유화는 여러 국가의 행동계획에서 당분간 하나의 중심사안이 될 것이다. 미국 정부는 이미 몇몇 금융기관을 정부의 통제하에 두었고, 은행주식의 인수를 위해 재정으로부터 2,500억 달러를 조달하였으며, 8대 은행의 주식을 인수하였다. 다른 국가들에서도 상황은 비슷해 보인다. 독일연방정부의 ‘금융시장 안정화 특별펀드’에는 국가의 주식참여라는 옵션이 포함되어 있다. 즉, 국가는 주주처럼 지분참여나 암묵적인 참여를 획득함으로써 은행의 재자본화에 참여할 수 있다.

금융자본과 그 정치적 대변자에게 국유화는 공포의 표상이지만, 그러나 대체로 사회주의적 조처는 아니다. 엥겔스가 『반뒤링』(*Anti-Dühring*)에서 쓰고 있다시피, 국가소유는 자본관계를 지양하지 않지만, “그러나 그것은 그 자체에 [자본관계를] 해소하기 위한 형식적 수단, 계기를 내포하고 있다”. 그 때문에 현재 지배적인 정치는 금융자본주의 체제를 보장한다는 의미에서 이 문제를 다루려고 시도한다. 정부는 서둘러서 국가의 참여는 전혀 목표설정이 아니고 다만 비상조치일 뿐이며 시장의 회복 시에는 다시 철회될 것이라고 선언한다. 정부는 금융자본이 의사결정하는 데서 제약받지 않도록 그렇게 이 조처들을 만들어 간다. 정부는 부분국유화된 은행에 대해 표결권 행사를 요구하지 않는다. 투기적 거래를 방지하기 위한 어떤 규정도 세우지 않고, 조세피난처로의 투자를 금지하지도 않는다. 나아가 **국유화는 국민적 독점구조의 강화를 위한 수단으로서** 이용된다. 대표적인 사례는 국가의 코메르츠방크(Commerzbank) 참여다. 국가의 끔찍스러운 코메르츠방크 관여(40억 유로의 가치에 대해 180억 유로 투입)는 차치하고, 여기서 문제는 국제경쟁에 대비하여 코메르츠방크와 드레스드너방크(Dresdner Bank)의 합병을 통해 두번째로 거대한 국민적 **글로벌 은행**을 만드는 것이다. 포스트방크(Postbank)의 인수를 확실하게 하기 위해 일시적으로 지분 8%로 도이체방크(Deutsche Bank)에 참여하고 있는 국립우체국도 하나의 사례다. '배드뱅크'(Bad Bank) 설립도 유사해 보인다. 조세납부자는 은행한테서 휴지조각이 된 유가증권을 사들여야 한다.

셋째, 국가독점적 조절의 **새로운 영역**을 여는 시도도 행해진다. 미국에서 '녹색 뉴딜'이 토론되기 시작하였고, 독일에서는 녹색당에 의해 토론되기 시작하였다. 그럼으로써 반드시 해결되어야 할 문제들이 목표에 들어왔지만, 그러나 그 극복은 새로운 수익을 낳는 자본투자 영역으로서, 금융자본주의적 이윤 메커니즘에 종속되고 있다(국가보조에 의한 사적 경제의 생태적 개조, 이노베이션 펀드).


## 7. 민주적 대안들

위기 문제의 해결책은 완전히 다른 것이어야 한다. 왜냐하면 우리는 지금 자본주의 발전에 미치는 중대한 작용, 전체 체제의 거대한 불안정과 관계가 있기 때문이다. 자본주의 역사에서 지금까지 최대라는 국유화의 규모가 조세납부자의 희생하에 손실의 사회화를 동반하고, 사회보장제도에 대한 일층의 심대한 결과를 갖는다는 점만 있는 것이 아니다. 위기는 세계적으로 새로운 수용(收用, Enteignung) 및 수탈체제를 인도하고 있다. 경제 및 금융체제의 새로운 조절양식을 위한 시간이 무르익었다. 세계의 빈곤과 기아, 기후와 에너지를 생각한다면, 이 조절양식은 민주적이고 국제적이어야 한다.

그러나 이 위기에 대항해서 우리는 무엇을 할 수 있는가?

지금까지 상이한 노선으로부터 상이한 제안과 의견 표명이 있었다.

독일 노동조합동맹(Deutscher Gewerkschaftsbund, DGB)은 이렇게 쓰고 있다. "시장은 보다 강력하게 사회적·생태적으로 교화되어야 한다. 이는 국가의 새로운 역할, 강력한 노동조합 그리고 사회운동, 금융시장에 대한 새로운 질서 틀을 요구한다." 메모란둠 그룹은 특별판『메모란둠』에서 장기적으로 계획된 1,100억 유로 규모의 경기부양 및 고용 프로그램을 요구한다. 좌파당(Die Linke)은 2009년 1월 중순「프랑크푸르트선언」(Frankfurter Erklärung)에서 5개 사항을 중점에 놓았다. 즉, 은행의 사회화와 금융시장 규제, 공공기관 확장과 사유화 중단, 공동결정과 경영 참여 관철, 수백만 자산의 과세, 일자리 보장.

무엇보다 사회적 결과에 대한 완충을 위한 즉각적인 프로그램이 필수적이다. 그러나 동시에 민주적인 토대 위에서 금융자본주의적 조절이 아닌 국가적 조절을 위한 장기전략도 필수적이다. 경기부양 프로그램에 복지국가적 구성요소가 매우 적기 때문에, 신속한 임금인상은 효과가 클 것이며, 유럽 및 세계경제적 금융질서의 신속한 확립도 그러할 것이다.

위기의 원인은 이윤체제의 지배에 근거하고 있다. 그 때문에 이 체제를 문제시하지 않고서는 인구 대다수의 이해에 맞는 어떤 해결책도 있을 수 없다. 따라서 좌파의 컨셉은 필수적인 즉각적 조처보다 더 많은 것을 포괄해야 한다. 사회경제적 기본구조와 독점-국가의 행위관계에 입각할 때, 내 생각으로는 '경제민주주의'라는 사회민주주의의 오래된 개념의 수용하에 콘체른의 권력을 몰아내기 위한 복합적인 대안전략과 지도원칙을 전개할 수 있다. 즉, 민주적 사회질서를 갖는 사회적 소유관계의 새로운 질서를 목표로 하는, '자본주의 정치경제학에 대한' 오늘날의 '비판'을 전개할 수 있다. 그러한 컨셉의 세 개의 수준을 생각할 수 있다.

(1) 대안적인 소유정책을 통한 사회경제적 기본구조 즉 소유질서의 변경. 여기서 문제는 (공적 인프라로서의) 은행제도, 에너지, 건강제도 그리고 여타 부문을 사회적 소유로 가져옴으로써 사회생태적 경제조절을 가능케 하는 반(反)자본주의 구조의 경제헌법에 관한 것이다. 이는 소유의 사회적 책무에 입각하는 것이다. 사회적·국가적·지자체적 소유의 사유화의 중단, 물이나 교통 같은 사유화된 공공적 공급자원을 사회적 소유로 다시 가져가는 것. 이때 사회적 경쟁에서 **상이한 소유형태들**(공영기업, 협동조합, 지자체 기관과 수공업, 중소기업)의 지위가 명확히 되어야 한다. 경제의 주요부문에 대한 민주적 통제의 확립과 민주적으로 정당화된 기관을 통한 엄격한 조절은 제도적인 구성요소다.

(2) 대안적 경제정책의 수준. 이에 대해서는 이미 **포괄적인 유럽발전전략** 같은, 구조정책적 개입과 결합한 많은 제안들(메모란둠 그룹, 유로메모[EuroMEMO] 그룹[3])이 존재한다. 내 생각으로는 콘체른의 시장점유율 제

---

3) 독일 메모란둠 그룹(정식명칭은 '대안경제정책 연구그룹'[Arbeitsgruppe Alternative Wirtschafts-politik])은 신자유주의적 전환에 대항하여 1975년 결성되었고, 1978년부터는 정기적으로 매년 메모란둠을 발표하여 지배적인 신자유주의 경제정책을 비판하고 노동조합을 중심으로 대안논쟁을 이끌어 왔다. 당시 브레멘대학교 경제학부 교수였던 히켈(Rudolf Hickel)과 후 프슈미트가 그 지도적인 인물이었다. 이론적으로는 좌파 케인스주의와 국가독점자본주의론을 토대로 하였고, 정치적으로는 사민당 좌파와 공산당을 지향하였지만, 제도권과 언론에서

한, 국가의 가격인상 승인, 금융기관의 활동에 대한 엄격한 규칙 제정, 투기펀드의 금지, 중소기업과 협동조합 그리고 협력사업의 지원과 같은, 자본권한의 제한에 직접 관련되는 조처들도 여기에 들어간다.

(3) **콘체른 기업의 수준**. 이것은 임금종속적인 피고용자가 대자본과 직접 대결하는 수준이다. 여기서는 공동결정규정과 단체협약을 포함하여 회사법과 기업정관이 영향력을 갖지만, 그러나 콘체른의 전략도 직접 영향을 미친다. 그 때문에 여기에는 ①이사회 및 감독이사회의 임명에 대한 민주적 통제, ②금융흐름에 대한 콘체른의 결정에서의 정보와 투명성, ③콘체른의 전략과 공장이전에 대한 공동결정권의 강화, 고용보장, 사회최저기준 확립 등과 같은 조처들이 들어간다.

현 위기는 자본주의의 새로운 특징들을 보다 정확하게 파악해 과학적으로 논증된 사회주의 대안을 발전시키기 위한 계기가 되어야 한다.

---

도 주목을 받을 만큼 보다 대중적인 영향력을 갖고 있다. 고용과 임금소득 그리고 사회보장을 위한 케인스주의적 확장정책과 중장기적으로는 사회화 요구가 정책 중심이었는데, 현실 사회주의의 붕괴와 독일 통일 후에는 사회화 요구가 약화되었고, 반면 생태 및 환경정책에 무게가 실려졌다. 유로 메모란둠 그룹(정식명칭은 '대안경제정책을 위한 유럽 경제학자 그룹' [European Economists for an Alternative Economic Policy in Europe])은 후프슈미트 주도하에 1995년 결성되었고, 1997년부터는 정기적으로 매년 유로 메모란둠을 발표하고 있다. 신자유주의를 비판하는 유럽연합 경제학자들 간의 네트워크 형식의 그룹이며, 유럽연합 수준에서 대안경제정책을 모색하고 있다. 대안경제정책의 지향성은 독일 메모란둠 그룹과 공유하고 있어 유럽판 메모란둠이라 할 수 있지만, 조직적으로는 별개의 그룹이다. — 옮긴이

# 11장 신자유주의 금융위기와 주기적 공황[*]
## — 2007/2009년 위기의 성격과 전망

김성구

## 1. 문제제기

2008년 이래 자본주의 100년만의 위기라며 지구적 소동을 벌인 것을 상기한다면, 2009년이 지나가기도 전에 금융시장이 다시 안정되고 벌써 경기회복국면에 진입했다는 미국 정책당국자들의 목소리는 많은 사람을 당혹스럽게 한다. 또한 국제통화기금(IMF)은 경제전망치를 계속 수정해서 개선된 전망을 내놓고 있고, 경제변화의 상징적인 지표인 다우존스지수(Dow Jones Industrial Average)는 2009년 초 7,000포인트 아래까지 떨어진 후(2007년 10월 9일 그 최고점은 14,164포인트였다), 그 해 10월 14일에는 경기회복 기대를 이미 반영하면서 다시 10,000포인트 선(10,016포인트)을 회복하였다. 미국 국내총생산(GDP)은 지난 1년간 연속적으로 마이너스 분기성장률을 기록한 후, 2009년 3/4분기에 처음으로 전 분기 대비 2.2%의 플러스 성장률을 보였다. 물론 세계경제의 위기가 진정으

---

[*] 이 글은 원래 2009년 10월 24일에 작성하여 『민주사회와 정책연구』 제17호, 2010에 동일한 제목으로 실린 글로서, 일부를 수정·보완한 것이다.

로 종료되어 회복국면으로 들어서고 있는 것인지, 아니면 일각에서 주장하는 것처럼 더블 딥(double-dip)에 빠질 것인지 판단하기는 아직 쉬운 일이 아니다. 대표적인 비관론자인 루비니(Nouriel Roubini), 스티글리츠(Joseph E. Stiglitz), 크루그먼(Paul Krugman) 등은 경기회복이 금융지원 프로그램과 경기부양 프로그램의 일시적 효과이고 따라서 착시라고 폄하하면서 아직도 새로운 침체와 더블 딥을 주장하지만, 현실에서 이런 주장의 힘은 크게 떨어진 것으로 보인다.

이런 정세변화를 맑스주의는 어떻게 보는가? 경제위기 정세에서 위기의 필연성과 심각성을 경고했던 맑스주의 또는 좌파 경제학이 특별한 주목을 받았다면, 때 이른 경기회복 논쟁은 좌파이론의 유효성을 충분히 의심케 하는 것으로 비칠 수도 있다. 왜냐하면 적지 않은 좌파 논자들이 이번 위기의 심대함에 압도되어 자본주의 체제의 붕괴를 전망하거나(월러스틴, 브레너) 또는 적어도 신자유주의 축적체제를 대체하는 새로운 축적체제의 등장을 전망했기 때문이다(아글리에타, 뒤메닐).[1] 경제정세의 변화에 관계없이 언제나 위기의 심화를 주장하는 것은 분명 맑스주의적 분석이 아니다. 위기가 자본주의 모순의 표현이고, 따라서 자본주의가 존재하는 한 그 모순과 위기는 결코 극복될 수 없지만, 그렇다고 이를 근거로 경기순환의 국면과 국면의 전환을 무시하거나 장기동학을 간과하고 언제나 모순의 심화와 위기를 논하는 것은 하나마나한 소리이며 맑스주

---

1) 『한겨레』의 「대전환의 시대. 제1부 자본주의 어디로 가나?: 세계 석학과의 대담」에 실린 이매뉴얼 월러스틴(2008년 12월 31일자), 미셸 아글리에타(2009년 1월 7일자), 로버트 브레너(2009년 1월 29일자)와의 대담; 『인터넷 한겨레』에 실린 「제라르 뒤메닐-정성진 교수 대담: 새로운 '위기'를 말하다」(2009년 6월 3일자); 『인터넷 경향신문』에 실린 「"신자유주의 끝나고 새 질서 도래": 제라르 뒤메닐 인터뷰」(2009년 5월 27일자) 참조.

의 위기론을 왜곡하는 것이기 때문이다. 맑스주의 위기론은 자본주의에 고유한 모순과 공황의 연관을 본질적으로 규명할 뿐 아니라 공황을 통해 공황 자체가 어떻게 부분적으로 모순을 해결하고 새로운 회복의 길로 들어서는가 하는 그 메커니즘을 설명한다. 뿐만 아니라 맑스주의 위기론은 공황을 통한 공황의 극복과정이 실은 진정한 공황극복이 아니며 모순의 심화와 새로운 위기를 가져온다는 것, 그럼으로써 반복되는 주기적 공황은 급기야 구조적 위기와 자본주의의 구조변화 및 (그에 따른 장기성장도 동반하는) 단계적 이행을 가져온다는 것, 그리고 결국에는 최종적 위기와 체제적 이행으로까지 전개된다는 것을 규명한다. 이처럼 맑스주의 위기론은 주기적 공황과 구조위기 그리고 체제의 이행의 분석을 포괄하는 것이며, 실로 그 중층적 연관하에서 현실의 경제위기를 분석한다.[2]

이러한 위기론의 관점에서 전후 자본축적과 위기의 역사를 보면, 현재의 위기는 주기적 공황과 신자유주의 금융위기의 결합으로서 이해될 성격의 것이었다. 그러나 앞에서 언급했던 맑스주의 또는 좌파 논자들은 맑스주의 위기론의 중층적 구성을 이해하지 못함으로써, 주기적 공황과 신자유주의 금융위기의 결합이라는 현재의 위기의 중층적 성격도 이해할 수 없었다. 이 때문에 이들은 순환적 공황의 극복과정에서 전개되는 새로운 회복으로의 전환을 이론적·현실적으로 설명할 수 없었으며, 신자유주의 또는 자본주의의 파국적 위기의 지속 내지 새로운 축적체제로의 전환이라는 주장으로 신자유주의하 경기회복으로의 국면변화를 부정하게 되었다.

---

2) 이에 대해서는 김성구, 「신자유주의 시장절대주의의 위기와 사회화의 전망」, 『사회공공연구소 설립 기념 토론회 자료집: 자본의 신자유주의, 노동의 사회공공성』, 2008. 8. 20 참조.

이렇게 보면, 경기회복이 운운되는 현재의 경제정세가 결코 맑스주의 위기론의 이론적 설명력을 의문시하는 이유가 될 수 없음이 명백하다. 그런 의문과 비난은 『한겨레』 기획대담에 등장했던 반쪽짜리 맑스주의 또는 좌파이론에 해당하는 것이다.[3] 신자유주의 지배하에서도 자본주의 세계경제는 (단순한 반복은 아니지만) 주기적 순환운동을 반복해 왔다. 개개의 공황 후에 개개의 특수한 불황을 거쳤다 하더라도, 새로운 경기회복(이것 또한 개개의 경우 그 양상이 상이했다 하더라도)은 오히려 법칙적인 현상이었다. 현재 일각에서 더블 딥의 가능성을 계속 제기하고 있지만(또 그런 의미에서 주가지수 회복 등을 경기침체하에서 전개되는 또 다른 버블이라 주장하고 있지만), 설령 세계경제가 더블 딥에 빠진다 하더라도(그래서 주가지수가 다시 조정을 받는다 하더라도), 이는 이번 공황의 특수성 즉 그 심각성을 나타낼 뿐이지 결코 새로운 경기회복의 도래를 부정하거나 심지어 자본주의의 붕괴를 의미하는 것은 아니다.[4]

물론 현재의 위기가 주기적 공황과 신자유주의 금융위기의 결합이라는 성격으로 규정될 수 있는 한, 순환적 경기회복은 현재의 위기로부터 (일시적으로) 탈출하는 하나의 측면일 뿐이다. 새로운 회복은 장래 새로운 공황으로 끝을 맺을 것이고, 이렇게 자본주의가 존립하는 한 그 모

---

3) 『한겨레』는 그후 경기회복의 국면이 보다 뚜렷해지자 이번에는 어이없게도, 지난 위기가 실은 주기적 위기도, 신자유주의 위기도 아니었다고 주장하는 이병천, 전창환 교수 같은 케인스주의 경제학자의 말에 기대면서 맑스주의 좌파의 경제위기 분석에 문제가 많았다는 식으로 기획대담의 오류를 변명하고자 하였다(『인터넷 한겨레』 2010년 2월 4일자). 『한겨레』의 기획 의도가 그런 것은 아니겠지만, 이는 맑스주의의 과학적인 위기론을 두 번 훼손하는 행태라 할 것이다. 또한 위기를 막기 위한 자본주의 국가들의 천문학적인 자금 투입과 그 필연적 귀결로서 맞게 된 국가채무의 새로운 위기를 바라보면서 그것이 위기가 아니었다고 주장하는 논자들에 있어서는 위기론의 문제만이 아니라 현실 판단의 안목조차 크게 부족하다는 생각이다.

순과 위기는 대체로 7~10년의 순환주기를 갖고 반복·심화된다. 따라서 주기적 공황의 문제가 아니라 주기적 공황을 넘는 또 다른 측면, 즉 파국적인 금융위기로까지 전개된 신자유주의의 위기작동 메커니즘으로부터 탈출할 수 있는가라는 문제가 보다 중요하다 할 것이다. 후술하는 바처럼 이 글의 주요 대상도 다름 아닌 이 후자의 측면이다. 신자유주의의 파국적 위기를 통해 과연 신자유주의를 넘어설 수 있는가 하는 문제는 주관적 기대나 근거 없는 예언에 기댈 수 없고, 냉정한 현실분석이 필요하다. 그럼에도 앞의 논자들은 현 위기의 심대함으로 인해 신자유주의가 종말을 고하게 될 것이라는, 즉 신자유주의는 새로운 축적체제로 대체되거나 아니면 심지어 신자유주의의 종말과 함께 자본주의 체제도 붕괴할 것이라는 기계적 순환론이나 붕괴론에 입각해 있었다. 사실 위기론에 대한 혼란과 함께 이러한 인식이야말로 이들이 이 위기를 근거로 경기회복국면으로의 전환을 부정한 근본적인 이유라 할 것이다.[5] 이론적 지반

---

4) 참조 삼아 언급한다면, 자본주의 역사상 최초의 구조위기(1873~1895년)에 직면하여 맑스는 이 위기의 만성적 성격에 주목하면서도(*MEW*, Bd.34, S.359), 자본주의가 이 위기에도 불구하고 다시 호황을 동반하는 새로운 산업순환을 전개할 것이라고 지적하였다(*MEW*, Bd.34, S.372). 반면 구조위기의 지속을 더 지켜봤던 엥겔스는 10년 주기로 반복하던 주기적 공황이 이제 종료하고 자본주의가 영속적이고 만성적인 불황에 빠지는 게 아닌가 하는 전망(『자본』의 「영어판 서문」, 1886년)을 제출하였다. Karl Marx, *Das Kapital* Bd.1, *MEW*, Bd.23, S.40[『자본론』I(상), 31쪽; 『자본』I-1, 74쪽]. 그렇다고 통상 오해되는 것처럼 그가 산업순환과 주기적 공황을 부정한 것은 아니었다. 그 구조위기가 끝나가던 시점에 엥겔스는 이전의 공황발생의 계기가 현저하게 약화된 새로운 배경을 지적하면서, 이 상쇄요인들이 장래에 발발할 보다 격렬한 공황의 싹을 내포하고 있다고 전망한다. *Das Kapital* Bd.3, *MEW*, Bd.25, S.506[『자본론』III(하), 603쪽; 『자본』III-2, 668쪽]에서 엥겔스의 각주[각주8] 참조.

5) 월러스틴의 세계체제론이나 아글리에타의 조절이론은 자본주의의 주기적 공황이 아니라 장기적 순환이나 그와 관련한 축적체제의 변화를 주요한 대상으로 한다. 따라서 이들에게는 '대'위기 이후의 전망도 신자유주의 축적체제의 붕괴나 새로운 축적체제에 의한 그 대체에 맞춰질 수밖에 없다. 물론 장기하강이나 축적체제의 한계를 논하는 하나의 주요 근거가 주기적 공황을 통한 새로운 회복의 메커니즘이 더 이상 작동하기 어렵게 되는 것이라는 점에서

을 달리하면서도 이들이 이러한 전망을 공유할 수 있었던 것은 무엇보다도 맑스주의 위기론에 대한 이들의 오해 때문이며, 이는 또한 경제적 위기과정과 정치적 변혁과정 간의 변증법에 대한 잘못된 인식의 결과이고, 나아가 현실의 정치적 힘관계에 대한 과학적 분석을 결여하고 있기 때문이다.

이하에서 우리는 이러한 문제제기하에 현 위기의 원인과 성격을 올바로 규정하고(2절), 위기에 대응한 국가개입의 내용과 그 성격을 규명함으로써 국가개입의 모순적 효과와 한계를 분명히 한 뒤(3절), 그에 입각해 마지막으로 전망과 대안을 논할 것이다(4절). 특히 전망에서 우리는 대공황 이후 80년만의 대위기라는 현 위기의 심대함에도 불구하고, 신자유주의의 위기가 자동적으로 신자유주의의 종말을 가져오지는 않으며, 또 묵시록처럼 신자유주의의 위기가 자본주의의 전면적 붕괴로 이어지는 것도 아니라는 점을 분명히 할 것이다. 현재의 정치지형과 대중운동의 상태를 고려하면, 신자유주의의 위기는 케인스주의로의 복귀는커녕 다만 신자유주의의 재편을 가져올 것으로 보이며, 좌파적 대안은 이론적으로는 위기를 극복할 유일한 대안이지만, 실천적으로는 그 관철을 위해 각고의 노력이 요구될 것이다.

---

두 개의 측면은 긴밀하게 연관되어 있다. 현 위기하에서 이들의 전망이 순환적인 경기회복의 부정을 전제하는 것은 이런 관련 때문이다. 그럼에도 정확하게 말하면 세계체제론에도, 또 조절이론에도 장기순환의 이론과 주기적 순환의 이론, 그리고 양자의 이론적 관련도 제대로 서술된 게 없다. 이와 같은 위기론의 맹점이 다름 아닌 비과학적 전망의 토대를 이룬다. 세계체제론 비판은 김성구, 「월러스틴의 세계체제론: 맑스주의적 비평」, 김성구 편, 『사회화와 공공부문의 정치경제학』, 문화과학사, 2003 참조. 조절이론 비판은 富塚良三·吉原泰助 編, 『恐慌·産業循環』 下, 有斐閣, 1998, 401~433쪽 참조.

## 2. 주기적 공황과 신자유주의 금융위기의 결합으로서 2007/2009년 위기

현 위기는 우선 2001년 미국공황으로부터 시작한 산업순환이 파국적으로 종료한 것으로서 주기적 공황이 다시 도래한 것이다. 이런 점에서 이 위기는 그 심대함에도 불구하고 7~10년 주기의 통상적인 주기적 공황에 다름 아니다. 전후에도 주기적 공황은 국가개입에 의한 산업순환의 변용에도 불구하고 1957/1958년, 1967/1970년, 1974/1975년, 1980/1982년, 1991/1993년, 2001/2003년 공황 등 예외 없이 전개되었다.[6] 자본주의 공황이 이처럼 주기성을 갖고 법칙적으로 반복되는 것은 공황이 자본주의에 내재한 본질적인 모순들의 폭발적인 표출임을 말해 주는 것이다.

자본주의적 생산은 초과이윤을 목적으로 한 무정부적인 경쟁에 의해 추동되기 때문에, 그 재생산은 부문 간 불균형에 의해 특징지어진다. 그런데 공황에서 문제가 되는 불균형은 일상적인 불균형이 아니라 가격기구에 의해 정정되지 않는, 오히려 가격기구에 의해 매개되어 누적되는 불균형이다. 공황이란 누적되는 불균형이 결국 이윤율 하락을 촉발하여 폭발적으로 표출되고, 역설적이지만 이를 통해 재생산의 균형을 다시 회복하는 과정인 것이다. 공황을 가져오는 누적적인 불균형은 무엇보다 생산재 생산부문(I부문)과 소비재 생산부문(II부문) 간의 불균형이고, 이는 궁극적으로 한편에서 초과이윤을 목적으로 하는 자본주의 생산의 무제한적 경향과, 다른 한편에서 적대적 분배관계에 의해 규정되는 대중소비의 제한이라는 자본주의 모순에 의해 규정되는 것이다. 이런 점에서 생

---

6) 자본주의 공황의 간략한 역사와 그 주기성에 대해서는 林直道, 『恐慌·不況の経済学』, 新日本出版社, 2000, 53쪽 이하를 참조.

산과 소비의 적대적 발전경향이 주기적 공황의 궁극적 원인을 이룬다. 이러한 공황 설명에서 특별히 주목할 것은, 수급의 불균형을 조절하는 가격기구의 작동 메커니즘에도 불구하고 호황국면에서 생산과 소비의 불균형, 생산재 생산부문과 소비재 생산부문 간의 불균형을 누적시키는 매개적 기구다. 다시 말해 가격기구의 균형화 작용에도 불구하고 어떻게 과잉생산이 누적될 수 있는가 하는 문제다.

과잉투자와 과잉생산의 누적·은폐 메커니즘으로서는 우선 무엇보다 설비투자의 특수성을 들 수 있다. 즉 생산재 건설기간의 소요에 따른 생산재 공급의 시간적 지체와 그로 인한 생산재 초과수요의 형성으로 생산재부문 주도의 과잉투자와 과잉생산이 전개되는데, 생산부문 간 균형관계를 파괴하며 자립화하는 생산재부문의 과도한 축적이 바로 호황국면을 형성하는 주요한 요인이자 공황으로의 폭발을 불가피하게 하는 모순인 것이다. 과잉투자와 과잉생산은 호황기의 전반적 초과수요의 존재로 일정 기간 은폐되고 누적되지만, 결국 생산재 공급이 시장에 나오는 시점에 과잉생산은 현실화되고, 이 과잉생산은 소비재 생산부문으로까지 파급되어 공황으로 폭발한다. 둘째로, 상업자본의 매개에 따라 생산과 소비의 연결이 점점 더 길어지게 되고, 더욱이 호황과정에서 전 사회적 수준의 초과수요가 형성되면 초과이윤을 기대한 상업자본의 추가적인 생산재 주문수요와 매점매석이 발생하여, 이것이 생산재 생산부문의 과잉투자 및 과잉생산의 누적 메커니즘을 강화시키게 된다. 그 결과 과잉생산공황은 산업자본의 위기만이 아니라 상업자본의 위기도 포괄하게 된다. 뿐만 아니라 셋째로, 호황기의 과잉투자와 과잉생산의 누적은 자본주의 신용제도의 역할과 매개를 상정하지 않으면 가능하지 않다. 즉 호황기에 설비투자 자본이 회수되기도 전에 과잉투자가 계속될 수 있는 것은 은행에 의한 신용공여가 가능하기 때문이다. 한편 은행은 사회적 초과수요의 존재와 높은 이윤전망으로 인해, 그리고 점점 높아지는 이자율 조건에서 신용공여를 확장하게 된다. 호황기에는 은행을 통한 신용공여 외에도 전 사회적인 초과수요와 이윤전망으로 주식시장도 과도하게 팽창해 실물부문에 투자자금을 공급할 수 있게 된다. 이들 기관이 존재하지 않으면, 과잉투자도 그리고 호황도 가능하지 않고 따라서 공황을 통한 모순의 폭발도 있을 수 없을 것이다. 이런 점에서 은행신용과 주식시장은 과잉생산의 누적을 지탱해 주는 결정적인 요인들이며, 또 이 때문에 자본주의 신용제도와 주식시장은 불가피하게 과잉생산공황에 휩쓸려 들어가게 되고, 모든 과잉생산공황은 신용공황과 화폐공황 그리고 주가폭락을 동반하지 않을 수 없게 된다.[7]

공황의 궁극적 원인과 기본 메커니즘에 대한 이러한 설명은 모든 주기적 과잉생산공황의 특수한 전개에 관계없이 자본주의 일반을 대상으로 고찰한 것이다. 개개의 주기적 공황은 그때그때 자본주의 재생산의 구체적 조건과 역사적 특수성에 매개되어 전개되며, 심지어 우연적인 요인들에 의해서도 영향을 받지만, 그 근저에는 위와 같은 궁극적인 원인과 기본 메커니즘이 작동한다. 궁극적인 원인과 기본 메커니즘의 작동 위에서 어떻게 특수하고 개별적인 조건에 규정되어 개개의 주기적 공황이 발생하였는가 하는 문제는 다름 아니라 역사적 공황 분석에 속하는 것이다. 2007/2009년 위기 또한 전후 국가의 전면적 경제개입이라는 특

---

7) 이상의 공황 설명에 대해서는 林直道, 『恐慌·不況の経済学』; 宮川實, 『恐慌と産業循環』, 社會科学書房, 1993 참조. 아울러 맑스의 공황론과 맑스주의 공황논쟁에 대해서는 김성구, 「마르크스의 공황론 방법과 주기적 과잉생산공황론」, 『마르크스주의 연구』 제10호, 2008 참조.

별한 조건하에서 그 순환이 일정하게 변용되었지만, 주기적 과잉생산공황으로서는 생산과 소비의 대립적 발전과 생산부문들 간의 불균형 및 과잉생산의 누적, 그리고 신용공황과 주식시장의 폭락이라는 공황이론의 일반적 구성에서 벗어나 있지 않다. 이번 공황의 구체적 분석은 이 글의 대상이 아니지만, 그것은 주지하다시피 생산부문들 간의 불균형 중에서도 특히 미국 주택시장의 과잉생산과 불균형에 의해 촉발되었다. 이는 주택건설과 공급에서의 시간적 간격과 그에 기반한 투기수요 및 과잉투자에 의해 규정된 것이었고, 궁극적으로는 대중들의 소득분배 조건의 악화를 기반으로 하였다. 또한 주택건설 신용과 부동산 담보대출 그리고 관련 증권의 유통을 통해 주택시장의 과잉생산에 금융기관과 주식시장도 휩쓸려 들어오지 않을 수 없었다. 이런 조건하에서 주택공급의 과잉과 가격하락은 호황기의 고이자율과 결합하여 주택시장의 붕괴와 주택차압, 그리고 그 위에서 기능하던 금융기관과 금융시장의 붕괴를 가져왔던 것이다. 특별히 금융위기로 불리는 이번 위기의 핵심현상도 이런 관점에서 보면 통상의 주기적 과잉생산공황을 벗어난 새로운 것이 아니라할 수 있다.[8]

그러나 다른 한편 2001~2007/2009년 산업순환은 1991~2001년 산업순환(이른바 신경제 순환)처럼 신자유주의에 의해 강하게 각인되었다. 신자유주의의 효과는 물론 이들 공황의 개별적 특수성에 이미 표현되어

---

8) 미국에서의 부동산 대출계약은 약 12조 달러 이상이고, 2007년 이래 주택가격의 하락과 함께 원리금 상환이 불가능하였다. 2008년 12월 말 전체 부동산대출의 약 20%인 830만 건이 주택소유가치를 상회하는 채무액을 보였다. 또 220만 건은 채무액이 주택가치보다 기껏해야 5% 만큼 작을 뿐이었다. 미국 주택의 시장가치는 1년 동안 2조 4,000억 달러만큼 하락했다. Joachim Bischoff, "Die Finanzkrise und Alternativen", *Z. Zeitschrift Marxistische Erneuerung*, Nr. 78, Jun. 2009, S.121.

있고, 그런 점에서 이들 공황의 역사적 특수성의 문제로 간주할 수도 있다. 그러나 1980년대 중반 이래 신자유주의는 자본주의 발전의 새로운 단계 또는 국면을 가져왔고, 이런 의미에서 이 단계에 고유한 구조적 위기 메커니즘이 작동하기 때문에, 위기의 이런 구조적 측면은 순환적인 주기적 공황과는 구별하여 고찰하지 않으면 안 된다. 주기적 공황이 그 위에서 진행되는 특정한 구조적 축적조건과 위기 메커니즘, 즉 금융시장 주도적인 신자유주의 축적체제의 분석이 여기서의 문제인 것이다. 이런 분석을 추상할 경우, 이번 위기가 체제의 존립을 위협할 정도로 그렇게 심각했던 이유를 설명할 수 없게 된다.

　　신자유주의는 주지하다시피 1970년대 이래 자본주의의 제3차 조절위기와 케인스주의의 위기에 대한 보수적 대안으로 출범하였다. 자본주의 조절위기 또는 구조위기는 근본적으로 이윤율의 경향적 저하가 관철됨에 따라 단순하게 주기적 공황을 통해 과잉자본을 청산하는 것이 점점 어렵게 되고 과잉자본이 구조화된 것을 표현한다. 이 위기는 생산과 소비의 적대적 발전에 기인한 주기적 공황 시의 일시적인 과잉자본 청산이 아니라, 생산력의 고도화에 따른 이윤율의 경향적 저하 즉 구조화된 과잉자본 청산 문제를 제기하며, 나아가 자본주의의 구조개편을 요구하는 것이다. 특히 제3차 조절위기는 케인스주의적 국가개입이 가져온 모순적 효과가 함께 작용한 복합적인 성격의 위기였다. 맑스주의 위기론의 관점에서 보면, 이 조절위기는 사적 자본의 부담하에 과잉자본을 대량 감가·청산하는 한편, 사회화의 일층의 진전을 통해 이윤논리에 기반하지 않은 재생산의 계획적 조절을 달성함으로써 극복해야 할 것이었다. 하지만 신자유주의는 오히려 케인스주의라는 제한된 국가규제와 사회화마저 해체시켰고, 노동시장·자본시장·금융시장의 전면적 자유화를 추진했으며, 이를 세계시장의 개방과 자유화에 결합시켰다. 또한 다른 한 편에서는 그 이데올로기적 주장과는 달리 보조금 지급과 군비지출 확대 등 독점자본에 대한 국가적 지원을 강화하였다. 이는 과잉자본의 청산을 회피하고, 실물부문에서의 착취율 제고와 함께 군수부문 및 금융부문에서의 기생적 축적을 추구하는 것에서 과잉자본의 배출구를 찾고자 한 것이었다.

그러나 금융부문의 수익(이자 및 배당이윤)의 토대가 실물부문에서의 이윤창출이라는 점에서 볼 때, 실물부문에서의 과잉자본의 압력과 성장둔화의 지속하에서 금융자본의 비정상적인 확장은 모순을 첨예화할 수밖에 없었다. 결국 금융시장은 실물부문에 자금을 공급한다는 본래의 기능을 상실하고, 투기적 자본들의 운동공간으로 전락하고 말았다. 금융자유화와 함께 각종 금융혁신상품이 개발되고 파생금융상품이 난무하게 된 것은 다름 아닌 이런 모순의 표현이었다.[9] 이 축적체제의 특징을 핵심적으로 정리한다면 다음과 같다. ①노동조합의 약화와 자본에 유리한 소득재분배. 그 결과 선진자본주의 국가들에서 노동소득 분배율은 1980년대 이래 70%로부터 60%로 하락했고, 자본의 수익성은 크게 증대하였다. ②기업이윤의 획기적인 증대에도 불구하고 선진 자본주의 국가들에서 투자는 낮은 수준에 머물고 있다. ③과잉된 이윤은 금융시장에서 새로운 투자처를 찾았다. IMF의 고정환율제도 붕괴 후에 일어난 국제자

---

9) 각각의 이론적 입장은 다르지만, 자세한 내용에 대해서는 김성구, 「현대자본주의와 국가독점자본주의론」, 맑스코뮤날레 조직위원회 엮음, 『지구화시대 맑스의 현재성』 2권, 문화과학사, 2003; Stephan Krüger, "Finanzmarktkrise: Der Umschlag des Kredit: in das Monetarsystem", *Supplement der Zeitschrift Sozialismus*, Dez. 2008[이 책의 9장]; Michel Aglietta, "Die finanzielle Globalisierung", Michel Aglietta und Joachim Bischoff u.a., *Umbau der Märkte*, Hamburg: VSA-Verlag, 2002 참조.

본이동의 자유화, 국민적 금융시장의 탈조절 경쟁, 국가의 금융규제에 종속되지 않는 새로운 금융상품과 혁신적 투자기금의 허용은, 생산부문에서의 임금 및 노동시장 규제정책 때문에 투자처를 찾지 못한 과잉자본을 흡수하기 위한 공간을 창출하였다. 그 결과 금융시장은 생산부문에 대해 때때로 자립화하였다. 2007년 55조 달러의 세계 GDP에 대해 금융자산은 196조 달러에 이르렀다. 나아가 신흥시장의 과잉자본은 미국의 공적 소비(군수)와 사적 소비에 자금을 조달하였다.[10]

신자유주의에 고유한 이러한 축적 메커니즘의 작동하에서 비로소 이번 위기는 금융시장이 총체적으로 붕괴하는 대위기로 전개될 수 있다. 이하에서는 '메모란둠 그룹'을 따라 신자유주의 금융위기라는 측면에 초점을 맞추어 금융시장 붕괴의 요인을 보다 상세하게 살펴보도록 하자.[11]

① 1990~2007년 사이에 금융투자자산은 43조 달러에서 196조 달러로 4.6배 증가한 반면, 세계 GDP는 22조 달러에서 55조 달러로 2.5배 증가하였고, 특히 파생금융상품은 같은 기간에 43.4배 증가하였다. 이러한 폭발적 성장은 가치창출과 고용창출을 위한 금융시장의 기능이 중요성

---

10) Jörg Goldberg, "Die Finanzmarktkrise und das neoliberale Akkumulationsmodell", *Z. Zeitschrift Marxistische Erneuerung*, Nr. 76, Dez. 2008, SS.10~11. 세계 금융자산 총액은 Goldberg, "Die historische Stellung der gegenwärtigen Wirtschaftskrise: Mehr Fragen als Antwort", *Z. Zeitschrift Marxistische Erneuerung*, Nr.78, Jun. 2009에 의거해 수치를 수정하였다. 또한 후프슈미트도 금융시장 자본주의의 경제적 토대를 지난 30년간 사적 금융자산의 장기에 걸친 축적과 국제화에서 찾고 있으며, 그 배경으로서 ①아래로부터 위로의 소득과 부의 재분배를 통한 사회적 양극화와 불균등의 장기적인 심화, ②노령연금제도의 사유화의 진전, ③1970년대 중반 이래 추동되어 온 자본시장의 자유화를 들고 있다. Jörg Huffschmid, "Nach der Krise: Das Ende des Finanzmarktkapitalismus?", *Z. Zeitschrift Marxistische Erneuerung*, Nr. 78, Jun. 2009, SS.37~38[이 책의 395~397쪽].

11) 이하의 서술은 Arbeitsgruppe Alternative Wirtschaftspolitik, *Memorandum 2009*, S.88 이하 참조. '대안경제정책 연구그룹'에 관해서는 이 책 258~259쪽과 349~350쪽 참조.

을 상실했다는 것을 의미한다. ② 그런데 이 금융자산은 어디서 왔는가라는 것이 문제다. 우선은 저이자율에 따른 유동성 팽창을 들 수 있다. 2003년 초 미국에서 그린스펀(Alan Greenspan)이 펼친 저이자율 정책이 잘못된 발전을 가져왔다고 종종 주장되지만, 그러나 신경제 버블 붕괴 후의 위기국면에서 국민경제적으로 이자율을 인하하는 것은 불가피했던 것이다.[12] 이 외에 다른 요인들이 합작했는데, 무엇보다 저이자율 시기에 주택구입 수요를 이용한 미국 부동산은행의 대출이 그것이다. 또한 사적 자산의 증대와 함께, 은행도 유동성을 금융시장에 투입하였고, 노령연금의 부분사유화에 의한 공급 압력이 더해졌으며, 기업 또한 실물투자 대신 금융시장에 자금을 투입하였다. 국제수지에서의 국제적 불균등으로 인해 미국 시장에서 투자자본의 공급이 증대(특히 중국과 석유수출국)한 것도 또 다른 요인이다. ③ 문제는 고수익을 추구하는 투기적 금융투자에 있었다. 여기에는 대출채권의 증권화[13]와 이 증권늘의 재포장을 통해 부채담보부증권(Collateralized Debt Obligation, CDO)이 등장하였다. 여기에 또 은행의 위험보장에 기반한 유가증권 즉 신용디폴트스왑(Credit Default Swap, CDS)도 개발되었다. 또한 주가지수에 대한 투기 그리고 공매도(空賣渡)도 덧붙여졌다.

---

12) 이번 위기를 촉발한 요인으로 통상 주택가격의 하락과 함께 연방준비위원회의 기준금리 인상을 거론하는데, 이것도 마찬가지 오류라 할 수 있다. 호황기의 이자율 상승은 투자수요의 과도한 증대로 인해 불가피한 것이며, 이자율 상승은 호황기의 하나의 전형적인 특징인 것이다. 연방준비위원회의 기준금리 인상 결정은 경기순환에 대한 대응이라 해도 기본적으로는 경기순환의 국면에 의해 규정되는 것이다. 따라서 기준금리 인상 때문에 공황이 일어난 것은 아니다.
13) 대출채권의 증권화(Verbriefung)에 대한 간략한 설명은 Joachim Bischoff, *Jahrhundertkrise des Kapitalismus*, Hamburg: VSA-Verlag, 2009, S.19 참조.

재포장의 과정에서 유가증권의 기저에 있는 물질적 토대, 즉 부동산 저당채권과 유가증권의 시장가치 사이의 관련은 더욱 사라져 버렸다. 정보의 간격을 메우기 위한 시도에서 신용평가기관이 활약하게 되었지만, 그러나 이 기관은 파생금융상품의 체제적 위험을 과소평가했고, 문제의 유가증권에 최고점수를 부여하였다. 마지막으로 은행은 목적회사(Zweckgesellschaft)를 설립했는데, 그 목표는 이 구조화된 장기증권을 매입하고 기업어음(CP)의 발행을 통해 재원을 조달하는 것이었다. 이 극히 위험한 기한부거래를 수행한 목적회사는 은행의 대차대조표 밖에서 자기자본 투입 없이 운영될 수 있었다.[14]

④헤지펀드와 사모펀드 같은 거대한 금융투자가에 의해 생산적인 기업과 고용은 압박을 받게 되었다. ⑤이윤에 유리한 방식의 소득재분배 과정에서 과잉된 이윤은 고수익을 목표로 금융시장에 집적되었다. ⑥그 결말은 분명하였다. 세계적인 다층적 증권화 때문에 도미노효과가 발생하여 은행은 거대한 크기의 가치정정을 해야 할 뿐 아니라 손실을 보고 지급불능으로 위협받게 되었다.

메모란둠 그룹은 위기의 전개에 대해 다음처럼 부연설명을 주고 있다.[15] 위기의 중심에는 대출의 증권화, 미국의 서브프라임 부동산대출이 있었다. 즉 투기는 주로 법률적으로 규제되는 전통적인 은행제도에서가 아니라 규제되지 않는 금융부문(Schattenbankensystem)에서 일어났다.

---

14) *Memorandum 2009*, SS.89~90. 목적회사는 조세 오아시스 지역에 설립되었으며, 대개 자기자본을 전혀 갖지 않았고, 비상시에 은행으로부터의 차입에 의존하였다, 이 차입거래는 은행의 대차대조표에 준채무로서 나타나지 않았다. ibid., S.95.

15) ibid., S.93 이하.

그것은 헤지펀드와 은행에 의해 운영되는 목적회사들로 구성된다. 특히 중요한 건, 이 부문의 행위자들이 채무로 조달되는 투기에서 어떤 제약도 받지 않았다는 점이다. 법령으로 규정된 최소자기자본은 기탁(寄託)되지 않았다. 목적회사는 극도의 타인자본으로써, 신용수단으로써 자신의 영업자금을 조달했다. 또한 목적회사는 광범한 만기전환을 이용하였다. 즉 3개월 또는 6개월 기한의 기업어음을 발행함으로써 단기자금을 차입하고, 그 자금으로 장기 크레딧 패키지를 구매하였다. 급기야 2007년 여름에 신용 패키지 시장도, 단기대출 시장도 붕괴하였고, 목적회사도 자금조달 가능성을 상실하였다. 2007년 6월 미국 투자은행 베어 스턴스(Bear Sterns)의 두 개 헤지펀드가 파산하였고, 2007년 7월 말 도이체 인두스트리방크(Deutsche Industriebank, IKB)도 파산에 직면하였으며, 코메르츠방크와 드레스드너방크, 부동산은행인 하이포 리얼 에스테이트(Hypo Real Estate)의 위기가 이어졌다.

비숍의 견해도 다르지 않다. 그에 의하면, 한편에서 자기자본 기준과 보증기준의 해체, 다른 한편에서 대출의 증권화 관행이 위기과정을 가속화한 중요한 요인으로 기능하였다. 위기의 출발점은 역시 부동산대출 위험기준의 완화와 함께 수년간에 걸친 부동산부문 대출 붐이었고, 여기에 대출채권의 증권화와 파생금융상품이라는 금융혁신의 이용이 가세하였으며, 국제투자자들의 탐욕으로 대출의 증권화는 점점 더 복잡해지고 위험한 상품으로 발전하였다. 이로써 국가에 의해 통제되는 은행제도와 병행해서 신용차입자의 지불능력과 부동산 가치상승의 지속에 근거한 통제되지 않는 금융 피라미드가 형성되었고, 이런 전제는 불량대출의 증가와 부동산가격의 하락 그리고 은행의 재금융 메커니즘의 붕괴와 함께 종료되었다.[16]

이전 금융위기보다 이번 위기가 더 심대했던 이유는, 메모란둠 그룹에 따르면, 대출의 증권화 그리고 그에 뒤따른 크레딧 패키지로의 재포장으로 유가증권의 소유자가 그것이 토대가치(대출채권)와 어떤 관련이 있는지 알지 못하는 상황이 발생하였기 때문이다. 이로 인해 중앙은행과 감독기관 그리고 국제금융기구도 가치손실액이 얼마인지 추정할 수가 없었던 것이다.[17] 사실 미국 부동산 채무 전체 규모는 10조 달러 이상이고, 그중 서브프라임 모기지는 약 8%로 8,000억 달러 정도이며, 또 서브프라임 모기지가 전부 부실이었던 것도 아니다. 반면 세계 금융자산 총액은 2007년 196조 달러였고, 금융위기로 인한 손실규모는 약 3조 달러(1.5%)로 추산되었다. 결국 몇천억 달러의 부동산대출 부실이, 그리고 3조 달러 정도의 금융손실이 200조 달러에 가까운 금융시장 전체를 일거에 위기에 빠뜨릴 만큼 뒤흔들어 놓은 것은, 은행 간 시장의 촘촘한 거래 관련을 감안한다 해도 파생상품의 복잡한 거래와 세계적 유통에 입각한 금융시장의 위와 같은 위험한 구조를 상정하지 않고서는 이해될 수 없는 현상이었다.

이렇게 미국 부동산 담보대출의 증권화와 재증권화 및 그 세계적 유포 그리고 주택가격의 폭락에서 비롯된 이번 금융위기는 자본주의 일반의 법칙(과 공황의 법칙)이 작동하는 위에서도, 특별히 한편에서는 신자유주의적 전환이 가져온 초국적 금융자본의 변화, 즉 증권화(=투기화)와 초국화를 극단으로 추구한 결과이며, 다른 한편에서는 그 근저에 소득분배의 악화와 실물부문의 위기(과잉자본의 구조화) 그리고 실물부문과 금

---

16) Bischoff, *Jahrhundertkrise des Kapitalismus*, SS.17~18.
17) *Memorandum 2009*, S.96.

융부문의 불균형의 증대가 자리 잡고 있었다. 즉 현재의 위기는 한편으로 2001년 미국공황에서 시작한 산업순환의 파국적 종말과, 다른 한편으로 신자유주의의 축적 메커니즘에서 전개된 금융위기가 결합된 것으로서 중층적 성격을 갖는다. 뿐만 아니라 위기의 중심 측면은 순환적으로 반복하는 것으로서의 주기적 공황이 아니라 신자유주의의 파국적 위기에 있고, 따라서 이 위기를 통해 신자유주의의 위기를 극복할 수 있는가 하는 문제가 목하 위기논쟁의 핵심을 이룬다.[18]

비숍 또한 이 위기에 경기순환의 종료, 성장둔화의 장기경향 그리고 금융위기라는 세 개 과정이 동시에 작용하였다고 하고,[19] 골트베르크도 다음처럼 분명하게 이 위기의 중층적 성격을 규정한다.

[신자유주의 금융시장의 위기가 하필이면 2007년에 일어나게 된 설명의] 두번째 측면은 금융시장 위기와 경기순환의 결합이다. 선신사본주의 국가에서 성장둔화는 단지 금융시장 위기 때문에 일어나는 것이 아니다. 경기순환의 토대는 투자순환이며 …… 1982년, 1991/1993년, 2001/2003년 주기적 공황이 있었고, 따라서 2009년에 예상되는 경기하강은 정상적인 순환주기다. 이 공황은 금융위기와 결합되었지만, 금융위기의 결과는 아니다. 오히려 미국(의 주택건설)에서 순환적인 성장위기가 금융시장의 위기를 촉발한 것이다. 주택가격의 정체와 하락이 서브프라임 모기지의 붕괴를 촉발하였다. …… 이러한 결합이 현재의 금융위기의 특

---

18) 나는 이미 이 위기가 표출하던 시기에, 이 위기의 중층적 성격과 신자유주의 위기라는 중심 측면을 분명히 했다. 김성구,「신자유주의 시장절대주의의 위기와 사회화의 전망」참조.
19) Bischoff, *Jahrhundertkrise des Kapitalismus*, S.16.

별한 심각성을 설명하는 한 요인이다. 따라서 선진 자본주의 국가들에서 명백해지는 경기하강은 그 자체로는 금융시장 위기와 별 관계가 없다. 물론 순환적 위기와 금융위기가 위기를 상호심화시킨다는 것을 고려해야 한다.[20]

나아가 그는 현재의 위기 성격에 대해 주기적 공황이 아니라 초순환적 위기의 측면을 강조한다.

현재의 위기는 7~9년마다 내습하는 순환적인 과잉생산공황일 뿐 아니라 그것에 금융시장 위기가 결합한 결과다. 다시 말해 몇 개의 경기순환을 넘어 전개된 불균형, 즉 한편으로 상대적으로 느린 생산자본의 축적과 다른 한편으로 금융자본의 폭발적인 축적 사이의 불균형에 의해 특징지어지는 금융시장 위기가 결합한 결과다. 자본주의의 전망과 관련해 결정적인 문제는 [주기적 공황의 극복보다는] 초순환적으로 재생산과정을 억누르고 있는 생산자본의 축적과 화폐자본의 축적 사이의 불균형을 제거하는 데 현재의 위기가 얼마나 기여하는가 하는 것이다.[21]

이렇게 현 위기의 중층적 성격을 이해한다면, 이 위기에 대처해 위기를 극복하고자 하는 프로그램도 이중적 성격을 갖지 않으면 안 된다. 즉 위기극복 프로그램은 주기적 경기침체에 대응하는 단기적인 금융 및

---

20) Jörg Goldberg, "Die Finanzmarktkrise und das neoliberale Akkumulationsmodell", S.12. 강조는 인용자.
21) Jörg Goldberg, "Die historische Stellung der gegenwärtigen Wirtschaftskrise: Mehr Fragen als Antwort", SS.8~9. 강조는 인용자.

경제안정화 프로그램 외에도, 한편으로는 초국적 금융자본의 통제와 금융제도의 개혁을 담아야 하며, 다른 한편으로는 근본적으로 실물부문의 안정과 과잉자본 청산의 길을 열어야 한다. 이는 다시 말하면 신자유주의를 근본적으로 청산하는 것을 의미한다. 신자유주의의 철폐 없이는 금융위기의 극복도, 실물부문의 안정도, 새로운 성장도 기대할 수 없기 때문이다. 그렇다면 자본주의 국가의 위기극복 프로그램은 과연 신자유주의의 이러한 위기 메커니즘을 폐지하고 새로운 성장체제의 길로 나아갈 수 있나? 그 전망은 국가개입의 수단과 목표 즉 개혁의 성격에 달려 있다.

## 3. 국가의 귀환(?)과 위기극복 프로그램의 성격

이번 금융위기로 인한 손실규모는 앞서 말한 바처럼 정확하게 추정하기 어려운 실정이다. 추정하는 기관과 논자에 따라 커다란 차이가 나는 것은 이 때문이다. 2007년 말 전 세계 금융자산은 대략 200조 달러로 평가된다. 영국은행(Bank of England)은 이 중에서 금융기관의 전 세계적 손실을 2조 8,000억 달러로 추정하였고, 아시아 개발은행(Asian Development Bank, ADB)는 전 세계 금융자산 가치가 50조 달러만큼 감소할 것으로 추정하였다.[22] 루비니의 추정에 따르면 미국에서만 2008년 말까지 3조 6,000억 달러의 손실이 발생할 것으로 예상되었다.[23] IMF는 4조 달러에 이르는 은행의 감가상각 처리가 필요할 것으로 평가하였는데, 골트베르크는 실제로는 금융자산 부실규모가 이를 훨씬 상회할 것이

---

22) Bischoff, *Jahrhundertkrise des Kapitalismus*, S.18.
23) Bischoff, "Die Finanzkrise und Alternativen", S.121.

라고 추산하였다.[24] 이와 같은 손실규모는 금융기관이 결코 감내할 수 없는 수준이었다. 루비니에 따르면, 3조 6,000억 달러의 손실 중 절반은 은행과 브로커가 떠안아야 하는데, 이 손실을 상각할 수 있는 그들의 자본은 단지 1조 4,000억 달러였고, 따라서 체제적인 은행위기가 아닐 수 없었다. 또한 메모란둠 그룹은 독일 은행들의 부실자산을 1조 유로로 평가한 반면, 그들의 자본은 3,660억 유로, 대은행 자본은 790억 유로에 불과하다며 이로부터 은행의 지급불능 위험이 분명하다고 하였다.[25]

　　은행들의 체제적 위기에 직면하여 국가가 개입할 수밖에 없었다. 자본주의 국가는 예나 지금이나 총자본을 대표하는 기관이고, 독점자본이 지배하는 현대자본주의에서는 또한 총독점자본의 이해를 대표하며, 이 때문에 재생산의 위기에 대응하여 경제과정에 전면적으로 개입한다. 자본주의 국가의 이와 같은 계급적 성격을 이해하지 않으면, 국가의 경제개입과 그 성격을 설명할 수가 없게 된다. 역설적으로 들리겠지만, 탈조절을 표방한 신자유주의하에서도 국가의 이러한 계급적 성격은 변한 적

---

24) Goldberg, "Die historische Stellung der gegenwärtigen Wirtschaftskrise: Mehr Fragen als Antwort", S.10. 골트베르크의 추산은 흥미롭지만 정확하진 않다. 그는 가공자본(주식, 대출채권, 기타 유가증권) 형태의 전 세계 금융자산의 가치를 196조 달러(2007년), 그것에 의해 대표되는 실물자본의 가치(실물자산)를 143조 달러로 추정하였다. 즉 금융자산:실물자산=1.4:1이며, 실물자산에 대응하지 못하는 금융자산의 가치액은 따라서 50~60조 달러에 이른다. 그러나 실물자본의 가치는 2007년 세계 GDP 55조 달러와 독일의 자본생산성 0.38을 기계적으로 적용하여 개략적으로 계산한 것이다. 여기에는 정부부문과 비법인기업이 누락되었다. 그의 말대로 누락부분을 감안하면 실제로 이 비율은 더 높다. 그러나 문제는 실물자산과 금융자산의 비조응이 반드시 부실 금융자산의 규모를 말하는 것은 아니라는 점이다. 호황기에 이러한 비조응은 일반적인 현상(버블)이며, 이는 공황기에 버블 붕괴로 비로소 폭발한다. 반면 공황기에는 금융자산 가치의 과도한 폭락으로 이번에는 실물자본의 가치가 금융자산의 가치보다 높게 된다. 이것은 근본적으로 금융자산의 가치가 현재의 실물자산의 가치, 따라서 현재의 GDP에 의해 규정되는 게 아니라 미래의 GDP(즉 그 예상)에 의존하기 때문이다. 그래서 금융자산의 가치에는 투기가 본질적 요소로서 내재화되어 있다.

25) *Memorandum 2009*, S.97.

이 없다. 신자유주의하에서도 국가는 시장으로부터 축출되지 않았고, 다만 국가개입의 목표와 수단 그리고 성격이 일정하게 변용되었을 뿐이다. 즉 독점자본 및 금융자본의 통제와 노자 간의 계급적 타협에 입각하여 이른바 복지국가를 지향한 케인스주의 국가와 달리, 신자유주의 국가는 노동자계급에게 시장규율을 강제하고 독점자본과 금융자본에 최대한의 이윤증식을 보장하고자 시장에 개입하였다. 이런 점에서 탈조절과 국가의 축출이라는 구호는 신자유주의 국가의 이러한 성격을 은폐하고 왜곡하는 기만적인 선전일 따름이었다. 신자유주의하에서도 현대자본주의는 국가의 개입 없이 자기 발로 서서는 몇 달도 그 생명을 유지할 수 없었을 것이다.[26]

따라서 금융위기와 경제위기에 직면하여 부르주아 저널리즘이 주목한 현상, 즉 신자유주의의 변신, 신자유주의로부터 국가개입주의로의 급변, 이른바 '국가의 귀환'은 신자유주의의 본질과 역사에 대한 오해에서 비롯된 것이다. 다음과 같은 골트베르크의 지적은 이러한 착종된 인식을 적절하게 정정해 준다.

> 그러나 부분 국유화를 포함하여 은행과 보험회사를 구원하기 위한 조처들은 무엇보다 사적 소유를 보증하는 것이다. 정부가 사적 소유를 보호하기 위해 공적 수단을 투입한다는 사실은 신자유주의 축적모델과 완전히 일치하는 것이다.[27]

---

26) 국가독점자본주의론의 관점으로부터 이에 대한 상세한 논의에 대해서는 김성구, 「현대자본주의와 국가독점자본주의론」 참조.
27) Goldberg, "Die Finanzmarktkrise und das neoliberale Akkumulationsmodell", S.14.

국가와 시장의 관계를 신자유주의 분석의 중심에 놓은 것은 잘못된 것이다. 신자유주의의 사회적 내용은 노동과 자본 사이의 재분배, 사회보장의 해체, 노동운동 힘의 해체이다. 오늘날 각국 정부가 주저 없이 시장에 개입하는 것은, 사적 기업의 구원과 재구조화를 위한 국가의 복무가 신자유주의와 아주 잘 화합된다는 점을 명백히 보여 준다. …… 현재 확인할 수 있는바 대대적인 국가개입으로 돌아가는 것은 결코 지금까지의 신자유주의적 지향의 종말을 자동적으로 의미하지 않는다.[28]

사실 경제과정에 대한 국가개입이야말로, 위기의 구체적인 역사적 계기와 조건들을 감안한다 해도, 1930년대 대공황과 현재의 위기가 상이하게 전개되는 가장 결정적인 지점을 이룬다.[29] 국가개입주의가 제도화되기 전인 1930년대 대공황 시에 위기가 사적 시장경제의 청산 메커

---

28) Goldberg, "Die historische Stellung der gegenwärtigen Wirtschaftskrise: Mehr Fragen als Antwort", S.14. 강조는 인용자. 부르주아 산업계의 대표조차도 상황을 동일하게 판단하고 있다. 포르셰 최고경영자 비트킹(Wendelin Wiedking)은 위기로 인한 국가의 경제개입으로의 갑작스러운 전환에 관해 말하면서, 국가개입을 비상상황에 관한 비상조처로 이해하고 있으며 원칙적인 전환은 아니라고 하였다. *Financial Times Deutschland*, 2009. 3. 30, Bischoff, *Jahrhundertkrise des Kapitalismus*, S.29에서 재인용.

29) 중요한 논점 한 가지를 더 부연한다면, 1930년대 대공황은 자본주의 조절위기(제2차 조절위기)로서의 성격을 갖는 것이었던 반면, 이번 위기는 신자유주의라는 위기적 축적체제에서 비롯된 위기라 할 것이다. 통상 오해하는 것이지만, 이번 위기는 자본주의 역사상 제3차 조절위기라는 1970~1980년대의 위기, 즉 케인스주의의 위기와는 다른 성격을 갖는다. 신자유주의는 제3차 조절위기에 대응하여 1980년대 후반에 이르면 케인스주의를 대체하는 새로운 축적체제로 확립되었기 때문에, 신자유주의의 위기를 케인스주의의 위기의 연장선에서 파악하는 것은 잘못된 것이다. 앞에서 설명한 신자유주의의 고유한 위기 메커니즘으로 인해 이 축적체제는 조절위기에서 탄생한 이전의 축적체제들과 달리 케인스주의의 위기를 극복하고 자본주의의 새로운 고도성장을 가져오지 못했으며, 위기와 불안정을 근본적 특징으로 한다는 점에서 위기적 축적체제라 할 수 있다. 이 때문에 종종 이 위기를 제3차 조절위기의 계속으로 잘못 이해하기 쉽다. 차제에 신자유주의의 위기를 신자유주의하 제3차 조절위기의 지속이라 해석한 이전의 내 입장도 여기서 정정해 놓는다.

니즘을 따라 무정부적으로, 폭발적으로 파급되어 전개되었다면(주가폭
락, 은행 및 기업의 도산, 산업생산 급감 및 실업의 급증 등 대공황의 끔직한
통계 수치는 그 위기의 심각성만이 아니라 무정부적 파급 메커니즘에도 크게
기인한 것이었다), 2007/2009년의 금융위기와 경제위기에서는 국가개입
과 지원 프로그램으로 파급 메커니즘이 곳곳에서 차단되어 파국적 위기
로 전개되는 것을 막을 수 있었다. 많은 사람들이 이번 위기의 심대성을
인식하면서도 대공황 같은 위기가 아니라고 느끼는 것은 주로 이런 사정
에 기인하는 것이며, 역으로 국가개입에 의해 위기 메커니즘이 차단·관
리되면서도 이렇게 심각한 위기를 겪었다면, 이는 이번 위기가 대공황을
능가하는 대위기였음을 말해 주는 것이다. 국가개입 메커니즘이 없었으
면, 아마도 미국 자본주의는, 따라서 세계자본주의는 채 한 달을 버티지
못하고 붕괴했을지 모른다.

　　이번 위기에 대한 국가의 개입은 그 내용을 보면 대체로 네 가지 부
분으로 이루어졌다. 즉 ①경기부양 프로그램, ②유가증권 매입과 보증
(금융자본가의 손실부담을 회피하고 금융자본을 회생시키며 인수합병을 촉
진함), ③은행주식 인수(은행통제라는 전제가 부재하고 회생 후 재사유화
를 기획함), ④산업보조. 이를 위한 자본주의 국가의 지원 프로그램의 총
액을 영국은행(Bank of England)은 8조 달러로 추정하였다. 여기에는 미
국에서 이미 지출된 1조 달러 및 1조 달러의 추가 지출 전망과 함께, 유럽
프로그램의 2조 유로가 포함되었다.[30] 시간이 지나감에 따라 그 금액은
더욱 증가했는데, 비숍에 따르면 미국에서만도 국가의 지원금액은 10조

---


30) Goldberg, "Die Finanzmarktkrise und das neoliberale Akkumulationsmodell", S.8.

달러에 이르는 것으로 추정된다고 한다. 즉 7,000억 달러 규모의 은행지원 프로그램과 8,000억 달러 이상의 대대적인 경기부양 프로그램, 여기에 또 연방예금보험공사(Federal Deposit Insurance Corporation, FDIC)를 통한 보증이 계산되어야 한다는 것이다. 블룸버그(Bloomberg) 추정에 따르면, 은행 및 보험부문에서 국가의 직접개입에 들어간 1조 5,000억 달러에 보증을 비롯한 지금까지 실행된 모든 조처까지 더하면 그 규모는 약 8조 5,000억 달러에 이르며, 여기에 2009년 3월 최대 1조 달러에 이르는 가이스너(Timothy Franz Geithner, 미국 재무부 장관) 플랜이 추가된다.[31] 독일에서는 5,000억 유로의 '금융시장 안정화 특별펀드'(Sonderfonds Finanzmarktstabilisierung, SoFFin)를 조성하여 보증과 자본투입으로 은행 간 시장의 회복을 도모했으며, 나아가 1,000억 유로의 '경제펀드'를 설립해서 생산부문의 기업에게 직접 보증과 신용을 제공해야 했다.[32]

한편 국가의 지원금액은 미국을 비롯한 대부분의 국가에서 유가증권 보증과 은행주식 인수 등 금융지원 프로그램에 집중되었고, 반면 경기부양 프로그램에는 인색한 편이었다. 다음 〈표〉에서 볼 수 있듯, 재정정책 수단의 압도적인 부분은 금융안정화 조처에 투입되었고, 실물경제의 위기가 본격화하는 상황에서도 중국과 한국(?)을 제외하면 경기부양 조처는 미진하였다.[33] 후술하는 바처럼 금융안정화 프로그램의 핵심은 공적 자금의 투입을 통해 금융자본가들의 손실을 털어 내는 '손실의 사

---

31) Bischoff, *Jahrhundertkrise des Kapitalismus*, SS.89~90.
32) *Memorandum 2009*, SS.97~98. 구제금융과 공적 자금 투입에서 미국, 영국, 일본의 중앙은행이 상업은행의 주요 기능까지 떠맡게 되었다는 것도 이 위기의 심각성을 단적으로 보여 주는 대목이다. 대기업에 대한 직접적인 금융지원, 즉 상업어음의 매입과 단기신용의 제공이 그것인데, 유럽 중앙은행(European Central Bank)은 그 정도까지는 아니었다.
33) 미국의 국가지원 프로그램의 구체적 내용과 그 비판에 대해서는 ibid., S.99 이하를 참조.

<표> 재정정책 조처

| | 재량적 조처 | | | 금융안정화 조처 |
|---|---|---|---|---|
| | 합계 | 조세 및 공과금 감면 | 국가지출 증대 | |
| 독일 | 3.0 | 1.6 | 1.4 | 23.3 |
| 프랑스 | 0.7 | 0.2 | 0.5 | 3.6 |
| 영국 | 1.4 | 1.5 | 0.0 | 25.5 |
| 이탈리아 | 0.0 | -0.3 | 0.3 | - |
| 스페인 | 3.5 | 1.6 | 1.9 | 17.6 |
| 유로존 | 1.3 | 0.7 | 0.7 | 12.5 |
| 미국 | 5.6 | 3.2 | 2.4 | 34.2 |
| 멕시코 | 1.3 | -0.8 | 2.1 | - |
| 일본 | 2.0 | 0.5 | 1.5 | 20.7 |
| 중국 | 4.8 | - | - | - |
| 한국 | 4.8 | 3.2 | 1.6 | 0.8 |

* Bischoff, *Jahrhundertkrise des Kapitalismus*, S. 28.
** 2008년 GDP 대비 비율(%), 2008~2010년 기간

회화'인 반면, 경기부양 프로그램은 기본적으로 성장과 고용을 위해 작용하는 것임을 생각하면(물론 이것 또한 생산부문의 산업자본의 이윤을 보장하는 위에서 그러한 것이지만), 결국 국가지원 프로그램은 대중들의 주머니와 일자리를 희생해서 위기에 빠진 금융자본을 회복하고자 도모한 것이었다.

금융부문의 안정화 시도는 아마 공허하게 끝날 우려가 크다. 한편으로 대부분의 자본주의 국가에서 엄청나게 거대한 대출 규모가 만들어졌는데, 그 충격적인 감가는 추가적인 화폐자본 투입으로 막을 수 없다. 다른

한편으로 국가의 지원 프로그램은 너무나도 금융기관과 보험회사의 안정화에 맞춰져 있고, 산업생산과 서비스부문의 하강 및 과도한 사적 가계의 채무는 단지 부차적인 역할만 한다.[34]

여기서 신자유주의 국가에 의해 시도되는 위기극복 프로그램의 계급적 성격이 분명하게 드러난다. 이러한 시도가 경기회복의 지연과 함께, 신자유주의의 종말이 아니라 그 지속 또는 신자유주의의 재편만을 가져올 것이라는 점도 명백하다.[35]

문제는 이와 같은 국가개입 프로그램으로 과연 금융위기를 극복할 수 있는가 하는 것이다. 우선 국가의 지원금액은 엄청난 규모이지만, 부실 금융자산에 비하면 여전히 부족한 금액으로 보인다. 물론 연방준비제도를 통한 금융지원도 고려해야 하겠지만, 국가재정만으로 감당할 수 없다는 것은 분명하다. 독일 금융감독청(Bafin)은 은행 수중에 있는 유해한 유가증권 총액을 8,530억 유로로 평가하는데, 비교를 위해 독일 연방재정의 수입을 보면 2007년 2,510억 유로에 불과했다. 공황이 청산기능을 수행하면 감가처리되어야 하는 잠재적인 손실규모가 너무도 커서, 국

---

34) Bischoff, *Jahrhundertkrise des Kapitalismus*, S.89
35) 통상 국가개입주의를 해체했다고 하는 신자유주의하에서의 이와 같은 국가개입이야말로 현대자본주의가 여전히 국가독점자본주의의 단계에 있다는 것을 웅변적으로 말해 준다. 신자유주의에 의한 케인스주의의 대체와 그에 따른 국가독점자본주의의 물적 토대의 와해를 근거로 국가독점자본주의론을 폐기했다는 국내 청산파(윤소영 교수 등)의 오류는 역사가 지나갈수록 더욱 명백해졌다. 케인스주의와 신자유주의는 국가독점자본주의가 작동하는 두 가지 변종일 뿐이었던 것이다. 차이제는 현 위기하의 국가개입의 양상과 그 성격에 주목하면서 국가독점자본주의론의 이론적 유효성을 다시 한 번 확인할 수 있다고 한다. Lucas Zeise, "Die Herrschaft des Finanzkapitals ist angeknackst", *Z. Zeitschrift Marxistische Erneuerung*, Nr. 78, Jun. 2009, S.59.

가는 금융부문의 청산과정에 대한 재정적 금융지원을 감당할 처지가 못된다.[36] 미국 또한 부실채권 규모를 2조 달러로 추정하고 있는데, 미국의 2008/2009 회계년도 재정규모가 3조 달러임을 감안하면, 금융부실 규모는 사실 미국 재정이 감당할 수 있는 수준을 훨씬 상회하는 것이다. 특히 미국의 국가재정이 재정적자를 기록적으로 갱신하고 있는 상태이고, 2008/2009 회계년도에는 1조 5,800억 달러에 이를 것으로 전망되고 있어, 적자재정의 압력 때문에 국가지원 프로그램은 제한될 수밖에 없다. 공·사 공동투자 프로그램을 통해 민간자금까지 동원하려는 가이스너 플랜은 이러한 상황을 반영하는 것이다.

그러면 금융위기는 도대체 어떻게 극복한다는 것인가? 결국 국가가 기대하는 시나리오는 금융부실을 모두 떠안는다기보다는 국가재정과 중앙은행을 통한 부실채권의 일정한 청산과 증권 매입 및 보증 그리고 유동성 공급을 통해 금융위기를 진정시키고, 경제의 회복과 함께 비로소 금융자산의 가치를 다시 회복시킨다는 것이다. 이는 위기에 빠진 신자유주의를 재편·재건한다는 것을 의미한다. 이렇게 신자유주의가 지속되는 한, 금융위기를 가져온 신자유주의 위기 메커니즘은 앞으로도 작동할 것이므로, 자본주의 체제는 이 구조위기로부터 진정으로 벗어날 수 없다. 또한 이 과정이 위기에 빠진 금융자본을 대중들의 희생하에 회복시키고, 손실의 사회화를 통해 위기의 부담을 대중에게 전가시키는 것임은 두말할 것도 없다. 골트베르크는 다음과 같이 주장한다.

---

36) Goldberg, "Die historische Stellung der gegenwärtigen Wirtschaftskrise: Mehr Fragen als Antwort", S.12.

그러나 현재 국가지원, 국가의 화폐창출 그리고 합병의 촉진을 통한 사적 은행들의 구원과 재구조화가 탈위기 전략의 중심을 이룬다. 이러한 조처들은 이전의 금융위기들에서처럼 다시 위기의 원인 즉 화폐자본의 과잉축적의 어떤 것도 바꾸지 못한다는 점을 강조해야 한다. 그 반대로 국가를 통한 사적 금융부문의 구원은 카지노가 다시 성업할 때에만 성공할 수 있을 것이다. 바로 현 공황의 이러한 청산기능이 오늘날 국가개입으로 저지되고 있다.[37]

비숍 또한 손실의 사회화 문제를 다음처럼 제기하였다.

국가개입은 이미 지금까지 떠안은 지급보증과 자본지원으로 과도채무에 빠진 모든 금융기관을 '구조'하기 위한 비용을 거의 전적으로 납세자가 지불하도록 하는 결과를 가져왔다. 두번째 조처 즉 국가보증체계 또는 '배드뱅크'(bad bank)의 설치는 이런 처리방식을 극단으로 몰아갈 것이다. 납세자는 개개의 대출만기 시에 들이닥칠 손실을 다음 20년에 걸쳐 떠안아야 한다. 기업파산에서처럼 그렇게 과도채무에 빠진 은행의 채권자 자신이 손실을 떠안거나 손실의 가장 커다란 부분을 떠안아야 했다. 그러나 이제 세계적으로 **손실의 사회화**(Sozialisierung der Verlaste)가 전면에 부각되어 있다. …… 따라서 '배드뱅크'에 대한 공정한 대안은 위기에 빠진 모든 금융기관에서 지급불능 처리방식의 통제를 강제하는 것일 것이다.[38]

---

37) ibid., S.9. 강조는 인용자.
38) Bischoff, *Jahrhundertkrise des Kapitalismus*, SS.88~89. 강조는 인용자. 배드뱅크 설립에서 결정적인 문제는 유가증권을 어느 가격에 평가해서 국가에 넘기는가 하는 것이다. 이 가격이 누가 손실을 부담하는가를 결정한다. 증권가격이 높게 책정되면, 양도하는 은행이

이러한 방식의 위기극복 프로그램은 무엇보다도 신자유주의 금융위기의 근원인 과잉자본의 청산을 회피하고 지연시킨다는 점에서 결코 위기의 진정한 극복 방안이 못 된다. 경제위기는 언제나 과잉자본의 표현이고, 금융위기는 언제나 과잉자본의 폭발을 극적으로 가져간다. 특히 신자유주의 금융위기의 경우 그 근저에 구조화된 과잉자본이 자리 잡고 있었고, 이 때문에 실물부문에서 투자처를 찾지 못한 화폐자본이 금융부문을 비정상적으로 비대하게 만들었다. 그러나 금융부문의 투기이익도 궁극적으로는 실물부문의 이윤증식에 의해 규제된다는 점에서 이러한 불균형은 금융위기로 폭발할 수밖에 없었던 것이다. 위기는 동시에 과잉자본을 청산하는 자본주의의 기제이기도 하다. 과잉자본의 청산을 통해서만 자본축적의 조건을 다시 회복할 수 있기 때문이다. 이 점에서 경제위기와 금융위기는 실물부문에서의 새로운 이윤증식 조건의 회복과 함께, 실물부문과 금융부문의 불균형을 정정함으로써 자본주의의 새로운 성상소건을 만들어 준다. 문제는 19세기의 자본주의와 달리 20세기 이래 현대자본주의하에서는 공황을 통한 과잉자본의 청산 메커니즘이 시장에서 자발적으로 전개되기 어렵게 되었다는 점이다. 시장에서의 청산은 불가피한 것이지만, 거대기업과 거대은행들의 부실에 대한 시장방식의 청산은 과잉자본의 청산이 아니라 자본주의 체제 자체의 청산을 가져올 만큼 위험한

---

배드뱅크에 대해 보증을 하지 않는 경우, 배드뱅크를 통해 손실의 사회화가 발생한다(그러나 이 보증을 양도은행은 거부한다). 위험증권의 가치가 다음 연도에서 상당히 회복된다면, 국가에 커다란 손실을 떠넘기지 않고도 배드뱅크를 통해 은행의 대차대조표가 개선될 수 있다. 그러나 미국과 스웨덴의 은행위기에서처럼 상당한 가치정정이 불가피하다면, 배드뱅크 모델은 국가의 거대한 손실을 의미하거나, 은행 스스로 이 가치손실을 부담하도록 하기 때문에 은행 대차대조표 개선을 위한 해결책이 되지 못한다. *Memorandum 2009*, SS.98~99.

방식이 되었기 때문이다. 자본주의 국가가 위기 시에 시장에 개입하여 손실을 사회화하고 청산과정을 관리하는 것은 이와 같은 불가피한 사정 때문이었다. 그러나 국가개입은 시장에 의한 자발적인 방식의 과잉자본 청산의 위험을 줄여 주지만, 다른 한편으로 과잉자본의 청산을 지연시킴으로써 위기의 청산기능을 왜곡하며, 그럼으로써 과잉자본의 구조화를 심화시킨다. 이와 같은 국가개입의 모순적 효과야말로 왜 국가개입을 통해서 자본주의 위기를 극복할 수 없는가에 대한 근본적인 답을 주는 것이다.

이 때문에 국가개입과 심지어 은행국유화도 그 자체로는 금융위기의 대안이 되지 못한다. 그러나 또한 국가를 회피하면서 위기의 대안을 찾는 것은 현대자본주의하에서 불가능한 일이다. 결국 국가개입이 위기의 대안이 되기 위해서는 전제조건이 필요한데, 무엇보다 먼저 국가개입과 과잉자본의 대대적인 청산이 결합되지 않으면 안 된다. 이는 위기 시에 자본주의적인 방식의 금융부실 청산과정, 다시 말해 손실의 사회화대신에 금융자산 소유자들의 손실부담과 희생하에 과잉자본을 청산할것을 요구한다. 비숍의 지적처럼, 결정적인 문제는 유가증권의 감가를 누가 부담하는가라는 것이다. 금융기관의 국유화는 손실의 배분과정을 조절하는 데 초점을 맞추어야 한다. 손실처리 과정에서 자본적립식 연금, 건강보험 준비금, 교육과 보호기금은 제외되어야 하고, 이자 낳는 증권은 상각되어야 한다. 따라서 금융기관의 국유화는 그 자체로 전혀 해결책이 아니고, 다만 손실배분을 조직하는 데 결정적인 행보일 뿐이다. 여기에는 모든 종류의 유가증권에서 가격조정과 부실채권의 상각이 따른다. 국가의 자본투입과 국가보증으로써 부실자본 정리(Sanierung)가 완수될 수 있다는 관념은 심각하게 잘못된 평가이고 위기적인 적응과정을 지체시

키는 것이다. 따라서 국유화는 자산투자자의 광범한 손실참여와 결합되어야 한다.[39]

이러한 진보적 방식의 금융부실 청산으로 위험에 빠질 '체제에 중요한 은행들'은 국유화와 공적 자금 투입을 통해 관리할 수 있다. 이 경우 사적 자본가들에게 대규모 손실부담을 강제할 수 있기 때문에 공적 자금의 부담은 훨씬 줄어들 것이고, 또 공적 자금은 결국 대중들에 의해 부담되는 것이기 때문에 은행의 국유화는 바로 정당한 대안이 된다. 나아가 국유화된 은행은 현재 진행되는 자본주의적 국유화와 달리 재사유화를 목표로 하는 게 아니라, 이윤논리에 지배되지 않고 국민경제의 재생산을 관리하는 계획기구의 주요한 부분을 이루게 될 것이다. 이윤논리의 지배로부터 벗어난다는 것은 금융위기를 가져온 과잉자본의 압력으로부터 근본적으로 벗어난다는 것을 의미한다. 왜냐하면 과잉자본의 문제는 언제나 절대적으로 과잉된 자본이 아니라 적절한 이윤증식을 히기에는 너무나 과잉된 자본의 문제이기 때문이다. 이윤요구를 지양하면 과잉자본은 더 이상 과잉자본이 아니고 생산부문에 다시 돌아갈 수 있게 된다. 이런 관점에서 은행국유화는 여전히 위기에 대한 맑스주의 좌파의 대안의 핵심이다. "주요 은행들을 공적 소유로 가져가는 데 대안이 있다. 그건 실제보다 혁명적으로 들린다. 구유럽연합(15개국이었을 때의 유럽연합)에서 거의 7,000개 은행 중 약 20개가 전체 대차대조표 자산의 2/3 가량을 차지하고 있고, 2006년 구유럽연합 국가들에서 대차대조표 자산상 5대 은행의 비중은 평균 54%, 17개 유럽연합 국가들에서는 50% 이상이다.

---

39) Bischoff, "Die Finanzkrise und Alternativen", S.124 이하.

20~30개 금융기관의 국유화와 통제 그리고 사적 예금의 보증은 화폐 및 금융순환을 보장하는 데 충분할 것이다."[40]

## 4. 전망과 대안

3절에서 설명한 바와 같이 자본주의 국가에 의해 실행되는 위기극복 프로그램의 신자유주의적 성격으로 인해 한편으로 경기회복은 지체될 것이고(그렇지만 이르건 늦건 경기회복으로의 전환 즉 새로운 산업순환의 개시는 부정할 수 없다), 다른 한편으로 신자유주의는 기껏해야 온건한 신자유주의로 재편·재건될 것이며, 그러한 한에서 금융위기를 가져온 신자유주의에 고유한 구조위기는 지속될 것으로 보인다. 이번 위기의 심대함에 압도되어 신자유주의로부터의 전환을 불가피한 길로 기대했던 사람들에게는 실로 허탈한 전망이 아닐 수 없다. 이러한 전망은 자본주의 개별 국가의 프로그램뿐 아니라 G20 정상회의를 중심으로 논의되는 국제협력 방안에서도 엿볼 수 있다. 신자유주의를 근본적으로 규제할 국제적인 협력은 기대하기 어려운 실정이다. 골트베르크가 말하는 바처럼, 금융시장 위기와 외환위기의 결합, 위기의 국제적 동시성에도 불구하고 은행지원 프로그램과 경기부양 프로그램은 모두 국민적으로 기획되고 실행되었다는 점을 인식할 필요가 있다.[41] 통화동맹으로까지 경제통합이 고도화된 유럽연합에서조차 이에 대한 집행위원회의 역할은 거의 인지할 수

---

40) Goldberg, "Die historische Stellung der gegenwärtigen Wirtschaftskrise: Mehr Fragen als Antwort", S.12.
41) ibid., S.14.

없을 정도다. 현재로서는 위기의 일층의 진행 속에서 초국가적 접근의 강화가 나타날지 여하는 알 수가 없다는 것이다.[42]

현실의 위기에도 불구하고 새로운 전망이 부재한 것을 골트베르크는 다음처럼 설명한다.

현재의 위기를 1929/1932년 공황 및 1974/1976년 공황과 비교하면, 이번 2007/201×[언제 끝날지 모른다는 의미에서 이런 표현을 사용한 것이다] 위기도 자본주의의 구조변화를 가져올 거라는 생각이 들기 쉽다. 1929년 공황은 케인스주의 즉 자본주의의 포드주의적·국가주의적 발전단계가 승리하는 행진을 개시하였다. 이는 고성장을 배경으로 노동자운동이 사회적·민주적 개혁을 관철할 수 있게 하였다. 1974/1976년 공황은 이 시대의 종료와 신자유주의 시대의 시작을 알렸다. 신자유주의의 사회적 내용은 국가조절의 종말이 아니라 노동운동의 약화, 재분배

---

42) 2009년 4월의 G20 런던 정상회의는 원칙에 대한 개요가 있었지만, 구속력 있는 규정을 정비하는 일은 국민국가에 위임하였고, 국제협력이 더 요구되었지만 구체적 조처들은 불분명한 상태다. 또한 IMF가 금융위기에 성공적으로 대처하기 위한 중요한 조건이라 했던 문제, 즉 부실대출과 증권을 어떻게 정리할 것인가 하는 문제도 미결 상태로 남았다. 미국, 영국, 독일 간 상이한 해법이 충돌했다고 한다. 정상회의에서 결정된 구체적 결과로는 5,000억 달러로 증가된 IMF 예산, 2,500억 달러 이상의 추가적인 특별인출권(Special Drawing Rights, SDR), 그리고 2,500억 달러 규모의 무역금융 패키지가 통과되었고 개발은행의 기금이 확충되었다는 것이다. 모든 조처를 합치면 1조 1,000억 달러 규모에 달한다. 그리고 보호주의로의 회귀 저지를 확립했다고 하지만, 단지 새로운 무역장벽 설치를 2010년 말까지 포기한다는 것에 합의한 것이었다. 한편 중국은 G20 회의의 합의를 넘어 달러에 대한 대안을 창출하고자 하였다. 중국의 대안은 새로운 통화질서에 대한 전망을 추구하려 한 것이다. IMF에 의해 관리되고 세계적 준비통화를 갖는 신통화체제는 개별 국가들로부터 독립되어야 하며, SDR이 그 토대를 창설할 수 있다는 것이다. SDR은 1969년 처음 창출되었고, 오늘날 달러·유로·엔·파운드, 4개 통화에 토대를 둔 장부상의 단위인데, 통화바구니(currency basket)는 더 많은 통화로 확대되어야 한다는 것이다. 그러면 새 통화단위가 국제적으로 지불거래와 자본투자에 도입되는 것이다. 미국은 이 제안을 거부하였다. 이는 일찍이 케인스의 구상을 상기시키는 것이었다. Bischoff, *Jahrhundertkrise des Kapitalismus*, SS.94~95.

그리고 사회보장의 해체이다. 문제는 현재의 위기가 다시 자본주의 발전의 전환점을 가져오는가 하는 것이다. 그러나 자본주의의 위기와 사회적 변혁(Umbrüche) 사이의 관계는 자동적인 것이 아니라 정치과정과 사회정치적 세력관계의 변화를 통해 만들어진다. 오늘날 경제위기의 특별한 심각성에도 불구하고 역사적 전환이 나타나는 것으로 보이지는 않는다. 위기의 일층의 진행 속에서 후프슈미트와 차이제가 논하는 것 같은 실질적인 패러다임 교체가 일어날지 어떨지는 지금으로서는 아직 결정할 수 없다. 중요한 것은 집단적 저항을 전개하는 것이다. 패러다임 교체로 가는가 아닌가는 위기의 깊이와 지속기간이라는 객관적 요인과 사회운동의 힘이라는 주체적 요인에 달려 있다.[43]

현재의 위기가 역설적이지만 신자유주의의 승리의 결과로 일어난 것이지(위기적인 축적체제가 사회적 저항 없이 전면적으로 작동하면 그 결과는 재생산의 파국일 수밖에 없다) 사회운동의 고양으로 정치적 타격을 받았기 때문은 아니었다는 비숍의 주장[44]도 같은 맥락에서 읽을 수 있다.

현 위기의 전망과 관련해서는 후프슈미트가 세 가지 이념형적 시나리오를 비판적으로 검토한 바 있다.[45] 첫번째는 신속한 회복 시나리오다.

---

43) Goldberg, "Die historische Stellung der gegenwärtigen Wirtschaftskrise: Mehr Fragen als Antwort", S.13. 후프슈미트와 차이제는 서로 다른 전망을 하고 있다. 차이제는 신자유주의의 종말과 새로운 자본주의 축적체제의 도래를 전망하고, 후프슈미트는 신자유주의의 지속과 변형(온건화)을 전망한다. 골트베르크는 이에 대해 보다 신중하지만 후프슈미트와 마찬가지로 현 정치지형하 새로운 역사적 전환에 대해 회의적이다.

44) Bischoff, *Jahrhundertkrise des Kapitalismus*, S.11.

45) Huffschmid, "Nach der Krise: Das Ende des Finanzmarktkapitalismus?", S.47 이하[이 책의 408쪽 이하].

이에 따르면 공황은 2009년 내로 종료하고 1990년대 아시아 경제위기와 2001/2004년 신경제 공황 때처럼 신속하고 강력한 호황이 뒤따른다. 그러면 그때처럼 금융시장 자본주의는 일층 강화되고, 광범위한 정치개입이나 신국제금융질서에 관한 모든 구상은 사라져 버리며, 기왕에 실시된 개혁조처들조차 철회되고 탈조절이 계속될 것이다. 후프슈미트는 선진 자본주의 국가들에서의 불황의 동시성과 격렬성 그리고 지속되는 금융시장의 불안정성으로 보아 이런 시나리오의 현실화는 가능할 것 같지 않다고 생각한다.

두번째는 위와 반대의 경우인 심연으로의 추락 시나리오다. 이 시나리오는 공공의 토론의 상당한 부분에서 현실적인 것으로 간주되었으며, 공황은 이제 막 시작되었고 전면적인 붕괴가 임박했다고 주장한다. 후프슈미트에 따르면, 이러한 시나리오가 실제로 전개된다면, 좌파의 막연한 기대와는 달리 추측건대 극적인 정치적 결과를 가져올 것으로 보인다. 즉 유럽에서(물론 유럽에서만이 아니라) 이 시나리오는 아마도 한편에서는 자본주의 체제를 구원하기 위한 권위주의적 개입형태를 촉진할 것이고, 다른 한편에서는 국민국가들 간의 대립 심화로 인해 유럽연합의 급속한 붕괴를 가져올 것이다. 이는 복지국가의 철저한 해체와 국제적 팽창 시도의 강화를 의미할 것이다.[46] 후프슈미트는 금융시장과 세계경제

---

46) 앞서 언급한 바와 같이 우리에게 잘 알려진 적지 않은 맑스주의 이론가들과 이들을 추종하는 우리나라 맑스주의 이론가들의 대부분은 대공황 이후 최대의 위기이며 자본주의 모순의 전면적 표출이라는 현 위기를 계기로 자본주의가 붕괴하거나 대중들의 반(反)자본주의적 정서가 폭발하고 자본주의의 혁명적 전복이 전개될 것이라 전망하는가 하면(브레너, 월러스틴, 정성진, 윤소영), 또는 적어도 이 위기를 계기로 보다 진보적인 새로운 자본주의 체제가 등장할 것이라 전망하곤 하는데(뒤메닐), 이러한 전망은 현실의 객관적인 경제관계와 (국제)정치적 힘관계에 대한 올바른 분석에 입각해 있지 않다. 이들의 전망과는 달리 후프슈미

의 브레이크 없는 추락이라는 이런 극단적 시나리오의 현실화도 가능할 것으로 보지 않는다. 그 근거로는, 우선 타격은 받았지만 거대 신흥공업국들(무엇보다 중국과 인도 등)이 아직 높은 성장률을 보이면서 세계경제의 추락을 저지한다는 것, 둘째, 공황에도 불구하고 조만간 선진 자본주의 국가들에서도 기업들에 의한 새로운 순환의 대체투자가 행해질 것이라는 점, 셋째, 이번 위기에서 다시 한 번 확인된 국가의 경제정책적 개입을 들고 있다.

이러한 이유에서 후프슈미트는 '안정의 지체'라는 세번째 시나리오를 가장 현실적일 것으로 본다. 이에 따르면, 위기는 당분간 지속되고 더 심화될 수도 있지만, 그러나 추락으로 나아가지는 않는다는 것이다. 위기는 스태그네이션 국면으로 들어서고, 2~3년 후에는 약한 호황으로 전환될 것이다. 그때 대체투자가 다시 주도권을 잡게 된다. 그리고 실업률은 최고의 수준에 도달한 뒤 당분간 그 수준에 머물 것이다. 금융시장에 대해 이 시나리오는 기업이 중기적으로는 지난 수년간의 과도한 투기를 반복하지 않을 것이라는 점에 입각해 있다. 후프슈미트는, 이런 전망이 맞다면, 그 결과는 중기적으로 신자유주의 정책의 (약간 수정된 것이지만) 계속일 것이라고 본다. 경기부양 패키지는 시장경제를 회복하기 위한 한시적인 비상 프로그램으로 간주될 것이고, 비상상태의 종료 후에 발전의

---

트는 현재의 정치지형에서는 현실의 금융위기가 실로 이러한 파국적 과정을 겪는다면, 그 정치적 귀결은 이들이 기대하는 새로운 진보(케인스주의의 복귀)나 자본주의 붕괴와 자본주의의 변혁이 아니라 권위적이고 반동적인 국가주의적 형태의 (국가독점)자본주의가 될 것임을 우려하고 있다. 뒤에서 보는 바처럼 후프슈미트는 이런 파국적인 시나리오의 현실성을 부정하고, 또 이 위기를 계기로 해서 새로운 진보적인 자본주의 체제가 등장할 것이라고 전망하지도 않는다. 오히려 그는 신자유주의적 (국가독점)자본주의는 변형되면서도 지속될 것이라고 전망한다.

주요 방향은 압도적으로 시장 즉 지배적인 콘체른과 금융투자자에 의해 규정될 것이다. 국가는 물론 중재자로서 보다 커다란 역할을 할 것이다 (위기로부터의 교훈). 금융제도는 공적 예산의 투입을 통해 정리되고 다시 재사유화될 것이며, 위험관리와 투명성을 위한 규정들은 확대되고, 과도한 금융투기는 저지될 것이다. 그밖에 균형예산의 원칙과 물가안정 지향적인 금융정책의 원칙도 유지될 것이고, 사회개혁은 공공서비스의 상업화와 자기책임 원칙의 강화를 목표로 할 것이며, 사유화는 계속될 것이다. 전체적으로 이 정책은 약간 완화된 형태에서 금융시장 자본주의의 안정화를 가져올 것이다. 그러나 재분배와 사유화에 기초한 발전의 근본 구조는 계속될 것이므로 과잉축적의 문제는 장기적으로 다시 첨예화될 것이다. 그러면 이 체제는 다시 위기 앞에 서게 될 것이다.[47]

앞서 2절과 3절에서 서술한 현 위기와 국가개입의 성격에 비추어 볼 때, 이 마지막 시나리오가 아마도 현실적인 시나리오가 될 것이다. 이 시나리오에 대해 좌파는 어떤 대안을 추구해야 하는가? 사회운동과, 특히 정치운동의 퇴조에 의해 좌파의 대안이 정치적 힘으로 뒷받침되지 못하는 현실이지만, 여전히 대안은 사회운동과 정치운동을 동원하는 주요한

---

47) 후프슈미트는 위기 후 신자유주의가 종말하는 것이 아니라 계속될 것이라고 전망하는 근거로서, 우선 금융자본주의의 세 가지 전략, 즉 주주가치 극대화 전략, 사유화 전략, 금융투기 전략 중 마지막 전략만이 금융위기로 인해 떨어져 나가고 앞의 두 전략은 계속 유지될 것이라는 점, 둘째, 금융시장 자본주의의 형성을 가져온 토대적 경향들도 유지되고 있다는 점, 셋째, 현재의 정치경제 지형은 2차대전 후의 그것과는 비교할 수 없을 만큼 개혁의 추동력이 떨어져 있다는 점을 들고 있다. Huffschmid, "Nach der Krise: Das Ende des Finanzmarktkapitalismus?", S.45 이하[이 책의 404쪽 이하] 참조. "이와 같은 이유로 나는 심각한 금융 및 경제위기에 의한 현재의 함몰에도 불구하고, 또 경영자의 투기와 탐욕에 대한 불신에도 불구하고, 지난 30년간 형성되어 온 금융시장 자본주의의 실제적인 권력구조는 본질적으로 약화되지 않았다는 것으로부터 출발한다." ibid., S.47[이 책의 407쪽].

요소이다. 우리가 신자유주의 현실에서 대안을 논하는 것은 이 때문이다. 현 정세의 위기적 조건과 주체적 조건을 감안하면 좌파의 대안은 중간적인 길을 모색하지 않을 수 없는데, 이에 대해서는 케인스주의 좌파를 포함하여 어느 정도 의견의 접근이 이루어지고 있다. 이 대안은 단기적인 과제와 중장기적 프로그램으로 구분할 수 있고, 또 요구 수준에 따라 반(反)자본주의적 색채도 달라지는 중층적 구성을 갖는 것이다. 이하에서 이를 간략하게 정리하고 글을 맺도록 한다.

우선 현 위기가 주기적 공황과 신자유주의 금융위기의 결합이라는 성격을 갖기 때문에 대안은 단기적으로는 경기안정화 프로그램을 실시하고, 중장기적으로는 신자유주의 금융위기의 작동 메커니즘을 해체하고, 그 전제로서 구조화된 과잉자본을 청산하는 것이어야 한다. 이를 위해서는 금융제도의 개혁과 함께 사회화 프로그램의 도입이 절대적으로 요청된다.[48] 경기안정화 프로그램의 핵심은 재정과 금융의 확장정책에 있다. 공황 시 경기부양은 국가개입의 절대적 요소이다. 뿐만 아니라 이 확장정책은 사회정책의 확대와 소득재분배의 개선을 도모하는 것이어야 한다. 반면 신자유주의 정부에 의해 비상조처로서 실행되는 확장정책

---

48) 앞에서 언급한 바와 같이 케인스주의적 확장정책은 한편에서 국가독점자본주의하의 공황을 완화시키는 작용을 하지만, 다른 한편에서는 공황의 청산기능을 왜곡시켜 위기를 지연 또는 이월시키는 효과를 가져온다. 따라서 케인스주의 정책은 국가독점자본주의의 위기에 대한 불가피한 대책이면서도 동시에 그 위기의 하나의 메커니즘을 이룬다. 1970년대 이래 전후 케인스주의적 국가독점자본주의가 제3차 조절위기에 빠져들고, 정통파 케인스주의가 파산하는 것은 바로 이 때문이다. 정통파의 케인스주의는 제3차 조절위기에 대한 대안도 될 수 없었고, 또 현재의 위기를 극복할 수 있는 대안도 될 수 없다. 위기에 대한 대안의 핵심은 좌파 케인스주의와 맑스주의가 공유하는 사회화 프로그램에 있다. 그럼에도 위기 시에 단기 안정화 프로그램으로서 확장정책은 불가피한 요소인데, 대안정책에서의 확장정책의 지위를 이렇게 정통파 케인스주의의 그것과 차별하여 이해할 필요가 있다.

은 사회안전망의 자기책임 강화 위에 입각해 있고, 무엇보다 금융자산가의 손실을 덜어 주고 그 부담을 사회로 전가시킨다는 점에서 진보적인 확장정책과는 질적으로 다른 것이며, 또 케인스주의로의 전환을 상징하는 것도 아니다. 문제는 경제위기로 막대한 공적 자금을 투입하고 재정적자의 심화에 직면한 자본주의 국가가 확장정책을 사용할 공간을 얼마나 갖고 있는가 하는 것이다. 그러나 이는 기본적으로 신자유주의적 긴축이냐 아니면 좌파적 확장이냐는 원칙의 문제이며, 원칙적인 입장에서 접근할 때 재정정책의 여지가 소진되었다고 할 수 없다. 예컨대 비숍은 일본, 이탈리아, 벨기에 등 몇몇 국가가 GDP 대비 100%가 넘는 공공채무를 지니고 있지만, 유럽연합은 평균 70% 이하라면서 국민적 반(反)공황정책의 운동공간이 존재한다고 한다. 물론 신규채무의 단기적 확장은 중기적으로 공공재정의 세수상태를 개선시키는 정책과 연계되어야 한다. 더욱이 사회화 프로그램과 결합하면 재정수입을 신보적으로 개선시킬 여지는 상당하다고 할 수 있다. 따라서 공공채무의 현재의 확대경향 때문에 반공황 프로그램을 주저하는 것은 단기적으로 완전히 오류일 것이다.[49] 비숍은 금융 확장에 따른 인플레이션의 우려에 대해서도 중기적으로는 세계적 수준에서 수요감소가 특징이 될 것이고, 그 때문에 이 기간에는 인플레로 이어질 물가압력은 존재하지 않을 것이라고 한다. 또한 유동성은 대부분 한시적인 대출로서 공여되기 때문에, 중앙은행은 인플레이션의 압력에 대해 유동성을 그때그때 빨리 회수할 수 있다고 이야기한다. 중요한 건 당연히 전환점을 놓치지 않는 것이다.[50]

---

49) Bischoff, *Jahrhundertkrise des Kapitalismus*, SS.92~93.
50) ibid., S.99.

중장기적으로는 사회화, 특히 은행의 사회화와 근본적인 금융개혁이 요구된다. 은행 사회화는 원래 맑스주의 좌파의 높은 수준의 요구지만, 금융기관들이 위기에 빠진 당면 정세에서는 긴급한 과제로 제출되어야 한다. 실제로 케인스주의자들과 심지어는 신자유주의자들조차도 현 정세에서 은행의 국유화를 불가피한 조처로 받아들이는 실정이다. 앞서도 언급한 바처럼 은행의 사회화는 금융자산가의 손실부담에 입각해서 과잉자본의 청산과 결합해야 하며, 또 역으로 은행 사회화와 함께 이윤논리의 지양을 통해 과잉자본의 압력을 근본적으로 해결할 수 있다. 근본적인 금융개혁 또는 은행개혁의 핵심은 은행을 본래의 신용기관의 기능으로 되돌려 놓는 것이다. 즉 은행이 예금수령과 관리, 신용공여, 원활한 지불거래의 보장이라는 그 핵심과제를 담당하도록 돌려 놓아야 한다. 이를 위해 투자은행 업무를 대대적으로 축소하고, 금융시장을 위기로 몰아간 이익추구 구조를 해체해야 한다. 즉 파생상품 업무를 제한 내지 금지하고, 금융기관으로 하여금 위험에 따라 차별적으로 자기자본을 확충케 하며, 레버리지(차입을 통한 투자)는 폐지해야 한다. 그리고 신용평가기관의 공적인 조직이 필요하다. 한편 공공서비스의 사유화 경향은 중지되어야 한다. 사적 이윤계산에 종속되지 않는 민주적인 공공부문의 건설에 착수해야 하며, 여기서 공공부문과 사회화는 보편적인 시장원리에 의해 용인되는 예외로서가 아니라 시장부문에 대한 독자적인 대안으로서 존속하는 것이다. 이러한 전망은 계속적으로 높은 조세비율과 국가재정 비율을 함축한다. 이와 같은 요구는 신자유주의 진영으로부터 격렬한 저항에 부딪힐 뿐 아니라 종종 좌파 편으로부터도 비판과 회의가 제기되곤 한다. 그 이유는 자본의 이해를 지향하는, 제국주의적이고 비민주적인 국가정책의 성격 때문이다. 이러한 문제제기는 상당히 합당하지만, 그러나

이에 대한 올바른 답은 국가를 피해 가는 것이 아니라 국가를 민주화하는 데 있다.[51]

그밖에 단기적으로도 금융시장의 지배를 제한하는 주목할 만한 조처들이 제출되어 있다. 외환거래세(토빈세)를 비롯하여 금융거래에 대한 과세, 자본소득에 대한 누진과세, 오프쇼어 센터 또는 조세피난처의 금지 등이 그것이며, 또 중장기적으로 금융감독에서의 국제적 협력 증대와 국제적인 고정환율제도 또는 목표환율제도의 확립도 비켜갈 수 없는 불가결한 요구라 하겠다.[52]

---

51) Huffschmid, "Nach der Krise: Das Ende des Finanzmarktkapitalismus?", S.50[이 책의 413쪽].

52)이상의 대안 논의에 대해서는 Bischoff, "Die Finanzkrise und Alternativen", S.124 이하; Huffschmid, "Nach der Krise: Das Ende des Finanzmarktkapitalismus?", S.50[이 책의 413쪽]; Arbeitsgruppe Alternative Wirtschaftspolitik, *Memorandum 2009*, S.101 이하 참조.

# 12장 위기 이후[*]
## ─신자유주의의 종말인가?

외르크 후프슈미트

2009년 초 아카데미와 정치계 그리고 언론은 세계적인 금융위기와 경제위기의 현재의 결합이 제2차 세계대전 이후 가장 심각한 경제적 함몰이라는 점에 대해 상당 정도 일치하고 있다. 금융부문의 추정 손실액은 수조 달러에 이르고, 60년만에 처음으로 선진공업국가의 생산이 전체적으로 감소하고 있다. 지난 수년간 특히 급속하게 성장했던 신흥공업국들도 하강국면에 빠져들고 있다. 최빈 개도국들은 위기로 인한 수출대금의 감소와 개발원조의 지체로 타격을 받았다.

## 1. 이제 카드를 새로 치는 것인가?

그러나 이 위기가 얼마나 더 지속될 것인지, 또 이 위기가 자본주의의 장기적 발전과 구조에 어떤 영향을 미칠 것인지에 대해서는 아직 의견의 일치가 별로 없다. 이 위기가 자본주의 경제의 주요 구조와 정치적 조절

---

[*] Jörg Huffschmid, "Nach der Krise: Das Ende des Finanzmarktkapitalismus?", *Z. Zeitschrift Marxistische Erneuerung*, Nr.78, Juni 2009.

기구의 변화로 이어질 것인가? 위기 후에 모든 게 달라질 것인가, 또는 아시아위기 후와 신경제 버블 붕괴 후처럼 모든 게 이전처럼 그렇게 진행해서 다음 공황으로 이어질 것인가? 위기를 통해 금융시장 자본주의(FMK)와 신자유주의가 그렇게 약화되어서 그것과는 다른 정치경제체제가 강제될 것인가? 포스트 신자유주의가 시작되었나? 이제 카드를 다시 섞어 새로운 정치경제적 전망을 여는 길을 내는 것인가? 그렇다면 그 길은 어떤 것일까?

이 글은 이러한 질문에 답하기 위한 기고로서, 나는 이하에서 먼저 금융시장 자본주의의 형성을 가져온 경제적 토대와 정치경제적 배경을 간략하게 설명할 것이다(2절). 그 다음에는 이 구성체의 경제적 핵심 행위자와 그 주요 전략을 스케치할 것이며(3절), 4절에서는 현 금융위기의 성격과 금융시장 자본주의의 안정성에 대한 (내 생각으로는 제한된) 그것의 영향을 토론할 것이다. 마지막으로 5절에서는 중기적 전망을 위한 입각점에 대해 검토할 것이다.

## 2. 금융시장 자본주의 형성의 토대와 배경

**금융시장 자본주의의 경제적 토대는** 사적 금융자산의 장기에 걸친 축적과 국제화이다. 금융자산은 1980~2007년 사이 12조 달러에서 196조 달러로 16배 증가하였다. 그에 반해 세계 국민생산(Sozialprodukt)은 같은 기간 10조 달러에서 55조 달러로 5.5배 증가하였다(〈그림1〉 참조). 이 금융자산 중 국제투자의 부분은 증가해 왔다. 국제화 비율은 국민생산 대비 국제적으로 투자된 금융자산의 비율로 표현될 수 있다. 이 비율은 1980년 선진국과 개발도상국 모두 70~80%였다. 2005년까지 이 비율은 선진

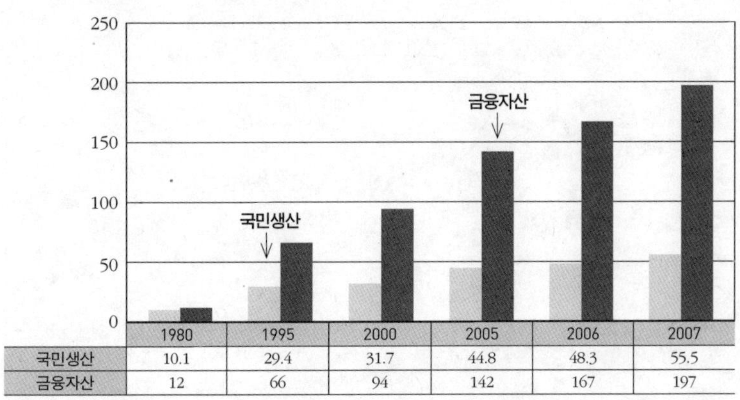



| | 1980 | 1995 | 2000 | 2005 | 2006 | 2007 |
|---|---|---|---|---|---|---|
| 국민생산 | 10.1 | 29.4 | 31.7 | 44.8 | 48.3 | 55.5 |
| 금융자산 | 12 | 66 | 94 | 142 | 167 | 197 |

출처: *Mackinsey* 2009

국에서 약 325%, 개발도상국에서는 약 150%로 증가하였다.[1]

지난 30년간 거대한 사적 금융자산의 축적과 국제화가 일어난 배경은, 첫째, 아래로부터 위로의 소득과 부의 재분배를 통한 사회적 양극화와 불균등의 장기적인 심화, 둘째, 노령연금제도의 사유화의 진전, 그리고 셋째, 1970년대 중반 이래 추동되어 온 자본시장의 자유화다. 재분배를 통한 불균등의 장기적 심화는 자본주의 중심국가들에서의 임금비율 하락에서 알 수 있다(〈그림 2〉 참조). 수많은 다른 지표들도 명료하게 같은 방향을 가리킨다.[2] 그것은 다음과 같은 결과를 가져온다. 즉 상층 계층에는 더욱더 많은 화폐가 돌아가는데, 이는 주류경제학 교과서의 설명과 달리 생산적 순환으로 재투자되지 못한다. 왜냐하면 소비구매력으로

---

1) Philip L. Lane & Gian Maria Milesi-Feretti, *The External Wealth of Nations Mark II: Revised and Extended Estimates of Foreign Assets and Liabilities, 1970~2004*, IMF Working Paper 06/69, 2006, p.35.

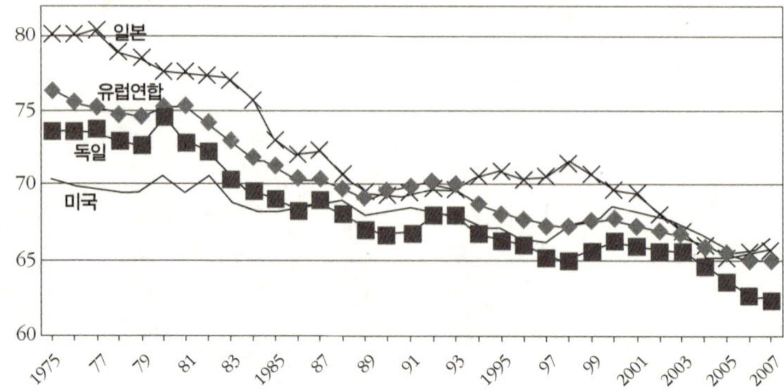


출처: *European Economy*, 6/2002 und Autumn 2007

서 순환을 유지하고 완성할 수 있는 화폐가 하층 계층에는 너무 적게 남기 때문이다. 그러한 한에서 재분배의 악화는 금융시장에서의 더욱더 거대한 금융자산 축적뿐 아니라 현재의 심각한 경기침체 배후에 있는 전체 경제의 수요둔화의 주요한 원인이기도 하다.

1970년대 중반 이래 시작된 노령연금제도의 사유화 또는 부분사유화를 통해 특정 연도 피고용자의 연금보험료는 원래 지불자에게 연금으로 돌아가기 전에 오랜 기간 자본시장으로 향하게 되었다(반면 부과식 제도에서 이 보험료는 직접 당해연도의 연금급여에 사용된다). 이렇게 해서 지난 15년간(그 이상에 대해서는 비교가능한 수치가 충분하지 않다) 48조 달러

---

2) 예컨대 James K. Galbraith, *Created Unequal: The Crisis in American Pay*, Chicago: The University of Chicago Press, 1998; eds. Anthony B. Atkinson & Thomas Piketty, *Top Incomes over the Twentieth Century: A Contrast between Continental European and English-Speaking Countries*, Oxford: Oxford University Press, 2007; OECD, *Growing Unequal?: Income Distribution and Poverty in OECD Countries*, 2008 참조.

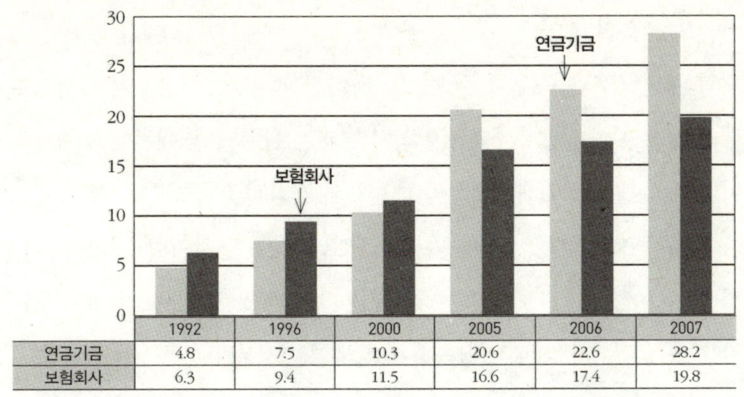



| | 1992 | 1996 | 2000 | 2005 | 2006 | 2007 |
|---|---|---|---|---|---|---|
| 연금기금 | 4.8 | 7.5 | 10.3 | 20.6 | 22.6 | 28.2 |
| 보험회사 | 6.3 | 9.4 | 11.5 | 16.6 | 17.4 | 19.8 |

출처: OECD, *IFSL* 2008, p. 8.

가 연금기금과 생명보험에 축적되었다(〈그림3〉 참조).

금융자산의 국제화의 전제는 국제적 자본거래의 **자유화**였다. 자본 자유화는 1970년대 중반 이래 거대 자본주의 중심국가들에 의해 도입되었고, 선진공업국에서는 1980년대 말까지 완료되었으며, 1990년대에는 종종 IMF와 세계은행의 압력하에 개발도상국과 신흥공업국에서 실행되었다.

**자본의 논리인가 아니면 신자유주의적 반(反)개혁인가?** 아래로부터 위로의 소득재분배와 사회보험의 사유화 그리고 자본시장 자유화는 자본의 이해에 따르는 것이고, 그런 한에서 자본의 '논리'에 부합하는 것이다. 그러나 역사적 과정으로서 이것들을 단순하게 이 논리로만 설명할 수는 없다. 왜냐하면 자본의 이해와 논리에 대해 다른 편에서는 노동과 민주주의의 논리와 이해가 대립하기 때문이다. 실제 역사과정에 대해 결정적인 것은 이 두 개의 이해와 논리 사이의 힘관계이다. 지난 30년간 현실의 전개는 경제적 이해관계 외에 힘과 권력관계가 자본에 유리한 방향으로 대대적으로 이동했다는 점에 있다. 그것은 1970년대 중반에 시작되었고 지금도 계속되고 있다. 이는 한편에서 전후 부흥시기 후에 점증하던 경제적 재생산의 문제에 대한 하나의 답이긴 했지만, 그러나 이 난관으로부터 나온 자연발생적이고 필연적인 결과는 아니었다. 예컨대 투자조절이나 브레턴우즈 체제하에서 국제협력의 강화와 민주화라는 형태의 보다 강력한 정치적 개입 같은 다른 대안도 가능했을 것이다. 그러나 이는 실현될 수 없었다. 그 대신 아래로부터 위로의 소득재분배가 일어났고, 이는 그에 뒤따른 비교적 강력한 축적국면(이것은 자본의 이윤 비율 증가에서 표현된다)의 토대가 되었다. 노령연금제도의 사유화도 자본 논리의 필연적 결과가 아니었다. 그것은 가치증식 전략의 소재로서의 유동성 수단에 대한 금융산업의 이해와 이 이해를 정치적으로 실천하는 거대화된 권력에 조응하는 것이다.

　　구조적 과잉축적의 문제. 위에서 언급한, 세계 금융자산과 세계 국민생산의 전개상의 차이는 중요한 문제를 시사한다. 금융자산은 대부분 수익 없는 현금이 아니라 이자와 배당이윤 그리고 지대로서 이득을 청구하는 형태로 투자되는데, 이 이득은 궁극적으로 가치창출에 의해 생겨나며, 따라서 국민생산으로부터 나와야 한다. 이득에 대한 청구가 장기적으로 가치창출보다도 더 강력하게 증대한다면, 구조적 과잉축적[3]이라 칭할 수 있는 위기적 상황이 발생한다. 축적된 자본의 가치증식이 더욱더 어렵게 된다.

---

3) Stephan Krüger, "Finanzmarktkrise: Der Umschlag des Kredit-in das Monetarsystem-Einordnung in langfristige Entwicklungstendenzen der Kapitalakkumulation", *Supplement der Zeitschrift Sozialismus*, Dez. 2008[이 책의 9장].

## 3. 금융시장 자본주의의 새로운 지형, 핵심 행위자들 그리고 전략

구조적 과잉축적은 자본주의 발전의 근본적으로 새로운 문제는 아니다. 과거에 과잉축적에 대한 자본 편의 반응은 일층의 국제적 팽창 및 착취의 합리화와 집약화였다. 과잉축적은 언제나 다시 공황으로 이어졌으며, 이를 통해 축적된 자본은 감가되고 그래서 새로운 호황으로 넘어갔다. 이전 국면들과 달리 지난 20년간에는 과잉축적이 현존 생산능력의 가동률 저하에서 표현되기보다는 생산능력에 투자되지 못하는 금융수단의 축적에서 표현되었다. 그러나 이는 새로운 지형을 창출하는바, 그것은 한편으로는 자본주의 기업의 금융조건에서, 다른 한편으로는 금융부문의 특별히 높은 성장, 새로운 조직형태 그리고 새로운 권력에서 표현되며, 또 금융부문이 자본주의 발전의 조절에서 지도적인 역할을 부여받는다.

초기 산업자본주의와 발전된 산업자본주의의 특징은, 무엇보다 콘체른의 경영자나 기업가가 통상 어떻게 투자자금을 조달할 수 있는가 하는 문제에 직면하였다는 점이다. 수익성 있는 수많은 투자가능성에 반해 금융조달 수단은 제한되었다. 이 간격은 통상 (신용창출 가능성과 함께) 은행 및 신용제도를 통해, 그리고 주식과 채권발행을 통해 메워졌다.

이런 시대는 이미 지나갔다. 재분배 및 연금제도 사유화의 결과로서 이제 더욱더 증대하는 거대한 금융자산이 수익성 있는 투자가능성의 축소와 대치하고 있다. 기업가와 경영자는 이제 더 이상 그들 투자의 자금조달을 위해 화폐를 찾지 않으며, 오히려 화폐소유자들이 수익성 있는 금융투자의 가능성을 찾고 있다.

이처럼 변화된 경제환경에서는 풍부하게 존재하는 화폐를 모집해서 체계적으로 가치증식하는 것이 그 업무인 서비스부문, 즉 **금융투자기**

관이 중심적인 의의를 지니게 된다. 그들에게는 개별 기업이나 부유한 개인들보다 훨씬 커다란 투자가능성이 놓여 있다. 즉 국내외 직접투자 외에도 그들은 화폐로 투기할 수 있고, 인수합병이나 사유화 프로젝트에 화폐를 투자할 수 있다. 오늘날 금융투자가는 자본시장에 의해 추동되는 현대자본주의의 가장 강력한 행위자이다. 그 대장은 보험회사, 연금기금, 투자기금 등의 기관투자가이다. 2007년 이 세 곳의 기관투자가가 다해서 80조 달러를 관리하였고,[4] 자본주의 국가의 대표적인 주식회사의 거대한 부분이 이들의 투자하에 있다. 그 외에 지난 수년 동안 사모기업이나 헤지펀드 등 작지만 특별히 공격적인 금융투자자들의 중요성이 증대하였다.[5]

금융투자가들은 자립적인 사적 기업이다. 이들은 자기 전략의 소재이자 이윤의 토대인 자산소유자의 화폐를 위해 상호 경쟁한다. 그 성공을 위한 경쟁의 주요 변수는 최종 자산소유자에게 높은 수익을 제공하겠다는 (가장 믿음직스러운) 약속이다. 이 약속을 이행하고 그렇게 해서 광범위한 자산소유자의 신뢰를 위한 토대를 창출하거나 확고하게 하기 위해, 이들은 끊임없이 새로운 전략과 금융혁신을 전개한다. 그것이 성공하는 경우, 경쟁을 통해 이런 혁신은 전체 금융세계로 확산된다.

금융투자가의 부상(浮上)과 강력한 지위는 물론 전통적 은행의 종

---

4) International Financial Service London, "Fund Management 2008", *IFSL Research*, London, October 2008, p.17 참조(www.ifsl.org.uk).

5) Jörg Huffschmid, "Internationale Finanzmärkte: Funktionen, Entwicklung, Akteure", Hg. Jörg Huffschmid & Margit Köppen & Wolfgang Rhode, *Finanzinvestoren: Retter oder Raubritter?: Neue Herausforderungen durch die internationalen Kapitalmärkte*, Hamburg: VSA-Verlag, 2007 참조.

말을 의미하지 않는다. 은행은 오히려 새로운 금융투자 경향에 상당 정도 적응하였고, 그에 따라 자신의 영업모델을 변경하였다. 개인과 기업에 대한 전통적인 예금 및 대출업무 외에, 주식상담, 기업인수 또는 기업방어, 고객주문 및 자기계산으로 하는 유가증권 거래 등 투자은행 업무가 이미 추동되어 왔던 부유계층을 위한 자산관리의 새로운 형태로서 들어선다. 유럽에서는 대표적인 기관투자가들이 전통적인 상업은행들의 자회사로서 이들 은행에 속하는 실정이다. 예컨대 DWS Investments는 도이체방크(Deutsche Bank)에 속한다.

금융투자가의 부상 속에서 은행의 신용정책은 이익증대의 지렛대로서 새로운 주요한 의의를 갖게 된다. 자산소유자의 수익을 높이기 위해 금융투자가는 자신의 자본과, 부분적으로 자기자본의 수배에 달하는 은행신용을 결합한다. 이 타인자본에 대한 이자가 총투자의 수익보다 낮은 한, 이는 자산소유자의 자기자본 수익과, 또한 그 성공에 달려 있는 금융투자가의 소득을 증대시킨다. 이 연관으로부터 부분적으로 2001~2007년에 세계의 거대한 금융 중심들에서 은행신용이 폭발적으로 증가한 것이 설명된다. 풍부하게 존재하는 금융자산을 앞에 두고 실질투자의 자금 조달을 위해 이러한 추가적인 신용 창출이 요구되지는 않았을 것이다. 그것은 오히려 금융시장을 과열시키는 데 기여하였다.

금융투자가의 전략은 대략 다음 세 가지로 세분할 수 있다.

**첫번째 전략은 잉여가치 생산의 중심 즉 기업을 향한다.** 여기서는 기업가치(이는 시장에서 기업을 사들일 수 있는 가격으로서 표현된다)의 증대가 문제다. 합리화와 급진적인 구조조정을 통해 전통적인 구조가 청산되고 있고, 역사적으로 형성된 계급타협은 공격받고 있으며, 노동과 자본의 관계는 가능한 한 배타적으로 후자, 즉 소유자나 '주주'에 유리한 방향으로 새롭게 정립되고 있다. 소유권의 절대적 우위는 가능한 한 신속하게 또 가능한 한 최대의 이윤을 획득하는 원천이라는 속성 외에 다른 모든 속성은 치워 버리는 그런 급진적인 추상을 동반하고 있다.

개별 거대기업에서의 개별 금융투자가의 성공은 다른 금융투자가에 대한 기준이 되고, 이것이 경쟁에 의해 추동되는 전염과정을 통해 부문 전체나 또는 궁극적으로는 전체 경제에 대한 벤치마크나 기준으로서 신속하게 정착된다는 점에 주주가치 극대화 전략의 특별한 동학이 있다. 엄청난 자본과잉 상황에서 새로운 고수익성 요구를 정식화하는 것은 개별 기업을 넘어가는, 금융투자가의 역사적 기능이며, 이 요구의 관철은 어려운 시대에 금융투자가가 이룬 자본의 관점에서의 역사적인 성과다.

금융투자가의 **두번째 전략**은 **정치적 제도 틀의 최적화를 지향**하는 것이다. 그 전면에는 부유계층과 자본을 위한 감세, 사유화의 요구와 촉진이 있다. 양자는 맞물려 있다. 자본을 위한 조세감면은 자본의 순소득을 증대시키고, 이는 다시 수익성 있는 투자로 전환되어야 한다. 그러나 동시에 조세감면은 재정수입을 위태롭게 하고, 공공서비스에 압박을 가한다. 공공서비스의 사유화는 공공재정의 부담을 완화하고, 자산소유자에게 새로운 투자가능성과 이득가능성을 제공한다. 이는 본질적으로 사적 부의 증대와 공적 빈곤의 증대에 관한 문제다.

금융투자가의 **세번째 전략**은 **금융투기**다. 그것은 지난 수년간 특별히 과도함을 경험했다. 여기에는 헤지펀드 같은 특별한 투기기업뿐 아니라 중요하게는 거대은행 또한 참가하였다. 광적인 기업인수와 투기 프로젝트에 대한 신용제공이 없었다면, 또 상환능력 없는 채무자에 대한 거침없는 신용제공(이들의 채무가 '문서로 보증되어[증권화되어] 전 세계에 뿌려졌다)이 없었다면, 지난 수년간의 투기 붐은 가능하지 않았을 것이다.

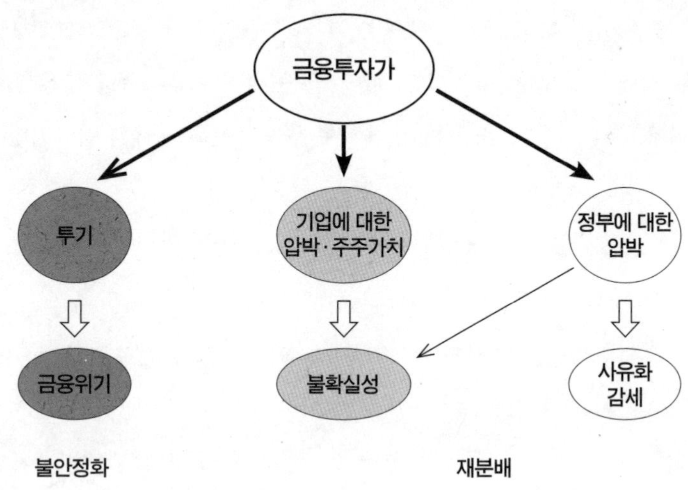


금융시장 자본주의의 부상과 관철과정에서 이들 전략은 자본주의 발전을 극히 불안정하게 만들었다. 그것들은 인구의 증대하는 부분에 대해 양극화와 불안전 그리고 불확실성을 증대시켰고, 세계경제적 불균형을 강화하였으며, 투기적인 자본흐름을 극적으로 증가시켰다. 이 불안정은 제2차 세계대전 이래 최대의 금융 및 경제위기로 폭발하였다.

## 4. 위기는 금융투기의 붕괴지만 금융시장 자본주의의 붕괴는 아니다

현재의 금융위기는 현 금융시장 자본주의의 중심적 전략의 하나로서 금융투기의 붕괴를 의미한다. 금융위기는 세계적인 침체를 심화시키는데, 이 침체는 [금융위기가 아니더라도] 주기적인 하강으로서 어쨌든 들이닥쳤을 것이며, 그 종료는 아직 내다볼 수 없는 상태다. 투기공황은 핵심적으로 신용 피라미드가 붕괴하면 발생하는 신용공황이다. 이전의 신용공황들에 비해 현재 공황의 새로운 점은 그 긴 기간과 무분별한 신용공여의 거대한 규모다. 이 위기는 한편으로는 불량신용의 위험을 증권화(Verbriefung)와 매각을 통해 전 세계로 뿌려 놓은 은행들의 이윤지향적 금융혁신 정책의 결과이다. 다른 한편으로 이는 정부와 감독기관이 투기전략을 수용했을 뿐 아니라 탈규제와 보조금을 통해 대대적으로 이 전략을 촉진했기 때문에 가능하였다.

현 금융위기의 실제적 손실이 어느 정도인지는 2009년 초 현재 아무도 모른다. 국제기관들에 의해 취급되는 수치들은 매번 다시 변경되고 다달이 증가하고 있다. 그러는 동안 수조 달러가 말해지고 있다. 2007년 말 세계 금융자산 225조 달러[6]와 관련해 3조 달러의 손실규모는 겨우 1.5% 수준으로 특별히 크다 할 수 없다. 세계 국민생산(약 55조 달러) 대비로는 상당히 커서 약 5%나 된다. 이 손실은 우선 주식소유자와 신용을 공여한 은행 및 대출 패키지 매입자가 부담하게 된다.

위기 시에 주식은 소유자가 믿을 수 없는 가공자본임이 드러난다. 또한 신용은 단지 적은 부분만 확실한 가치에 의해 보증되는 인위적으로 창출된 화폐라는 점도 드러난다. 위기 시에 주식과 신용의 일부는 허공으로 날아가 버린다. 이는 금융자산의 소유자에 대해서도, 전체 금융제도의 작동능력에 대해서도 일정한 결과를 가져온다.

주식소유자들은 더 가난해지지만, 그것은 물론 이들이 주식의 수익에 의존해 살아야 하는 경우에만 이들에게 직접적인 결과를 가져온다.

---

6) IMF, *Stat*, Appendix 2008.

피고용자들은 대개 이런 경우가 아니다. 그러나 연금수급자와 은퇴자의 경우에는 그러하다. 그들의 소득과 생활수준은 저하한다. 자신의 주식을 매도하지 않는 (또는 매도하지 않아도 되는) 사람들은 어떤 실질적인 손실도 입지 않는다. 매도하지 않은 주식의 시가 상승으로 이전에 실질적인 이득이 발생하지 않은 것처럼 그렇게 말이다. 금융제도의 작동능력에 대한 금융위기의 문제는, '체제에 중요한' 하나의 은행이 붕괴하고 은행 간 시장을 통한 촘촘한 연관 때문에 다른 은행들도 함께 심연으로 떨어질 때 들이닥치는 공포스러운 도미노효과를 통해 일어난다. 그러한 체제 위협적인 효과를 방지하기 위해 모든 거대 자본주의 국가의 정부는 대대적인 조처를 취하였다. 그것은 사실상 무제한적인 국가의 신용보증으로부터, 무가치하거나 위험한 증권의 높은 가격으로의 매입을 통한 대규모 보조금이나 국가자본의 투입, 그리고 위험에 직면한 은행들의 완전한 국유화 또는 구원을 위한 인수(붕괴로부터 구원한 후 곧 다시 사유화할 목적으로)에까지 이르고 있다.

과도한 금융투기와 탐욕 및 과대망상은 대대적인 공공의 비판을 초래했고, 금융시장과 그 주요 행위자들의 평판은 명백히 손상되었다. 그러한 한 금융시장 자본주의는 현재 신뢰를 잃었다. 그러나 문제는 금융시장 자본주의가 경제적 또는 정치적으로 본질적으로 약화되었는가 하는 것이다. 내게 이는 무엇보다 다음 세 가지 이유에서 의문스럽게 보인다.

우선 **첫째**, 투기의 붕괴와 함께 동시에 금융시장 자본주의의 주요 행위자들의 다른 두 개의 전략적 선택도 함께 떨어져 나간 것은 아니다. 기업에 대한 압력이라는 전략적 선택에 대해서 위기는 한편으로 일련의 금융투자자들의 붕괴를 가져왔지만, 그러나 다른 한편으로는 금융부문에서 집적과 권력집중을 증대시켰고, 그리고 셋째로 전체적으로 위축된 금융자산을 둘러싼 투자자들 사이의 경쟁을 강화시켰다. 이 경쟁에서 결정적인 성공요인은 여전히 화폐소유자에 대한 높은 수익의 약속일 것이다. 물론 지난 수년간의 극단적인 단기전망 추구는 새 정부들의 압력하에 중장기적 지향에 길을 내줄 것이다. 이는 주주가치 극대화 전략의 수정이자 완화이겠지만, 결코 그 극복은 아닐 것이다. 또한 의회와 정부에 대한 금융기관의 압력도 아마 줄어들지 않을 것이다. 그 이유는, 한편에서 짧은 기간의 구원 후에 모든 당사자들의 의사에 따라 다시 사유화되고 인수합병을 통해 완전하게 된 금융부문의 권력과, 다른 한편에서 국가재정의 전개 때문이다. '은행을 구원'하기 위해 사용된 대규모 자금은 공공재정을 대대적으로 압박할 것이고, 국가채무를 극적으로 증대시킬 것이다. 이 수단들의 경우는 고전적인 케인스주의적 경기부양(그 결과로 경제의 수익과 조세부담능력이 증가한다)의 문제가 아니다. 문제는 다만 경제의 완전한 추락을 방지해야 하는, 그밖에는 조금도 생산적 효과가 없는 단순한 구원조처일 뿐이다. 이런 상황에서는 국가지출에 있어 전반적인 긴축압박이 증대할 것이며, 정부는 보다 공격적으로 공공자산을 매각하고, 공공서비스를 해체·외주화하거나 강력한 합리화의 압력으로 가져갈 가능성을 찾을 것이다. 사유화는 아마도 다른 형태를 취할 것이고, 금융투자가의 전략은 보다 장기적으로 될 것이며, 행동주의적 헤지펀드 대신에 아마도 '지속성'의 관점에서 인프라펀드나 해외 국부펀드가 들어설 것이다. 사유화에서 공격적인 창끝은 거둬들이겠지만, 그러나 그 주요 형태인 공공서비스의 상업화는 여전히 남아 있을 것이고 증대할 것이다.

다른 한편 **둘째**, 금융시장 자본주의의 형성을 가져온 토대적 경향은 위기에 의해 전혀 중단되지 않았거나 다만 수정되었다. 자산과 소득의 집적은 진척되고 있고, 노령연금제도의 사유화도 꾸준히 계속 추동되고

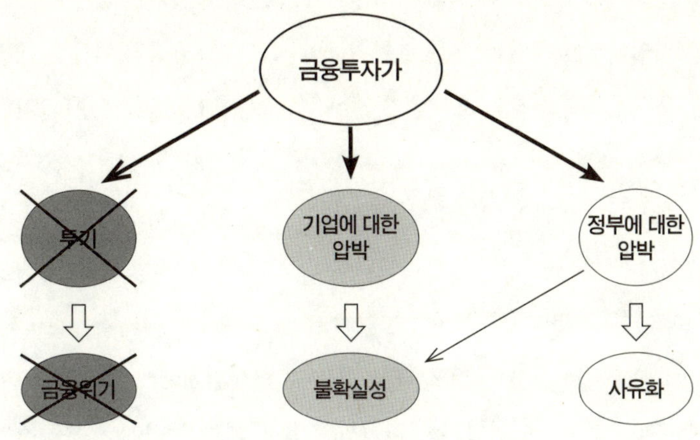


있다. 상층부의 자산이 위기의 결과 상당히 위축되었지만, 그 재건은 이미 시작되었다.

셋째, 정치지형과 상태를 보더라도 금융시장 자본주의의 근본모델과의 단절을 말하기 어렵다. 현재의 상황은 2차대전 이후의 상황과 비교할 수 없다. 당시는 일찍이 보지 못했던 규모의 인류 대참사와 물리적 파괴, 그리고 파시즘 시기에 성장한 저항운동이 주요 개혁의 토대를 형성했고, 인류 대다수와 정치단체 그리고 노동조합에 의해 그 개혁이 요구되었고 추진되었다. 오늘날은 그런 것을 이야기할 수 없다. 위기의 규모는 전쟁과, 또 종전 직후 시기와 비교할 수 없다. 거대 정치단체들과 정당들은 확고하게 자본주의 토대 위에 서 있고, 얼마 전까지도 금융투자가들에게 레드카펫을 펼쳐 주었으며, 근본적으로 새로운 방식의 정치적 조절로 나아갈 준비가 되어 있지 않다. 케인스주의 경기부양 프로그램은 비상조치로 받아들여지고 있고, 새로운 개입주의 조절모델로의 전환의 신호는 아니다. 노동조합에 있어서는 실로 현 상황이 사회적 제도 틀의 계획 같은 새롭고 보다 광범위한 답변을 요구한다는 인식이 높아지고 있지만, 그러나 다른 한편에서는 조합원들의 직접적인 일상적 이해를 대변하고 공황에서 일자리와 소득을 지켜야 한다는 압박을 받고 있다. 2차대전 종전 후 무엇보다 평화와 통일유럽을 위한 운동으로서 짧은 상승기를 경험하고 그후 냉전의 압력하에 상당 정도 사라졌던 사회운동은 지난 수년간 주목할 만하게 그리고 국제적 차원에서 발전하였지만, 그러나 결코 대중의 의식에 뿌리내려 수용되고 있지 못하다.

이와 같은 이유로 나는 심각한 금융 및 경제위기에 의한 현재의 함몰에도 불구하고, 또 경영자의 투기와 탐욕에 대한 불신에도 불구하고 지난 30년간 형성되어 온 금융시장 자본주의의 실제적인 권력구조는 본질적으로 약화되지 않았다는 것으로부터 출발한다.


### 5. 신속한 회복, 심연으로의 추락 또는 안정의 지체라는 세 가지 전망: 그 각각은 정치적으로 무엇을 의미하는가?

위기의 앞으로의 진행과 그 정치적 대응에 대해 세 가지 이념형적 시나리오를 생각할 수 있다.

첫번째 시나리오는 신속한 회복이다. 공황은 올해 안으로 종료하고, 아시아 경제위기 이후인 1990년대 말과 신경제 공황이 끝난 2004년 이후처럼 신속하고 강력한 호황이 뒤따른다. 그러면 그때처럼 금융시장 자본주의는 일층 강화되고, 광범위한 정치개입이나 '신국제금융구조'(Neuen internationalen Finanzarchitektur)에 관한 모든 컨셉은 사라져 버리고, 기왕에 실시된 개혁조처들은 철회되고 탈조절이 계속될 것이다.

　　그러나 이런 시나리오의 현실화는 별로 가능할 것 같지 않다. 이에 대해서는 선진 자본주의 국가들에서의 불황의 동시성과 격렬성 그리고 금융시장의 지속적인 불안정성이 말해 주고 있다. 모든 거대국가들의 정부와 국제기관들은 이 위기가 빠르게 호황으로 전환되지 않을 것이며, 따라서 정치적 행동의 필요가 막대하다는 인식 위에 입각해 있다.

　　**두번째 시나리오**는 위와 반대의 경우를 상정한다. 금융위기는 금융제도의 토대적 기능(지불거래, 예금보호 그리고 신용공여)을 대대적으로 손상시키고, 경기침체는 실업률이 20%나 되는 대량실업 및 엄청난 빈곤증대와 함께 불황의 지속으로 확대된다. 이 시나리오는 공공의 토론의 상당한 부분에서 현실적인 것으로 간주되었으며, 공황은 이제 막 시작되었고 전면적인 붕괴가 임박했다고 주장한다. 이러한 시나리오의 등장은 추측건대 극적인 정치적 결과(그러나 민주주의의 진전과 사회적 진보의 방향이 아닌)를 가져올 것이다. 유럽에서 이 시나리오는 아마도 한편에서 유럽연합의 급속한 붕괴로 이어질 것이고, 다른 한편에서 자본주의 체제를 구원하기 위한 권위주의적 개입형태를 촉진할 것이다. 이는 복지국가의 철저한 해체와 국제적 팽창시도의 강화를 의미할 것이다. 이 외에도 자본주의 체제를 장기적으로 강화하기 위한 대대적이고 중장기적인 국가개입의 새로운 물결이 도래할 것이다. 여기에는 인프라 투자 프로그램뿐 아니라 각각의 국민경제를 강화하고 그 국제적 지위를 뒷받침하기 위한 전략적 국유화가 속한다. 민주주의로의 전환과는 아무 관계가 없을 것이다. 사회민주주의는 이때 권위주의 체제와 한편이 될 것이고, 대부분의 노동조합이 이 권위주의적-국가주의적 전략에 코포라티즘적으로 편입될 수도 있다는 우려를 물리칠 수 없다.

　　나는 금융시장과 세계경제의 브레이크 없는 추락이라는 이러한 극단적인 시나리오의 현실화도 가능할 것으로 보지 않는다. 우선, 거대 신흥공업국들(무엇보다 중국과 인도, 그리고 브라질, 아르헨티나)이 경기하강에 의해 타격은 받았지만, 아직 높은 성장률을 보이고 있으며 세계경제의 추락을 저지한다. 둘째, 선진자본주의 국가들에서도 기업들이 생존하기 위해서 공황에도 불구하고 착수해야만 하는, 새로운 순환의 대체투자가 조만간 일어날 것이다. 셋째, 오늘날 정부는 과거보다 더 효과적이고 더 많은 경제정책적 개입가능성을 손안에 가지고 있다. 침체가 더 심화된다면, 아마도 더 광범위한 경기부양 프로그램이 가동되어 상황을 안정시킬 것이다. 미국과 중국은 이때 지도적인 국가가 될 것이다. 유럽(특히 독일)은 경제정책적 조정을 완전히 결여하고 있기 때문에, 경제적 회복이 오히려 제약될 것이지만, 그러나 장기적으로는 저지되지 않을 것이다. 금융부문에는, 특히 투명하지 못한 대출 패키지의 경우 아직도 상당히 불안한 요소가 존재한다. 지난해 은행의 이익은 부분적으로 명백하게 저하하였지만, 그러나 특히 미국에서 여전히 실질적 손실을 보고 있는 은행은 무엇보다, 장엄한 사례였던 리먼 브라더스(Lehman Brothers Holdings Inc), 씨티그룹(Citigroup) 그리고 뱅크 오브 아메리카 등 단지 몇 개일 뿐이다. 그동안 미국의 모든 거대은행들은 부분적으로 다시 상당한 이익을 올렸다. 위기년도인 2008년 유럽의 30대 은행 중에서 25개의 은행이 이익을 보았으며, 단지 5개의 은행만이 손실을 입었다.[7] 또한 이번에 각국 정부는 모든 이데올로기적 저항에도 불구하고 위기 시에 단호하게 은행을 구원할 것임을 신뢰할 수 있게 보여 주었다. 그럼에도 신

---

7) *Handelsblatt*, 2009. 4. 14, SS. 24~25.

용공여가 경색된다면, 이는 은행의 어려운 상태 때문이 아니라 그 폐쇄적 태도 때문이다.

이런 이유들 때문에 나에게는 다음의 세번째 시나리오가 가장 현실적으로 보인다. 위기는 당분간 지속될 것이고 더 심화될 수도 있다. 그러나 추락으로 나아가지는 않을 것이다. 그러고 나서 위기는 스태그네이션 국면으로 들어서고, 수년 후에는 약한 호황으로 전환될 것이다. 호황국면에서는, 지체되어 왔지만 포기할 수 없는 대체투자가 주도권을 잡을 것이다. 실업률은 최고의 수준에 도달한 뒤 당분간 그 수준에 머물 것이다. 금융시장에 대해 이 시나리오는 기업이 중기적으로는 지난 수년간의 과도한 투기를 반복하지 않을 것이라는 점에 입각해 있다. 아마도 2009년 4월 런던 G20 정상회의의 대단히 미미한 결과도 모험적이고 사기적인 거침없는 금융곡예를 밀어내는 데 기여할 것이다.

정치적으로 이 시나리오는 근본적으로 두 개의 측면으로 열려 있다. 하나는 현재의 정치지형으로부터 거의 자연발생적으로 나오는 것이고, 다른 하나는 대대적인 노력과 압력을 요구한다.

위기가 당분간 더 심화되어도 추락으로 끝나지는 않는다는 이 전망이 맞는다면, 현재의 정치지형은 본질적인 변화 없는 **비정치(Aussitzen)의 정치**[위기의 진행을 내버려 두고 끝나기를 지켜 보는 정치]를 하기에 좋은 기회이다. 그 결과는 중기적으로 신자유주의 정책의 계속(약간 수정된 것이지만)일 것이다. 경기부양 패키지는 시장경제적 질서를 회복하기 위한 한시적인 비상 프로그램으로 간주될 것이다. 비상상태의 종료 후에 발전의 주요방향은 압도적으로 '시장' 즉 지배적인 콘체른과 금융투자가에 의해 규정될 것이다. 국가는 물론 중재자로서 보다 커다란 역할을 할 것이다(이는 '위기로부터의 교훈'일 것이다). 금융제도는 공적 예산의 투입을 통해 정리되고 축소되며, 다시 사유화될 것이다. 아마도 위험관리와 투명성을 위한 규정들은 확대되고, 과도한 금융투기는 저지될 것이다. 그밖에 균형예산의 원칙과 전적으로 물가안정 지향적인 금융정책의 원칙은 유지될 것이고, 사회개혁은 공공서비스의 축출과 상업화 그리고 '자기책임' 원칙의 강화를 목표로 할 것이며, 사유화는 계속될 것이다. 전체적으로 이 정책은 약간 완화된 형태에서 금융시장 자본주의의 안정화를 가져올 것이다. 재분배와 사유화에 기초한 발전의 근본구조는 계속될 것이므로, 장기적으로 과잉축적의 문제는 다시 첨예화될 것이다. 그러면 이 체제는 다시 위기 앞에 서게 될 것이다.

유쾌하지 않은 이 전망에 대한 대안은 금융시장 자본주의의 근본구조를 민주적으로 극복하고, 다른 사회경제발전 유형으로의 전환을 꾀하는 것이다. 한편에서 위기와 다른 한편에서 금융시장 자본주의의 안정적인 근본구조라는 현재의 조건하에서 이러한 내안을 위한 컨셉은 두 가지의 똑같이 중요한 도전 앞에 놓여 있다.

한편에서 그것은 대다수 사람들을 위해서 경제적·사회적 상태의 단기적인 안정화를 위한 길을 제시해야 하고, 불안전과 불확실성 그리고 위기의 일층의 심화와 그로부터 나오는 권위주의적 해결책으로의 경향을 저지해야만 한다. 다른 한편에서 그것은 이 안정화가 이전의 구조와 메커니즘을 회복하는 것으로 이어지지 않도록 해야 한다. 이 위기의 배경에 대한 우리의 테제가 맞다면, 이는 결국 지속적인 사회적·경제적 안정은 오로지 위로부터 아래로의 소득과 자산의 근본적인 재분배를 통해서만 가능하다는 것을 의미한다. 이는 물론 위로부터 아래로의 정치권력의 지속적 재분배를 가져올 정치적·사회적 운동, 즉 사회구조의 급진적인 민주화를 요구한다. 사적 자산의 집적과 가치증식에 대한 그 압력으로부터 발생하는 문제를 억제하고 완화시킬 새로운 개입 및 조절수단을 매번 고안하는 것은 궁극적으로 충분하지 않다. 이 압력의 발생 자체를 저지해야 한다.

그에 필요한 정치적 에너지를 결집하기 위해서는 중간수순이 필요하다. 현재의 경제적·사회적 문제상황과 적절한 해결책에 대한 기업과 정부의 명백한 비의지 또는 거부에 직면해서, 단기 안정화와 민주적 변화를 결합하기 위한 다음 세 개의 프로젝트가 제시되어야 한다.

**첫째**, 지금까지의 형태에서 금융부문의 명백하고 극적인 기능상실에 대한 답은 단순하게 은행을 구원하는 것이 아니라 전체적으로 금융부문을 민주적으로 개혁하는 것이다. 여기에는 은행의 사회화와 근본적인 은행개혁이 필요하다. 그것은 은행을 예금 수령과 관리, 신용공여, 원활한 지불거래의 보장이라는 그 핵심과제를 담당하도록 돌려 놓아야 하고, 주요한 은행서비스에 모든 사람이 접근하는 것을 보증해야 한다.

**둘째**, 일자리의 질과 수 및 환경의 극적인 위험에 직면하여 국가의 화폐 및 재정정책은 공공투자 프로그램과 차별화된 신용정책을 통한 현 침체의 극복을, 양호한 노동조건하에서의 완전고용 및 (에너지 조달과 교통, 농업의) 지속가능한 구조로의 생태학적인 개조를 위한 전환과 결합시킬 것을 목표로 해야 한다.

**셋째**, 점점 증대하는 공공서비스의 사유화 경향은 중단되어야 하고, **사적 이윤계산에 종속되지 않는 민주적인 공공부문의 건설에 착수해야 한다.** 여기서 공공부문은 보편적인 시장원리에 의해 예외로서 용인되는 것이 아니라 시장부문에 대한 독자적인 대안으로서 존속한다.

이러한 전망은 지속적으로 높은 조세부담률과 국가재정비율을 함축한다. 이와 같은 요구는 신자유주의 진영으로부터 격렬한 저항에 부딪

힐 뿐 아니라 종종 체제비판적인 좌파 진영으로부터도 회의와 거부에 부
딪힌다. 거부의 이유는 자본의 이해를 지향하는, 압도적으로 제국주의적
이고 비민주적인 국가정책의 성격 때문이다. 이 지적은 상당히 합당하지
만, 그렇다고 국가를 피하는 것이 올바른 답은 아니다. 답은 국가를 민주
화하는 데 있다.

# 13장 외르크 후프슈미트와 국가독점자본주의론[*]

호르스트 하이닝어 · 그레첸 비누스

지난 20년 동안 국가독점자본주의론에 관한 논의는 거의 없었다. 국가독점자본주의론은 그 교조주의와 오류에 대한 일괄적인 평가 속으로 함몰되어 버려졌거나 또는 간단하게 묵살되었다. 그러나 일찍이 알지 못했던 차원의 금융시장 붕괴 및 그 사회적 결과를 가져온 최근의 경제위기가, 국민적 수준과 국제적 수준에서 독점화의 진전과 두드러지게 강화된 (경제에서의) 국가개입주의에 대한 설득력 있는 실물 수업을 제공한다. 오직 소수의 학자들만이 일층의 자본주의 분석을 위한 국가독점자본주의론의 유효성과 관련하여 그것의 근본적 관심사와 주요 주장들을 평가하는 수고를 마다하지 않았다.

## 1. 국가독점자본주의론의 비판적 결산

학문적 정직함을 지녔던 외르크 후프슈미트는 이미 1990년대 초에 이 이

---

[*] Horst Heininger & Gretchen Binus, "Jörg Huffschmid und die Theorie des staatsmonopolistischen Kapitalismus", *Z. Zeitschrift Marxistische Erneuerung*, Nr.82, Juni 2010.

론의 비판적인 결산을 제시하였다.[1] 그 역시 다른 학자들처럼 자본주의의 역사적 발전에서 국가독점자본주의의 역할을 "사회주의로의 직접적 전(前) 단계"(레닌)로서 잘못 평가한 것과, 자본주의의 전반적 위기라는 잘못된 교의를 국가독점자본주의의 컨셉과 혼용한 것에 비판의 초점을 맞추었다. 게다가 국가독점자본주의를 자본주의 사회의 새로운 발전단계로서 사회구성체론적으로 규정하는 것은, 경제관계에서의 변화를 과대평가하고 정치적·생태적·시민사회적 발전은 과소평가하는 것임이 드러났다.

후프슈미트는 이러한 비판적 이의들을 모두 인정하면서도, 국가독점자본주의론의 근본적 관심사와 주요한 이론적 주장들은 여전히 유효하며 현대자본주의 분석을 위해서도 포기할 수 없다는 결산을 분명히 하였다. 우리는 맑스주의 붕괴론자들의 예측이 타당하지 않은 것으로 드러나고, 그러한 시나리오가 실현되지 않은 원인을 어디에서 찾아야 하는가라는 질문이 제기되었던 1950년대 말에 비로소 국가독점자본주의론을 완성하기 위한 작업이 시작되었음을 잊어서는 안 된다. 정말 얼마 지나지 않아 천착과 연구를 통해 그 원인을 우선 경제에서의 국가의 새로운 역할과 자본주의 적응능력의 새로운 형태에서 찾아야 한다는 결론이 도출되었다. 무엇보다 경제에서의 국가개입주의의 강화가 자본주의의 하나의 항상적 특징이 되었고, 생산력의 진보와 함께 경제발전이 작동하기 위한 절대적 조건이 되었다는 인식이 이 결과에 속하는 것이다. 이 국가

---

1) Jörg Huffschmid, "Weder toter Hund noch schlafender Löwe", *Zeitschrift für sozialistische Politik und Wirtschaft*, Ht.82, 1995; Ulich Dolata & Jörg Huffschmid, "Deterministische Phasentheorie und unter-komplexes Verflechtungsmodell?", *Z. Zeitschrift Marxistische Erneuerung*, Nr.10, Jun.1992 참조.

개입주의는 무엇보다 경제적으로 지배적인 기업, 즉 경제를 지배하는 독점자본의 이해를 위해 행해진다. 국가와 대기업 간 결합과 유착의 다양한 형태를 통해 독점화 과정과 그에 따른 소득의 재분배가 일층 추진된다. 이 "국가독점주의"는 오늘날 자본주의의 하나의 중요한 특성을 이룬다. 후프슈미트는 이 새로운 발전에 대해 다음과 같이 엄밀한 특징을 부여하였다. "…… 국가독점자본주의의 발전은 주지하다시피 일층의 객관적인 사회화 요구(이는 사적·독점적 조직형태와 조절형태를 통해서는 실현될 수 없다)에 대한 반응이다. 포괄적이고 지속적인, 자본의 가치증식과정에의 국가의 개입은 독점자본을 위한 새로운 운동공간을 창출한다. 그로써 국가독점적 조절은 모순과 위기경향의 일시적 극복에서 중요한 계기가 되며, 현대 제국주의가 명백하게 생명능력을 가지고 있는 것에 대한 하나의 설명요인이 된다."[2]

## 2. 국가독점자본주의의 핵심구조

후프슈미트에 따르면, 국가독점주의라는 자본주의에서의 이 새로운 발전은 세 개의 '핵심구조', 즉 첫째, 사회적 조직원리로서 자본의 지배, 둘째, 집적된 대자본의 경제적·정치적 우세, 셋째, 대자본과 국가의 이해관계의 비교적 긴밀한 유착을 보여 준다.[3] "이를 인지하지 못하는 자는 현

---

2) Jörg Huffschmid, "Friedensfähigkeit des Kapitalismus und Imperialismustheorie", *Marxistische Studien, Jahrbuch des IMSF*, 1989, S.92.
3) Jörg Huffschmid, "Reformalternative: Noch ein Abschied von noch einer Illusion?", *Neue Realitäten des Kapitalismus: Linke Positionsbestimmungen, IMSF Forschungen & Diskussion* 11, Frankfurt am Main, 1995, S.12.

대자본주의와 그 정치적 조절의 경제적 핵심을 놓치게 된다”[4]고 후프슈미트는 말한다.

지난 수십 년 사이에 이 세 개의 핵심구조 각각에서, 국가개입주의에 의해 결정적으로 각인된 주요한 발전과 변화가 있었다. 후프슈미트는 일찍이 이 사실에 주목하였다.[5] 한편에서는 전반적으로, 자동차·제약·석유산업에서처럼 특정한 소재부문에서 세계시장에서의 결정적인 또는 심지어 지배적인 지위를 추구하는 독점자본의 강화된 팽창전략을 확인할 수 있다. 이는 무엇보다 인수합병을 통한 기존 기업의 가속적인 자본집중의 규모 증대를 통해 일어나거나(이 경우 “더 이상 프로필에 적합하지 않은” 콘체른 부문은 매각해 버린다), 또는 예컨대 미디어 통합 콘체른 같은 소재부문의 새로운 형성을 통해 일어난다.

다른 한편에서는 분업적 부문들의 복잡성을 통한 높은 수준의 사회화 과정을 필요하게 하는 새로운 축적영역에 대한 대자본의 시배를 획인할 수 있다. 이는 무엇보다도 두 개의 거대한 차원의 인프라 스트럭처(하부구조)에 관계된다. 즉, 지금까지 이윤논리에 종속되지 않았지만 이제는 사유화를 통해서 (주로 국민적인 틀 내에서) 자금능력을 지니고 있는 자본에 종속되는 사회부문이 한 차원을 이루는데, 여기에는 건강보험제도와 노인복지 같은 공공복지, 에너지와 수자원 같은 사회안전체계의 여타 부문, 그리고 수많은 공공적인 과학·교육·문화시설들이 들어간다. 또 다

---

4) Jörg Huffschmid, "Weder toter Hund noch schlafender Löwe", *Zeitschrift für sozialistische Politik und Wirtschaft*, Ht.82, 1995, S.35.
5) Jörg Huffschmid, "Strukturpolitik ohne Staat? Widersprüche in der jüngsten Fusionsbewegung", *Diskussionsunterlage*, Mai 2000.

른 차원은 과학기술 진보와 환경·기후·식량 같은 지구적 문제들(이는 높은 사회화 수준에서의 물질적인 해결책을 요구한다)과 관련하여 새로 형성되는 시장들이다. 이것들은 산업적으로 각인된 이제까지의 실물경제를 넘어가는, 그러나 실물경제의 일층의 발전과 밀접하게 결합된 투자영역이다. 그것은 무엇보다도 국제적인 차원을 보여 주며, 거대한 금융수단을 요구한다.

예컨대 그러한 새로운 영역으로서 형성된 인프라 산업은, 이미 선진 산업국가들의 거대 초국적 콘체른들 간의 권력지위를 둘러싼 싸움터가 되어 버렸다. 인프라 산업은 전력·전신·교통·수자원·천연가스 등의 산업 부분영역들의 결합 속에서 자본투자를 위한 이윤성 있는 시장의 하나로 발전하고 있다. 이 부문들은 현대경제에 대해서 결정적이며, 오늘날 효율성과 경쟁력 그리고 성장의 전제조건으로 간주되고 있다. 따라서 저개발된 국민경제의 미래의 발전을 위한 인프라 산업의 중요성은 근본적이다.[6]

이와 같은 독점자본주의적 발전과정은 다양한 형태에서의 국가개입주의의 증대를 동반한다. 대자본의 확장에 유리한 국가조처가 전반적으로 증대하는 것을 인프라 스트럭처의 수준에서 확인할 수 있다. 다른 한편 이 영역에서 국제적인 국가독점적 성격이 더욱 강하게 각인되고 있다. 무엇보다 산업적으로 저개발된 국가들에서 최신 과학기술에 조응하는 인프라 스트럭처의 필요성과 사용가능한 자원 사이에 커다란 간격이

---

6) United Nations Conference on Trade and Development(UNCTAD), *World Investment Report, Transnational Corporations and the Infrastructure Challenge*, Geneva, 2008, p.85 이하 참조.

존재하는데, 이것이 이 영역을 집적된 대자본에 유리하게 확장시키기 위한 광범위한 국가개입주의의 전제를 이룬다.


## 3. 금융시장 자본주의

후프슈미트는 '금융시장 자본주의'(Finanzmarktkapitalismus)에 대한 자신의 저작들로 자본주의의 최근의 발전에 대한 이론적 완성에서 특별한 업적을 이룩했다. 이 영역에서 그의 최초의 성공적인 연구작업은 주지하다시피 1999년에 간행된 책[『금융시장의 정치경제학』(*Politische Ökonomie der Finanzmärkte*)]이었다. 그 사이 이 책은 전공문헌의 하나의 표준적인 저작이 되었고, 또한 이 저작에서 후프슈미트는 복잡한 경제적 연관들을 대중적으로 이해할 수 있는 형태로 만들어 가능한 한 넓은 독자층에게 매개할 수 있었다.

다름 아닌 금융시장의 발전이 국민적 및 국제적 수준에서 경제에서의 국가 역할의 강화에 대한 탁월한 사례이다. 후프슈미트가 보여 준 바와 같이, 사적 금융자산의 장기에 걸친 축적과 국제화는 금융시장 자본주의의 경제적 토대를 이룬다.[7] 아래로부터 위로의 소득 및 부의 재분배와 광범위한 사유화, 그리고 1970년대 중반 이래 추진된 자유화의 결과로 지난 20년간 축적된 엄청난 금융자산은 가능한 한 수익성 있는 단기투자를 물색했다. 실물자본으로의 투자에서는 수익성이 발견되지 않았지만, 다양한 종류의 금융투기에서 그 가능성이 제공되었다. 그 결과는

---

7) Jörg Huffschmid, "Nach der Krise: Das Ende des Finanzmarktkapitalismus?", *Z. Zeitschrift Marxistische Erneuerung*, Nr.78, Jun. 2009, S.36[이 책의 394쪽] 이하 참조.

금융투자를 소재적 토대로부터 분리하는 것, 즉 금융투자의 '탈소재화'였다. 그것은 동시에 투기적 동기가 점차로 금융시장의 동력이 되었음을 의미하였다.[8]

금융시장 자본주의의 발전은 국가개입의 증대와 결합되었다. 신자유주의 경제컨셉에 따라서 개별 국가들은 금융시장의 행위자들에게 필수적인 최적의 외적 조건과 직접적인 지원조처를 제공하였다. 여기에는 조세감면 및 조세면제, 공기업의 광범위한 사유화, 그리고 무엇보다도 자본이동의 자유화 및 국민적 금융시장의 탈조절이 들어갔는데, 이것들은 또한 투기적 행위자들의 무제한적인 활동을 가능하게 하였다. 독일에서 이것은 1991년부터 1998년까지의 특별한 금융시장촉진법들을 통해서, 그리고 지난 10년간 유럽연합의 틀 내에서 국민적 금융시장의 상호 개방과 자유로운 자본이동을 위한 정치적 수단인 금융시장의 통합을 통해서 일어났다.

현재의 경제금융위기에서 은행과 기업 또한 바로 그 투기의 결과로 파산에 직면했을 때, 구원자로서 국가를 요청하는 목소리가 높아졌다. 그에 따른 막대한 금액의 지출은 국가부채를 심화시키고, 결국 납세자의 부담과 자본에 유리한 소득의 재분배를 가져온다. 동시에 경제위기의 압력하에 국가는 지금까지 사적 자본가적 행위자들에 의해 수행되었던 경제적 기능을 떠맡게 된다. 이것은 화폐 및 신용창출 제도 자체에서 아주 명백하게 행해진다. 중앙은행이 사적 상업은행의 주요기능을 떠맡는 것이다.

---

8) Jörg Huffschmid, *Politische Ökonomie der Finanzmärkte*, Hamburg: VSA-Verlag, 1999, SS.14~15 참조.

미국·영국·일본에서는 중앙은행이 직접 대기업에 자금을 지원하였다. 게다가 모든 자본주의 국가들이 은행에 국가보증을 제공하였다.


## 4. 국가독점자본주의의 발전변종

1988년 개혁대안에 대한 저작에서 후프슈미트와 융은, 현대 국가독점자본주의에서 상이한 발전변종들 ——사회의 정치·경제관계의 구체적 형상에서 중요한—— 이 형성될 수 있다는 것을 적시하였다. 그 두 개의 주요형태의 한편이 시장급진적·권위적인(Markt-radikalautoritäre) 반(反)국가주의적 변종이고, 다른 한편이 개입주의적·개혁적 변종이다.[9]

후프슈미트는 후에도 몇 번씩 발전변종의 의의라는 문제로 돌아왔다. "전망할 수 있는 가까운 시기에 자본주의로부터 사회주의로의 이행이 사실상 정치적 일정에 오르지 못하는 국면에서는, 컨셉상의 에너지와 정치적 에너지를 자본주의 내에서의 개혁적 변화에 집중시키는 것이 중요하다. 따라서 좌파의 긴급한 과제는 공격적이고 권위적인 발전변종의 관철과 고착을 저지하고 개혁변종을 강화하는 것이다."[10]

후프슈미트는 현실자본주의 내에서의 실제적인 개혁을 지향하는 것 외엔 다른 어떤 대안도 추구하지 않았다. 개혁대안의 컨셉은 따라서 그 유효성을 지닌다. "즉, 사회적 정의와 생태적 조화, 나아가 평화와 민주주의를 지향하는 실제적인 변화를 이론적으로 완성하고 정치적으로

---

9) Jörg Huffschmid & Heinz Jung, *Reformalternative: Ein marxistisches Plädoyer*, Arbeitsmaterialien des IMSF 28, Frankfurt am Main, 1988, Reprint 2010, SS.41~42 참조.
10) Huffschmid, "Reformalternative: Noch ein Abschied von noch einer Illusion?", SS.12~13.

관철하는 것에 좌파의 정치력을 집중하자는 요구"[11]인 것이다.

이렇게 간략하고 단편적인 개관만으로도 국가독점자본주의론의 발전을 위해 후프슈미트가 얼마나 중요한 기여를 했는가를 알 수 있다. 여기에는 특히 국가독점자본주의론의 결함에 대한 그의 비판적인 견해도 포함된다.

---

11) ibid., S.25.

# 참고문헌

**국내문헌**

김성구, 「독점자본주의의 정체경향에 대하여」, 『이론』 제3호, 1992.

______, 「마르크스의 공황론 방법과 주기적 과잉생산공황론」, 『마르크스주의 연구』 제10호, 2008.

______, 「맑스의 이윤율의 경향적 저하법칙: 재구성을 위하여」, 『노동사회과학』 제1호, 2008.

______, 「사회화와 구조개혁 그리고 이행의 쟁점에 대하여」, 김성구 편저, 『사회화와 이행의 경제전략』, 이후, 2000.

______, 「산업순환 및 공황론으로서 이윤율저하설의 오류에 대하여」, 『마르크스주의 연구』 제17호, 2010.

______, 「신자유주의 시장절대주의의 위기와 사회화의 전망」, 『사회공공연구소 설립 기념 토론회 자료집: 자본의 신자유주의, 노동의 사회공공성』, 2008. 8. 20.

______, 「월러스틴의 세계체제론: 맑스주의적 비평」, 김성구 편, 『사회화와 공공부문의 정치경제학』, 문화과학사, 2003.

______, 「『자본』에서 마르크스의 독점(가격/이윤)에 대한 이해」, 『이론』 제10호, 1994.

______, 「현대자본주의와 국가독점자본주의론」, 맑스코뮤날레 조직위원회 엮음, 『지구화시대 맑스의 현재성』 2권, 문화과학사, 2003.

______, 「현대자본주의의 위기와 사회화 프로그램의 이행론적 함의」, 『마르크스주의 연구』 제2권, 제1호, 2005.

김수행·안삼환·정병기·홍태영, 『제3의 길과 신자유주의』, 서울대학교 출판부, 2003.

다카기 아키라, 김성구 옮김, 「『자본론』의 이론적 성격과 이윤율 개념의 두 가지 규정에 대하여」, 『노동사회과학』 제2호, 2009.

칼 마르크스, 김수행 옮김, 『자본론』 제1~3권, 비봉출판사, 2001~2004; 강신준 옮김, 『자본』 I~III, 도서출판 길, 2008~2010.

박승호, 『좌파 현대자본주의론의 비판적 재구성』, 서울대학교 경제학 박사학위 논문, 2004.

로버트 브레너·마크 글릭, 「조절접근: 이론과 역사」, 『사회경제평론』 5, 1992.

소련 세계경제·국제관계연구소, 『부르조아 경제학 비판』, 민족민주운동연구소 경제분과 옮김, 장백, 1989.

신정완, 『임노동자기금 논쟁과 스웨덴 사회민주주의』, 여강, 2000.

이매뉴얼 월러스틴, 『역사적 자본주의/ 자본주의 문명』, 나종일·백영경 옮김, 창작과비평사, 1993.

______, 『우리가 아는 세계의 종언』, 백승욱 옮김, 창작과비평사, 2001.

이매뉴얼 월러스틴·테렌스 K. 홉킨즈, 『이행의 시대』, 김영아·백승욱 옮김, 창작과비평사, 1999.

이토 마코토, 『가치와 공황』, 김수행 옮김, 비봉, 1988.

장석준, 『최근의 사회화 정책 논의와 한국 사회에서의 그 적실성』, 연세대학교 사회학과 석사논문, 2002.

조반니 아리기, 『장기 20세기』, 백승욱 옮김, 그린비, 2008.

『인터넷 경향』, 「"신자유주의 끝나고 새 질서 도래": 제라르 뒤메닐 인터뷰」, 2009년 5월 27일자.

『인터넷 한겨레』, 「제라르 뒤메닐-정성진 교수 대담: 새로운 '위기'를 말하다」, 2009년 6월 3일자.

『한겨레』, 「대전환의 시대. 제1부 자본주의 어디로 가나?: 세계 석학과의 대담」, 이매뉴얼 월러스틴 편, 2008년 12월 31일자; 미셸 아글리에타 편, 2009년 1월 7일자; 로버트 브레너 편, 2009년 1월 29일자.


## 해외문헌


Aglietta, Michel, *A Theory of Capitalist Regulation: The US Experience*, London: Verso, 1979.

______, "Die finanzielle Globalisierung", Michel Aglietta und Joachim Bischoff u.a., *Umbau der Märkte*, Hamburg: VSA-Verlag, 2002.

Agnelli, Giovanni & Arrigo Levi, *Intervista sul capitalismo moderno*, Bari: Laterza, 1983.

Akyüz, Yilmaz, "Taming International Finance", Hg. Jonathan Michie & John Grieve Smith, *Managing the Global Economy*, New York: Oxford University Press, 1995.

Albo, Gregory, "A World Market of Opportunities? Capitalist Obstacles and Left Economic Policy", ed. Leo Panitch, *Ruthless Criticism of all that Exists: Socialist Register 1997*, New York: Monthly Review, 1997[김성구 편저, 『사회화와 공공부문의 정치경제학』에 수록].

Aldcroft, Derek & Peter Fearon eds., *British Economic Fluctuations 1790~1939*, London: Macmillan, 1972.

Altvater, Elmar, "Bruch und Formwandel eines Entwicklungsmodells: Die gegenwärtige Krise ist ein Prozeß gesellschaftlicher Transformation", Hg. Jürgen Hoffmann, *Überproduktion, Unterkonsumtion, Depression*, Hamburg: VSA-Verlag, 1983.

______, "Der Kapitalismus in einer Formkrise", *Aktualisierung Marx'*, AS100, Berlin: Argument-Verlag, 1983.

______, "La teoria del capitalismo monopolistico di stato e le nuove forme di socializzazione capitalistica", *Il marxismo oggi, Storia del marxismo* Vol. 4, Torino, 1982.

______, Hg. *Die Krise des Kapitalismus und ihre politischen Folgen*, Frankfurt/Wien: Europäische Verlagsanstalt, 1969.

Altvater, Elmar & Jürgen Hoffmann & Willi Semmler, "Produktion und Nachfrage im Konjunktur- und Krisenzyklus", *WSI-Mitteilungen*, Köln: Bund-Verlag, 1978.

Altvater, Elmar & Kurt Hübner & Michael Stanger, *Alternative Wirtschaftspolitik jenseits des Keynesianismus*, Opladen: Westdeutscher Verlag, 1983.

Alvarado, Julio CéSar Godoy, *Wirtschaftspolitik in Mexiko: Der globale Finanzmarkt und das Scheitern des Neoliberalismus*, Bremen, 1996.

Amin, Samir & Giovanni Arrighi & André Gunder Frank & Immanuel Wallerstein, *Dynamics of Global Crisis*, New York/London: Monthly Review Press, 1982.

Arbeitsgruppe Alternative Wirtschaftspolitik, *Memorandum 1983*, Köln: Pahl-Rugenstein, 1983.

______, *Memorandum 1984*, Köln: Pahl-Rugenstein, 1984.

______, *Memorandum 2009*, Köln: Pahl-Rugenstein, 2009.

Arrighi, Giovanni et al., "A Crisis of Hegemony", *Dynamics of Global Crisis*, New York: Mothly Review Press, pp. 55~108, 1982.

Atkinson, Anthony B. & Thomas Piketty eds., *Top Incomes over the Twentieth Century: A Contrast between Continental European and English-Speaking Countries*, Oxford: Oxford University Press, 2007.

Autorenkollektiv, *Imperialismus heute*, Berlin: Akademie-Verlag, 1965.

______, "Jahresbericht 1984: Zur Wirtschaftslage imperialistischer Länder", *IPW-Berichte*, Berlin: DDR, Aug. 1984.

______, *Politische Ökonomie des Kapitalismus*, Lehrbuch, Berlin: DDR, 1980.

______, *Staatsmonopolistische Regulierung in der kapitalistischen Weltwirtschaft*, Berlin: DDR, 1984.

______, *Strukturwandel und Strukurkrisen im gegenwärtigen Kapitalismus*, Berlin: DDR, 1983.

______, *Zur Theorie des staatsmonopolistischen Kapitalismus*, Berlin: Akademie-

Verlag, 1967.

Axt, Heinz-Jürgen, "Nationalstaat und internationalisierung des Kapitals", Hg. IMSF, *Der Staat im staatsmonopolistischen Kapitalismus der Bundesrepublik: Staatsdiskussion und Staatstheorie*, Frankfurt am Main: IMSF, 1981.

Bell, Daniel, *Die Nachindustrielle Gesellschaft*, Frankfurt/New York: Campus-Verlag, 1975.

Benassi, Corrado & Alessandra Chirco & Caterina Colombo, *The New Keynesian Economics*, Oxford: Blackwell, 1994.

Berger, Johannes, "Wandlungen von Krisenursachen im wohlfahrtsstaatlichen Kapitalismus", Argument Sonderband AS68, 1981.

Bertrand, Hugues, "France: modernisations et piétinements", ed. Robert Boyer, *Capitalismes fin de siècle*, Paris: PUF, 1986.

Binus, Gretchen, "Monopole in der Staatsmonopolistischen Regulierung", *IPW-Berichte*, Sept. 1981.

______, "Zur Analyse der gegenwärtigen Krise und ihrer Bewertung unter dem Aspekt ihrer staatsmonopolistischen Entwicklung", marx-engels-stiftung.de, 2009.

Bischoff, Joachim, *Der Kapitalismus des 21. Jahrhunderts: Systemkrise oder Rückkehr zur Prosperität?*, Hamburg: VSA-Verlag, 1999.

______, "Die Finanzkrise und Alternativen", *Z. Zeitschrift Marxistische Erneuerung*, Nr. 78, Jun. 2009.

______, "Ein neues Akkumulationsregime?", Michel Aglietta & Joachim Bischoff u.a., *Umbau der Märkte*, Hamburg: VSA-Verlag, 2002.

______, *Globale Finanzkrise: Über Vermögensblasen, Realökonomie und die 'neue Fesselung' des Kapitals*, Hamburg: VSA-Verlag, 2008.

______, *Jahrhundertkrise des Kapitalismus*, Hamburg: VSA-Verlag, 2009.

______, *Mythen der New Economy: Zur Politischen Ökonomie der Wissensgesellschaft*, Hamburg: VSA-Verlag, 2001.

______, "Postfordistischer Kapitalismus oder Krise des Fordismus", *Sozialismus*, Ht. 1, 1995.

______, "Überakkumulation, Krise und neokonservative Strategie", PROKLA u.a., *Kontroversen zur Krisentheorie*, Hamburg: VSA-Verlag, 1986.

______, *Zukunft des Finanzmarkt-Kapitalismus: Strukturen, Wider-sprüche, Alternativen*, Hamburg: VSA-Verlag, 2006.

Block, Fred L., *The Origins of the International Economic Disorder*, Berkeley: University of California Press, 1977.

Bluhm, Katharina, "Konturen der Fordismusdebatte", *Berliner Debatte INITIAL*, Jg. 7, Ht. 6, 1996.

Boccara, Paul, "La Crise du capitalisme monopoliste d'Etat et les luttes des travailleurs", *Economie et Politique*, No. 185, Dec. 1969.

Boccara, Paul, et al., *Le Capitalisme monopoliste d'état*, Paris : Éditions sociales, 1971.

Bönisch, Alfred Hg., *Demokratische Alternativen in Wirtschaftstheorie und Wirt-schaftspolitik*, Köln: Pahl-Rugenstein, 1987.

Borko, J., "Methodologische Fragen der Analyse des staatsmonopolistischen Kapitalis-mus", *Sowjetwissenschaft: Gesellschaftswissenschaftliche Beiträge*, Nr. 10, 1973.

Boyer, Robert, *La Théorie de la régulation: Une analyse critique*, Paris: La Découverte, 1986[정신동 옮김,『조절이론』, 학민사, 1991].

Brenner, Robert, *The Boom and the Bubble: The US in the World Economy*, London: Verso, 2002[정성진 옮김,『붐 앤 버블』, 아침이슬, 2002].

Breuer, Wilhelm M., *Zur Politischen Ökonomie des Monopols: Einführung in die Probleme der Monopoltheorie*, Köln: Kiepenheuer & Witsch, 1975.

Bureau of the Census, *Historical Statistics of the United States: Colonial Times to 1970*, Part 1 & 2, Washington, 1975.

Coates, David, "Labourism and the Transition to Socialism", *New Left Review*, No. 129, Sept.- Oct. 1981.

Cripps, Francis, "The British Crisis: Can the Left Win?", *New Left Review*, No. 128, Jul.-Aug. 1981.

de Carvalho, Fernando J. Cardim, *Mr Keynes and the Post Keynesians: Principles of Macroeconomics for a Monetary Production Economy*, Aldershot: Edward Elgar, 1992.

de Wolff, Sam, *Het Economisch getij*, Amsterdam: Emmering, 1929.

_____, "Prosperitäts- und Depressionsperioden", Hg. Hermann Otto Jenssen u.a., *Der Lebendige Marxismus*, Jena: Thüringer Verlagsanstalt und Druckerei, 1924.

Demirovic, Alex, "Regulation und Hegemonie: Intellektuelle, Wissenspraktiken und Akkumulation", Hg. Alex Demirovic & Hans-Peter Krebs & Thomas Sablowski, *Hegemonie und Staat: Kapitalistische Regulation als Projekt und Prozeß*, Münster: Verlag Westfälisches Dampfboot, 1992.

DIW-Wochenbericht, "Globalisierte Finanzmärkte: machtlose Geldpolitik?", *DIW-Wochenbericht*, Nov. 1995.

_____, "Globalisierung: Falle oder Wohlstandsquelle?", *DIW-Wochenbericht*, Nr. 23, 1997.

Dolata, Ulrich, "Das Phantom der Globalisierung", *Blätter für deutsche und internationale Politik*, Jan. 1997, Berlin: Blätter Verlagsgesellschaft, 1997.

_____, "Staatsmonopolistische Regulierung in der Krise", U. Dolata u.a., *Große Krisen des Kapitalismus: Lange Wellen der Konjunktur?*, Frankfurt am Main: IMSF, 1985.

Dolata, Ulrich & Jörg Huffschmid, "Deterministische Phasentheorie und unter-komplexes Verflechtungsmodell?", *Z. Zeitschrift Marxistische Erneuerung*, Nr. 10, Jun. 1992.

Dufey, Gunter & Ian H. Giddy, *The International Money Market*, Englewood Cliffs: Prentice-Hall, 1978.

Dupriez, Léon Hugo, *Des Mouvements Economiques Généraux*, Vol. II, Louvain: Institut de recherches économiques et sociales, 1947.

______, *Konjunktur-philosophie*, Berlin: Duncker & Humblot, 1963.

Eatwell, John, *International Capital Liberalisation: An Evaluation: A Report to UNDP*(SSA no. 90-049), New York, 1996.

Engels, Friedrich, *Die Entwicklung des Sozialismus von der Utopie zur Wissenschaft*, *MEW*, Bd. 19[최인호 외 옮김,「유토피아에서 과학으로의 사회주의의 발전」,『칼 맑스·프리드리히 엥겔스 저작선집』5권, 박종철출판사, 1997].

______, *Herrn Eugen Dührings Umwälzung der Wissenschaft(Anti-Dühring)*, *MEW*, Bd. 20, 1962, S. 255[최인호 외 옮김,「오이겐 뒤링 씨의 과학 변혁("반-뒤링")」,『칼 맑스·프리드리히 엥겔스 저작선집』5권, 박종철출판사, 1997].

Fedder, J.(=Jacob Van Gelderen), "Springvloed-Beschouwingen over industrieele ontwikkeling en prijsbeweging", *De Nieuewe Tijd*, Nos. 4, 5, 6, April, May, June, Vol. 18, 1913.

Fiehler, Fritz, *Die Gesellschaft der Vermögensbesitzer: Über Geld, Chicago und Milton Friedman*, Hamburg: VSA-Verlag, 2000.

Friedmann, Georges, "Sociologie du Travail et Science Sociales", Georges Friedmann & Pierre Naville, *Traite de Sociologie du Travail*, Paris: Éditions Armand Colin, 1961.

Galbraith, James K., *Created Unequal: The Crisis in American Pay*, Chicago: The University of Chicago Press, 1998.

Gallmann, Robert E., "Commodity-Output 1839~1899", *Trends in the American Economy in the 19th Century, Studies in Income and Wealth*, No. 24, Princeton: Princeton University Press, 1960.

Gannage, Charlene, "E. S. Varga and the Theory of State Monopoly Capitalism", *The Review of Radical Political Economics*, Fall 1980.

Garvy, George, *International Encyclopedia of Social Sciences*, 1968, 6권 중 '콘드라티예프'에 관한 논문.

______, "Kondratieff's Theory of Long Cycles", *The Review of Economic Statistics*, Vol. XXV, No. 4, Nov. 1943.

Goldberg, Jörg, "Das Konzept der 'Langen Wellen' der Konjunktur", Ulrich Dolata u.a., *Große Krisen des Kapitalismus: Lange Wellen der Konjunktur?*, Franfurt am Main: IMSF, 1985.

_____, "Die Finanzmarktkrise und das neoliberale Akkumulationsmodell", *Z. Zeitschrift Marxistische Erneuerung*, Nr. 76, Dez. 2008.

_____, "Die historische Stellung der gegenwärtigen Wirtschaftskrise: Mehr Fragen als Antwort", *Z. Zeitschrift Marxistische Erneuerung*, Nr. 78, Jun. 2009.

_____, "Die Reproduktionsbedingungen des fixen Kapitals als Grundlage von Stagnationstendenzen", Hg. IMSF, *Marxistische Studien*, Jahrbuch des IMSF 2, 1979.

_____, "Die Überakkumulation von Kapital als Regulierungsproblem", Jürgen Hoffmann u.a., *Überproduktion, Unterkonsumtion, Depression: Analysen und Kontroversen zur Krisentheorie*, Hamburg: VSA-Verlag, 1983.

_____, "Konsequenzen Krisentheoretischer Überlegungen für die Beurteilung der Künftigen Kapitalistischen Wirtschaftsentwicklung", Hg. IPW, *Rolle und Besonderheiten der Zyklischen Krise der Kapitalistischen Weltwirtschaft 1980/83*, Berlin: DDR, 1984.

Goldberg, Jörg & Jörg Huffschmid, "Konservative Wende unter Sozialdemokratischer Führung", *Marxistische Blätter*, Frankfurt am Main: Neue Impulse Verlag, Mai 1982.

Gordon, David & Richard Edwards & Michael Reich, *Segmented Work, Divided Workers*, New York: Cambridge University Press, 1982.

Gramsci, Antonio, *Gefängnishefte*, Bd. 1, Ht. 1, Hamburg: Argument-Verlag, 1991.

_____, *Gefängnishefte*, Bd. 2, Ht. 2, Hamburg: Argument-Verlag, 1991.

_____, *Gefängnishefte*, Bd. 3, Ht. 4, Hamburg: Argument-Verlag, 1992.

_____, *Gefängnishefte*, Bd. 6, Ht. 11, Hamburg: Argument-Verlag, 1994.

_____, *Philosophie der Praxis*, Frankfurt: S. Fischer, 1967.

Grossmann, Henryk, *Das Akkumulations- und Zusammenbruchsgesetz des kapitalistischen Systems*, Frankfurt: Neue Kritik, 1967.

Gündel, Rudi, "Krisenprozesse in der kapitalistischen Weltwirtschaft", *IPW-Berichte*, Dez.1980.

Hansen, Alvin & Richard Clemence, *Readings in Business Cycles and National Income*, London: Allen & Unwin, 1953.

Haq, Mahbub ul & Inge Kaul & Isabelle Grunenberg Hg., *The Tobin Tax: Coping with Financial Volatility*, New York: Oxford University Press, 1996.

Härtel, Hans-Hagen & Rolf Jungnickel u.a., *Grenzüberschreitende Produktion und Strukturwandel: Globalisierung des deutschen Wirtschaft*, Baden-Baden/Nomos, 1996.

Heininger, Horst, "Fordismus und SMK-Theorie: Zur Aktualität der Theorie des Staatsmonopolistischen Kapitalismus(II)", *Z. Zeitschrift Marxistische Erneuerung*, Nr. 33, Mär. 1998.

_____, "K. Marx und die Labilität des kapitalistischen Wirtschafts-systems", *IPW-Berichte*, Mär. 1983.

_____, "Zur Aktualität der Theorie des Staatsmonopolistischen Kapitalismus. I. Der formationstheoretische Aspekt", *Z. Zeitschrift Marxistische Erneuerung*, Nr. 31, Sept. 1997.

Heininger, Horst & Gretchen Binus, "Jörg Huffschmid und die Theorie des staatsmonopolistischen Kapitalismus", *Z. Zeitschrift Marxistische Erneuerung*, Nr. 82, Jun. 2010.

Heininger, Horst & Lutz Maier, *Internationaler Kapitalismus*, Berlin: Dietz, 1987.

Helleiner, Eric, "Post-Globalization: Is the Financial Liberalization likely to be Reversed", eds. Robert Boyer & Daniel Drache, *States against Markets: The Limits of Globalization*, London/New York: Routledge, 1996.

_____, *States and the Reemergence of Global Finance: From Bretton Woods to the 1990s*, Ithaca/New York: Cornell University Press, 1994, Teil 2.

Herzenstein, A., "Gibt es grosse Konjunkturzyklen?", *Unter dem Banner des Marxismus*, Nos. 1~2, 1929.

Heseler, Heiner & Rudolf Hickel, "Wirtschaftskrise, Wirtschaftsdemokratie und Vergesellschaftung", Hg. Heseler & Hickel, *Wirtschaftsdemokratie gegen Wirtschaftskrise*, Hamburg: VSA-Verlag, 1986[김성구 편저, 『사회화와 공공부문의 정치경제학』에 수록].

Hickel, Rudolf, "Die theoretischen Grundlagen des Memorandums", *Alternative Wirtschaftspolitik*, Argument-Sonderband AS 35, Berlin: Argument-Verlag, 1979.

Hill, Thomas Peter, *Profits and Rates of return*, Paris: OECD, 1979.

Hirsch, Joachim, "Das neue Gesicht des Kapitalismus", Hg. Ursula Beer u.a., *Die versteinerten Verhältnisse zum Tanzen bringen: Beiträge zur marxistischen Theorie heute*, Berlin: Dietz, 1991.

_____, *Der Sicherheitsstaat*, Frankfurt: Europäische Verlagsanstalt, 1981.

_____, *Kapitalismus ohne Alternative?*, Hamburg: VSA-Verlag, 1990.

Hirsch, Joachim & Roland Roth, *Das neue Gesicht des Kapitalismus: Vom Fordismus zum Postfordismus*, Hamburg: VSA-Verlag, 1986.

_____, *Der nationale Wettbewerbsstaat*, Berlin/Amsterdam: Edition ID-Archiv, 1995.

Hobsbawm, Eric, *Age of Extremes: The Short Twentieth Century, 1914~1991*, London: Michael Joseph, 1994[이용우 옮김, 『극단의 시대: 20세기 역사』 상·하, 까치, 1997].

Hoffmann, Jürgen, "Staatliche Wirtschaftspolitik als Anpassungsbewegung der Politik an die kapitalistischen Ökonomie", Hg. Brandes u.a., *Handbuch 5 Staat*, Frankfurt am Main: Europaische Verlags-anstalt, 1977.

Hoffmann, Jürgen, Hg., *Überproduktion, Unterkonsumtion, Depression*, Hamburg:

VSA-Verlag, 1983.

Hoffmann, Walther G., *Das Wachstum der deutschen Wirtschaft seit der Mitte des 19. Jahrhunderts*, Berlin: Springer Verlag, 1965.

Höhme, Hans-Joachim, *Probleme des Gegenwärtigen kapitalistischen Krisenzyklus*, Berlin: DDR, 1982.

Holloway, John & Sol Picciotto, "Capital, Crisis and the State", *Capital & Class*, No.2, Summer, 1977.

Hübner, Kurt, "Neue Gesichtszüge des Kapitalismus: Anmerkungen zu der Fordismus-Postfordismus-Analyse von Hirsch & Roth", Kurt Hübner & Birgit Mahnkopf, *Ecole de la Régulation: Eine kommentierte Literaturstudie*, Berlin: Wissenschaftszentrum, 1988.

______, *Theorie der Regulation*, Berlin: Edition Sigma Bohn, 1989.

Hübner, Kurt & Birgit Mahnkopf, *Ecole de la Régulation: Eine kommentierte Literaturstudie*, Berlin: Wissenschaftszentrum, 1988.

Hübner, Kurt & Michael Stanger, "Konjunkturzyklen, lange Wellen und historische Stadien der Kapitalakkumulation", *Marxistische Studien*, No.11, 1986.

Huffschmid, Jörg, "Bedeutung und Begründung des Monopolbegriffs in der Marxistischen Politischen Ökonomie", *Theorie des Monopols*, Argument-Sonderband 6, Berlin: Argument-Verlag, 1975.

______, "'Dominanz globalisierter Finanzmärkte': Politische Kapitulation statt ökonomisches Gesetz," *Z. Zeitschrift Marxistische Erneuerung*, Nr. 31, Sept. 1997.

______, "Entwicklungsstadien des Kapitalismus", *Kontroversen zur Krisentheorie*, PROKLA u.a., Hamburg: VSA-Verlag, 1986.

______, "Friedensfähigkeit des Kapitalismus und Imperialismustheorie", *Marxistische Studien, Jahrbuch des IMSF*, 1989.

______, "Internationale Finanzmärkte: Funktionen, Entwicklung, Akteure", Hg. Jörg Huffschmid & Margit Köppen & Wolfgang Rhode, *Finanzinvestoren: Retter oder Raubritter?: Neue Herausforderungen durch die internationalen Kapitalmärkte*, Hamburg: VSA-Verlag, 2007.

______, "Möglichkeiten systemimmanenter Krisenüberwindung?", *Alternative Wirtschaftspolitik*, Argument-Sonderband AS 35, 1979.

______, "Nach der Krise: Das Ende des Finanzmarktkapitalismus?", *Z. Zeitschrift Marxistische Erneuerung*, Nr. 78, Jun. 2009.

______, *Politische Ökonomie der Finanzmärkte*, Hamburg: VSA-Verlag, 2002.

______, "Reformalternative: Noch ein Abschied von noch einer Illusion", *Neue Realitäten des Kapitalismus: Linke Positionsbestimmungen, IMSF Forschungen und Diskussion* 11, Frankfurt am Main, 1995.

______, "Staatseigentum und demokratischer Staat: Zu den Perspektiven einer fortschrittlichen Vergellschaftungskonzeption", Hg. Heiner Heseler & Rudolf Hickel, *Wirtschaftsdemokratie gegen Wirtschaftskrise*, 1986[김성구 편저, 『사회화와 공공부문의 정치경제학』, 문화과학사, 2003에 수록].

______, "Strukturpolitik ohne Staat? Widersprüche in der jüngsten Fusionsbewcgung", *Diskussionsunterlage*, Mai 2000.

______, "Weder toter Hund noch schlafender Löwe", *Zeitschrift für sozialistische Politik und Wirtschaft*, Ht. 82, 1995.

Huffschmid, Jörg & Heinz Jung, *Reformalternative: Ein marxistisches Plädoyer*, Arbeitsmaterialien des IMSF 28, Frankfurt am Main, 1988, Reprint 2010.

Imbert, Gaston, *Des Mouvements de Longue Durée Kondratieff*, Aix-en-Provence: Université d'Aix-Marseille, 1959.

Institut für Internationale Politik und Wirtschaft(IPW) Hg., *Internationale Monopole*, Berlin: Dietz-Verlag, 1978.

______, *Krisenprozesse in der kapitalistischen Weltwirtschaft*, Berlin: Dietz-Verlag, 1981.

______, *Rolle und Besonderheiten der zyklischen Krise der kapitalistischen Weltwirtschaft 1980/83*, Berlin: Dietz-Verlag, 1984.

______, *Währungsprobleme des heutigen Kapitalismus*, Berlin: Dietz-Verlag, 1982.

International Financial Service London(IFSL), "Fund Management 2008", *IFSL Research*, London, October 2008(www.ifsl.org.uk).

International Monetary Fund, *World Economic Outlook*, May 1997.

Isard, Walter, "A Neglected Cycle: The Transport-building Cycle", *Review of Economic Statistics*, Vol. 34, 1942.

Jessop, Bob, "Postfordismus: Zur Rezeption der Regulationstheorie bei Hirsch", *Das Argument*, Nr. 3, Jg. 30, Ht. 169, 1988.

Judith, Rudolf & Jürgen Peters, "Vergesellschaftung der Stahlindustrie: Ein Kernelement des 'Stahlpolitischen Programms der IG Metall'", Hg. Heseler & Hickel, *Wirtschaftsdemokratie gegen Wirtschaftskrise*, 1986[김성구 편저, 『사회화와 공공부문의 정치경제학』에 수록].

Junne, Gerd, *Der Eurogeldmarkt: Seine Bedeutung für Inflation und Inflationsbekämpfung*, Frankfurt: Campus-Verlag, 1976.

Jung, Heinz, "Die privatmonopolistische Entwicklungsvariante des staats-monopolistischen Kapitalismus der BRD: Voraussetzungen, Inhalt, Perspektiven. Entwicklungstendenzen 1973~1978", Hg. IMSF, *Marxistische Studien*, Jahrbuch des IMSF 1, 1978.

______, "Vergesellschaftung", *Europäische Enzyklopädie zu Philosophie und*

*Wissenschaften*, Hamburg: Felix Meiner Verlag, 1990.

______, "Zur Entwicklung der Theorie des staatsmonopolistischen Kapitalismus in der neueren Literatur der UdSSR und DDR", Hg. IMSF, *Marxistische Studien*, Jahrbuch des IMSF 4, 1981.

Jung, Heinz & Josef Schleifstein, *Die Theorie des Staatsmonopolistischen Kapitalismus und ihre Kritiker in der Bundesrepublik Deutschland*, Frankfurt am Main: Verlag Marxistische Blätter, 1979.

Kalecki, Michal, *Theory of Economic Dynamics*, London: Allen & Unwin, 1954.

Kautsky, Karl, "Die Wandlungen der Goldproduktion und der Wechselnde Charakter der Teuerung", Supplement to *Die Neue Ziet*, No.16, 24 Jan. 1913.

______, "Krisentheorien", *Die Neue Ziet*, Vol. XX, 1901~ 1902.

Kebir, Sabine, *Antonio Gramscis Zivilgesellschaft: Alltag-Ökonomie-Kultur-Politik*, Hamburg: VSA-Verlag, 1991[이철규 옮김, 『안토니오 그람시의 시민사회』, 백의, 1994].

Keynes, John Maynard, "Proposals for an International Clearing Union", ed. Herbert G. Grubel, *World Monetary Reform, Plans and Issues*, California: Stanford University Press, 1963.

______, *The General Theory of Employment, Interest and Money*, London: Macmillan, 1973[조순 옮김, 『고용, 이자 및 화폐의 일반이론』, 비봉출판사, 2007].

Kim Seong-Gu, *Zur Rekonstruktion der These der Stagnationstendenz im Mono-polkapitalismus: Ein theoretischer Versuch*, Bremen, 1992.

Kindleberger, Charles Poor, *A Financial History of Western Europe*, London/Boston/Sydney: Allen & Unwin, 1984.

______, *Die Weltwirtschaftskrise 1929~1939*, München: Deutscher Taschenbuch Verlag, 1984.

Kisker, Klaus-Peter, "Strukturelle Überakkumulation und Krise der Erwerbsarbeit", *Z. Zeitschrift Marxistische Erneuerung*, Nr. 31, Sept. 1997.

Klein, Dieter, *Chancen für einen friedensfähigen Kapitalismus*, Lehrhefte, Berlin: Dietz-Verlag, 1988.

______, "Die Marxsche Auffassung zum Regulierungsmechanismus im Kapitalismus", *IPW-Berichte*, Mär. 1983.

______, "Imperialismus und staatsmonopolistischer Kapitalismus", *Konsequent*, Sonderband 5, 1981.

______, "Krise der staatsmonopolistischen Regulierung und Tendenzen imperialistischer Anpassung", *IPW-Berichte*, Mai 1983.

______, "Wirkungsmechanismus der Ökonomischen Gesetze und Tendenzen Imperialistischer Anpassung in der Gegenwart", Ulrich Dolata u.a., *Große Krisen des Kapitalismus: Lange Wellen der Konjunktur?*, Frankfurt am Main: IMSF, 1985.

Kleinknecht, Alfred, "Profitratenentwicklung, Lange Wellen und Zyklus", PROKLA u.a., *Kontroversen zur Krisentheorie*, Hamburg: VSA-Verlag, 1986.

______, "Überlegungen zur Renaissance der 'langen Wellen' der Konjunktur ('Kondratieff-Zyklen')", Hg. Wilhelm Heinz Schröder & Reinhard Spree, *Historische Konjunkturforschung*, Stuttgart: Klett-Cotta, 1980.

Kondratieff, Nikolai Dmitriyevich, "Die lange Wellen der Konjunktur", *Archiv für Sozialwissenschaft und Sozialpolitik*, Vol. 56, No. 3, December 1926.

______, "Die Preisdynamik der industriellen und landwirtschaftlichen Waren", *Archiv für Sozialwissenschaft und Sozialpolitik*, Vol. 60, 1928.

______, *Die Weltwirtschaft und ihre Bedingu-ngen Während und nach dem Krieg*, Moscow, 1922.

Kowalski, Reinhold, "Krisenzyklus und Regulierungskrise", Hg. IPW, *Rolle und Besonderheiten der zyklischen Krise der kapitalistischen Weltwirtschaft 1980/83*, Berlin: DDR, 1984.

______, *Krise und Neue Tendenzen in der Gegenwärtigen Staatsmonopolistischen Regulierung*, Berlin: DDR, 1982.

______, *Widersprüche der Kapitalakkumulation und Regulierungskrise*, Berlin: DDR, 1983.

Krätke, Michael, "Zur Politischen Ökonomie des Wohlfahrtsstaates", *PROKLA* 49, 1982.

Krüger, Stephan, *Allgemeine Theorie der Kapitalakkumulation: Langfristige Entwicklung und konjunktureller Zykus*, Hamburg: VSA-Verlag, 1986.

______, "Anforderungen an gewerkschaftliche Betriebspolitik: Einordnung in aktuelle Entwicklungstendenzen der Kapitalakkumulation", *Sozialismus*, Jg.34, Ht. 1, 2007.

______, "Geld und Geldware: Der Außen- und der Binnenwert des Geldes", *Berliner Verein zur Förderung der MEGA-Edition* e.V., Wissenschaftliche Mitteilungen, Ht. 7, 2008.

______, "Fabrik der Zukunft, Die Revolution greift", *Wirtschaftswoche*, Nr. 42, 1984.

______, "Finanzmarktkrise: Der Umschlag des Kredit- in das Monetarsystem - Einordnung in langfristige Entwicklungstendenzen der Kapitalakkumulation", *Supplement der Zeitschrift Sozialismus*, Dez. 2008.

______, *Konjunkturzyklus und Überakkumulation: Wert, Wertgesetz und Wert-rechnung für die Bundesrepublik Deutschland*, Hamburg: VSA-Verlag, 2007.

Kuczynski, Jürgen, *Darstellung der Lage der Arbeiter in den Vereinigten Staaten von Amerika seit 1898*, Berlin: Akademie-Verlag, 1966.

______, *Darstellung der Lage der Arbeiter in Deutschalnd von 1900 bis 1917/18*, Berlin: Akademie-Verlag, 1967.

______, *Darstellung der Lage der Arbeiter in Deutschalnd von 1917/18 bis 1932/33*,

Berlin: Akademie-Verlag, 1966.

Kuznets, Simon, "Quantitative Aspects of the Economic Growth of Nations, M-X Level and Structure of Foreign Trade: Long term Trends", *Economic Development and Cultural Change*, Vol. XV, Part II, No. 2, 1967.

______, "Schumpeter's Business Cycles", *Economic Change*, New York: Norton, 1953.

______, *Long Term Changes in National Income of USA since 1869*, London: Cambridge University Press, 1952.

Landes, David, *The Unbound Prometheus*, London: Cambridge University Press, 1970.

Lane, Philip L. & Gian Maria Milesi-Feretti, *The External Wealth of Nations Mark II: Revised and Extended Estimates of Foreign Assets and Liabilities, 1970~2004*, IMF Working Paper 06/69, 2006.

Lange, Oskar, *Entwicklungstendenzen der modernen Wirtschaft und Gesellschaft*, Wien: Europa-Verlag, 1964.

______, *Theory of Reproduction and Accumulation*, Warsaw: Polish Scientific, 1969.

Leborgne, Danièle & Alain Lipietz, "Postfordistische Politikmuster im Globalen Vergleich", *Das Argument*, Jg. 38, Ht. 5/6, 1996.

Leisewitz, Andre, "Neue Technologien und Arbeiterklasse: Zur Entwicklung des Produktivkraftsystems in der Bundesrepublik", Hg. IMSF, *Marxistische Studien*, Jahrbuch des IMSF 6, 1983.

Lenin, Vladimir Il'ich, "Das Taylorsystem: die Versklavung des Menschen durch die Maschine", *Lenin Werke*, Bd. 20, Berlin: Dietz-Verlag, 1961.

______, *Die drohende Katastrophe und wie man sie bekämpfen soll*, *Lenin Werke*, Bd. 25, Berlin: Dietz-Verlag, 1970.

______, *Die Nächsten Aufgaben der Sowjetmacht*, *Lenin Werke*, Bd. 27, Berlin: Dietz-Verlag, 1960.

______, "Ein Löffel Teer in einem Faß voll Honig", *Lenin Werke*, Bd. 33, Berlin: Dietz-Verlag, 1966.

______, "Ein 'wissenschaftliches' System der Schweißauspressung", *Lenin Werke*, Bd. 18, Berlin: Dietz-Verlag, 1962.

______, *Zur Sogenannten Frage der Märkte*, *Lenin Werke*, Bd. 1, Berlin: Dietz-Verlag, 1977.

Lichtensztejn, Samuel, "A Crise Financeira internacional: Condições e implicações", *Revista de Economia Politica*, Vol. 3, Nr. 2, São Paulo, Apr.~Jun. 1983.

Lipietz, Alain, "Akkumulation, Krisen und Auswege aus der Krise: Einige methodische Überlegungen zum Begriff 'Regulation'", *PROKLA*, Nr. 1, Jg. 15, Ht. 58, 1985.

______, "Demokratie nach dem Fordismus", *Das Argument*, Nr. 189, Jg. 33, Ht. 5, Sept. & Okt. 1991.

London CSE Group, "Crisis, the Labour Movement and the Alternative Economic Strategy", *Capital and Class*, No. 8, Summer, 1979[김성구 편저, 『사회화와 이행의 경제전략』에 수록].

Mahnkopf, Birgit Hg., *Der Gewendete Kapitalismus*, Münster: Verlag Westfälisches Dampfboot, 1988.

Maier, L., "Aktuelle Probleme des staatsmonopolistischen Kapitalismus", *IPW-Berichte*, Jul. 1980.

Mandel, Ernest, *Der Spätkapitalismus*, Frankfurt: Suhrkamp, 1972.

______, *Late Capitalism*, London: NLB, 1972.

______, *Long Waves of Capitalist Development: A Marxist Interpretation*, London/New York: Verso, 1995.

______, *Marxist Economic Theory*, New York: Monthly Review Press, 1968.

Marx, Karl, *Das Kapital*, Bd. 1, *MEW*, Bd. 23, Berlin: DDR, 1964.

______, *Das Kapital*, Bd. 3, *MEW*, Bd. 25, Berlin: DDR, 1964.

______, *Grundrisse der Kritik der Politischen Ökonomie*, Berlin: Dietz, 1953[김호균 옮김, 『정치경제학 비판 요강』II, 그린비, 2007].

Marx, Karl & Friedrich Engels, *Capital*, Vol. 1, 2, 3, trans. Samuel Moore & Edward Aveling, London: Lawrence & Wishart, 1972.

Mattfeldt, Harald, *Keynes: Kommentierte Werkauswahl*, Hamburg: VSA-Verlag, 1985.

Maurischat, Gerd, "Aktuelle Tendenzen der staatsmonopolistischen Regulierung",  Hg. Sektion Wirtschaftswissenschaften der Humboldt-Universität zu Berlin, *Aktuelle Tendenzen der staatsmonopolistischen Regulierung*, Berichte, Nov. 1981.

______, "Zum Verhältnis von Produktionspreis, Monopolprofit und Monopolpreis im Imperialismus", Hg. Prorektor für Gesellschaftswissenschaften der Humboldt-Universität zu Berlin, *Monopolprofit und Wertmodifikation heute*, Berichte 22, 1982.

Mensch, Gerhard, *Das technologische Patt: Innovationen überwinden die Depression*, Frankfurt: Umschau Verlag, 1977.

Menschkow, Stanislav, *Lange Wellen in der Wirtschaft*, Frankfurt am Main: IMSF, 1989.

Minsky, Hyman P., "Financial Markets and Economic Instability, 1965~1980", *Nebraska Journal of Economics and Business*, Vol. 20, Nr. 4, 1981.

Mitchell, Brian R. & Phyllis Deane, *Abstract of British Historical Statistics*, London: Cambridge University Press, 1962.

Monthly Review Editors, "The New Face of Capitalism: Slow Growth, Excess Capital, and a Mountain of Debt", *Monthly Review*, Vol. 53, No. 11, Apr., 2002.

Mottek, Hans & Alfred Schröter & Walter Becker, *Wirtschaftsgeschichte Deutschlands*,

Bd. 3, Berlin: Deutscher Verlag der Wissenschaften, 1977.

Mulhall, Michael George, *Dictionary of Statistics*, London: Routledge, 1889.

Mulhall, Michael George & William Harper, *Comparative Statistical Tables and Charts of the World*, Philadelphia: Commercial Museum, 1899.

Müller, A., "Marxistische Konjunkturforschung: einige methodische Überlegungen", *Z. Zeitschrift Marxistische Erneuerung*, Nr. 49, Mär. 2002.

Müller-Plantenberg, Urs, "Einkommensstruktur und Arbeitsmarkt internatio-nal", *PROKLA* 42, 1981.

Müller, Rudolf Wolfgang, *Geld und Geist: Zur Entstehungsgeschichte von Identitätsbewußtsein und Rationalität seit der Antike*, Frankfurt/New York: Campus Verlag, 1977.

Nehls, Katja, "Krise und Anpassungstendenzen der staatsmonopolistischen Regulierung", *IPW-Berichte*, Berlin: DDR, Sept. 1980.

Nick, Harry, *Technische Revolution und Ökonomie der Produktionsfonds*, Berlin: Dietz, 1967.

Nussbaum, Helga, "Was ist staatsmonopolistischer Kapitalismus?", eds. Dieter Baudis & Helga Nussbaum, *Wirtschaft und Staat in Deutschland*, Bd. 1, Lihechtenstein: Topos, 1978.

OECD, *Growing Unequal?: Income Distribution and Poverty in OECD Countries*, 2008.

_____, *OECD-Economic Outlook*, July 1983

_____, *OECD Quarterly National Accounts*, Nr. 3, 1996.

Parboni, Riccardo, *Finanza e crisi internazionale*, Milano: ETAS libri, 1980.

Parvus, Alexander, *Die Handelskrise und die Gewerkschaften*, München: Druck von M. Ernst, 1901.

Petzina, Dietmar, *Die deutsche Wirtschaft in der Zwischenkriegszeit*, Wiesbaden: Steiner, 1977.

Pfeifer, Wolfgang, *Neue Zürcher Zeitung*(1972. 8. 24).

Polanyi, Karl, *The great Transformation*, Frankfurt am Main: Suhrkamp, 1978.

Priewe, Jan, "Die Drei Großen Krisen des Deutschen Kapitalismus: Ein Wirtschaftsgeschichtlicher und Theoretischer Vergleich", Ulrich Dolata u.a., *Große Krisen des Kapitalismus: Lange Wellen der Konjunktur?*, Frankfurt am Main: IMSF, 1985.

PROKLA u.a., *Kontroversen zur Krisentheorie*, Hamburg: VSA-Verlag, 1986.

Rapos, Pavel, *Die kranke Wirtschaft: Kapitalismus und Krise*, Köln: Pahl-Rugenstein, 1984.

Rechtziegler, Emil, "Mikroelektronik, internationaler Konkurrenzkampf und ökonomische Expansion", *IPW-Berichte*, Berlin: DDR, Nov. 1980.

Rechtziegler, Emil & Artur Zeh, "Mikroelektronik: ökonomische Bedeutung und Kapitalistische Anwendung", *IPW-Berichte*, Berlin: DDR, Jun. 1980.

Riedel, H., "Zur Bedeutung des Finanzkapitals für die Erklärung einer Besonderen Qualität der Wertmodifikation", Hg. Prorektor für Gesellschaftswissenschaften der Humboldt-Universität zu Berlin, *Monopolprofit und Wertmodifikation heute*, Berichte 22, 1982.

Rosenberg, Hans, "Political and Social Consequences of the Great Depression of 1873~1896 in Central Europe", *The Economic History Review*, Oxford, etc.: Blackwell, Oct. 1943.

Salter, Wilfred E. G., *Productivity and Technical Change*, Cambridge: Cambridge University Press, 1960.

Schumpeter, Joseph, *Business Cycles*, New York: McGraw-Hill, 1939.

______, *Die Theorie der Wirtschaftlichen Entwicklung*, Düsseldorf: Verlag Wirtschaft & Finanzen, 1911.

______, *History of Economics Analysis*, New York: Oxford University Press, 1954.

Sekine, Thomas T., "Uno-Riron: A Japanese Contribution to Marxian Political Economy", *Journal of Economic Literature*, Nashville: American Economic Association, 1978.

Shaw, Graham K., *Keynesian Economics: The Permanent Revolution*, Aldershot/ Hampshire: Edward Elgar, 1988[김동연 외 옮김, 『뉴케인스 경제정책』, 동인, 1999].

Smith, W. Rand, "Nationalizations for What? Capitalist Power and Public Enterprise in Mitterrand's France", *Politics & Society* 18, No. 1, Mar. 1990[김성구 편저, 『사회화와 공공부문의 정치경제학』에 수록].

Sohn-Rethel, Alfred, *Geistige und körperliche Arbeit: Zur Theorie der gesellschaft- lichen Synthesis*, Frankfurt am Main: Humanities Press, 1970.

Sörgel, Angelina, "Regulierung und Regulierungskrise der Kapitalistischen Wirtschaft im Kontext der Marxschen Politischen Ökonomie", Hg. IMSF, *"...einen großen Hebel der Geschichte". Zum 100. Todestag von Karl Marx: Aktualität und Wirkung seines Werks*(Jahrbuch des IMSF), Frankfurt am Main: IMSF, Sonderband I/1982.

Spiethoff, Arthur, *Die wirtschaftlichen Wechsellagen*, Tübingen: Mohr, 1955.

______, "Krisen", *Handwörterbuch der Staatswissenschaften*, 4th ed. Bd. 6, Jena: Gustav Fischer, 1925.

Svennilson, Ingvar, *Growth and Stagnation in the European Economy*, Geneva: United Nations Economic Commission for Europe, 1954.

Tavares, Maria da Conceição, "A Crise Financeira Global", *Revista de Economia Politica*, Vol. 3, Nr. 2, São Paulo, Apr.~Jun. 1983, p. 16.

Tinbergen, Jan & Jacques J. Polak, *The Dynamics of Business Cycles*, London: Routledge, 1950.

Trotsky, Leon, "Flood-tide: the Economic Conjuncture and the World Labour Movement", 25 December 1921, *The First Years of the Comintern*, 1953.

______, "Report on the World Economic Crisis and the New Tasks of the Communist International", Second Session, June 23, 1921, of the Third Congress of the Communist International, *The First Five Years of the Communist International*, Vol. 1, 1945.

______, "The Curve of Capitalist Development", 21 Apr. 1923, *Fourth International*, May 1941.

United Nations Conference on Trade and Development(UNCTAD), *World Investment Report, Transnational Corporations and the Infrastructure Challenge*, Geneva, 2008.

______, *World Investment Report 1996: Investment, Trade and International Policy Arrangements*, New York, 1996.

US Department of Commerce, *Long-term Economic Growth 1860~1965*, Washington, 1966.

Usher, Abbott Payson, *A History of Mechanical Invention*, Cambridge: Harvard University Press, 1954.

Varga, Eugen, *Der Kapitalismus des zwanzigsten Jahrhunderts*, Berlin: Verlag die Wirtschaft, 1962.

Wagner, Wolf, *Die nützliche Armut*, Berlin(West): Rotbuch-Verlag, 1982.

Weinstock, Ulrich, *Das Problem der Kondratieff-Zyklen*, Berlin/Munich: Duncker & Humblot, 1964.

Zagolow, Nikolai A., *Lehrbuch Politische ökonomie*, Frankfurt am Main: Marxistische Blätter, 1972.

Zeise, Lucas, "Die Herrschaft des Finanzkapitals ist angeknackst", *Z. Zeitschrift Marxistische Erneuerung*, Nr. 78, Jun. 2009.

Zevin, R., "Are World Financial Markets More Open? If so, Why and With What Effects?", Hg. Tariq Banurei & Juliet Schor, *Financial Openness*, New York: Oxford University Press, 1992.

*Bank für Internationalen Zahlungsausgleich(BIZ)*, Jg. 66, 1996.

*Handelsblatt*, 2009. 4. 14, p. 24~25.

"Monetary Policies and the International Financial Environment", *Working Paper Series*, Washington University, June 1983.

*Neue Züricher Zeitung*, Sonderbeilage 1982. 11. 23.

*The Economist*, 1995. 10. 7.

コリア, B., 「レギュラシオン理論」, 平田淸明 外 編訳, 『現代市民社會の旋回』, 昭和堂, 1987.

廣田精孝, 「レギュラシオン学派の'蓄積体制'論とマルクスの再生産論」, 富塚良三·吉原泰助 編, 『恐慌·産業循環』(下), 有斐閣, 1998.

宮川實, 『恐慌と産業循環』, 社會科学書房, 1993.

リピエッツ, A., 『奇跡と幻影: 世界的 危機とNICS』, 若森章孝, 井上泰夫 訳, 新評論, 1987.

林直道, 『恐慌·不況の経済学』, 新日本出版社, 2000.

富塚良三·吉原泰助 編, 『恐慌·産業循環』(下), 有斐閣, 1998.

ボワイエ, R., 『レギュラシオン: 成長と危機の経済学』, 淸水耕一 編訳, ミネルヴァ書房, 1992.

ボワイエ, ロベール, 『レギュラシオン理論: 危機に挑む経済学』, 山田鋭夫 外 訳, 藤原書店, 1990.

北原勇, 『独占資本主義の理論』, 有斐閣, 1977.

北原勇·伊藤誠·山田鋭夫, 『現代資本主義をどう視るか』, 靑木書店, 1997.

北原勇·鶴田満彦·本間要一朗 編, 『現代資本主義』, 有斐閣, 2001.

山田鋭夫, 『20世紀 資本主義: レギュラシオンで讀む』, 有斐閣, 1994[현대자본주의연구모임 옮김, 『20세기 자본주의』, 한울, 1995].

松橋透, 「SSA派の景気循環論の問題視角」, 富塚良三·吉原泰助 編, 『恐慌·産業循環』(下), 有斐閣, 1998.

アグリエッタ, ミシェル, 『資本主義のレギュラシオン理論: 政治経済学の革新』, 若森章孝 外 訳, 大村書店, 1989.

増田壽男, 「レギュラシオン理論とSSA理論の'蓄積体制'·'危機'論」, 富塚良三·吉原泰助 編, 『恐慌·産業循環』(下), 有斐閣, 1998.

# 찾아보기

# 필자 소개(가나다순)


### 울리히 돌라타(Ulrich Dolata)

오랜 기간 독일 브레멘(Bremen)대학교 경제학부와 사회학부에서 강의, 현재 독일 슈투트가르트(Stuttgart)대학교 교수. 이 책의 7장 「국가독점적 조절의 위기」 저술.


### 에르네스트 만델(Ernest Mandel)

제4인터내셔널과 벨기에 사회주의노동자당(SAP-POS)의 대표적 이론가, 벨기에 브뤼셀(Brussels)대학교 교수 역임, 1995년 타계. 이 책의 2장 「자본주의 역사에서의 '장기파동'」 저술.


### 그레첸 비누스(Gretchen Binus)

구동독 할레–비텐베르크(Halle-Wittenberg)대학교 교수 역임, 구동독의 독일경제연구소(Deutsches Institut fur Wirtschaftsforschung, DWI)와 국제정치경제연구소(Internationale Politik und Wirtschaft, IPW)에서 활동, 현재 좌파당(Die Linke) 소속. 이 책의 10장 「현재의 위기의 분석과 평가에 대하여」와 13장 「외르크 후프슈미트와 국가독점자본주의론」 저술.


### 엘마르 일드피터(Elmar Altvater)

독일 베를린(Berlin) 자유대학교 정치학과 교수 역임, 맑스주의 잡지 『계급투쟁의 문제들』(PROKLA)의 창간자 중 한 명이며 공동편집인, 생태 맑스주의적 경향과 함께 녹색딩(Die Grunen) 창당멤버였고, 최근에는 좌파당에 가입. 이 책의 3장 「발전모델의 파열과 형태변화」 저술.


### 슈테판 크뤼거(Stephan Krüger)

저널 『사회주의』(Sozialismus)에서 활동. 이 책의 9장 「자본축적의 장기적 발전경향과 금융시장의 위기」 저술.


### 호르스트 하이닝어(Horst Heininger)

구동독 국제정치경제연구소 교수 역임, 현재 『맑스주의 갱신의 잡지』(Z. Zeitschrift Marxistische Erneuerung)의 편집자문위원. 이 책의 4장 「포드주의와 국가독점자본주의론」과 13장 「외르크 후프슈미트와 국가독점자본주의론」 저술.


### 외르크 후프슈미트(Jörg Huffschmid)

독일 브레멘대학교 경제학부 교수 역임, '대안경제정책 연구그룹'(일명 메모란둠 그룹 Memorandum-Gruppe)과 '대안경제정책을 위한 유럽경제학자 연구그룹'(일명 유로메모란둠 그룹EuroMemorandum-Gruppe)의 대표적 이론가, 『맑스주의 갱신의 잡지』에서 활동, 독일공산당 중앙위원 역임. 2009년 타계. 이 책의 8장 「'지구화한 금융시장'의 지배」와 12장 「위기 이후」 저술.